Sammlung

der

polizeilichen Verordnungen

für

Berlin.

Nach amtlicher Zusammenstellung herausgegeben.

Berlin.
Druck und Verlag von G. Reimer.
1847.

Inhalt.

I. Polizeiliche Vorschriften zur Erhaltung der Sicherheit der Person und des Vermögens.

Controlle der Personen.

Feuer.

Wasser.

Gifte, schädliche Medicamente rc.

Schießpulver.

Eisenbahnen.

Bauen.

Beschädigungen durch Thiere.

Scheumachen der Pferde.

Anderweite körperliche Beschädigungen.

Verhütung von Diebstahl und Betrug.

II. Polizeiliche Vorschriften zur Erhaltung der öffentlichen Sitte, Ordnung, Reinlichkeit, Bequemlichkeit und Annehmlichkeit.

Sitte und Ordnung.

Reinlichkeit.

Bequemlichkeit und Annehmlichkeit.

III. Polizeiliche Vorschriften über den Gewerbebetrieb der Schiffer und Fuhrleute und über das Fahren und Reiten.

Schiffer.

Gondelführer.

Fuhrleute.

Fahren und Reiten im Allgemeinen.

I.

Polizeiliche Vorschriften zur Erhaltung der Sicherheit der Person und des Vermögens.

Controlle der Personen.

1) Meldung der Einwohner, Fremden und Gewerbegehülfen.

a. Publicandum.

Die in der Polizei-Verordnung wegen Meldung des Arbeitsverhältnisses von auswärts eingetroffener Handwerksgesellen und anderer Gewerbsgehülfen vom 18ten Januar v. J. ad 9. enthaltene Bestimmung, daß der Arbeitsgeber, wenn er dem Gehülfen mit der Arbeit zugleich Wohnung oder Schlafstelle gewahrt, die An- und Abmeldung des Wohnungsverhältnisses durch einen bloßen Vermerk im Arbeitsbuche bewirken kann, wird hierdurch aufgehoben und dafür verordnet, daß die An- und Abmeldung des Wohnungsverhältnisses eines Handwerksgesellen oder anderen Gewerbsgehülfen von Seiten des Arbeitsgebers ganz auf die sonst vorgeschriebene Weise geschehen muß.

Berlin, den 4ten Februar 1846.

Königl. Polizei-Präsidium. v. Puttkammer.

b. Publicandum. Die Meldung der Fremden betreffend.

1. Als Fremde sind alle Personen zu betrachten, welche hierselbst keinen eigenen Hausstand haben oder zu einem solchen nicht gehören, auch hier nicht angestellt sind, vielmehr, selbst wenn sie hier ein sogenanntes Absteige-Quartier besitzen, ihren gewöhnlichen Aufenthalt auswärts haben.

2. Wer einem solchen Fremden in seiner Wohnung Aufenthalt oder Schlafstelle gewährt, muß denselben nebst den in seiner Begleitung etwa befindlichen Personen, spätestens binnen vier Stunden nach der Aufnahme, dem Revier-Polizei-Commissarius schriftlich melden.

3. Die Meldung muß, außer der von dem Fremden bezogenen Wohnung, den vollständigen Namen, wenn Frauen gemeldet werden,

auch den Geburtsnamen, den Stand, das Alter, so wie die Angabe des Geburts- und Wohnortes und endlich des Orts, von woher der Fremde kommt, enthalten.

4. Die Abmeldung der Fremden muß gleichfalls 4 Stunden nach der Abreise bei dem Revier-Polizei-Commissarius schriftlich erfolgen und jedesmal den Ort angeben, wohin der Fremde sich begiebt.

5. Gastwirthe und Inhaber von hôtels garnis haben die An- und Abmeldungen der bei ihnen logirenden Fremden zwei Mal an jedem Tage bei dem Revier-Polizei-Commissarius einzureichen, so, daß diejenigen Fremden, welche nach acht Uhr Vormittags zu- oder abreisen, bis sechs Uhr Nachmittags, desselben Tages und diejenigen, welche nach sechs Uhr Nachmittags eintreffen oder abreisen bis acht Uhr Vormittags des nächst folgenden Tages an- oder abgemeldet sein müssen.

6. Wenn der Fremde während seines hiesigen vorübergehenden Aufenthalts seine Wohnung wechselt, so muß den Polizei-Commissarien der Reviere, in denen die aufgegebene und die neu bezogene Wohnung belegen sind, resp. Ab- und Anmeldung gemacht werden.

7. Der Fremde hingegen ist verpflichtet, sobald er seinen Aufenthalt länger als 48 Stunden zu nehmen beabsichtigt, nach Verlauf dieser Frist sich für die Dauer seines hiesigen Aufenthalts mit einer Aufenthalts-Karte zu versehen, deren Ertheilung gegen Niederlegung seiner Reise-Documente in dem Geschäftslocal der V. Abtheilung des Polizei-Präsidii, Molkenmarkt Nro. 2., erfolgt.

8. Die Nichtbefolgung obiger Vorschriften wird mit einem bis fünf Thalern Geld- oder verhältnißmäßiger Gefängnißstrafe geahndet werden.

Berlin, den 31sten August 1846.

Königliches Polizei-Präsidium. Köhler.

2) Meldung der Neuanziehenden.

Publicandum.

Wer an einem Orte im Verwaltungsbezirke des unterzeichneten Polizei-Präsidii seinen Wohnsitz nehmen will, muß sich in Berlin und dessen engern Bezirk beim Polizei-Präsidium, im weitern Polizei-Bezirk aber bei der betreffenden Orts-Polizei-Behörde melden und über seine persönlichen Verhältnisse die erforderliche Auskunft geben. Hierzu gehört, daß der Neuanziehende sich über seine und der Seinigen untadelhafte Führung und über die Mittel zu seinem Unterhalte durch glaubhafte Atteste ausweise, indem Jedem die Aufenthaltsbewilligung versagt werden muß, von dem nach seiner bisherigen Führung oder wegen Mangels an Mitteln zu seinem Unterhalte zu besorgen ist, daß er die öffentliche Sicherheit und Ordnung gefährden könne. Personen, welche von außerhalb in den diesseitigen Verwaltungs-Bezirk ziehen wollen, haben die vorschriftsmäßige Meldung vor ihrem Anzuge zu bewirken und den

Bescheid darauf abzuwarten, indem Jeder, welcher den obigen Erfordernissen nicht genügt, seine sofortige Wegweisung zu gewärtigen hat. Zu dieser Meldung sind auch diejenigen verpflichtet, welche innerhalb des Verwaltungs-Bezirks des Polizei-Präsidii in einen andern Kommunal-Verband verziehen oder ihren Wohnsitz aus dem weitern in den engern Polizei-Bezirk verlegen wollen, endlich auch diejenigen, welche sich bereits vorübergehend an einem Orte aufhielten, und durch Verheirathung und Begründung eines eigenen Hausstandes, oder durch ein sonstiges Etablissement, einen Wohnsitz in demselben erwerben wollen. Wer diese Meldung unterläßt, kann niemals ein Domicil im gesetzlichen Sinne an einem Orte erwerben. Wird das Niederlassungs-Gesuch statthaft befunden, so ertheilt die Orts-Polizei-Behörde darüber kosten- und stempelfrei eine Bescheinigung. Ein Jeder, welcher einem Neuanziehenden Wohnung oder Unterkommen gewährt, ist bei 2 bis 5 Thlr. Strafe verpflichtet, darauf zu halten, daß die vorgeschriebene Meldung geschehe. Außerdem macht ihn die Unterlassung regreßpflichtig, wenn die aufgenommene Person später der Armenpflege verfällt.

Berlin, den 29sten April 1846.

Königl. Polizei-Präsidium. v. Puttkammer.

3) Meldung des Gesindes.

Republication.

Nachstehende Bekanntmachung: „Die über das Gesindewesen für die hiesige Residenz besonders erlassenen Bestimmungen werden dahin in Erinnerung gebracht: 1) Personen, welche von außerhalb hierher kommen, um in Gesindedienste zu treten, haben ihre gute Fuhrung während der letzten drei Jahre, desgleichen wenn sie bisher noch nicht in herrschaftlichen Diensten gewesen und nicht selbstständig sind, ihre Befugniß zum Eintritt in ein Gesinde-Verhältniß durch obrigkeitlich ausgestellte oder beglaubigte Zeugnisse nachzuweisen, und überdies darzuthun, daß sie diejenigen wirklich sind, fur welche sie sich ausgeben. 2) Um auf diese Bedingungen die Erlaubniß zu ihrer Vermiethung zu erhalten, müssen sich die Dienstsuchenden in dem dafür bestimmten Geschäftszimmer des Polizei-Präsidii melden, und nach Empfang des polizeilichen Diensterlaubniß-Scheins sich auf einem der hiesigen Gesinde-Vermiethungs-Comtoire in die Listen des Gesindes eintragen lassen. Diese Meldung und Eintragung muß der Dienstsuchende innerhalb 48 Stunden nach seiner Ankunft hierselbst bewirken. 3) Diejenigen, welche bei ihrer Meldung den zu 1. geforderten Nachweis nicht geführt haben und deshalb zurückgewiesen sind, müssen Berlin sofort verlassen, die Zugelassenen und Eingetragenen aber binnen 14 Tagen dem Gesinde-Vermiethungs-Comtoire ihr Dienst-Unterkommen anzeigen, oder Berlin gleichfalls verlassen. 4) Wer das vorschriftsmäßig erlangte Dienstunterkommen in der Folge verliert oder aufgiebt, muß binnen

48 Stunden nach seinem wirklichen Dienstaustritt sich von einem hiesigen Gesinde-Vermiethungs-Comtoir die Befugniß zur weiteren Vermiethung bescheinigen lassen und binnen 14 Tagen ein anderes Dienstunterkommen demselben anzeigen, oder Berlin verlassen. 5) Die Dienstsuchenden, welche die vorstehend ad 2. und 4. bestimmte 48stundige Frist nicht inne halten, verwirken dadurch eine Strafe von 15 Sgr. bis zu 1 Thlr., bei ihrem Unvermögen verhältnißmaßiges Gefängniß. Alle Diejenigen aber, welche den obigen Bestimmungen entgegen länger als 14 Tage dienstlos hier verbleiben, werden aufgehoben und zwangsweise fortgeschafft, sofern dieselben an ihrer freiwilligen Entfernung nicht durch Krankheit verhindert worden sind, oder nicht ihre hiesige Niederlassung begründen können. 6) Alle hierorts angehörige Personen müssen, bevor sie in einen Gesindedienst eintreten, so fern es ihr erster ist, die polizeiliche Erlaubniß und Eintragung in die Listen der Dienstboten, und wenn sie einen Dienst verlassen haben, über ihre Befugniß zu ihrer weiteren Vermiethung die Bescheinigung eines hiesigen Gesinde-Vermiethungs-Comtoirs erlangen, widrigenfalls sie in eine Geldbuße von 15 Sgr. bis zu 1 Thlr. oder im Unvermögensfalle in verhältnißmaßige Gefängnißstrafe verfallen. Berlin, den 27sten März 1841. Königl. Polizei-Prasidium.“ wird hierdurch wiederholt zur öffentlichen Kenntniß gebracht.

Berlin, den 14ten Marz 1846.

Königliches Polizei-Präsidium. Köhler.

4) Meldung der neugebornen Kinder soll doppelt bei dem Revier-Polizei-Commissarius und dem Küster geschehen.

Publicandum.

Da durch die seither meistens mündlich geschehene Anmeldung neugeborner Kinder bei den Kustern häufig Unrichtigkeiten der Kirchenbücher herbeigeführt worden sind, so wird hiermit angeordnet, daß die in Gemäßheit der Verordnung vom 14ten September 1841 zu erstattenden polizeilichen Anmeldungen neu geborner Kinder bei Vermeidung der daselbst angedroheten Strafe den betreffenden Revier-Polizei-Commissarien in zwei Exemplaren vorzulegen sind, deren eines der Meldende abgestempelt zurück empfangt, um dasselbe demnächst dem Küster seiner Parochie einzuhändigen.

Berlin, den 17ten Juli 1844.

Königliches Polizei-Präsidium. v. Puttkammer.

5) Annahme von Pflegekindern unter 4 Jahren.

Republication.

Nachstehende Bekanntmachung: „Die traurige Lage vieler im zartesten Alter bei fremden Leuten zur Pflege ausgethanen Kinder hat die Aufmerksamkeit der Behörden und verschiedener Privatpersonen auf sich gezogen. Zur Fürsorge für diese Kinder ist ein Verein zusammengetreten und bestätigt; durch eine im Amtsblatte de 1840 No. 45. bekannt gemachte zunächst fur den engeren Polizei-Bezirk von Berlin bestimmte Allerhöchste Kabinets-Ordre vom 30sten Juni d. J. aber vorgeschrieben worden, daß die Befugniß zur Annahme solcher Pflegekinder künftig von einer polizeilichen Erlaubniß abhangig sein soll. Demgemäß haben diejenigen Personen, welche fur Geld fremde, noch nicht vier Jahr alte Kinder in Pflege nehmen wollen, dazu, bei Vermeidung willkührlicher, bis zu Gefängniß von 6 Wochen oder 50 Thlr. Geldbuße auszudehnende Strafe, die Erlaubniß des Polizei-Präsidii nachzusuchen. Dieselbe wird nur solchen verheiratheten oder ledigen Frauenzimmern ertheilt werden, von welchen nach ihren persönlichen Verhaltnissen und nach der Beschaffenheit ihrer Wohnung eine Verwahrlosung des in Pflege zu nehmenden Kindes nicht zu befurchten steht. Sie muß vor einem etwanigen Wohnungswechsel von Neuem nachgesucht, und wird im Falle einer ublen Behandlung des Pflegekindes oder bei einer demselben nachtheiligen Veränderung der Umstände zuruckgenommen werden. Zur Ausübung der hiernach erforderlichen Controlle wird das Polizei-Prasidium sich der Hülfe des obengedachten Vereins bedienen und dessen Gutachten über die Gesuche um Erlaubniß zur Annahme von Pflegekindern erfordern. Den durch Erkennungskarten legitimirten Mitgliedern dieses Vereins haben daher diejenigen Personen, welche um eine solche Erlaubniß eingekommen sind, oder welche bereits ein fremdes Kind unter 4 Jahren gegen Entgeld nach Erlaß der Allerhöchsten Kabinets-Ordre vom 30sten Juni d. J. in Pflege genommen haben, bereitwillig Zutritt in ihre Wohnungen zu gestatten, auf alle, das Pflegekind betreffende Fragen Auskunft zu ertheilen und dasselbe auf jedesmaliges Erfordern vorzuzeigen. Berlin, den 16. Decbr. 1840. Konigliches Polizei-Präsidium.“ wird hierdurch in Erinnerung gebracht. Gleichzeitig wird das namentliche Verzeichniß des Vorstandes und der Abtheilungs-Vorsitzenden des Aufsichts-Vereins nachstehend veröffentlicht. I. Vorstand: Hr. Geh. Ober-Medizinal-Rath Dr. Barez, Behrenstraße 43., Hr. Ober-Landesgerichts-Präsident a. D. Alsleben, Taubenstr. 28., Hr. Director der städtischen Gas-Erleuchtungs-Anstalt Baerwald, Friedrichsstr. 125., Hr. Rechnungsrath Ballhorn, Potsdamer-Str. 10., Hr. Baron von Plotho, neue Konigsstr. 5. a., Hr. Polizei-Rath Petersen, neue Königsstr. 4. a., Hr. Legations-Rath von Rhaden, Bellevuestr. 11. a. II. Abtheilungs-Vorsitzende: Hr. Fabrikant Behrendt, Jüdenstr. 48., Hr. Prof. Krech, Stralauer-Str. 57., Hr. Apotheker Blell, neuen Markt 14., Hr. Dr. med. Gumbinner, Papen-Str. 19., Hr. Apotheker Strebsemann, alte Roß-Str. 26., Hr. Apotheker Voigt, Kurstr. 34., Hr. Kaufmann v. Laer, Neu-Cöln a. W. 11., Hr. Buchhalter Greiff, Neander-Str. 32., Hr. Polizei-Commissarius Viert, alte Jakobs-Str. 65., Hr. Baumeister Hoffmann, Orangenstr. 32., Hr. Rentier Tischmann, Wilhelms-Str. 28., Hr. Rentier Rehfeld, Lindenstr. 89., Hr. Polizei-Commissarius Lorré, Anhalt-Str. 3., Hr. Buchdruckerei-Besitzer Starcke, Charlotten-Str. 30., Hr. Buchbindermeister Wunsch, Friedrichs-Str. 189., Hr. Glaswaaren-händler Fuchs, Mohrenstr. 15., Hr. Apotheker Schacht, Friedrichs-Str. 153. a., Hr. Kaufmann Schindler, Schiffbauerdamm 22., Hr. Rentier Barez, Marien-Str. 14., Hr. Schulvorsteher Marggraff, Sophien-Str. 12., Hr. Schulvorsteher Johl, kleine Präsidentenstr. 5., Hr. Rentier Meyer, Schönhauser-Allee 175., Hr. Polizei-Präsidial-Sekretair Schmidt, neue Königsstr. 7. a., Hr. Kaufmann Mylius, Blumenstr. 73. a., Hr. Registrator Koehler, Landsberger-Str. 27., Hr. Buchhalter Schneider, Magazinstr. 17., Hr. Polizei-Haupt-Kassen-Controlleur Moser, Holzmarktstr. 29., Hr. General-Staats-kassen-Buchhalter Liedke, kleine Hamburger-Str. 21., Hr. Thierarzt Krafft, Chausseestr. 32. a., Hr. Kaufmann Dehnicke, Leipziger-Str. 115.

Berlin, den 15ten April 1846.

Königliches Polizei-Präsidium. v. Puttkammer.

6) Meldung der Geburten, Todesfälle, Trauungen und Ehescheidungen bei den Juden.

Polizeiliche Bekanntmachung.

Zur vollständigen und pünktlichen Führung der Bücher über die, bei den sich hier aufhaltenden Jüdischen Glaubensgenossen, durch Geburten, Todesfälle, eheliche Verbindungen und Ehescheidungen vorkommenden Familien-Veränderungen, ist es durchaus nöthig, daß eine jede solche Familien-Veränderung der Polizei-Verwaltung ohne Verzug angezeigt werde. Gleichwohl ist solches bisher theils unvollständig, theils gar nicht geschehen, und es wird daher, mit Bezug auf das bereits unterm 4. Januar 1813 erlassene Publicandum, den Jüdischen Glaubensgenossen hierdurch wiederholentlich zur Pflicht gemacht, eine jede Familien-Veränderung, durch Geburten, Todesfälle, eheliche Verbindung oder Ehescheidung, binnen spätestens acht Tagen, nachdem sie sich ereignet hat, entweder schriftlich in der hiesigen Polizei-Registratur anzuzeigen, oder die Anzeige in der Polizei-Anmeldungsstube mündlich zu Protokoll zu geben, widrigenfalls derjenige, welcher diese Anzeige unterläßt, für jeden Contraventionsfall in eine unerläßliche Strafe von 5 Thalern genommen werden soll.

Berlin, den 2ten März 1815.

Königl. Staatsrath und Polizei-Präsident von Berlin.

le Coq.

7) Annahme nicht naturalisirter jüdischer Gewerbegehülfen, Lehrlinge oder Domestiken von Seiten der Christen.

Polizeiliche Bekanntmachung.

Nach den bestehenden gesetzlichen Vorschriften dürfen solche mosaische Glaubensgenossen, die mit staatsbürgerlichen Rechten nach den Bestimmungen des Gesetzes vom 11. Marz 1812 nicht versehen sind, weder als Gewerbegehülfen oder Lehrlinge, noch auch zu Hausdiensten angenommen werden. Auf den Grund eines Erlasses des Königlichen Ministerii des Innern und der Polizei vom 9. d. Mts. wird diese Bestimmung mit dem Bemerken in Erinnerung gebracht, daß dieselbe nicht bloß die Gewerbtreibenden und andere Familien mosaischen Glaubens angeht, sondern daß auch die christlichen Einwohner sich nach derselben zu achten haben, und daß diejenigen, welche dawider handeln, in sofern sie mosaische Glaubensgenossen sind, die gesetzlichen Folgen des Ediktes vom 11. März 1812 wegen der bürgerlichen Verhältnisse der Juden zu gewärtigen haben, in sofern sie sich aber zur christlichen Religion bekennen, in eine Polizeistrafe von 2 Thlr. bis 5 Thlr. werden genommen werden.

Berlin, den 28sten August 1828.

Königliches Preußisches Polizei-Präsidium. v. Esebeck.

Feuer.

8) Feuer-Ordnung für Berlin vom 2. April 1727.

Feuer-Ordnung
in denen
Königlichen Residentzien Berlin und Vorstädten. Nebst Anhang verschiedener Edicten ꝛc. vom 3ten Martii 1727. Sambt Confirmation vom 2ten April d. a.

Von Gottes Gnaden Friedrich Wilhelm König in Preußen, Marggraf zu Brandenburg, des Heil. Römischen Reichs Ertz-Cämmerer und Churfürst ꝛc.

Unseren gnädigen Gruß zuvor, Hochgelahrter Rath, liebe Getreue; Nachdem wir die von der Churmärkschen Kriegs- und Domainen-Kammer jüngsthin übergebene Feuerordnung für hiesige Residentzien und deren Vorstädte allergnädigst approbiret und confirmiret. Als habt ihr dieselbe hierbei von uns vollzogen zu empfangen und befehlen wir euch hierdurch in Gnaden, selbige fordersamst und zwar aufs wohlfeilste, wie

Magistratus solches zum Besten der armen Bürgerschaft gut finden wird, abdrucken und gehörig publiziren zu laßen, auch einen kurzen Extract daraus, wie die Viertel eingetheilt und was bei einem wirklich entstehenden Feuer jeder Wirth zu thun habe, auf einen besonderen Bogen drucken zu laßen, damit jeder Wirth solchen in seiner Stube beständig angeschlagen halten und sofort daraus ersehen könne, was bei einem entstandenen Feuer er dabei zu thun habe; Ihr habt auch hiernächst von dieser Feuerordnung einige Exemplaria zur Registratur unsers General-Ober-Finanz- Kriegs- und Domainen-Directorii abzuliefern. Daran geschieht unser Wille und wir seind euch mit Gnaden gewogen. Gegeben zu Berlin den 2ten Aprilis 1727.

Friedrich Wilhelm.

L. S.

An
den Magistrat hiesiger Residentzien
die hier beigehende Feuerordnung
drucken und publiziren zu lassen; auch
darüber mit Nachdruck zu halten.

F. W. v. Grumbkow. v. Creutz.

Titulus I.

Von Abschaffung dessen was zu Feuersbrünsten Anlaß geben könnte.

Obwohl nicht ohne, daß Feuersbrünste ohne Verschulden und Verwahrlosung des Feuers zuweilen entstehen können und also durch fleißige Vorsorge und Fursichtigkeit nicht allemal abzuwenden; so ist doch dagegen leider auch bekannt, und giebt die Erfahrung, daß sowohl von denen Feuerstätten, wo Feuer oder Heerd gehalten wird, große Feuersbrünste entstanden, als auch entstandene dadurch vergrößert worden, wenn mit denen Sachen, welche leicht Feuer fassen, anzünden, oder dasselbe erhalten, nicht wohl umgangen oder dieselben vor Feuer genugsam bewahrt worden und dadurch zu großem Schaden und Unglück Gelegenheit gegeben; solchem allem aber möglichst vorzukommen wird hiermit gesetzet und geordnet.

§. 1.

Alle Feuerstellen sollen an Mauern zwei Stein dick stehen und da herum kein Holzwerk sein.

Daß alle Hauswirthe, Bäcker, Brauer, Schmiede, Brandtweinbrenner, Färber, Lichtzieher, Seifensieder, Töpfer, und alle andere, sie seien von Profession und aus was Nation sie wollen, welche Feuer oder Kohlen zu ihrer Nahrung und Handthierung gebrauchen, ihre Feuerheerde, Camine, Kachelofen, Backofen, Töpferofen, Braupfannen, Darren, Schmiedeessen, Brandtweinblasen, Waschkessel, Brennofen und was sonst ein jeder seiner Handthierung halber haben muß, nicht gegen Holz, sondern tüchtige Mauern setzen, und überall wohl, zum wenigsten zwei Stein dick, an welchen doch da herum keine hölzerne Stiele, Balken noch Schwellen befindlich sein müssen, verwahren lassen sollen; dahero auch

§. 2.

Verblendete Holzwände nicht zu dulden.

Die an verblendeten Holzwanden annoch stehende Feuerstatten ferner nicht geduldet, sondern eingeschlagen und allein mit Mauern versehen werden sollen.

§. 3.

Schornsteine sollen bis aus dem Dache gemauert sein

Alle Schornsteine, groß und kleine, sollen ohne Unterschied durchgehends gemauert und also 2—3 Fuß aus dem Dach gefuhrt sein, keine aber so von Holz gelitten werden.

§. 4.

oder darin kein Feuer gehalten werden.

Dafern bei Visitationen sich annoch gefährliche Feuerstellen finden wurden, haben Visitatores die Einwohner zu verwarnen und anzusagen, solches innerhalb 8 bis 14 Tagen zu ändern und inmittelst dem Hauswirth bei schwerer Strafe seinem Vermögen nach untersagen, daß er nicht weiter daselbst Feuer halte; er habe denn die Feuerstätte und Schornsteine nach vorstehendem §. 1. angebaut. Ware es aber Winterszeit, da nicht gebaut werden könnte, ist das Feuer an dem gefährlichen Orte zu halten gänzlich und bei nachdrücklicher Strafe zu verbieten.

§. 5.

Desgleichen in Häusern, wo gar kein Schornstein ist

Denen, welche noch keine Schornsteine haben, bleibt so lange Feuer und Heerd zu halten gäntzlich untersagt, bis die Schornsteine vollig von Grund an bis oben ausgemauert.

§. 6

Enge und hölzerne Schornsteine abzuschaffen.

Die Maurer sollen keine gefährliche oder enge Feuermauern oder Schornsteine, die nicht ein Mensch durchaus besteigen oder kehren kann, anbauen oder so verändern, weniger in die Schornsteine Holz einflechten oder mauern, wenn es auch der Bauherr begehren würde, haben sie ihn davon zuvorderst abzumahnen und falls er nicht folgen wollte, solches der Obrigkeit zur ferneren Verordnung anzuzeigen; handelten hierwieder die Maurer, so soll der Meister an Gelde, auch nach Befinden mit Verlust des Meisterrechts, ein Geselle aber mit Gefangniß auf eine Zeit gestraffet, nicht weniger gegen den Bauherrn, der vorsatzlich diesem §. zuwider handelt, mit scharfer Bestrafung verfahren werden. Wie dann zu Verhütung des besorglichen unvorsichtigen Bauens der Feuerstätte und Schornsteine, die Bauherrn selbige, bei Vermeidung willkurlicher Bestrafung, keinem

Einem Gesellen soll kein Schornsteinbau verdungen werden.

Gesellen alleine zu verfertigen, verdingen mögen, sondern jedesmal einen Meister anzunehmen haben, der Feuerstätten und Schornsteine unter seiner Aufsicht auf seine Gefahr, nach der Gebuhr und dieser Ordnung anfertigen laße; die bereits vorhandene Schornsteine aber, so zu enge oder sonst gefährlich gebauet, sollen sofort geändert oder dessen Entstehung bei der Visitation eingeschlagen und mit harter Strafe verfahren werden, weshalb die Schornsteinfeger, welche von engen und gefährlichen Schornsteinen die beste Wissenschaft haben konnen, sich fleißig darnach erkundigen und solche dem Magistrat sofort anzeigen sollen.

§. 7.

In Schornsteinen soll oben ein Vorschiebeblech, solche auch umher frei sein.

Es seind auch die anzubauende Schornsteine, insonderheit diejenigen, welche viel gebraucht werden, so anzufertigen, daß über der letzten Etage auf dem Boden ein Vorschieber von Eisenblech in dem Schornsteine sei, welcher, wenn wider alle Vorsorge der Schornstein sich anzunden sollte, zugeschoben und dadurch das Feuer ohne große Weitläuftigkeit wieder gedämpfet werden könne. Wie denn auch der Schornstein unter dem Dache rings herum wenigstens eine Elle weit frei bleiben und mit nichts besetzet werden soll.

§. 8.

Jährlich soll wenigstens viermal gekehret werden.

Die Schornsteine aber oder Feuer-Mauern soll der Hauswirth, keinen, wes Standes und Condition er sei, ausgenommen, so ofte dieselbe kehrens und reinigens bedürfen, bevorab zu Winterszeit und zum allerwenigsten viermahl jährlich kehren und rein machen lassen.

§. 9.

Schornsteinbrand bis 4 Thlr. hoch bestraft.

Derjenige nun, er sei Geistlicher, Eximirter oder wer er wolle, dessen Schornstein brennen wird, daß das Feuer heraus brennete, soll 3 bis 4 Thaler Strafe zu Rathhause sofort erlegen oder durch schleunige Execution darzu angehalten, wäre er aber des Vermögens nicht, dem Befinden nach, mit Gefängniß bestrafft, und bei Eximirten von dem Commandanten auf des Raths Anmelden die Geldstraffe ungesäumt beigetrieben werden. Damit auch des Beweises halber gar keine Weitläuftigkeit entstehe, soll vor zureichend erachtet werden, wenn die Nachbarn oder zwei geschworne Rathsdiener oder auch zwei andere glaubwürdige Personen auf ihre Pflicht oder an Eidesstatt wie der Schornstein gebrannt und sie es selbst gesehen bezeugen, da dann sofort die wirkliche Execution erfolgt, und zwar so, daß ein jeder Hauswirth fur sein ganzes Haus und drinnen wohnende Miethsleute zu antworten und die Strafe zu erlegen gehalten; doch bleibet demselben hinwieder frei, an seine Miether den Regreß zu nehmen, so daß, wann sie sich schleuniger Restitution wegern sollten, durch militairische Hülfe, bei Eximirten derselben, sammt aller verursachten Unkosten, Ersetzung exigiret werden. Sollte Jemand sein ganzes Haus an einen vermiethet haben, und also der Eigenthümer solches nicht bewohnen, muß solcher Miether an des Eigenthümers Stelle treten, und davor stehen, auch die Strafe also erlegen und sich hinwiederum an seine Miethsleute gemeldetermaaßen halten.

Regreß deshalb gegen die Miethsleute oder deren Strafe.

§. 10.

Strafe des Schornsteinfegers, der nicht gehörig gekehrt hat.

Wäre es aber, daß der Schornsteinfeger nicht rein gekehret oder daß derselbe zu kehren verabsäumet, soll er dem Herrn des Hauses die Geldbuße wieder erstatten, und uberdem ernstliche andere Bestrafung gewarten, welches insonderheit, wenn eines Hauses Feuermauern zu kehren ihm uberhaupt verdungen worden, so oft als daselbst ein Schornstein brennet, observiret und darnach verordnet werden soll.

§. 11.

Jeder Meister soll beim Kehren selbst gegenwartig sein.

Die Schornsteine sollen allein die vereideten Schornsteinfeger in jeder Stadt rein halten, auch das Kehren nicht allein durch kleine Knaben verrichten lassen, sondern wenn sie nicht durch Krankheit oder sonst unumgänglich abgehalten werden, als woruber sie bei ihrer Annehmung mit zu verpflichten, selbst dabei sein und zusehen, daß der Ruß wohl herausgekratzet, und nicht obenhin gekehret werde.

§. 12.

Soll bei Strafe anzeigen, ob bei dem Schornstein auf einige Weise Gefahr sei.

Die Schornsteinfegere, deren Gesellen und Jungens, haben auch bei dem Kehren wohl und fleißig acht zu geben, ob die Mauern schadhaft, oder außerdem sonst was §. 6. bereits erinnert, etwas an und bei dem Schornstein befindlich, daraus Gefahr zu besorgen, und falls sie einigen Mangel verspuhren, müssen sie es dem Wirth des Hauses, auch dem Rath der Stadt anmelden, damit in Zeiten solches könne geändert und besorgliche Gefahr verhütet werden. Meldeten sie aber solches dem Wirth und Magistrat nicht an, da sie doch was Schadhaftes oder Gefahrliches gefunden, sollen sie denen Umständen nach, ohne Nachsehen bestraft werden.

§. 13.

Soll ungefordert kehren und doch bezahlt werden.

Sollte Jemand seine Schornsteine, welche gebraucht werden, nach obigem §. 8. kehren zu lassen säumig sein, so soll der Schornsteinfeger, welcher deshalb ein Register, seinen Pflichten gemäß, halten muß, ohngefordert hingehen, dem Hauswirth dessen erinnern und wenn er es nothig findet, begehrte es schon der Wirth nicht, zu Verhütung Unglucks, die Schornsteine kehren, seinen Lohn fordern, und wenn der Wirth sich dessen weigerte, solches anzeigen, da denn dasselbe durch Execution abgefordert oder wenn es mehrmalen geschehen sollte, zugleich eine Geldstrafe nach Ermessen beigetrieben werden soll.

§. 14.

Windofen sollen auf Boden mit Steinen belegt u. an keinem Holze stehen.

Windofen sollen weder auf Bretter noch an Holzwerk und Wänden, so nicht gemauert, sondern auf steinernen Boden, so gegen Feuersgefahr genugsam verwahret, gesetzt werden, auch keine andere als eiserne Röhren haben, wo aber bei der Visitation einige gefunden werden möchten, da die Röhren auf Holzwerk oder anders fortgeschleifet, sollen dieselbe mit Vorbehalt der Strafe abgeschaffet und eingeschlagen werden.

§. 15.

Schindel- und Bretter-Dacher, hölzerne Altane, gepichte Bretter.

Dafern sich wider Verhoffen in denen Residentzien noch Schindeldacher oder Bretter auf Nebengebäuden, Stallung, Holzscheuren und dergleichen finden sollten, sind selbige sofort herunter zu reißen, und die Wirthe nach vorhergegangener Verwarnung dem Befinden nach zu bestrafen; es sollen auch holzerne Altane oder die mit gepichten Brettern belegt sind, keinesweges geduldet werden.

§. 16.

auch gepichte Dachrinnen, so nicht mit Blech beschlagen, verboten.

Desgleichen sollen zwischen den Häusern keine gepichte holzerne Dachrinnen mehr gelitten werden, sondern es soll ein jeglicher solche inwendig mit Blech beschlagen oder anstatt derselben blecherne legen, oder mit Steinen das Regenwasser so fassen lassen, daß es ablaufen und dem Nachbar keinen Schaden zufügen könne.

§. 17.

Scheunen sollen außer der Stadt bleiben.

Wegen den Scheunen bleibts dabei, daß selbige nur vor den Thoren an gewissen dazu definirten Orten, in denen Residentzien aber keine geduldet werden sollen.

§. 18.

Nur 1—2 Fuder Heu und Stroh im Hause erlaubet bei 3 Thlr. Strafe.

Ein jeder Einwohner, der Pferde hält, soll auf einmal mehr nicht als ein Fuder Heu und ein Fuder Stroh in der Stadt zu haben befugt sein, das übrige, so er entweder selbst gewinnet oder kaufet, muß er außerhalb der Stadt in Scheunen verwahren, denen Gastwirthen aber wird wegen vielen Ausspannens der Fuhrleute und anderen Fremden permittirt, auf einmal im Hause, jedoch an solchen Orten, da keine Gefahr zu besorgen und wohin man mit brennendem Lichte nicht gehen darf, zwei Fuder Heu und so viel Stroh zu haben; wer ein mehreres thun und hierwider handeln wird, der soll jedesmal 3 Thaler Strafe dem Magistrat erlegen.

§. 19.

Auf dem Hofe darf ein Haufen Brennholz sein u. im höchsten Nothfall auf dem Boden ein halber Haufen.

Imgleichen soll Niemand mehr Holz auf einmal in seinem Hofe oder Holzkammer haben als nach Proportion des Raumes einen halben oder höchstens einen Haufen. Oben auf dem Boden aber Holz zu haben soll nicht zugelassen werden, es wäre denn, daß unten im Hause, Hofe, Stall oder Keller kein Gelaß dazu wäre, solchen Falls wird nach Nothdurft des Einwohners bis einen halben Haufen Holz oben an einem räumlichen und sichern Ort zu haben, zugelassen, Kohlen sollen nirgends anders als im Keller zugelassen werden, als worauf bei denen Visitationen insonderheit wohl Acht zu geben und die Contravention sonderlich der Schmiede, und anderer so mit Kohlen arbeiten scharf zu ahnden.

Kohlen sollen im Keller verwahrt werden.

§. 20.

Brauer dürfen ohne Special-Permission nicht über 2 Haufen Holz im Hofe haben.

Denen Brauern wird verstattet, wann bei den Brauhäusern genugsamer Raum vorhanden, zwei Haufen Kienen- und Darrholz zu vier Gebräuden in ihren Häusern und Hofraum, keinesweges aber bei der Darre, noch im Brauhause zu haben und aufsetzen zu lassen, ein Uebriges müssen sie außer der Stadt lassen und verwahren. Wenn aber ein Brauer, so nahe der Spree wohnt, großen Hofraum hat, und ein Mehreres als hier verstattet, daselbst aufsetzen lassen wollte, soll es ihm anders nicht zugelassen sein, als wenn er sich zuvor bei dem Magistrat deshalb meldet und Bewilligung erhält.

§. 21.

Holzarbeiter müssen die Spähne sofort aus der Werkstelle bringen und eher mit keinem Lichte oder Kohlen herein kommen,

Die Böttcher, Tischler, Drechsler, Stell- und Rademacher, auch alle dergleichen Handwerker, welche mit Holz und Spähnen umgehen, sollen ihres Feuers und Lichts, absonderlich bei Winterszeit wohl wahrnehmen, ihre Spähne, so sie täglich machen, sofort aus der Werkstatt durchaus nicht auf Boden, sondern in gewölbte Keller oder sonst dergleichen sichere Oerter, da man mit Licht nicht hingehet, legen; auch sollen weder sie selbst noch die Ihrigen mit brennendem Licht oder Laterne oder mit glühenden Kohlen zu leimen an Oerter wo Spähne liegen, gehen, bei harter Strafe. Gedachte Handwerker müssen auch dahin sehen, daß sie nicht mehr Nutzholz in die Stadt bringen, als sie zu ihrer viertel- aber längstens halbjährigen Arbeit höchst nötig und sicheren Raum haben, damit auch nicht dadurch die Feuersgefahr vergrößert werde. Wollen sie aber einen mehreren Vorrath an Holz anschaffen, stehet ihnen frei, solches außerhalb der Stadt gut zu verwahren.

ihr meistes Nutzholz außer der Stadt haben.

Die Böttcher sollen sich mit Ausbrennen in Acht nehmen.

Die Böttcher haben insonderheit behutsam zu sein, wenn sie Feuer zu Verfertigung neuer oder Ausbrennung und Ummachung alter Bier- und Weinfässer gebrauchen, daß es zu solcher Zeit, wenn es nicht windig, und an einem sicheren Orte geschehe.

§. 22.

Die im Feuer viel arbeiten, sollen mit Arbeitern in vielem Holze nicht zusammen wohnen, bei Verlust der Miethe und anderer Strafe.

Vorberührte und andere Handwerksleute so mit Holzarbeit täglich umgehen, sollen bei Schmieden oder anderen Handwerksleuten so ihre Arbeit in Feuer machen oder treiben zur Miethe nicht eingenommen noch geduldet werden, wie dann ebenmäßig die Schmiede und andere, so ihre Handthierung mit Feuer treiben, bei denen so mit Holzwerk umgehen nicht aufgenommen oder gehauset werden sollen. Fände sichs, daß hierwider gehandelt würde, sollen die Miether von dem Rath der Stadt aus dem Hause gesetzet, die Vermiethere aber der Miethe so versessen, verlustig und der Miether nach befinden bestraft werden. Wenn Jemand Werkstellen in vielen Holz oder Feuer zu arbeiten, item Brandtweinblasen und Färbekessel anlegt, oder zu solchem Gebrauch verändern will, ist der Platz von denen Feuerherrn in Augenschein zu nehmen und des Magistrats Verordnung darauf zu erwarten.

§. 23.

Lediges Gefäß sollen nicht auf dem Boden liegen.

Die Brauer, Bier- und Weinschenken, auch Branntweinbrenner sollen ihre ledige hölzerne Gefäße nicht auf den Boden bringen oder legen, sondern so viel als möglich vor den Thoren in den Scheunen oder in Mangelung derselben im Hause in einem niedrigen Behältnisse verwahren lassen.

§. 24.

Auch nicht Asche an gefährlichen Orten noch in hölzernen Gefäßen.

Niemand wer er auch sei soll Asche auf die Boden oder in gefährliche Oerter noch weniger daselbst in hölzerne Gefäße schütten, weil darinnen öfters heimlich Feuer stecket, und dadurch Feuersbrunst verursacht werden kann; dieselbe muß unten im Hause oder in gewölbten Kellern und an einem ganz sicheren Ort verwahret werden.

§. 25.

Schusterborke soll vor den Thoren und in Scheunen und die Gärbereien weiter unterhalb der Spree gebracht werden.

Die Schuster und Lohgerber sollen hinführo keine Borke in ihren oder anderer Leute Häusern weniger auf den Bodens haben, sondern solche vor den Thoren in Scheunen oder Schoppen halten, die Gärbereien aber an der Landwehre unterhalb der Spree gebracht und erbauet werden.

§. 26.

Seilerwaare soll in Gewölben verwahret, die Theer- und Pecharbeit vor denen Thoren gemacht werden.

Die Seiler und Fackelmacher sollen mit übrigen Hanf, Pech und Wagenschmier sich nicht belegen, was sie aber zu täglicher Arbeit brauchen, haben sie in Gewölben und Kellern so zu verwahren, daß man mit Licht oder Feuer dazu nicht kommen oder Schaden dadurch entstehen könne, wie sie denn auch das Wagenschmier, und Fackeln oder Pechkränze nicht in ihren Häusern, sondern vor dem Thor an einem sicheren Ort verfertigen und machen, solche hernachmals in Gewölben und Kellern verwahren und keine ledige Theer- oder Pechtonnen vor und nahe an ihren Häusern auf die Straße bringen und daselbst liegen lassen, sondern sobald sie ledig wegschaffen oder gleich den vollen Tonnen sicher verwahren sollen.

§. 27.

Mit Seife, Talg, Schwefel, Wachs, des Nachts nicht zu arbeiten.

Die Seifensieder, Fleischer, Licht- und Schwefelzieher, auch andere, sie seien von was Nation sie wollen, müssen bei Nachtzeit kein Unschlitt, Talg, Wachs oder Schwefel schmelzen, Licht oder Schwefel ziehen, Ferniß sieden, bei Vermeidung 10 Thlr. Strafe.

§. 28.

Auf freiem Hofe soll kein Waschkessel noch Feuer sein.

Kein Herr oder Frau, sie seien Eigenthümer oder Miether des Hauses, mag verstatten, daß der Waschkessel auf freiem Hofe gesetzet, oder an einem solchen Ort Waschfeuer gehalten werde, wo die geringste Gefahr zu besorgen, sondern die Waschkessel müssen, so wie §. 1. angewiesen, verwahrt stehen.

§. 29.

Speck und Schmeer im Keller zu verwahren.

Ueberflüssigen Speck und Schmeer hat ein jeder Hauswirth nicht in oberen Gemächern oder Böden des Hauses, die ohne Gefahr angerichtete Rauchkammern ausgenommen, sondern unten im Keller oder einer solchen Kammer zu verwahren, daß kein Licht noch Feuer hinzu komme, damit solches bei entstehendem Feuer desto zeitiger herausgenommen und mehr Schaden verhütet werden könne.

§. 30.

Flachsbereiten soll vor den Thoren geschehen, das Hecheln nicht bei Lichte.

Flachs zu trocknen, rein zu machen und zu schwingen gehoret nicht in die Stadt, sondern muß vor dem Thore verrichtet werden; das Hecheln mag zwar in der Stadt, doch nicht beim Lichte, sondern allein des Tages geschehen. Diejenigen so dawider handeln, mussen Strafe gewärtig sein.

§. 31.

Gesinde soll Abends die Asche zusammenkehren u. zudecken.

Das Gesinde soll weder mit Feuer noch Licht liederlich umgehen, sondern des Abends vorm Schlafgehen die Ofenlöcher, worinnen des Tages Feuer gewesen, zumachen und auf den Heerden oder wo sonst Feuer gehalten, Kohlen und Asche zusammenkehren und solchergestalt verwahren, daß dadurch kein Schade geschehe. Sollte dagegen von dem Gesinde gehandelt werden, und der Herrschaft Ermahnen nichts fruchten, ist es zur gebührenden Bestrafung dem Magistrat anzuzeigen.

§. 32.

Mit Licht oder glühenden Kohlen nicht über den Hof noch in Ställe zu gehen.

Kein Hauswirth noch Gesinde soll mit bloßem brennenden Licht oder Kien im Hause auf die Boden gehen, weniger soll das Gesinde bei Licht Futter oder Hechsel schneiden; sondern wenn sie ja Licht in den Ställen haben müssen, sollen sie solches in aufgehangenen Laternen abwärts von der Streu, stehend haben und nach Beschickung des Viehes sofort auslöschen.

Kohlentöpfe im Hause verboten.

Desgleichen soll ein jeder bei dem Gebrauch des Kohlenfeuers in Töpfen, Pfannen und Bettwärmern Vorsichtigkeit anwenden, daß daraus insonderheit zur Zeit, da es windig ist, in den Zimmern oder sonst kein Schaden entstehen könne. Jedoch muß nicht gestattet werden, daß Jemand sich im Hause statt Einheitzens mit Kohlentöpfen behelfen durfe.

§. 33.

Gesinde soll an gefahrlichen Orten nicht Taback rauchen.

Weder Knechte noch andere, sie seien Fremde oder Einheimische oder wer sie wollen, mögen in den Städten auf Heu- oder Strohboden, Stallen und anderen gefährlichen Oertern, oder auch bei Betten Taback rauchen, bei Verlust eines viertel-

und Brodt. Sollte durch Tabackrauchen oder Anklebung der Lichte an die Bettstelle und Holzwerk ein Feuerschaden entstehen, und der Verbrecher des Vermögens nicht sein, solchen zu ersetzen, soll er nach Beschaffenheit der Sache mit Staupenschlägen oder anderer Leibesstrafe belegt werden.

§. 34.

Anzumelden wenn Soldaten Licht, Lunten oder Taback auf ihr Lager haben.

Ein jeder Soldat soll mit Licht oder Feuer in seinem Quartier behutsam umgehen, keinen Taback auf dem Boden oder bei seinem Lager rauchen, weniger Licht oder Lunte daselbst brennend haben, wollte er sich in Güte davon nicht abhalten lassen, soll der Wirth dem Gouverneur oder Commandanten es anzumelden schuldig sein und der Soldat gebührend bestraft werden.

§. 35.

Gastwirthe sollen auf ihre Fremden Acht geben.

Alle und jede Gastwirthe dieser Residentzien sollen verdächtige Leute nicht herbergen und da bei einem Verdacht befunden oder zu vermuthen, solches der Obrigkeit anzeigen; sie müssen auf die Gäste und deren Gesinde, daß sie mit Feuer und Licht nicht anders, als hierin angewiesen, umgehen, auch daß die Lichte in den Gemächern und Ställen wohl verwahrt und recht ausgethan werden, entweder selbst oder durch einen wachsamen Hausknecht wohl Acht haben lassen; in denen großen Wirthshäusern sollen sie zu mehrerer Sicherheit einen Nachtwächter, insonderheit zu solchen Zeiten, wenn bei vorkommenden Fällen die Städte mit Fremden angefüllt, halten, doch muß der Wirth der beste Wächter bleiben, der erste auf, der letzte nieder sein. Würde dawider von den Gastwirthen ein und mehrmal gehandelt werden, sollen sie anfänglich mit Geldbuße beleget, endlich aber bei beharrlichem Widersetzen und Unachtsamkeit ihnen die Wirthschaft zu treiben gänzlich untersagt werden.

§. 36.

Eigenthümer auf ihre Miethsleute wegen Feuer und Licht Acht haben.

Nicht weniger haben auch die Eigenthümer der Häuser so Leute bei sich zur Miethe einnehmen dahin zu sehen, daß solche Miether und ihr Gesinde mit Feuer und Licht wohl um und an solche Oerter des Hauses nicht gehen, wo leicht zündende Waaren und Sachen liegen. Vermöchten sie bei solchen inhabenden Miethsleuten nicht es zu ändern und abzustellen, müßen sie es der Obrigkeit kund machen und anzeigen, da es an gebührender Ahndung und Bestrafung nicht ermangeln soll.

§. 37.

Unachtsame Miether auszutreiben.

Wenn Jemand sein Haus an mehr als eine Familie vermiethet, und selbst seine Wohnung darinnen nicht behält, auch wohl gar außerhalb sich aufhält, hat er vorher nicht allein wohl zu erkundigen, wie die Leute mit denen er contrahiret, anderswo gelebet und mit dem Feuer Haus gehalten; sondern auch alle anzumahnen, daß einer auf den anderen während der Miethe deshalb fleißig Acht habe, wo dann diese wohl, als auch Falls der abwesende Eigenthümer sein Haus an eine Familie ganz vermiethet, die Nachbarn ein wachsames Auge mit haben und wenn ihnen etwas Verdächtiges oder Gefährliches vorkommt, solches gebührenden Ortes anzeigen müßen, damit gemeiner Schade verhutet und unachtsame Miether ausgetrieben werden können.

§. 38.

Nachbarn müssen anzeigen, wenn sie Verwahrlosung erfahren.

Gestalt auch sonst jeder Einwohner, wenn er von seinem Nachbar verspührt oder erfährt, daß derselbe mit Feuer oder Licht oder solchen Sachen die leicht Feuer fangen übel umgehet, solches zur Bestrafung anzuzeigen, ander Gestalt aber zu gewarten hat, daß er bei entstehendem Feuer-Schaden wegen seiner unverantwortlichen Nachsicht und Verwahrlosung mit bestrafet werde.

§. 39.

Malzdarren sollen gewölbet sein, Brauhäuser in 4 Mauern stehen.

Wegen der Malzdarren haben Se. Königliche Majestät allergnädigst verordnet, daß keine andere als wohl gewölbte jetzo noch kunftig zu dulden. Die Brau- und Darrhäuser sollen auch nunmehro unverzüglich in 4 Mauern gebracht werden; währender Zeit hat der Eigenthümer und Brauherr alle möglichste und schuldige Vorsorge anzuwenden, daß Feuersgefahr verhütet werde, oder, bis alles gehörig angefertiget, keine Ziese-Zettel vor sich oder die Eigenthümer zum Brauen zu gewarten.

§. 40.

Wasser, Füllkannen, Spritzen und Laternen im Darrhause sein.

So sollen auch die Arbeiter, welche Malz darren wollen, zuvor zwei oder einen großen Zober voll Wasser in oder vor das Darrhaus bringen, auch einen Born oder Füll-Kanne, imgleichen eine Spritze und Laterne zur Hand haben, damit es in Noth an Wasser zum Löschen nicht fehlen könne.

§. 41.

Vom Pulver sollen nur 10 Pfund im Hause aufm Boden sein und 10 Pfund im Laden.

Es soll keiner mit Pulver handeln, dasselbe verkaufen oder Fremden bei ihm niederzulegen verstatten, es konnte dann solches, und zwar höchstens zu 10 Pfund oder oben auf dem Boden oder an solchen verwahrten Oertern, dahin man mit Licht nicht kommen kann, behalten werden. Wie dann diejenigen, so damit handeln, sich deshalb bei dem Magistrat anzumelden, damit nöthige Vorsorge geschehen könne; Danebst soll keinem vergönnet sein, über 10 Pfund in seinem Laden zu haben, noch bei Licht etwas zu verkaufen; das Uebrige muß vor dem Thore in dem darzu geordneten Magazin verwahret werden.

§. 42.

Schiessen und Misbrauch des Pulvers verbothen.

Das Schiessen, Racketen, Grenaden und Schwärmer Werfen oder Steigen lassen, auch sonst mit Pulver Muthwillen zu treiben, bleibt aufs Schärffste in den Residentzien und Vorstädten verboten; wer sich aber darin zu üben hat, muß es an solchen Orten außerhalb der Landwehr, und also abwerts von Gebäuden thun, wo kein Schade zu befahren. Wer sich unterstehen würde, hierwieder zu handeln, soll nach Beschaffenheit der Person ernstlich mit Gefängniß oder andrer Leibesstrafe angesehen werden, und die Wache, auch wohl die Rathsdiener, wer von ihnen dergleichen zuerst gewahr wird, solche Personen, insonderheit auch die auf den Straßen mit Pulver Unfug anrichtende und tumultuirende Jungens sofort arrestiren oder deren Eltern, Vormunder und Meister dem Magistrat anmelden; die dann wegen ihrer Nachsicht nach Befinden gestraft werden sollen.

§. 43.

Fackeln beim Winde verboten und Kien dem Gesinde auf den Straßen.

Endlich ist auch keine geringe Gefahr darunter zu befürchten, daß die Pechfackeln oder brennender Kien von dem Gesinde des Abends und Nachts bei großem Winde gebrauchet, an den Häusern, Brücken oder Laternen-Pfosten abgeklopfet, und die glimmenden Funken in die Höhe getrieben werden; dahero denn ein Jeder sich selbst zu bescheiden und vornehmlich bei windichtem Wetter anstatt der Fackeln Laternen zu gebrauchen, das Gesinde aber, wenn es verschicket wird, sich des brennenden Kiens oder Fackeln zu enthalten, widrigenfalls zu gewarten, daß ihnen durch die Patrouille oder Stadtdiener solche weggenommen, sie selbst aber in Arrest gebracht werden sollen.

§. 44.

Visitationes sollen öfters gehalten werden und Instruction dazu.

Damit nun obiges alles von jedermann desto besser beobachtet werde, soll durch die Feuer-Herrn mit Ziehung der Stadtverordneten, Maurer und Zimmerleute, auch Schornsteinfeger, so oft es nöthig gefunden wird, Inhalts der aus dieser Feuerordnung zum Besten der Visitatoren und der Hauswirthe zusammengezogenen, an gedruckten Instruction genau visitirt, und da jemand dieser Ordnung zuwider lebet, solches gehörigen Ortes zu unnachbleiblicher Bestrafung angemeldet werden; Auf daß auch keiner der Visitation sich opponire und derselben zu entgehen suche, wird der Gouverneur und Commandant jedesmal benöthigte Unteroffiziers mitschicken, welche, ohne Vergeltung davor zu begehren, die Häuser und insbesondere der Eximirten, ohne Präjudiz ihrer Freiheit und Exemtion, zu besichtigen und zu visitiren haben; Da denn nach Befinden ein oder andern Mangels oder Unterlassung wider den Säumigen unter den Eximirten mit Zuziehung des Commandanten oder ihrer Obrigkeit verfahren, die gesetzte oder annoch zu bestimmende Strafen abgefordert und, wie hiernächst von Bestrafung der Verbrecher und Belohnung der Arbeiter geordnet zu sehen, aufbehalten und angewendet werden sollen.

Titulus II.

Von Anschaffung nöthiger Feuer-Instrumenten und Geräthes, so bei besorglichen Feuers-Nöthen zu gebrauchen.

§. 1.

Jeder Einwohner soll gewisse lederne Eimer haben und zeichnen.

Ein jeglicher Einwohner, er sei Eximirter oder Bürger, soll vor allen Dingen sich mit viel ledernen Eimern als ihm nöthig oder nach Beschaffenheit seines Hauses und seiner Profession, wenn er mit Holz oder mit Feuer viel umgehet oder Gastwirthschaft treibet, erfordert werden, mit 8, 6 und 4, der geringste Eigenthümer aber wenigstens mit 2 oder 3 versehen, solche auf alle Falle in seinem Hause bereit, auch in gutem Stande halten, darauf Zeichen machen, daran sie von anderen zu unterscheiden und wenn sie bei der Visitation nicht gefunden werden, vor jeden Eimer 1 Rthlr. Strafe erlegen.

§. 2.

Auch Handspritzen und Leiter auf dem Boden.

Nicht weniger muß ein Jeder in seinem Hause metallene oder in Mangel derselben wenigstens zwei hölzerne Handspritzen, wie auch eine Leiter unterm Dach haben, um das inwendige Sparr- und Lattenwerk fur dem Feuer zu bewahren und zu retten.

§. 3.

In Gärten und Meiereihäusern gleichfalls.

Diejenigen, so in Vorstadten Gärten und Meiereien haben, sollen ebenfalls in denen Wohnungen und Gartenhäusern 1 oder 2 lederne Eimer, auf den Meiereien aber 6 und jeglicher eine lange und kurze Leiter haben.

§. 4.

Sommers sollen Kübel voll Wasser auf dem Boden stehen, am meisten bei Gastwirthen.

Zur Sommerszeit sollen alle und jede in denen Städten und Vorstadten auf dem obersten Boden ein oder mehr Zober oder Kubel mit Wasser gefüllet nebst Handspritzen bereit und zu anderen Zeiten solche Gefäße ledig und alles im guten Stande halten, damit sie, wenns Noth, in die Hohe gebracht und mit Wasser angefullet werden können, wonach sich insonderheit die Gastwirthe zu richten und wenn es bei ihnen daran fehlen sollte, desto harter zu bestrafen.

§. 5.

Eimer der Zunfte und Gewerke.

Sonst sollen auch alle Zunfte aus ihren Laden eine gewisse Anzahl lederner Eimer fordersamst anschaffen und solche bei dem Altmeister jeden Gewerks verwahren und haben die Beisitzer des Magistrats die Gewerke, wovon jedoch diejenigen aus genommen, so Tit. III. §. 27. zu Bearbeitung der großer Spritzen angewiesen, dahin zu halten, daß die ihnen zugeschriebene Zahl der Eimer ungesäumt angeschaffet werden. Als bei:

der Crahmer Gulde		30
Materialisten		40
Barbieren		10
Tuchmachern		6
Schneidern in Berlin und Berlinischen Vorstädten		30
	Cölln und deren Vorstädten	20
	Friedrichs-Werder	6
	Dorotheen-Stadt	6
	Friedrichs-Stadt	10
Strumpfwürkern		20
Strumpfstrickern		4
Raschmachern		16
Glasern		6
Schlächtern in Berlin		15
	Cölln	10
	Friedrichswerder	6
	Dorotheen-Stadt	4
	Friedrichs-Stadt	6
Seiffen-Siedern		6
Beuttlern		8
Posamentiren		12
Zinngießern		16
Goldschmieden		12
Gürtlern		6
Bäckern in Berlin		20
	Colln	12
	Friedrichs-Werder	6
	Dorotheenstadt	6
	Friedrichsstadt	12
Nagelschmieden		8
Badern		2
Bürstenmachern		4
Kürschnern		8
Knopfmachern		6
Klempnern		6
Huthmachern		12
Buchbindern		6
Pantoffelmachern		4
Kammachern		4
Leinwebern		12
Drechslern		8
Nadlern		8
Schön- und Schwarz-Färbern		6
Cirkelschmieden		2
Töpfern		6

Schwerdtfegern	6
Seilern	6
Tuchscheerern	4
Weißgerbern	6

Handwerker-Eimer müssen ihre Zeichen haben: auf 2 solcher Eimer soll ein Kittel sein.

Die Eimer jeden Gewerks mußen gleichfalls mit einem besonderen Zeichen marquirt werden. Diese Gewerkseimer sollen bei Straffe richtig gehalten werden, auch bei dem Altmeister allemahl nach Anzahl der Eimer die Halbscheid an schwarzen Kitteln, womit die Gesellen beim Feuer erscheinen, vorhanden und in Bereitschaft sein.

§. 6.

Zahl der Eimer auf den Rathhäusern

Auf den Rathhäusern der Königlichen Residentzien soll Jeder Zeit eine gute Anzahl lederner Feuer-Eimer, als in Berlin 150, in Cölln 100, aufm Friedrichs-Werder 50, in der Dorotheenstadt 50 und in der Friedrichsstadt bei denen Stadt-Capitains 100 Eimer in Bereitschaft gehalten werden, davon bei entstehendem Feuer, soviel als die Noth erfordert, an die Diener, oder an den Stadt-Capitain der zum Retten commandirten Eigenthumer zu geben, ein Theil aber zuruckzuhalten, im Fall (welches Gott auch verhüte) ein zweites Feuer entstunde. Und sollen die Marktmeister fur die Anzahl der auf den Rathhäusern befindlichen Eimern stehen, solche durch die Diener allemahl wieder an Ort und Stelle liefern lassen, auch trucknen und im Stande erhalten; von dem etwa geschehenen Abgange aber unverzüglich berichten.

§. 7.

und in Vorstädten bei den Capitains.

Was die Vorstädte betrifft, sollen die Bürger-Hauptleute im Spandowschen-, Königs- und Stralowschen-Viertel jeder 30 Feuer-Eimer vorräthig haben, in der Cöllnschen Vorstadt aber 40 in Verwahrung sein.

§. 8.

Gemeine Hand-Spritzen, Leitern und Haken.

Dann ist bei allen Rathhäusern nach Proportion der Städte eine Anzahl Handspritzen anzuschaffen und zu halten, auch müßen daselbst und wo es sich in den Residenz-Städten und Vorstädten thun laßen will, Feuerleitern und Feuerhaken, deren etliche mit Stützen zum Aufbringen und Feststehen versehen, angeschafft und in solchem Stande gehalten werden, daß sie allemal brauchbar und ohne Mangel sein.

Große Spritzen und Leitern zu holen, müßen allenfalls Leute im Vorrath commandirt werden.

Und sollen solche sowohl als die große Spritzen sonderlich in den Vorstädten bei Mangel der Pferde sofort heranzubringen, in jedem Quartier 10 bis 12 Mann besonders in Vorrath commandirt und ausgemachet sein. Vor allen aber mußen kurze Leitern, die ein oder zwei Menschen zwingen können, mehr als große zugelegt werden. Die Feuer-Herrn müßen auch nachsehen, daß die Haken und Leiter allemahl in gutem Stande erhalten werden.

§. 9.

Kleinbinder sollen jeder 2 Zober zu Handspritzen halten.

Zum Gebrauch der Handspritzen sollen die Kleinbinder hiesiger Residentzien jeglicher allezeit 2 und in den Vorstädten 1 Zober bereit haben, um bei entstehendem Feuer zu den Handspritzen herzugeben.

§. 10.

Anzahl der großen Spritzen und deren Probirung alle 2 Monat.

Sonst sollen bis zu weiterer Verordnung in Berlin vorhanden sein: 2 Schlauch- und 2 Rohrspritzen, in Cölln 1 Schlauch- und 1 Rohrspritze, in Friedrichs-Werder 2 Rohrspritzen, in der Dorotheenstadt 2, in der Berlinischen Vorstadt 1 Rohrspritze und solche von denen, die dazu bestellet, in gute Acht genommen und alle Jahr im Martio, Julio, September und November durch die dazu benennete Gewerke im Beisein der Feuerherrn und unter Anweisung des Feuer-Commissarii probiret werden. Dabei auch alle sonst zum Feuer Verordnete und der Zeit commandirte Leute sich einfinden und in dem, was jedem befohlen wird, üben müssen. Solches zu befordern, haben des Raths Beisitzer sothaner Gewerke dahin mit zu sehen, daß bei den Quartal-Zusammenkunften der Handwerker sie ihrer Schuldigkeit erinnert werden. Wenn aber demohngeachtet die Handwerker zur Arbeit bei Probe der Spritzen nicht erscheinen würden, haben sie, sowohl Meister als Gesellen, harter Ahndung zu gewarten und sollen die Spritzenmeister auch Jung-Meister der Gewerke bei Strafe 1 Rthlr. von denen ausgebliebenen, oder denen die zu spät gekommen, oder die nicht das ihre gethan haben, richtige Specification uberreichen.

Alle die zum Feuer geordnet, sollen beim Probiren sich uben.

§. 11.

Prahmspritzen denen Fischern, Schiffbauern anvertraut.

Nachdem auch für die am Wasser stehenden Gebäude 2 Prahmspritzen angefertigt sein, so sollen die hiesige Fischer und Schiffbauer solche unter ihrer Aufsicht haben, reinigen und mit ihren Gesellen unter Aufsicht der Spritzenmeister diese Prahmspritzen sowohl im Nothfall, wo es geschehen kann, herzubringen und die andern Spritzen allenfalls anzufüllen, als auch beim Probiren zu solchem Ende mit erscheinen und sich sonsten der Vorgesetzten Befehl gemäß erzeigen; nicht weniger zur Winterzeit die Canäle offen halten, damit die nöthige Feuergeräthschaft an Ort und Häuser, wo es die Noth erfordert, gebracht werden könne. Siehe Beilage No. 15.

§. 12.

Brunnen und Thienen im Stande zu halten.

Die verordneten Feuerherrn haben die Brunnen der Stadt zum öftern zu visitiren, und zugleich auf die dabei befindliche Schleiffen und Wasser-Thienen Acht zu geben; was sie mangelhaft befinden, repariren zu lassen; und wie sie es aufs genaueste bedungen zu attestiren, worauf die Zahlung gehörigen Ortes erfolgt. Siehe Beilage Nr. 6.

§. 13.

Thienen des Sommers voll Wasser zu halten, Winters umzukehren.

Desgleichen haben die Feuerherrn dahin zu sehen, daß alle Thienen an den Brunnen, so lange es die

Jahreszeit leidet, voll Wasser gehalten, zur Winterszeit aber durch die Viertelsdiener ausgegossen und umgekehret, die Schleiffen aber, damit sie nicht anfrieren, untergelegt, und wenn sie auch wider Vermuthen anfrieren möchten, loß geeiset werden, damit solches im Fall der Noth keine Hinderniß gebe.

§. 14.

In die Spree mehr Brunnenröhren zu setzen.

Weil auch befunden, daß einige Gemeine-Brunnen so seicht, daß sie des Sommers wenig Wasser halten, andere aber bei entstehendem Feuer leicht ausgezogen werden und wenige Gelegenheit, das Wasser aus dem Fluß zu schöpfen, so sollen, den Mangel des Wassers zu ersetzen, an dem Spree-Strohm und daraus gehenden Canälen, wo man hinzukommen kann, etliche Röhren an bequemen Orten, welche die Feuerherrn anzuzeigen, am Rande ins Wasser gesetzet und verfertiget werden, damit man daraus, wie aus anderen Brunnen, Wasser ziehen könne, wie denn auch in den Vorstädten mehr Brunnen angeleget werden sollen.

§. 15.

Eigenthümer der Eckhäuser sollen Kienpfannen halten.

Damit auch diejenigen, so zum Feuer eilen, oder Wasser führen, wenn es in der Nacht ist, nicht zu Schaden kommen, sollen die Eigenthümer der Eckhäuser eiserne Kiehnpfannen, so in die Erde gestellt werden können, anschaffen, darauf zum Licht der Vorbeigehenden Kiehn angesteckt werde.

§. 16.

Die Thürmer Fahne und Laterne bereit halten.

Endlich soll auch auf den Thürmen eine Fahne und Laterne gehalten werden, den Ort eines entstandenen Feuers, des Tages und Nachts, wie hernach folget, anzuzeigen.

Titulus III.

Welchergestalt ein entstehendes Feuer anzudeuten und kund zu machen, auch was Jeder bei Löschung desselben thun und in Acht nehmen soll.

§. 1.

Nachtwächter sollen theils das Feuer melden, theils die Nachbarn allarmiren und erste Hülfe beim Feuer thun.

Wie sich die Patrouille zu verhalten, wenn sie zu Nachtzeiten ein Feuer so entstehet vermerket, wird der Gouverneur oder Commandant Ordre stellen; wenn aber die bestelleten Nachtwächter etwa in einem Hause verdächtig Feuer oder ungewöhnlichen Rauch gewahr werden, müßen sie an dasselbe ohne unzeitigen Lärm oder ungestüm anklopfen und sich dessen erkundigen. Wäre es nun gefährlich und schiene dem Hause oder der Stadt zum Schaden zu sein, so soll dieselbe, Inhalts beigefügter besondern Nachtwächter-Ordnung, zum Theil solches denen Wachten und

Befehlshabern unverzüglich melden, theils die Nachbarn rufen und mit ihnen so lange retten und dampfen helfen, bis mehr Hülfe kömmt, sich auch sonstens nach erwähnter Nachtwächter-Ordnung sub No. 14. genau verhalten.

§. 2.

Hauswirth soll das Feuer durch Geschrei andeuten und der Wache melden lassen.

Ein jeder Hausvater oder Hausmutter soll, wenn über vorhin geordneter Vorsichtigkeit und anderm, so ein Jeglicher in seinem Hause, ihm und dem Gemeinwesen zum Besten anzuordnen hat, ein Feuer auskommen sollte, es sei in oder vor den Städten, bei Tage oder Nacht, alsobald ein Geschrei machen, seine Nachbarn um Hülfe rufen, auch solches bei der nächsten Wache anmelden laßen, die ihm mit den Eimern zu Hulfe zu kommen und treulich beizustehen schuldig, damit das Feuer, ehe es mehr Kraft gewinnt, gedämpfet werde, wo es aber der Hauswirth zu verschweigen und etwa selbst mit den seinigen zu löschen suchte und es dahero nicht eher gemeldet wird, als gesturmt, soll derjenige, bei dem das Feuer ausgekommen, andern zum Exempel und Abscheu, nach Gelegenheit der Umstände, um Geld oder am Leibe gestraft werden. Wäre auch schon ohne sonderbaren Schaden das Feuer nachher bald gedämpfet oder gelöschet, soll nichts desto weniger, wie vorhin gemeldet, mit der Bestrafung verfahren werden.

§. 3.

Gesinde im Hause und Nachbarn sollen das Feuer durch Geschrei kund thun.

Vermerkt und erfuhre einer der Nachbarn, daß Feuer in der Nachbarschaft aufgehe, soll derselbe, desgleichen das Gesinde im Hause, wo Feuer entstehet, wenn es der Hauswirth nicht thut, ein Geschrei, es sei bei Tage oder Nacht, machen und dadurch die obhandene Feuersgefahr kund thun, damit die Leute zur Hülfe und Rettung kommen mogen.

§. 4.

Die Kunstpfeiffer wachsame Leute auf den Thürmen halten und diese Zeichen geben, auch melden lassen wo Feuer ist.

Die Kunstpfeiffer hiesiger Residentzien, welche Jahr aus, Jahr ein allezeit durch ihre Gesellen auf den Thurmen der Städte wachen lassen müßen, sollen ihren Pflichten gemaß dahin bedacht und schuldig sein, daß allemal wachsame Leute dazu bestellet werden, die alle viertel Stunden des Nachts durch ihr Horn mit Blasen sich melden; Sobald diese sehen, daß ein Feuer in oder vor der Stadt entstehet, und die Lohe aufgehet, sollen sie solches durch Blasen anzeigen und die Gegend und Ort des Feuers bei Tage mit der ausgesteckten Feuer-Fahne, bei Nachte aber mit ausgehangener brennender Laterne bezeichnen, anbei, so gut es geschehen kann, durch den Küster oder nachsten Kirchen-Diener dem nächsten Feuerherrn und Glockentretern Meldung thun lassen; Auch sollen sie, nachdem die Noth und Gefahr groß, mit der Sturmglocke die Leute zur Rettung und Hülfe rufen; Gäbe nun der Wächter auf dem Thurme nicht fleißig Acht, daß er des Feuers gewahr würde, oder verschlieffe solches, soll nicht allein derselbe mit harter Strafe belegt, sondern auch der Kunstpfeiffer, daß er keinen vorsichtigeren dazu bestellet, dem Befinden nach bestrafet werden.

§. 5.

Vor denen Thoren kann der Burger Trommel gerührt werden.

Wann vor den Thoren eine Feuersbrunst entstünde, können die Stadthauptleute oder Bürgerschaft daselbst das Spiel rühren lassen, damit die Einwohner dadurch zur Rettung aufgemuntert werden, weil solches in allen Quartieren der Vorstadt andergestalt nicht füglich geschehen kann.

§. 6.

Zeichen beim zweiten Feuer bei Verminderung der Gefahr u. bei bloßem Schornsteinbrennen.

Mit denen im vorstehenden §. 4. verordneten Zeichen muß, wenn unter währendem Feuer an einem anderen Orte ein zweites Feuer entstünde, solches gleichfalls bekannt gemacht, hingegen auch mit dem Sturmen, Feuer-Zeichen ausstecken und rühren des Spieles eingehalten werden, nachdem die Gefahr abnimmt. Bloßes Schornstein-Brennen, wenn es sich auch zu Nacht begäbe, muß ohne Stürmen mit der Glocke, nur allein durch Blasen von den Thürmen angedeutet werden.

§. 7.

Kienpfannen sollen an den Ecken angezündet sein.

Sobald nun ein Zeichen entstandener Feuersbrunst gegeben und es Nachts wäre, sollen die Einwohner der Eckhäuser die Kien-Pfannen, wovon Tit. II. §. 15. gedacht, an die Ecken der Straßen in die Erde stecken laßen, und darauf, bis das Feuer gelöschet oder es Tag worden, brennend Kien halten; In den Straßen aber muß entweder vor jedes Haus eine Laterne gehangen, oder bei willkührlicher Strafe brennende Lichter in die Fenster gesetzet werden, damit diejenigen, so zum Feuer eilen, oder Wasser führen, sehen konnen, Schaden aber und Unordnung, so im Finstern geschehen kann, verhütet werde.

In allen Häusern brennende Lichter in Fenstern.

§. 8.

Vor den Häusern gefüllte Wasserthienen, auch dergleichen auf den Bodens stehn.

Desgleichen soll ein jeglicher, insonderheit in der Gegend und Viertel, da das Feuer ist, Zober und Thienen voll Wasser vor seine Hausthür setzen, damit es daran nicht fehlen möge; Die Nachbarn sollen auf den obersten Boden ihres Hauses zu Sommerszeit bei entstandenem Feuer ein oder zwei Zober mit Wasser und Handspritzen bringen, auf das Flugfeuer wohl Acht haben, ihre Dachfenster zumachen und vor allen Dingen die Rinnen, so zwischen den Häusern sind, wohl wahrnehmen, damit darinnen kein Flugfeuer Schaden verursachen möge. Und sollen einige der Stadtverordneten, so nicht im verunglückten Hause die erste Rettung thun helfen, herrum gehen und dahin sehen, daß dem, was in diesem §. geordnet, ein exactes Genuge geleistet werde.

Eintheilung der Städte und Vorstädte in Viertel.

Damit auch die Einwohner wißen mögen, wie weit jedes Viertel oder Abtheilung in der Stadt Berlin und übrigen, wie auch Vorstädten, in diesem Fall sich erstrecken solle, wird es folgendermassen geordnet.

In Berlin.

Das Nicolai-Viertel fängt an von der langen Brücke am neuen Posthause und gehet durch die Königsstraße bis an die Spandowsche Straße und durch dieselbe diesseits bis durch die kleine Gasse zur Spree bei dem Gräflich Schwerinschen Hause, folglich auf den Mühlendamm und daselbst bis an die nach Neu-Cölln gehende Brücke.

Das Heil. Geist-Viertel fängt an von der langen Brücke an dem in der Königsstraße der Joachimtalischen Schule zugehörigen Eckhause, gehet bis an die Spandowsche Straße und continuiret darinnen diesseits, bis sie an der Garnisonschule sich endigt, alsdann nach der Orangenbrücke, und wieder die Burgstraße herunter bis zur langen Brücke.

Das Marien-Virtel fängt bei der Garnison-Kirche an und gehet durch die Spandower Straße an das Königsthor, von diesem am Wall herum, bis wieder an den Ort, da dieses Viertel den Anfang genommen.

Das Kloster-Viertel gehet vom Berlinischen Rathhause bis zum Königsthor, von dar am Wall herunter bis zum Stralower Thore und am Strohm hinauf bis an des Geheimen Raths Schindlers Haus, von dar durch die Spandowsche Straße bis wieder an das Berlinische Rathhaus.

In Cölln.

Das Schloßviertel endet sich am Mühlendamm und der Gertraudten Brücke diesseits.

Das Markt-Viertel erstreckt sich von der Gertraudten-Brücke bis an die Brücke auf dem Mühlendamm, so nach Neu-Cölln gehet, und ferner bis an die Spree gegen Neu-Cölln über.

Das dritte Viertel ist Neu-Cölln.

Das Gertraudten-Viertel erstrecket sich von Neu-Cölln bis in die Leipziger Straße diesseits.

Das Schleusen-Viertel, von der anderen Seite der Leipziger-Straße bis zum Ende des Friedrichs-Werders.

Dorotheen-Stadt.

Das neue Thor-Viertel gehet bis zum Weidendamm und Potsdammer Brücke diesseits.

Das Thiergarten-Viertel von dar bis an den Thiergarten.

Friedrichsstadt.

Das Jerusalemsche Viertel bis in die Krausengasse diesseits.

Das Leipziger Viertel bis in die Mohrenstraße diesseits.

Das Potsdammer Viertel bis an die Potsdammer Brücke.

Vor dem Köpnicker Thor.

Das Köpnicksche Viertel hält die Köpnicksche und Rieckdorffer Straße in sich.

Das Linden-Viertel geht vom innern Cöpniker Thore bis in die Lindenstraße, so weit sie zur Cöllnischen Vorstadt gehört.

Vor dem Stralauer- Königs- und Spandauer-Thore.

Die Stralower Vorstadt endiget sich in der halben Baum-Gasse.

Die Königs-Vorstadt in der Prenzlower Straße.

Die Spandowsche Vorstadt im Thiergarten.

In jedem Quartier sollen zwei Viertelsmeister sein und die erste Rettung thun.

Zu jedem dieser Quartiere sollen insonderheit zwei Viertelsmeister geordnet sein, welche die erste Hülfe und Rettung, mit oder ohne die ersten Stadtverordneten, so lange veranstalten, bis die commandirte Bürger ankommen. Dieselbe müßen auch sofort denen in Feuersgefahr stehenden Leuten einen Platz, wohin sie ihre zu rettende Mobilia bringen können, anzeigen und treue Leute dazu stellen, welcher hernach, wie §. 15. geordnet, von der zuerst ankommenden Bürgerwache unverzüglich besetzet werden soll. Uebrigens müßen die Viertelsmeister, nachdem die Bürgerschaft angekommen, nicht vom Feuer gehen, sondern bei der Hand bleiben, damit durch sie alles, was ferner am nothwendigsten vorfällt, beschickt und bestellet werden könne.

§. 9.

Alle Feuerherrn sollen am ersten Wasser ziehen lassen, die übrigen Stadtverordnete und Viertelsmeister damit continuiren.

Die Feuer- und Brunnenherrn, so nach Anweisung der Brunnen-Ordnung de anno 1660 Art. 2. zu setzen, sollen sofort, noch angedeutetem Feuer, am ersten, indem sie zum Feuer gehen, anordnen helfen, daß die ledigen Thienen und andere Wassergefäße sogleich gefüllet und Wasser zum Feuer angeführet werde. Die Stadtverordneten und Viertelsmeister der übrigen Viertel aber haben zu veranstalten, daß damit ohn Unterlaß continuirt und durch die Dienstbothen, am allermeisten in dem Brand- und nächsten Viertel die Brunnen gezogen, auch die Thienen mit reinem Wasser, damit die Spritzen nicht verderben, angefüllt und solches fortgeschafft werde.

§. 10.

Brunnenmacher sollen theils bei dem nächsten Brunnen sein, auch Schornsteinfeger beim Feuer sich einfinden.

Die Brunnenmacher sollen sich mit ihren Leuten am Rathhause und theils bei denen dem Feuer nächsten Brunnen gestellen, damit ihnen, wenn ein oder anders am Brunnen wandelbar würde, sofort nöthiger Befehl, wie sie wieder brauchbar zu machen, ertheilet werden könne. Auch sollen die Schornsteinfeger mit ihrer Gesellen und Jungens sich unverzüglich beim Feuer einfinden, und wenn es nöthig, die Dächer besteigen, wozu nasse Säcke vorhanden sein und von denen Nachbarn gereichet werden müßen. Damit es aber an den Schornsteinfegern nicht fehle, soll keiner von ihnen ohne die höchste Noth, welche er jedoch zuvor schriftlich anzeigen und darüber Verordnung erwarten muß, aus der Stadt reisen.

§. 11.

Nachbarn der nächsten Straßen sollen die erste Hülfe leisten.

Sobald nun ein Geschrei von Feuer auf den Gassen entstehet, ein Zeichen vom Thurme gehöret, oder das

Spiel gerühret wird, sollen die Nachbarn sowohl in derselben, als den nächsten Gassen oder Straßen, allenthalben vom Orte, wo das Feuer ist, bis zum 20sten oder 25sten Hause zu rechnen, sie mögen sonst zu dem Viertel gehören oder nicht, sofort und am ersten mit ihren Eimern voll Wasser, Handspritzen und anderem Wassergeräthe hinzueilen und das Feuer unter Aufsicht der nächsten Stadtverordneten und Viertelmeister, wie §. 8. gedacht, bei Zeiten zu dämpfen sich bemühen, auch so lange anhalten, bis die zu Loschung des Feuers insonderheit verordnete und andere Hülfe ankommet, alsdann diese zu fernerem Löschen nicht weiter verbunden. Von diesen Nachbarn werden aber ausgenommen die drei auf jeder Seite und die gerade gegenüber wohnende, auch drei oder mehr von hinten an den Hof des brennenden Hauses unmittelbar stoßende Eigenthümer, welche zu ihrer eigenen Rettung zu Hause bleiben mögen. Von denen übrigen hingegen wird es weniger an Mitteln fehlen, durch ihre Domestiken oder Miethsleute die §. 8. geordnete Anstalten in ihren eigenen Häusern beobachten zu laßen, damit sie, wenn es geschehen kann, selbst in Person ihrem armen Mitburger am ersten zu Hülfe kommen, als wodurch die Rettung mit mehrerem Ernst geschieht, Diebstahl und Unfug aber abgewendet wird.

§. 12.

Die Kleinbinder sofort Wasser in Kübeln bringen.

Und damit diese Nachbarn, oder diejenigen so zur Rettung und Löschung des Feuers nachhero kommen, keinen Mangel an Gefäßen zu Handspritzen haben, sollen alle Kleinbinder und deren Gesellen ihre Zober, wovon Tit. praeced. §. 9. gedacht, schleunigst und am allerersten zum Feuer bringen und bis alles gelöscht, zutragen.

§. 13.

Die Marktmeister sollen durch Diener Eimer, Leitern und Haken schicken.

Auf erfolgtes Zeichen, daß ein Feuer entstanden, muß der Marktmeister bei Verlust seines Dienstes, oder anderer empfindlicher Bestrafung, wenn es Nacht, das Rathhaus sofort eröffnen, die Feuerpfannen auf den Ecken des Rathhauses mit brennendem Kien ausstellen, zur Fortschaffung der Feuerleitern und Haken möglichsten Fleiß anwenden und alle dasjenige verrichten, wozu ihm seine Pflicht bei dergleichen Fällen verbindet; Zu dem Ende er auch ohne speziale Erlaubniß keine Nacht außerhalb der Stadt bleiben soll, bei Vermeidung obiger Strafe; Die übrige Rath-häuslichen Diener sollen bei gehörtem Feuerlärm auf dem Rathhause in aller Eile sich einfinden, die Leitern, Haken und Eimer von ihrer Stelle ab, und zum Feuer bringen, auch zur Löschung des Feuers ferner des Raths Befehl nachleben.

§. 14.

Magistratspersonen sollen beim Feuer sein und die Feuer-Herrn sich eintheilen.

Die Bürgermeister haben sich auf empfangene Kundschaft des Feuers, nebst anderen Rathspersonen, auf dem Rathhause einzufinden, auf Alles fleißig Acht zu geben und Ordre zu ertheilen, wie und wo einer oder der andere seine Gebürniß abzulegen habe, auch einige ihres Mittels wohin es Noth zu deputiren und nebst dem Richter jeder Stadt, wo der Brand entstanden, auch Andern so dazu verordnet, gebührende Anstalt zu machen, und die Leute zum Löschen und Arbeiten anzumahnen; Die verordnete Feuerherrn und einige Rathmänner aber, insonderheit die nächsten, sollen nach besorgter Wasseranfuhre, sambt nöthigen Unterbedienten sich ohne den geringsten Verzug beim Feuer einstellen und dergestalt alles eintheilen, daß eines mit dem anderen in gebührender Ordnung gethan und die Arbeiter nicht irre gemacht werden. Zu solchem Ende haben einige allein auf das Haus und dessen Rettung, Spritzen, Haken, Leitern und Werkleute, andere wieder allein auf die an beiden Seiten des Hauses, wie hernach geordnet ist, mit Feuereimern gestellte Leute und ankommende Wasserthienen Acht zu geben; Anbei die Raths- oder Gerichtsdiener auszuschicken, um anzutreiben, daß Wasser genug herbeigebracht werde. Wiederum andere sollen auf dem Rettplatz, und daß bei Rettung der Mobilien keine Unordnung oder Diebstahl vorgehe, gute Acht haben, und jeder bei dem bleiben, was er anfangs übernommen hat, oder ihm aufgetragen, ohne sich dessen mit anzumaaßen, was einem anderen befohlen ist. Damit aber die Feuerherrn und alle Befehlshabere das Uebrige soviel wie ungehindert thun und geschwinder veranlassen können, soll jedem ein Bürger-Unteroffizier mit drei bis vier Mann beständig um sich zu haben gegeben werden.

§. 15.

Bürger-Officiers sollen die Eigenthümer mit Eimern, die Incol. mit Gewehr anfuhren, die geretteten Mobilien in einen Kreis bringen und die Straßen besetzen.

Die Stadthauptleute sollen nach ihrer Wachrollen einen Lieutenant oder Fähnrich mit nothigen Unterofficieren und überdem außer den Tit. II. §. 8. zu Anbringung der Spritzen allenfalls geordneten Leuten annoch in Berlin 60 Eigenthumer mit Feuer-Instrumenten, 40 Incol. mit Ober- und Untergewehr; in Cölln 32 Eigenthümer, 32 Incol. wie jetzt gedacht; Aufm Friedrichs-Werder 18 Eigenthümer, 18 Incol.; Auf der Dorotheenstadt 18 Eigenthümer, 18 Incol.; Auf der Friedrichsstadt 24 Eigenthümer, 24 Incol.; Vor dem Spandower Thor 20 Eigenthümer, 20 Incol.; Im Konigs-Viertel 20 Eigenthümer, 20 Incol.; Im Stralower Viertel 20 Eigenthümer, 20 Incol.; In der Cöllnischen Vorstadt 30 Eigenthümer, 30 Incol.; allesammt von beiden Nationen, der deutschen und französischen, durch gedruckte Zettel monatlich commandiren und jedem der Commandirten dabei sein Zeichen zustellen, welches er dann bei seiner Ankunft zum Feuer an die dazu geordnete Befehlshaber abzugeben hat. Hiernächst soll der Capitain des Viertels, darin der Brand ist, die mit Feuergeräthe versehene am ersten ankommende Eigenthümere ohne Unterschied, weil die meisten Einwohner des Brand-Viertels schon ihre §. 11. angewiesene Arbeit haben, unverzüglich zum Feuer anführen, der Lieutenant mit denen zuerst ankommenden commandirten Incol., welche Gewehr tragen, wenn sie sich beim Rathhause versammelt, folgen und sofort den von denen beiden

Viertelsmeistern, derer §. 8. gedacht worden, angewiesenen Rettplatz mit so viel Mannschaft als nothig besetzen, sich auch des Hauses und der verunglückten Leute wider Diebstahl und Gewalt annehmen, und ihre weiter zu rettende Sachen durch seine unterhabende ihm wohlbekannte sichere Leute, welche beständig dabei bleiben und durch keine andern sich ablösen laßen mußen, auf den dazu ausgemachten Platz, nach dazu geschlossenem Kreise, bringen laßen. Und muß selbigem Kreise sich niemand bei harter Strafe nahern, der allda nichts zu verrichten hat. Die übrige Mannschaft wird zu Besetzung derer Straßen, wie §. 24. folget, commandirt, und von dem dritten Burger-Officier, welcher beim Rathhause wartet, bis der Rest der commandirten Incol. mit Gewehr ankommt, hernach verstarket und diese mit zugeführet. Sollten nun unter denen Commandirten unvermogende Leute oder Jungen ankommen, seind dieselbe abzuweisen, und diejenigen, welche sie abgeschicket, gleich denen Ausgebliebenen zu bestrafen. Es versteht sich ubrigens von selbsten, daß diejenige Häuser, deren §. 11. gedacht, daß sie die erste Hülfe thun und ihre eigene Häuser bewahren sollen, alsdann zur Feuerwache nicht commandirt werden konnen.

§. 16.

Glockentreter sollen theils auf dem Kirchendach sein, theils beim Feuer helfen.

Von den bestellten Glockentretern oder Pulsanten sollen zu Anfang des Feuers zween sich auf die Kirche verfügen, allda auf das Feuer wohl Acht geben, stürmen helfen, und mit Handspritzen, falls ins Dach der Kirche etwas fiele, zeitlich dämpfen und löschen; Die Uebrigen sollen beim Feuer Hand anlegen, bis es gelöschet; Sollte das Feuer der Kirche nahe sein, sollen die sämmtlichen Glockentreter, nebst denen Untervorstehern, auch Schieferdecker, über der Kirche und auf den Thurmen zum Widerstand gegen das Feuer sich parat halten halten, bis alle Gefahr vorüber ist; Die Kirchenvorsteher sammt Kuster, Todtengraber und Kirchenknechten sich auch letzten Falls auf dem Kirchhofe einfinden, Wasser und Handspritzen parat halten, auch überall der Kirche Schaden verhüten helfen.

§. 17.

Spritzenmeister sollen die Spritzen bringen und dabei bleiben.

Die Spritzenmeistere und wer sonst zu denen großen Spritzen bestellet, sollen bei gemachtem Feuerlärmen alsbald die Oerter, wo Stadtspritzen verwahret stehen, öffnen und wenn sie abgeholet, allenfalls, wenn keine Pferde sofort kommen, durch die Tit. II. §. 8. zur Anfuhrung der Spritzen oder sonst zur Arbeit bei denselben geordnete Leute herbeigebracht werden, mit denselben zum Feuer eilen, und Acht haben, daß daran nichts zerbrochen oder verderbet, noch unrein Wasser, wodurch sie unbrauchbar werden, eingegossen werde; Sie sollen auch den Befehlshabern Parition leisten in Richtung der Röhren, wie zu Minderung der Gefahr es am diensamsten erachtet wird. Von den Spritzen aus muß Niemand ohne Befehl abgehen, oder andere unverstandige Leute aufstellen, bis der Brand geloscht, und überall haben die Spritzenmeister ihrem Ambte und dem was §. 27. weiter befohlen wird, ein Genüge zu leisten. Wegen der Prahmspritzen hat es bei dem, was Tit. II. §. 11. geordnet ist, sein Bewenden, daß die Fischer und Schiffbauer auf den Fall, da sie damit helfen oder andere Spritzen daraus mit Wasser versehen können, solche unverzüglich herbeibringen mußen. Auch wird ferner geordnet, daß die Schiffer, wo es angehet, mit Kähnen sich einfinden sollen, Wasser zuzubringen, oder der verunglückten Leute Mobilien, nach Gutfinden derer §. 8. geordneten Viertelsmeister, einzunehmen.

Schiffer sollen mit Kähnen helfen und Mobilia einnehmen.

§. 18.

Sack- und Bierführer, Lohnfuhrleute, Karrenführer sollen Spritzen und Wasser anführen.

Die Städte-Pferde des Raths, wenn deren vorhanden, sollen nahe bei den großen Spritzen gehalten werden, und nebst Sack- und Bierführern eilen, die Leitern und Haken, wie auch die großen Spritzen an den Ort, wo das Feuer ist, hinzuführen; Wenn das geschehen, sollen sie die nächsten Wasserthienen mit Wasser füllen und anführen und damit so lange continuiren, bis das Feuer gelöschet. Auch sollen die einheimische Lohnfuhrleute und die Karrenführer die Spritzen und Wasserthienen gleichergestalt an- und abführen. Sollte der nächste Sackführer sich zu spät einfinden, soll wider denselben mit harter Bestrafung verfahren werden. Und damit gar keine Entschuldigung übrig bleibe, soll außer denen Spritzenmeistern auch der dem Spritzenhause nächst wohnende Eigenthümer, auf den man sich verlassen kann, einen Schlüssel zur Remise oder Spritzenhause haben, jedoch daß solcher an einem gewißen Orte hangen bleibe und allemal bei der Hand sei. Bei jeder Spritze muß Licht in Laternen und Feuerzeug vorhanden sein, damit es zu Nachtzeit auf das erste Zeichen angestecket und die Spritze sofort herausgebracht werden könne.

Bei Spritzen soll Laterne mit Licht und Feuerzeug sein.

§. 19.

Eximirte und andere im Brandviertel und nächsten Vierteln sollen Pferde schicken.

Nicht weniger sollen alle Einwohner, bevorab in beiden Vierteln, alsdann wo das Feuer entstehet, und so dem Hause am nächsten lieget, wenn sie schon Eximirte, ihre Pferde und Knechte so geschwinde als möglich zum Wasser-Anfahren schicken oder bringen, und ebenmäßig mit ihrer Hülfe anhalten, bis das Feuer gelöschet worden, und werden im nachbleibenden Fall sowohl Eximirte als Bürger jetzt benannter Viertel gestraft werden, wenn sie ihre Pferde ohne zureichende Ursache zu Hause behalten haben, wovon abermals die allernächsten 3 Nachbarn, deren §. 11. gedacht, befreiet bleiben. Auch hat ein jeder Fuhrmann, Bürger oder Eximirten Knecht, welcher Spritzen oder Kufen mit Wasser bringet, solche dahin zu führen, wo es der darzu verordnete Feuerherr haben will.

§. 20.

Gesellen sollen quartaliter zum Feuer eingetheilet sein, u. ihre Zeichen abgeben.

Die Altmeister von den Gewerken sollen die ihrem Gewerk Tit. II. §. 5. zugeschriebene Anzahl lederner

Eimer bereit haben; solche durch Gesellen ihres Gewerks unter Anführung des Jungmeisters, sofort nach gehörtem Feuer-Zeichen, voll Wasser vor das Rathhaus gebracht werden und, wie oben gedacht, halb so viel Gesellen als Eimer dem Gewerk zugeschrieben, in ihren vorräthigen schwarzen Kitteln erscheinen, auch daselbst, wie viel ihrer zuerst zum Feuer gehen, oder vor dem Rathhause warten sollen, Befehl hören. Zu solchem Ende müßen die Altgesellen bei allen Quartalen die Eintheilung machen, welche von den Gesellen in gesetzter Zeit zu dem Feuer gehen sollen, die Rolle davon, auch wer in eines Abreisenden Stelle (wenn einer im Quartal wegreiset) tritt, dem Alt- und Jung-Meister geben und anzeigen. Einem jeden Gesellen, so in Feuers-Gefahr bereit erscheinen soll, haben sie ein mit dem Gewerkszeichen und Numero bemerktes Blech zuzustellen, welches er bei entstandener Feuersbrunst, wenn er sich gestellet, an den Alt- und Jung-Meister ausliefern muß, damit derselbe auf seinen Bürgereid bezeugen oder belegen könne, wie die Gesellen erschienen. Die, so gar nicht vor das Rathhaus oder zum Feuer oder nicht zu rechter Zeit gekommen, seind nach Gelegenheit der Umstände zu bestrafen, zu welchem Ende die Alt- und Jung-Meister die einkommende Zeichen derer, so zu rechter Zeit kommen, von denen so zu spät sich einfinden unterschiedlich verwahren müssen.

§. 21.

Eximirte, die keine Pferde haben, schicken Dienstboten mit Eimern und Handspritzen, welche auch ihre Zeichen abgeben.

So sollen auch alle sonderlich in dem Brand- und nächsten Stadtviertel wohnende Eximirte und Refugirte, welchen etwa ein gewisses bei Feuersgefahr in Acht zu nehmen, in dieser Ordnung nicht auferleget sein möchte, und die keine Pferde zum Wasserführen haben, wenn sie in ihren Häusern die §. 7. und 8. befohlene nöthige Anstalt gemachet, entweder in Person, so wie §. 11. geordnet, mit einem Eimer oder Handspritze zum Feuer eilen und löschen helfen, oder doch eine tüchtige Person schicken, welche sich sodann nach der Viertelsmeister oder nach denselben angekommenen Feuer-Herrn Anordnung zu richten hat. Und sollen die Feuerherrn, gleich übrigen Wacht- oder Viertelsmeistern, in jeden Vierteln solchen Einwohnern Zeichen ausgeben, welche bei der Feuersbrunst dieselbe, oder deren abgeschickte Leute, an den Wachtmeister einliefern und auf gleiche Weise als §. 20. von Handwerkern, die zu rechter Zeit oder zu späte kommen, gedacht, separirt werden müssen, damit man sehe, welche von diesen etwas versäumet, oder gar ausgeblieben. Es soll aber von der Feuerwache niemand ausgenommen sein, als der ein wirklicher Königlicher Bediente ist, oder gewesen, alle andern aber, sie seien sonst und von welcher Condition, auch unter welcher Jurisdiction sie wollen, seind darzu verbunden und müssen sich zur Feuerwache gestellen oder einen anderen tüchtigen Mann dazu schicken.

Von der Feuerwache ist niemand als Königliche wirkliche Bediente ausgenommen.

§. 22.

Unnütz Gesinde soll nicht zum Feuer kommen.

Es müssen über dem, was zu Ende §. 15. geordnet, auch Mägde, Jungen oder dergleichen unnütz Gesinde nicht zum Feuer geschicket werden, sondern es sollen dieselbe sowohl, als unvermögende Leute zu Haus gehalten, und jenen daselbst zu nöthiger Bereitschaft Arbeit gegeben werden. Finden sich solche und andere unnütze Leute in der Gegend des Feuers ein, haben sie zu erwarten, daß sie sowohl von den Soldaten, als der die Avenuen besetzenden Bürgerschaft, zurückgetrieben werden.

§. 23.

Auch die Fremden in ihren Herbergen bleiben.

Desgleichen werden die Frembden in ihren Herbergen sich halten, und seind die Wirthe schuldig, ihnen solches wißen zu laßen, zu dem auch dieser §. besonders gedrucket und in jedes Wirthshaus zum Affigiren ausgegeben werden soll. Fünde sich dagegen ein Fremder nicht Loschens halber ein, der nicht Kundschaft geben könnte, wem er angehorig oder mit wem er dahin gekommen, hat er ihm selbst zu imputiren, wann er angehalten und nach Befinden der Gegenwärtigen des Raths oder auch commandirenden Officiers in Haft genommen wird.

§. 24.

Das andringende Volk soll abgehalten und was leicht Feuer fangen kann eiligst weggebracht werden.

Wenn jedermann sich zur Rettung einfindet, so muß das §. 15. geordnete Commando allem Andringen und Zudringen unnützer Leute steuern und sich so weit von dem brennenden Hause stellen, damit die Arbeiter Raum genug haben, das Ihrige ohne Hinderniß zu thun, daß die Spritzen oder Wasserkufen in genugsamer Anzahl stehen, auch man Alles was geschieht wohl sehen und beobachten könne. Auf solche Art mussen nun alle und jede Zugänge zum Feuer stark besetzet werden. Die Rettung der Mobilien, welche §. 15. geordnet, soll von denen dazu besonders Commandirten auf dem Rett-Platz, welcher in eines jeden Viertelmeisters Instruction beschrieben, ohne den geringsten Verzug geschehen, die Commandirten auch Alles, was leicht Feuer fangen kann, nach ihrem Gewissen und der gegenwärtigen Befehlshaber Gutbefinden, sogleich aus dem Wege schaffen.

§. 25.

Wasserkufen nicht allzu nahe an das Haus zu fahren.

Bei denen Zugängen zum Feuer sollen die Wasserkufen in guter Ordnung angefahren, ausgeschöpfet und was ledig ist, wieder abgefahren werden, auch damit bei dem Feuer genugsamer Raum sei, nicht so gar nahe vor das Haus fahren, sondern etwas abwärts bleiben.

§. 26.

Die Leute mit Eimern in Reihen zu stellen.

Es haben aber die Feuerherrn und Bürger-Hauptleute mit denen Officiers von der Garnison, bei dem Feuer, so gut es sich nach Gelegenheit des Orts thun lassen will, es dahin zu richten, daß von den Wasserkufen an bis zu den Spritzen die Eigenthümer, Handwerksgesellen, so mit Eimern kommen, das Gesinde, auch übrige commandirte Incol.: so zu Besetzung der Zugänge nicht nöthig, zu Vermeidung alles Gedränges und Confusion sofort in verschiedenen Reihen gestellet werden, deren einige, die mit reinem Wasser angefüllte Eimer von Hand zu Hand in die Spritzen reichen, andere Reihen aber die leeren Eimer hinwiederum von Hand zu Hand bis zu denen Wasserkufen zurückgeben.

§. 27.

Benennung der Handwerker, die zu denen großen Spritzen geordnet.

Zu denen großen Spritzen werden folgende Handwerker bestellt:

In Berlin.

Zur Schlauchspritze No. 1. die Schuster und Schlösser mit ihren Gesellen.

Zur Schlauchspritze No. 2. die Schuster und Schlösser mit ihren Gesellen.

Zur Röhrspritze No. 3. die Tischler und Messerschmiede mit ihren Gesellen.

Zur Röhrspritze No. 4. die Tischler und Feilenhauer mit ihren Gesellen.

In Cölln.

Zur Schlauchspritze No. 1. die Schlösser und Schuster mit ihren Gesellen.

Zur Spritze No. 2. die Riemer und Nagelschmiede mit ihren Gesellen.

Friedrichs-Werder.

Zu beiden Spritzen die Sattler und Kupferschmiede mit ihren Gesellen.

Dorotheenstadt.

Zu beiden Spritzen die Stellmacher, auch Huf- und Waffenschmiede mit ihren Gesellen.

Friedrichsstadt.

Zu beiden Spritzen die Böttcher, Bohr- Säge- Zeug- und Zirkul-Schmiede mit ihren Gesellen.

Vor dem Spandowschen Thore.

Die Stellmacher, auch Huf- und Waffenschmiede mit ihren Gesellen und dazu commandirten Incol., welche die Spritze allenfalls herzubringen.

Zu denen Prahmspritzen.

Die Meister der Schuster, welche am nächsten wohnen, auch Fischer und Schiffbauer.

Welche alle sofort auf gehörtes Feuerzeichen sich bei dem Feuer einfinden und zufolge §. 17. an den Spritzen moglichsten Fleißes, wie sie angewiesen, arbeiten sollen. Die Altmeister dieser Gewerke haben sich sofort bei den Feuerherrn anzugeben, welche sie anweisen, und hiernächst die von denen Ihrigen ausgebliebene, oder zu spät gekommene ebenmäßig, wie §. 20. u. 21. geordnet, zur Bestrafung anzuzeigen haben. Und müssen die Beisitzere sothaner Gewerke alle Quartale, von denen zu jeder Feuerspritze geordneten eine accurate Liste fordern und beibehalten, wornach dieselbe in genugsamer Anzahl auszumachen und einzutheilen, damit ein Theil von dem anderen in der Arbeit abgelöset werden könne. Insonderheit soll der Feuer-Commissarius beobachten, daß die Spritzen allezeit mit genugsamen und guten Leuten besetzet und damit wohl umgegangen werden müsse; Wie denn bei jeder Spritze ein Spritzenmeister, insonderheit auf das Druckwerk, daß solches ordentlich gezogen und nicht zerbrochen werde, acht geben soll.

Ein Spritzenmeister beobachtet das Druckwerk.

§. 28.

Werkleute sollen sich schleunig zur Rettung einfinden.

Die Meister und Gesellen des Maurer- und Zimmergewerks sollen sich zur Zeit eines entstehenden Feuers bei Verlust ihres Meisterrechts auch Handwerks-Gewohnheit, dabei, ohne den geringsten Verzug mit Aexten, Mauer-Hammern und Steinäxten einfinden. Da denn die Altmeister die Anordnung zu machen haben, daß dieselbe in die nächst angelegenen Häuser vertheilet werden, um zu Niederreißung dessen, was Gefahr halben nöthig gefunden wird, oder sonst möglichsten Rettung parat zu sein. Vornemlich ist zu veranstalten, daß bei nöthiger Oeffnung der Dächer die Dachsteine nicht auf die Gasse geworfen, sondern auf den Boden gelegt werden, weil sonsten nicht nur die Leute beschädiget, sondern auch an der Rettung gehindert werden. So viel von denen Mühlenburschen alsdann abkommen können, sollen ebenfalls mit ihren Brand-Aexten beim Feuer Rettung thun, auch zu dem Ende bei dem gegenwärtigen Befehlshaber oder Feuerherrn sich melden und dessen Ordres oder Anweisung gewärtigen. Würde sich aber befinden, daß einige, so abkommen können, dennoch nicht erschienen, haben dieselbe Strafe zu gewarten.

§. 29.

Auch des Nachts.

Da einige der Meistere der Maurer und Zimmerleute, auch andere Handwerker vor den Thoren ihre Häuser oder Wohnungen haben, wird der Gouverneur oder Commandant, wenn zu Nacht ein Feuer entsteht, ihnen durch die Thore den Eingang zur Hülfe verstatten, auch was vor Präcaution so Nachts als Tages zu gebrauchen, daß mit ihnen nicht allerhand unnützes und Diebes-Gesinde sich einschleiche und wie es bei Tage mit den Stadt-Thoren zu halten, wenn Feuer entstehet, Ordre geben.

§. 30.

Se. Königl. Majestät wollen mit Dero Spritzen u. Eimern helfen lassen.

Da bishero auch die höchste Landes-Herrschaft gemeines Unglück zu verhüten und zu steuern bei vorgefallenen Feuersnöthen mit ihren Spritzen und Eimern helfen lassen, so wollen sie fernerhin diese ihren Städten bei entstehendem Unglück (welches Gott gnädig verhüte) damit zu Hülfe kommen lassen.

§. 31.

Die Judenschaft soll bei jedem Brande 15 Thlr. erlegen.

Die Judenschaft soll, anstatt daß sie mit Leitern oder Eimern und sonsten zu Hulfe kommen, jedesmal, so oft ein Feuer entstehet, durch ihre Aelteste binnen 2 Tagen hernach 15 Thlr. aufbringen und dagegen mit aller Arbeit beim Feuer verschonet bleiben. Die Gelder, so durch sie zu zahlen, sollen im Fall sie solche nicht von selbst erlegen, durch den Commandanten beigetrieben, und wie Tit. V. geordnet, angewandt werden.

§. 32.

Zum zweiten Feuer soll niemand von dem ersten ohne Befehl gehen.

Wann bei aller guten Anstalt ein zweites Feuer entstehen oder durch ein Flug-Feuer angezündet werden sollte, müssen nicht alle vom ersten Feuer weglaufen, bis die Befehlshabere ordnen, wie viel mit Spritzen, Leitern, Haken und Eimern dahin gehen sollen. Allermaaßen auch vor denen Rathhäusern, oder auf anderen nahen Lärmplätzen mehr commandirte Mannschaft, wie auch mehr publique Eimer zur Reserve in Bereitschaft bleiben müssen, um desfalls, wo es sonsten nach den §. 15. und 24. die Noth erfordert, schleunig zu Hülfe zu kommen.

§. 33.

Arbeiter sollen nicht übel tractiret, auch kein Zank angefangen werden.

Endlich werden die beim Feuer gegenwärtige Befehlshabere sich bemühen, diejenigen, so arbeiten und löschen helfen, durch gutliches auch ernstes Zureden mit Liebe und Ermahnungen, ohne Drohungen, Schimpfworte und Schläge, zur Arbeit aufzumuntern, damit sie nicht verdrießlich oder gar von Hülfe und Arbeit abgeschrecket werden. Denn oft ein Schlag bei einem Menschen mehr verdürbet, als viele Prämien gut machen. Wer aber von andern dabei Zank und Hader anzurichten suchet, anstatt seine Schuldigkeit zu beobachten, soll in Verhaft genommen und mit nachdrücklicher Strafe angesehen werden.

Titulus IV.

Was nach gedämpftem Feuer zu thun.

§. 1.

Ein Bürger-Commando soll gegenwärtig bleiben

Wann ein Feuer gelöschet, sollen die Bürger-Officiers einige commandiren, welche nebst denen, so von der Garnison dabei gelassen, den Ort, wo die Feuersbrunst gewesen, bewahren und Acht haben, ob auch ein Feuer wieder aufgehe.

§. 2.

nebst Werkleuten.

So sollen auch einige Zimmerleute und Maurer auf unvermutheten solchen Fall zu schleuniger Rettung bereit zu sein angewiesen werden,

§. 3.

Handwerksgesellen verlesen werden und ihre Eimer abgeben.

Die übrigen Gewerke dürfen ihre Leute nicht eher abgehen laßen, bis sie gehörig verlesen worden, ob sie alle noch gegenwärtig, massen die verlauffne, gleich als von den ausgebliebenen Tit. III. §. 20. geordnet ist, zur Bestraffung anzuzeigen. Die Gesellen müßen auch die, einem jeden Gewerk zuständige Eimer, welche, wie oben gedacht, durch Nummern, Zeichen oder Namen zu bemerken, wieder auffsuchen und an verordneten Ort schaffen, und wann daran einiger Schade oder Mangel verspüret würde, ist solcher ohne Verzug aus der Lade zu verbessern und zu ersetzen.

§. 4.

Abgegangene Eimer des Publici zu ersetzen.

Die von denen Rathhäusern und publiquen Orten gegebenen Eimer sollen dahin zuruckgebracht werden und von denen commandirten Bürgern, oder wem es sonst befohlen wird, abgegeben, auch wo einiger Abgang sich findet, solcher ersetzet werden.

§. 5.

Wasserthienen und Sprizen an Ort und Stelle zu bringen.

Auch sollen die Städte-Pferde, Sack- und Bierführer die Schlitten und Wasserthienen bei die Brunnen, wohin sie gehören, hinwiederfuhren und die Spritzen an ihren Ort, desgleichen die Leitern und Haken, woher sie geholet, hinbringen.

§. 6.

Sollen auch visitirt werden.

Die Stadtdiener sollen darauf, ein jeder in dem Theile der Stadt, welcher ihm angewiesen, die Thienen und Schlitten, auch die Leitern und Haken visitiren und was daran schadhaft gefunden, denen Feuerherrn ungesäumt anzeigen, damit dieselben zur Reparatur und dazu erforderten Kosten gehörigen Orts Vorsorge tragen.

§. 7.

Spritzenmeistere stehen dafur, daß die Spritzen gut zurückgebracht werden.

Der Feuer-Commissarius und die Spritzenmeistere, so zu Regierung der großen Spritzen bestellet, sollen mit acht haben, daß dieselben wohl wieder zurückgeschafft werden, und müssen sie, wann ohne Versehen daran etwas schadhaft worden, solches gleichfalls zu schleuniger Ausbesserung anzeigen; Wäre aber durch diese Unvorsichtigkeit, oder daß sie Tit. III. §. 17. zuwider aufgestellet, ohne selbige anzuweisen, wie sie mit denen Spritzen umgehen sollen, einiger Schade daran geschehen, müssen sie solchen ersetzen.

§. 8.

Brunnen nach dem Feuer zu visitiren.

Die Brunnenmacher sollen alsbald nach dem Feuer, wenn es die Brunnenherrn ihnen wissen lassen, mit denenselben die Brunnen uberall visitiren, was daran schadhaft, sofort repariren und mit denen Brunnenherrn, was sie davor nach der angedruckten Tax-Ordnung sub No. 6. haben sollen, behandeln, damit alles in bereitetem und gutem Stande gehalten werde.

§. 9.

Zu untersuchen wer seine Schuldigkeit beim Feuer nicht gethan.

Sodann soll der Magistrat der Residentzien untersuchen, wie alle und jede, welchen in dieser Feuer-Ordnung ein gewisses bei entstandenem Feuer zu thun auferleget, ihre Schuldigkeit in Acht genommen, die Alt-Meistere der bestellten Handwerker vor sich fordern lassen, welche anzuzeigen haben, welche von ihrem Gewerk säumig gewesen oder gar nicht erschienen, auch welche vor anderen das ihre zur Rettung sorgfältig und muhsam gethan, damit dieserhalb gehörige Veranlassung geschehen könne.

§. 10.

Verbesserungen können angezeigt werden.

Hätte auch jemand in einem oder anderem Stück einigen Mangel bei dem Feuer gespüret oder gefunden, wie etwas zu verbessern sei, kann er solches anzeigen, so wird dem Befinden nach darauf reflectiret werden.

§. 11.

Auf Ursachen des Feuers zu inquiriren.

Endlich soll auch sofort nach dem Feuer von dem Magistrat durch die dazu bestellte Stadtrichter, auch nach vorkommenden Umständen mit Zuziehung der Garnison, die Ursache des Feuers und woher solches entstanden, untersuchet, und so fern Jemand durch Vorsatz oder große Verwahrlosung solch Unglück verursachet, mit fernerem Proceß und Strafe gehöriges Orts verfahren werden.

§. 12.

Strafe des Diebstahls an Feuereimern und deren Verhehlung.

Würde befunden, daß Jemand Eimer entwandt oder anderes Feuergeräthe bestohlen, soll derselbe, nach Gelegenheit der Umstande und Zustand seiner Person, am Leibe hart bestraft werden, auch diejenigen, die solche entwandte Eimer an sich gekaufft oder in Verwahrung haben und ehe es entdecket worden, von selbsten nicht angegeben, nicht ohne Strafe bleiben, zumahl sie aus den Zeichen sofort urtheilen konnen, wohin solche gehören und daß ihre Verkäufer sie nicht mit Recht gehabt.

§. 13.

Strafe des Diebstahls beim Feuer und Belohnung des Denuncianten.

Derjenige aber, so aus denen in Feuersgefahr begriffenen Häusern oder von denen daraus gebrachten Sachen etwas wegnimmt, und nicht sofort oder langstens in 24 Stunden wiederbringet, oder da jemand von dergleichen Sachen etwas wissentlich zu Händen käme, solches dem Eigenthumsherrn, oder aufs Rathhaus nicht einliefert, soll wann dessen uber kurz oder lang bei ihm gefunden, oder daß ers gehabt oder veräußert, uberwiesen wird, vor einen öffentlichen Dieb gehalten und außer der Erstattung des Entwendeten, nach gestalten Sachen, an Leib und Leben gestraft werden, welches um so viel mehr statt hat, wann einer in flagrante betroffen wird; der Angeber der gestohlenen Eimer und Mobilien soll auch mit Verschweigung seines Namens recompensirt werden.

Titulus V.

Von Belohnung derer, so bei entstandenem Feuer Fleiß angewandt, und wie es mit einkommenden Strafen zu halten, auch endlich von Publication dieser Ordnung.

§. 1.

Kunstpfeiffer sollen allein bei Ausrichtungen aufwarten.

Die Kunstpfeiffer, welche, wie in Tit. 3. gedacht, auf den Thürmen der Stadt die Wache versehen lassen, und die entstehende Feuersbrünste so Nachts als Tages anzeigen, sollen zur Ergötzlichkeit vor solche Mühe und Kosten (weil sie fast nichts vor das Wachen bekommen) von allen Einwohnern der Residentz und deren Vorstädten, welche Seine Königliche Majestät davon nicht ausdrücklich eximiret, zu ihren und der ihrigen Hochzeiten und deren Gelagen gefordert und solches Accidenz ihnen privative gelassen werden, bei Strafe 2, 4, 6 und mehr Thaler nach Ansehen der Personen.

§. 2.

Belohnung des der ein Nachtfeuer entdecket.

Wer zuerst ein Feuer zu Nachtzeit entdecket und es kund machet, es sein auch gleich die Nachtwächter, dem oder denselben soll 1 bis 2 Thlr. zur Belohnung gegeben werden.

§. 3.

Derer, die die ersten vier Spritzen und Wasserkufen bringen.

Ingleichen hat derjenige, welcher die erste Spritze anfährt, 2 Rthlr., der folgende 1 Rthlr. und der dritte und vierte jeder 12 Gr.; wer den ersten Kubel Wasser anfährt 1 Rthlr. 12 Gr., der folgende 18 Ggr. und der dritte und vierte jeder 8 Gr. zum Recompens zu empfangen, jedoch daß sie auch helfen continuiren, so lange es die Noth erfordert. Hingegen wer von denen, die in denen allernächsten Straßen wohnen, und Pferde bei der Hand haben, gegen Verordnungen Tit. III. §. 18. und 19. gar ausgeblieben, oder zu spät gekommen, soll um 2 Thlr. gestrafft werden.

Strafe wegen der ausgebliebenen Pferde.

§. 4.

Recompens der Spritzenmeister.

Die Spritzenmeister, so die Spritzen dirigiren, sollen gleichfalls nach Ermessen eine Belohnung haben; wie auch dann denen Zimmerleuten und Maurern, welche bei dem Feuer gearbeitet, nicht allein was sie an ihrem gebrauchten Handwerkszeug Schaden gelitten erstattet,.sondern auch noch eine Recompens gereichet werden soll.

§. 5.

Recompens der Soldaten und anderer besten Arbeiter beim Feuer.

Nicht weniger soll denen Soldaten von der Garnison, so bei dem Feuer löschen helfen, ins gemein eine Ergötzlichkeit, dem aber, so sich vor anderen mit Arbeit und Bemühungen distinguiret, insbesondere eine Belohnung gegeben werden; Welches letztere dann bei allen Leuten, so bei dem Feuer geholfen, consideriret werden muß.

§. 6.

Die vom Feuer Beschädigten sollen verpfleget u. curiret werden.

Wer bei solcher Arbeit zu Schaden kommt, soll die Kosten zu seiner Kur und Unterhaltung bis er genesen empfangen; Da aber Jemand dabei zu Tode käme, soll, wenn er dessen bedürftig, derselbe ein ehrliches Begräbniß haben, auch vor die Seinigen billige Vorsorge getragen werden.

§. 7.

Die Strafgelder auf dieser Ordnung werden für die Arbeit bei Feuers-Gefahr angewendet.

Zu solchen Ausgaben sollen nun angewandt werden die Gelder, so die Juden aufbringen müssen, wovon Tit. III. §. 31. gedacht, und alle einkommenden Strafen von den brennenden Schornsteinen, auch andere Geldstrafen, so von denen, welche dieser Ordnung zuwider gehandelt, erlegt werden; Deshalb sollen die einkommenden Strafen durch einen von der Kämmerei jährlich in einer besonderen Rechnung von Einnahme und Ausgabe eingeführet und keinesweges unter andere Kämmerei-Gefalle gemischt werden; Zu Ende des Jahres ist jedesmal solche Rechnung in Gegenwart eines Deputirten von denen Eximirten und einigen Verordneten der Bürger abzulegen.

§. 8.

Niemand soll von dem Wirthe oder Abgebrannten etwas fordern.

Dafern aber die eingekommenen Gelder nicht hinreichend wären, billige Praemia auszutheilen, oder sonsten gebührende Verfügung zu thun, wird es an nöthiger Besorgung wo zulängliche Mittel herzunehmen nicht ermangeln. Dagegen ist allen, die sich zum Retten und Löschen einfinden müssen, verboten, von Privatpersonen einige Belohnung zu fordern.

§. 9.

Jedermann soll diese Ordnung haben und vorzeigen können.

Damit auch niemand mit der Unwissenheit dieser Ordnung sich von verwirkter Strafe los zu machen suchen möge, soll dieselbe in Druck gebracht und öffentlich angeschlagen werden; ein jeder Hauswirth soll ihm sofort davon ein Exemplar anschaffen und bei der ersten Visitation, so geschehen wird, vorzeigen; Die Beisitzere der Gewerke baben auch Anstalt zu machen, daß jedem Meister ein Exemplar und eines zur Meister- und eines zur Gesellenlade sofort angeschaffet, und wenigstens viermal jährlich bei denen Gewerkszusammenkünften ein Auszug davon, was die Gewerke von Meistern und Gesellen wißen müßen und in Acht zu nehmen haben, wie dergleichen dieser Ordnung angefügt, abgelesen werde. Die Gesellen der Gewerke, welche die fremden anhero kommenden Gesellen empfangen sollen, sofort denen Einkommenden kund thun, was des Gewerks und der Gesellschaft Schuldigkeit in Feuersgefahr sei, damit auch diese sich darnach achten können.

§. 10.

Auch dagegen keine Exemtion gestattet werden.

Uebrigens soll sich niemand unterstehen, dieser Ordnung zuwider zu handeln, oder durch eine speziale Concession sich davon frei zu machen suchen; Und wann solche schon erhalten, soll sie pro non concessa geachtet und gegen diejenige, so sich dadurch der Ordnung zu entziehen gedenken, als Contravenienten verfahren werden.

§. 11.

Bestätigung der beigefugten Edicten.

Endlich bleiben alle diejenige Edicta und Verordnungen, welche in diese neue revidirte Feuerordnung ihren Einfluß haben, oder sonst in das publique Stadtwesen laufen und denen Einwohnern dieser Residentzien nach wie vor zu wissen nöthig sein, in ihrem Vigueur und soll sich Jedermann, insoweit nicht etwa ein anderer Punct durch diese revidirte Feuerordnung darin aufgehoben oder geändert worden, bei Vermeidung der darin enthaltenen Strafen, darnach genau richten; zu welchem Ende dieselbe nach der folgenden Specification hierbei zu drucken und nochmals zu eines jeden Wissenschaft zu bringen gut gefunden worden.

Signatum Berlin, den 3ten Martii 1727.

(L. S.) Friedrich Wilhelm.

F. W. v. Grumbkow. C. B. v. Creutz. C. v. Katsch.
J. v. Fuchs. A. O. v. Viereck.

Anhang

Einiger Edicte und auf Allergnädigsten Befehl ergangenen Verordnungen, so theils zu vorstehender Feuerordnung gehörig, theils andere publique Sachen der Haupt- und Residenzstädte Berlin betreffend.

Inhalt.

No. VII. b. Desgleichen wider das junge und unnütze Volk, welches Lärmen auf den Straßen anfängt. ad Tit. I. §. 42.

No. VIII. Mandata die Gemeinde-Brunnen nicht zu beschädigen noch zu verunreinigen. ad Tit. III. §. 10.

No. IX. Verordnung die Bäume auf den Straßen nicht zu verderben.

No. X. a. Rescripta und Verboth nichts in den Strohm zu schütten.

No. X. b. Auch kein zerbrochenes Glas weder auf die Straßen noch in den Strohm zu werfen.

No. XI. Mandat, daß die an publiquen Orten gestohlene zum Verkauf gebrachte Sachen anzuzeigen.

No. XII. Patent denen Nachtlaternen keinen Schaden zuzufügen. ad Tit. I. §. 43.

No. XIII. Rescript, daß die Professionen, wovon Feuersgefahr und Infection zu besorgen, soviel wie moglich an abgelegten Orten getrieben werden sollen. ad Tit. I. §. 22. 25. und 27.

No. XIV. Nachtwächter-Ordnung. ad Tit. III. §. 1.

No. XV. Königliche Schloßfeuerordnung. ad Tit. II. §. 11. ad Tit. III. §. 27.

No. I. a.

Namens Sr. Königlichen Majestät in Preußen rc. Unsers allergnädigsten Herrn und auf besondere Veranlassung wird hiermit Allen, welche in den Residentzien und Vorstädten anjetzo in Bau begriffen oder auch nach diesem bauen möchten, ernstlich angedeutet und befohlen, keine Wände in den Hausern mit Staken setzen und mit Leimen ausfüllen, sondern solche mit Steinen ausflechten zu lassen, widrigenfalls sowohl die Wände eingeschlagen, als auch die vorsetzlich Contravenirende mit harter Strafe belegt werden sollen.

Gegeben Berlin den 12ten Martii 1710.

(L. S.)

No. I. b.

Demnach bei der von den Bürgermeistern und Rath dieser Residentz-Städte angeordneten Visitationen wahrgenommen worden, daß in den Berlin- und Cöllnschen Vorstädten noch viele Häuser, Scheunen und Stallungen mit Splett, Rohr- und Strohdächern belegt, welche auf Sr. Königlichen Majestät Unsers Allergnädigsten Herrn Spezial-Verordnungen und des Magistrats oftermaliges Erinnern bishero nicht abgedecket und hinwieder mit Ziegel belegt worden; So wird denenselben nochmalen alles Ernsten anbefohlen, selbiges innerhalb 14 Tagen zu bewerkstelligen oder in Ermangelung dessen gewärtig sein, daß die wirkliche Execution darauf erfolgen, die erwähnte Dächer auf ihre Kosten eingeschlagen und diejenigen, so solches unterlassen, wegen ihres Ungehorsams Andern zum Exempel gestrafet werden sollen.

Berlin den 27ten Mai 1709.

No. II.

vide supra No. XLI. pag. 267.

Nachdem Se. Königliche Majestät in Preußen rc. Unser Allergnädigster Herr vermöge Rescripti vom 16ten Januarii 1720 Allergnädigst approbiret, daß künftig wegen des Schornsteinfegens folgende Taxe gehalten werden solle, nämlich:

Für einen Brau=Schornstein zu fegen 4 Gr.

Für einen Küchen=Schornstein im untern Stock 3 Gr.

Imgleichen für einen Schornstein der durch 3 bis 4 Etagen gehet 3 Gr.

Für die übrigen von einer bis zwei Etagen 2 Gr.

In denen Vorstädten aber von 1 Etage 1 Gr. 6 Pf.

So wird solches denen sämmtlichen Bürgern und anderen Einwohnern hierdurch zu ihrer Nachricht bekannt gemachet und werden dieselbe dabei erinnert, hinführo ihre Schornsteine fleißig nach Anweisung der Königlichen Feuer=Ordnung kehren zu laßen; Dahingegen die Schornsteinfeger über die gesetzte Taxe bei 10 Rthlr. Geld= oder empfindlicher Leibesstrafe nichts mehr fordern noch nehmen, auch sonsten die Schornsteine tüchtig und reine fegen sollen.

Gegeben Berlin den 27ten Februar 1726.

(L. S.)

Bürgermeistere und Rath allhier.

No. III. a.

Zur Churfürstlichen Brandenburgischen Haupt= und Residentzstadt Berlin Wir verordnete Bürgermeister und Rathmänner fügen allen und jeden Einwohner hierselbst, sowohl Eigenthümern als Incol. in und vor der Stadt, insonderheit aber denen Gastwirthen auf Sr. Churfürstlichen Durchlauchtigsten Gnädigsten Befehl hiermit zu wißen: Nachdem sich bishero viel böse und unnütze Leute in hiesiger Residentz eingeschlichen, sich allhier in der Stille heimlich aufgehalten und allerhand Dieberei, wie man leider bishero genugsam erfahren, verübet, auch Mordbrennerei zu besorgen; Se. Churfurstliche Durchlaucht auch allbereit vorlängst ernstlich verordnet, daß kein Fremder sich 24 Stunden allhier aufhalten solle, er habe denn zuvor beim Magistrat sich angegeben und was er für Condition und Profession und seine Verrichtung allhier sei, genugsam eröffnet, und höchst nötig sein will, daß man hiervon bei jetziger Zeit sattsame Wissenschaft habe, was vor fremde und ledige Personen sich allhier aufhalten; als wird denen Bürgern, insbesondere aber denen Gastwirthen in und außer der Stadt hiermit ernstlich und bei 10 Rthlr. Strafe anbefohlen, alle Morgen um 8 Uhr zu Rathhause, was sie vor Personen aufgenommen und bei sich in ihren Häusern wohnend haben, woher sie seind, wie sie heißen und was ihr Gewerbe, anzumelden; die vorstädtsche Gastwirthe und Einwohner aber sollen solches alle Morgen auf einem geschriebenen Zettul dem Unteroffizier in der Thor-Wache zu überliefern schuldig sein; widrigenfalls, und so sie es nicht angeben, sie mit obigen 10 Rthlr. Strafe angesehen werden sollen; damit nun ein Jeder sich hiernach achten und vor Schaden hüten möge, haben wir solches hiermit zu eines Jeden Wissenschaft drucken und affigiren lassen wollen. Urkundlich ꝛc.

So geschehen Berlin den 9ten Februar Anno 1700.

No. III. b.

Extract aus dem von Sr. Königlichen Majestät am 12ten December 1708 geschärften Edict wegen Abhaltung frembder verdächtiger Leute.

Die Wirthe, Gastgeber, Herbergirer, Krüger, wie auch andere Bürger und Einwohner in Stadten, Flecken und Dörfern, sollen Niemand ohne Vorzeigung eines Attestati, daß er auf den Grenzen sich angegeben und passiret worden, aufnehmen und beherbergen oder gewärtig sein, daß sie dem Befinden nach mit einer nahmhaften Geldbuße auch Leib- und Lebensstrafe angesehen werden sollen.

No. IV. a.

Nachdem Se. Königliche Majestät in Preußen ꝛc. Unser Allergnädigster Herr von allen sowohl aus hiesigen Residenzien und denen Vorstädten wegziehenden als daselbst ankommenden sich niederlassenen Familien, auch einzelnen Personen, sie mögen sein wes Standes und Profession es nur wolle, ganz genaue Nachricht begehret; und deshalb uns dem Magistrat sub dato den 12ten Januari dieses Jahres Allergnädigst anbefohlen, richtige Verzeichniß davon monatlich einzusenden, als haben wir solches hierdurch allen Eigenthumern, auch denen, so ganze Häuser von den Eigenthümern zu bewohnen oder wieder zu vermiethen übernommen, kund machen und zugleich andeuten wollen, daß sie von nun an, wann jemand von ihren Miethsleuten sich von hier weg begebe, oder andere aus fremden Orten hergekommen und hier zu bleiben gesonnen, deren Namen und Condition, auch ob sie verheirathet oder einzelne Personen oder, so es ganze Familien, in wie viel Personen solche bestehen, genau specifiziren und den Ort, wo sie hergekommen, oder wohin sie sich begeben und was vor Quartire in der Stadt sie wieder bezogen, deutlich exprimiren und die Spezifikation davon allemal den ersten Tag eines jeden Monats unverzuglich zu Rathhause, wo sonst die fremden

Passagirs oder durchreisende Leute angemeldet werden müßen, frühe zwischen 7 und 8 Uhr bei Vermeidung 10 Thlr. oder mehr Thaler Strafe abgeben sollen. Damit auch Niemand mit der Unwissenheit hiernächst sich entschuldigen möge, soll in einem jeden Hause ein solch gedrucktes Patent abgegeben werden, darnach dann ein Jeder, dem solches zu thun obliege, sich zu achten und vor Schaden zu hüten haben wird.

Berlin den 20sten Januari 1714.

No. IV. b.

Nachdem Bürgermeistere und Rath dieser Königlichen und Kurfürstlichen Residentzien wahrgenommen, daß ungeachtet der sorgfältigen Aufsicht und öfters angestellten Visitationen sich noch immer da viel unnutzes und liederliches Gesinde hier einfindet und verborgen hält und dazu nicht wenig hilft, daß viele Hauswirthe und Einwohner solche Leute ohne Unterschied aufnehmen, ihnen Quartier und Schlafstellen verstatten, als haben dieselben, um solchem Unheil und den daraus entstehenden mancherlei Bosheiten, Sunden und Lastern desto nachdrücklicher zu begegnen, hiermit ernstlich und bei scharfer Strafe verbieten wollen, keine verdachtige Leute, Bettler, darunter insonderheit viele mit falschen Briefen und Passen erfunden werden, noch ander herrnloses Gesinde, insonderbeit auch keine ledige Dirnen, deren guten Gewerbes und ehrlichen Verhaltens man nicht genugsam versichert ist, aufzunehmen, zu beherbergen, oder ihnen sonst auf einigerlei Weise behülflich zu sein. Da aber jemand unwissentlich und aus guter Meinung eine solche Person eingenommen hatte und sich hernach einiger Verdacht äußern würde, derselbe, er sei ein Eigenthumer oder ein Miethsmann, soll gehalten sein, solches sofort dem Magistrat oder dem Richter jedes Orts anzuzeigen, damit deshalb bald Untersuchung angestellt und dem Befinden nach gehörige Verfugung geschehen könne. Auf daß nun Niemand mit der Unwissenheit sich entschuldigen möge, ist dieses durch den Druck und öffentlichen Anschlag gewöhnlichermaaßen bekannt gemacht, dagegen aber diejenige, so dawider handeln, unnachbleiblicher ernstlicher Ahndung zu gewarten haben werden.

Gegeben Berlin den 18ten Februar 1717.

(L. S.)

No. V.

Instruction vor die Brunnen- und Rohrmeister in hiesigen Residentzien Anno 1709.

§. 1.

Sollen sie schuldig sein auf die sämmtlichen Straßenbrunnen wohl Achtung zu geben und zum wenigsten zweimal monatlich selbige zu visitiren und wenn

§. 2.

an einem und andern was Schadhaftes gefunden wird, und eine besondere Reparation erfordert, haben sie solches bei der Accise und auch den Brunnenherrn anzuzeigen, bevor was neues daran gemacht werde; was sonst

§. 3.

etwa nur wenige Nägel erfordert, damit was zu befestigen, oder Sand ins Ventil gekommen und solches wieder rein zu machen, muß ohne Bezahlung durch sie geschehen, wie sie denn

§. 4.

die Brunnen ohnedem mit Leder, Harze, hölzernen Ventil, Hähnen, Talg, Schildnagel, auch umsonst zu versehen schuldig.

§. 5.

Wenn von Schmieden, Tischlern und anderen Handwerksleuten was an denen Brunnen verfertigt wird, haben sie fleißig Achtung zu geben, daß gut Eisen, Bretter und andere gute Materialia dazu gebrauchet und tüchtige Arbeit gemacht werde.

§. 6.

Wenn aber die Stücken noch beizubehalten und nur einige Ausbesserung erfordern, ebenfalls mit zu sorgen, daß solches geschehe und nicht sofort ohne Noth neue Arbeit gemacht werde. Erfordert aber

§. 7.

die Nothwendigkeit, daß ein und andere Stucke neu gemacht werden müssen, haben sie das alte Eisen und Messing an sich zu nehmen und wägen zu lassen, wie auch die neue Arbeit, damit die Bezahlung darnach geschehen könne, und alle dergleichen Arbeit mussen sie pflichtmäßig mit attestiren.

§. 8.

Wie sie denn die Röhrmeister auch gehalten zu denen neuen Röhren gut harzig Holz und zu denen Zugen und Ventilen gut stark Leder zu nehmen, wovor sie ihre Bezahlung empfangen.

§. 9.

Sollte ein Feuer entstehen, so Gott gnädiglich verhuten wolle, müssen sie allsofort an solchem Orte sich einfinden, und sorgen, daß die Brunnen alle gangbar und genugsam Wasser vorhanden und nicht versandet oder sonst Gewalt daran gethan und unbrauchbar gemacht werden, widrigenfalls sie solches bei dem commandirenden Offizier und Bürgermeister so beim Feuer gegenwartig anzumelden, und von ihnen fernere Verordnung zu gewarten haben.

§. 10.

Wenn die Röhrmeister selbst sehen oder erfahren sollten, daß jemand aus Muthwillen und Vorsatz Schaden an denen Brunnen gethan, haben sie solches sofort anzuzeigen, damit die Verbrechere zu gehöriger Strafe können gezogen werden.

§. 11.

Zur Winterszeit insonderheit bei großer Kälte mussen sie in Zeiten vigiliren und Sorge haben, daß die Brunnen nicht einfrieren, oder sich dahin bemühen, daß sie wieder gangbar werden und kein Mangel an Wasser sein möge.

§. 12.

Wann sie solchem getreulich und fleißig nachkommen werden, haben sie 1 Rthlr. jahrlich vor jeden Brunnen zu empfangen und dabei die Freiheit von der Burgerwache zu genießen.

§. 13.

Was der Privatorum Brunnen und selbiger Reparirung betrifft, sollen sie gleichfalls schuldig sein, auf selbige mit Achtung zu haben, wenn was daran zu repariren nötig und einer gefordert wurde, müssen sie solches tüchtig und gut verfertigen, insonderheit aber

§. 14.

zu denen Brauern, es geschahe bei Tage oder Nachtszeit, entweder selbst zu kommen oder einen tüchtigen Gesellen zu schicken, damit der Mangel sobald möglich geandert und also kein Schade oder Versäumniß jemand an seiner Nahrung geschehen moge.

§. 15.

Haben sie vor die Reparation der Privatorum ihrer Brunnen ihren Lohn zu empfangen, mußen jedoch dabei niemanden übersetzen, besondern mit der Tara, woruber sie sich mit dem Magistrat desfalls zu vereinigen haben werden, sich vergnugen lassen.

§. 16.

Im Uebrigen machen sie sich vermittelst Eides verbindlich, solchem nach aller Moglichkeit nachzuleben und auch in der Residenz, allwo sie zu Röhr- und Brunnenmeistern bestellet, ihre Wohnungen zu nehmen, widrigenfalls sie gewärtig sein mussen, daß sie von der Königlichen Allergnädigsten Herrschaft davor werden angesehen oder dem Befinden nach gar cassirt werden.

No. VI.

Wir der Königlichen Haupt- und Residentzstadt Berlin verordnete Bürgermeistere und Rath fugen hiermit jedermänniglich zu wissen, daß nachdem die Brunnen- und Röhrenmeister hiesiger Residentz mit genugsamer Instruction zu Unterhaltung der publiquen Brunnen versehen, Wir nöthig erachtet, solche Vorsehung zu thun, daß bei Reparation der Privatorum Brunnen die Brunnen- und Rohrmeister niemanden übersetzen, wann wir dann auf vorhergehende genugsame Ueberlegung denen Brunnen- und Rohrmeistern folgende Tare gesetzt und zugestanden als:

1) Vor einen neuen Zug an die Stange zu verfertigen nämlich vors Holzwerk aufs Genaueste 6 Gr.

2) Vor einen Zug zu ledern nämlich vors Leder rund um und zur Klappe ordinaire 8 Gr.

Wäre die Röhre aber weiter, daß noch an Leder halb so viel erfordert wurde 12 Gr.

3) Vor ein neu Ventil, mit dem eisernen Bügel, Leder, Nagel, Talg und Flachs 8 Gr.

Ohne Flachs und Talg 7 Gr.

4) Vor ein alt Ventil auszuwinden, neu zu verledern und wieder einzusetzen mit Flachs und Talg 5 Gr.

Ohne Flachs und Talg 4 Gr.

5) Vor einen hölzernen schlecht gehobelten und gedrechselten Hahn 4 Gr.

Vor einen geschnitzten wird der Bildhauer besonders bezahlt.

6) Ein holzerner Schwengel von Birkenholz, incl. die alten beiden Bleche mit einzubrennen, anzunageln, die eiserne Büchse zu befestigen ordinaire 6 Gr.

Sollten die Blechen oder Büchsen abgenutzet oder entzwei sein, muß der Schmidt aparte dafur bezahlt werden.

7) Neue Röhren werden nach der Bonität und Länge bezahlt, sollte jemand vermeinen uberfetzet zu sein, will der Röhrmeister geschehen laßen, daß die Arbeit von Verständigen unpartheiisch besichtigt und taxirt werde.

8) Vor einen zugelegten und überpflasterten Brunnen aufzunehmen, mit Moos auszustopfen, zu räumen und wieder zuzulegen oder zuzuflastern 2 Rthlr.

9) Vor gefrorne Brunnen aufzuhauen, soll, nachdem viel Arbeit erfordert wird, billige Bezahlung gegeben werden.

10) Wer mit dem Brunnenmacher verdingen will auf 1 Jahr, dem soll es frei stehen.

So haben wir solche vermittelst öffentlichen Drucks und Affigirung publiziren lassen, damit sich sowohl die Brunnen und Rohrmeister als sonst jedermänniglich darnach achten möge. Urkundlich unter unserem Stadt=Insiegel.

Gegeben Berlin den 23sten Februar 1709.

(L. S.)

No. VII. a.

Extract des Edicts vom 1ten December 1700, daß die Gassen und Straßen alle mal rein und ledig sein sollen.

Würde sich Jemand betreffen laßen, des Nachts vor die Brunnen und an die Ecken der Straßen Unflatherei auszugießen, der oder die sollen nach Inhalt der vorigen Gassen=Ordnung mit dem Pranger und Halseisen abgestrafet, demjenigen aber, welcher dergleichen Leute, die solches des Nachts thun und daruber ertappt werden möchten, anzeigen wird, soll allemahl deswegen ein gewiß Trinkgeld gegeben, und damit, so oft es geschiebt, continuirt werden.

Signatum zu Cölln an der Spree den 1ten December 1700.

(L. S.) Friedrich.

Demnach Bürgermeistere und Rath der Koniglichen Preußischen Haupt- und Residenz-Stadt Berlin vernommen, daß eine zeithero durch Ausgiessung der Nachteimer, Fasser und Topfen die Straßen, Gassen, insbesondere aber die Kirchhöfe, Brunnen und Rönnsteine sehr verunreiniget und dadurch ein sehr häßlicher Gestank und Abscheu verursachet worden, Und dann solches nicht allein wider die publicirte Gassen- sondern auch andere, deshalb vielfältig ergangene Verordnungen läufft: Als werden alle und jede Hauswirthe und deren Gesinde, wie auch diejenigen so für Lohn dergleichen wegzutragen pflegen, hierdurch ernstlich verwarnet, keine Unflaterei an gedachte sondern selbige an die angewiesenen Oerter, und zwar in Sommerszeit Abends nach 11 Uhr, im Winter aber nach 10 Uhr, zu Morgenszeiten aber jedesmal 1 Stunde vor der Sonnen Aufgang auszugießen oder zu gewärtigen, daß wann sie dabei betroffen, sie mit harter Leibesstrafe, die Wirthe hingegen, welche solches ihrem Gesinde nachsehen oder gar befehlen, gleichfalls mit einer nachdrücklichen Strafe belegt werden sollen. Denenjenigen aber, so dergleichen Contravenienten anzeigen werden, soll aus der Kämmerei ein gewisser Recompens gereichet werden. Und damit sich Niemand mit der Unwissenheit entschuldigen moge, so haben wir dieses zum Druck befördern, auch offentlich publiziren und anschlagen lassen.

Gegeben Berlin den 1sten November 1720.

No. VII. b.

Nachdem E. Hochedler Magistrat dieser Residenz-Städte eine Zeit her wahrgenommen, daß durch haufiges Zusammenlaufen der muthwilligen Jungen hin und wieder in der Stadt ofters ein Tumult erregt, auch mancherlei Bosheit und Frevel dadurch ausgeubet wird, wie denn nicht weniger durch das Schlenkern der Ketten an den Zugbrücken den vorübergehenden Leuten, Pferden und Wagen viel Verdruß, Ungemach und Schaden entstehen kann: So hat derselbe, diesem Unwesen zu steuern und abzuhelfen, gut befunden, darin ein ernstliches Einsehen zu thun und zu dem Ende durch die Stadtdiener und Gassenvoigte darauf fleißige Achtung geben zu lassen, welche alle diejenigen, so auf solchen Stücken betroffen werden, sofort aufgreifen und zur Haft bringen, darauf sie denn ohne fernere Untersuchung zur gebuhrenden Strafe gezogen, scharf gezuchtiget, oder auch wohl gar, wann sie sich daran nicht kehren, dem Befinden nach zur Stadt hinausgejaget werden sollen: Und damit sich Niemand mit der Unwissenheit entschuldigen, die Eltern und Handwerksmeister auch ihre Kinder und Lehrjungen dafür warnen und so viel möglich abhalten mogen, ist dieses durch ein gedrucktes Patent, auch mit Genehmhaltung des Gouvernements, durch öffentlichen Trommelschlag allenthalben bekannt gemacht und zu Jedermanns Wissenschaft gebracht worden.

So geschehen Berlin den 21sten Mai 1711.

(L. S.)

No. VIII.

Demnach Seine Königliche Majestat in Preußen ꝛc. Unser Allergnädigster König und Herr, allergnadigst verordnet haben, daß wer an denen Brunnen hiesiger Residentzien einigen Schaden zufügen, oder davon etwas entwenden, und entweder daruber werde betroffen oder dessen überführet werden, der oder dieselbe mit einer nahmhaften Geld- oder in Ermangelung dessen exemplarischer Leibesstraffe angesehen werden sollen: So wird ein solches hiermit Männiglich bekannt gemachet, damit jeder sich vor Schaden und Ungelegenheit huten möge.

Cölln an der Spree den 12ten Januarii 1708.

Nachdem Magistratus wahrgenommen, daß eine zeitlang an den Brunnen viele Unfläterei und Unreinigkeit gefunden worden; welches mehrentheils daher entstanden, daß das Gesinde bei denen Brunnen nicht allein ganze Zober Zeug gewaschen, sondern auch allerlei unreines Zeug und Gefäße ausgespulet, wodurch denn auch dieselben gänzlich ruinirt worden; Und dann dergleichen waschen und spuhlen nicht vor den Straßenbrunnen, sondern in den Häusern und an der Spree geschehen und verrichtet werden muß; Als wird hierdurch allen und jeden Einwohnern in hiesigen Residentz- und Vorstädten verboten, daß sie weder selbst, noch durch ihr Gesinde vor den Straßen-Brunnen einiges Zeug, es sei was es wolle, waschen oder spulen, sondern damit an die Spree gehen sollen; Wurde Jemand hieruber betreten, der soll sofort durch die Diener aufgehoben und mit Gefangniß bestrafet werden; Wornach sich jedermänniglich bei Vermeidung der gesetzten Strafe zu achten und für Schaden zu hüten hat.

Gegeben Berlin den 1sten Februar 1724.

No. IX.

Extract der Gassen-Ordnung de Anno 1660.

Es soll sich keiner frevelhaftig unterfangen, die Bäume oder Weinstöcke, so für den Thüren allbereit gepflanzet oder noch künftig möchten auf den Gassen gesetzet werden, zu beschädigen oder zu behauen. Sollte jemand dessen, wie recht, überwiesen werden, soll er, er sei wer er wolle, andern zum Abscheu mit Abhauung der Faust gestrafet werden.

No. X.

Von Gottes Gnaden Friedrich Wilhelm, Marggraff zu Brandenburg, Churfurst rc. Unsern Gruß zuvor, Liebe Getreue; Ihr erinnert Euch, daß Euch hiebevor zu unterschiedenen Mahlen anbefohlen worden, eure Burgerschaft ernstlich zu inhibiren, daß keiner, er sei wer er wolle, einiges Schutt auf der langen Brücken, oder ins Wasser bringen noch werfen sollte. Ob wir auch wohl gehoffet, ihr wurdet Unsere an euch deswegen ergangene Befehle in gebührlichen Respect und Gehorsam genommen und die Verbrecher gestraffet haben; So vernehmen wir doch mit nicht weniger Befremdung, daß es bishieher noch nicht geschehen. Und weil dann gleichwohl augenscheinlich zu befinden, daß sich dadurch allerhand Schutts ein großer Berg in der Spree häufen thut; Als befehlen wir Euch hiermit nochmalen ernstlich; wollet es euern Bürgern, entweder öffentlich oder privatim, ansagen lassen, daß sie nunmehro auf die Brucken oder in die Spree nicht im geringsten hinschütten, sondern sich dessen gänzlich enthalten und was von ihnen allbereits hingeschuttet, wiederum wegbringen laßen sollen. Im widrigen da dieses von Euch nicht geschiehet, soll von Uns Inquisition angestellt und die Verbrecher nach Befinden jedesmal gestraft werden. Vollbringt hieran unsere ernste Willensmeinung, und seind Euch mit Gnaden gewogen.

Gegeben Cölln an der Spree den 17ten November 1645.

Demnach die ober- und unterhalb der Friedrich-Werderischen Mühlen und der Schleuse am Wasser wohnende Eximirte und Bürger, auch deren Miethsleute und Gesinde, denen ergangenen vielfältigen Königlichen Allergnädigsten Verordnungen zuwider, sich unterstehen, aus ihren Häusern allen Schutt und Unrath in die Spree zu werfen, einige deren auch an unzuläßichen Orten Waschbänke angeleget, wodurch der Zulauf des Wassers auf besagte Muhlen und die Schleuse sehr gehemmet, auch der Strohm an den Seiten des Ufers oder der Schalung und fast bis in der Mitten ganz zugeschüttet wird; Als wird Namens Sr. Königlichen Majestät Unsers allergnädigsten Königs und Herrn vorerwähnten Einwohnern von Teutschen und Franzosen hiermit nochmals alles Ernstes und bei Vermeidung unausbleiblicher Bestrafung untersagt, sich der Einwerfung des Schuttes in den Strohm gänzlich zu enthalten, auch ihren Miethsleuten und Gesinde solches zu thun nicht zu gestatten, widrigenfalls aber und da jemand sich unterstehen sollte, solch Verboth weiter zu übertreten, so soll auf Anzeige des bestellten Strohmmeisters wider die Verbrechere, wenn dieselbe darüber betroffen werden, sonst aber wider die Eigenthümer und Possessores der Häuser, welche darauf genaue Acht zu geben, daß dergleichen nicht geschehe, mit harter Strafe verfahren und solche durch militairische Execution beigetrieben, daneben auch aller Schutt und Unrath auf derselben Kosten aus dem Strohm geräumt werden, wie dann auch alle in dem Canal zum höchsten Schaden und Nachtheil der Schleuse und Friedrich-Werdersche

Mühlen ohne erhaltene schriftliche Concession angelegte Waschbänke forderlichst wieder weggeschafft werden müssen.

Signatum zu Colln an der Spree den 27sten October 1707.

No. X. b.

Nachdem vielfaltig wahrgenommen und geklaget worden, daß verschiedene Einwohner sich nicht gescheuet, zerbrochenes Glas, zu Gefahr und Schaden der so Tags als Nachts gehenden oder fahrenden, häufig auf die Straßen und Gassen zu werfen oder auszuschütten, dasselbe auch ihrem Gesinde nachzusehen: So wird allen hiesigen Bürgern, wie auch insonderheit allem Gesinde anbefohlen, kein zerbrochenes Glas, es sei wenig oder viel, auf öffentliche Straßen und Gassen, vielweniger in den Strohm zu bringen, widrigenfalls zu gewarten, daß sie nicht nur zur Erstattung alles dadurch verursachten Schadens ohne Weitläuftigkeit angehalten, sondern auch an die Herrschaft, wenn selbige dem Gesinde conniviret und es nicht ernstlich verbothen, an Gelde von 5 bis 10 Rthlr. und das Gesinde mit Gefängniß oder anderer empfindlichen Straffe ohne Nachlaß angesehen werden sollen.

Signatum Berlin den 16ten Jan. 1727.

No. XI.

Nachdem E. Hochedler Magistrat mißfallig erfahren, daß dem ergangenen Verboth zuwider noch immerhin bei Nachtzeit sowohl Messing als Eisen und Schlosser von den Häusern, Brücken und Gassen, auf den Straßen und anderen Orten weggestohlen, und damit sowohl von den Dieben selbst, als denen, die es kauffen, ein schändlicher Gewinn gesuchet wird: So hat wohlgedachter Magistrat hierdurch nochmals solche Leute ernstlich verwarnen wollen, sich dergleichen bei schwerer Leibesstrafe zu enthalten; Wie denn auch insonderheit den Materialisten, Roth- und Gelbgiessern, wie auch Schmieden und anderen, so das alte Eisem und Messing aufzukauffen pflegen, hierdurch anbefohlen, bei 10 Rthlr. Straffe dergleichen nicht anzunehmen, ohne daß sie vorhero genau examiniret, ob solches nicht etwa gestohlen worden, und im Fall sie auf die Personen, so ihnen altes Eisen oder Messing bringen, den geringsten Verdacht hätten, sollen sie selbige sofort durch die nächste Wache arretiren lassen und es gehörigen Orts anzeigen, damit die Sache gründlich untersuchet werden und dem Befinden nach weitere Verfügung geschehen könne, würden sie aber solche Praecaution nicht gebrauchen, sollen sie auf erhaltene Nachricht zu Erlegung der angeregten 10 Rthlr. Strafe sofort angehalten werden, davon derjenige, so es angiebt, die Hälfte zu geniessen haben, das übrige aber denen Armen zugewendet werden soll.

Berlin den 29sten November 1715.

No. XII.

Postscriptum.

Auch ꝛc. Liebe Getreue; Befehlen wir Euch hiermit gnädigst zu untersuchen und uns zu berichten, woher der letztere Brand entstanden? Dabei auch männiglich der Einwohner mit Nachdruck anzuzeigen, ihr Gesinde dahin zulanglich anzuhalten, daß sie mit dem Lichte nicht liederlich umbgehen, noch auch bei Lichte Futter oder Hechsel schneiden, sondern wenn sie ja Licht in den Ställen haben mußen, solches entweder in der Laterne oder in eisern angeschlagenen Leuchtern an einer Mauerwand abwärts von der Ströhung stehend haben und solches nachdem sie die Pferde beschicket, allsofort auslöschen, auch sonsten mit den Lichten in den Gemächern wohl und behutsam umgehen und überall unserer publizirten Feuer-Ordnung nachleben ꝛc. ut in Rescripto Cölln den 7ten Aprilis 1691.

(L. S.) Friedrich.

E. Danckelman.

No XIII.

Von Gottes Gnaden Friedrich Wilhelm König in Preußen, Marggraf zu Brandenburg ꝛc. Unsern Gruß zuvor. Liebe Getreue, welchergestalt NN allerunterthanigst gebeten, daß der NN nicht gestattet werden möchte, das an ihn gränzende Seifensiederhaus in der N Straße wegen besorglicher Feuers-Gefahr und unleidlichen Qualms und Gestanks an einen Seifensieder zu vermiethen oder zu verkaufen, solches habt ihr aus der schriftlichen Anlage umständlich zu ersehen. Gleich wie nun Suplicantens in rechtlichen Raisons gegründetes Anführen unserer allergnädigsten Intention gemäß, dem Publico auch selbst daran gelegen ist, daß dergleichen Professiones, so große Feuersgefahr auch Gestank und Infection mit sich fuhren, nach anderer wohlbestellten großen Städte-Verfassung, entweder gar außer der Stadt oder doch wenigstens an abgelegenen Orten angelegt werden.

Als habt ihr der NN durchaus nicht zu gestatten, das qu. Haus an einen Seifensieder oder Lichtzieher zu vermiethen oder zu verkaufen. Daran geschieht unser allergnädigster Wille und wir sind Euch mit Gnaden gewogen.

Gegeben Berlin den 12ten November 1723.

Friedrich Wilhelm.

No. XIV.
Ordnung, wonach die Nachtwachter in denen Königlichen Residentzien Berlin und Vorstadten sich eigentlich zu achten haben. Anno 1727.

Nachdem Se. Königliche Majestat in Preußen rc. Unser Allergnädigster Herr zur Nachtwache in sammtlichen hiesigen Residentzien und Vorstädten ein Nachtwachtmeister und dreißig Nachtwachter bestellen laßen und Allergnadigst wollen, daß die hiesigen Nachtwachen zur Verhütung alles Schadens und Unordnungen wohl und richtig versehen werden sollen, Als hat der Magistrat hiesiger Residentzien folgende Instruction ertheilet:

Der Nachtwachtmeister soll:

1.

dahin sehen, daß die unter ihm stehende dreißig Nachtwächter ihre Dienste, wie sie dazu angewiesen, treulich und zu rechter Zeit verrichten.

2.

Soll er alle Nacht bald eine, bald die andere Stadt ohne sich an gewisse Ordnung zu binden durchgehen und visitiren.

3.

Wann er erfähret, daß einer oder ander in seinen Diensten nachlässig oder der Ordnung entgegen gehandelt, solches sofort bei der Verordneten Commission oder dem Magistrat anzeigen.

4.

Wenn Feuer oder sonsten ein großer Auflauf entstunde, es sei Tag oder Nacht, soll er sofort dabei erscheinen oder was notig oder befohlen wird, ausrichten.

5.

Auf die Brunnen, Wasserthienen, Prahmspritzen, Spritzenhäuser und Feuer-Instrumenta hat er Acht zu geben und die Nachtwächter dahin anzuhalten, daß sie ihm unverzuglich melden mussen, was davon schadhaft werden mochte, worauf er solches denen Feuerherrn schleunig anzeigen muß.

6.

Des Dienstags, Donnerstags und Sonnabends soll er von 10 bis 12 Uhr Vormittags sich auf dem Rathhause einfinden und dasjenige, was wegen der Feuer-Anstalten und sonsten ihm befohlen werden mögte, sofort bewerkstelligen.

7.

Muß er auf der Nachtwächter Leben und Wandel gut Acht haben, und wenn er etwa vermerken sollte, daß sie ein luderliches Leben fuhrten, Diebe und Säufer waren und mit verdachtigen Leuten Umgang hätten, hat er davon alle Erkundigung einzuziehen und solches der Commission und dem Magistrate sofort anzuzeigen, damit sie zur gebuhrenden Strafe gezogen werden können.

8.

Soll er alle Monat, wenn denen Nachtwächtern ihr Lohn auf der Servis-Kasse ausgezahlet wird, zugegen sein und denenselben ihre Instruction vorlesen, um sich danach genau zu achten und derselben überall gebührend nachzuleben.

9.

Muß er folgenden Eid bei seiner Annehmung ablegen:

Demnach ich NN zum Nachtwachtmeister in hiesigen Residentzien angenommen worden, als gelobe und schwore ich mittelst dieses leiblichen Eides zuvorderst meinen Herrn Befehlshabern, insonderheit E. Hochedeln Magistrat dieser Residentzien getreu und gewartig zu sein, hiernächst auch die Nachtwächter fleißig anzuhalten, daß sie allem, was in ihrer Instruction enthalten, gehorig nachleben mussen. Ich will auch bei der Aufsicht uber dieselben und in Verrichtung dessen, was mir sonst befohlen wird und obliegет, mich uberall dergestalt verhalten, als es einem ehrlichen und getreuen Nachtwachtmeister eignen und gebühren mag. So wahr mir Gott helfe durch seinen Sohn Jesum Christum.

Ordnung,

nach welcher die dreißig Nachtwachter in denen Koniglichen Residentzien Berlin und Vorstadten sich zu achten haben.

§. 1.

Sollen die Nachtwächter in der Stadt Berlin und denen ubrigen Städten und Vorstädten sich Abends eine halbe Stunde ehe sie zu rufen anfangen vor der nachsten Wache, welche sie aufzunehmen und nicht zu prostituiren befehligt ist, einfinden.

§. 2.

Sollen sie im November, December, Januario und Februario von 9 bis 5 Uhr, im Martio, April, Mai, Augusto, September und October von 10 bis 3 Uhr und im Junio und Julio von 11 Uhr an allen Ecken der Straßen in ihren angewiesenen Quartieren die Stunden vernehmlich abrufen, vorhero aber ehe sie abrufen, sowohl vor als Nachmitternacht, die erste Stunde ein-, die andere zweimal und soferner mit Blasung des Hornes anzeigen.

§. 3.

Müßen sie alles accurat zu gehöriger Zeit verrichten, auch ihre Dienste niemals durch einen anderen verwalten laßen, bei unausbleiblicher Kassation.

§. 4.

Nachdem sie abgerufen, sollen sie in dem angewiesenen Revier noch ferner patrouilliren, solange bis die Stunde vorbei und sie wieder anfangen zu rufen oder die Reveille geschlagen hat.

§. 5.

Sollte im Winter eine sehr strenge Kalte einfallen, wird ihnen erlaubt, alle Stunden eine Viertelstunde sich bei der nächsten Wache zu wärmen, als welche sie aufzunehmen, wie oben erwähnet, Befehl hat; jedoch muß dazu nicht allemal die letzte Viertelstunde genommen werden.

§. 6.

Die Nachtwächter mussen nicht mitten auf der Straße, sondern an die Häuser heran und durch die Queergassen mitgehen.

§. 7.

Daferne sie eine Hausthüre oder auch Fensterlade offen finden, zu dem Ende sie an die Klinken der Thüre anzufassen, um zu sehen, ob solche auch fest verschlossen, haben sie den Wirth aufzuwecken, und ihm solches anzuzeigen, auch von demselben zu vernehmen, ob die Thür mit Fleiß aufgelassen, alsdann dagegen, jedoch durchaus eher nicht, als des andern Tages, 2 Gr. von ihm abzufordern.

§. 8.

Sollten sie Diebstahl oder Einbruch entdecken, haben sie solches der nächsten Wache unverzuglich anzumelden und um Hulfe zu rufen, weil diese gleichfalls Ordre haben, ihnen zu assistiren, falls sie sich der Missethäter selbst nicht bemachtigen können; da aber einer von ihnen selbst überfallen wurde, oder unverzuglich Hulfe nötig hätte, muß er mit dem ihm eingehändigten kleinen Horn ein Zeichen durch dreimaliges Blasen geben und sodann die nächsten Wächter ihm sogleich zu Hülfe kommen.

§. 9.

Sollen sie Beschädigung und Diebstahl an Hausthüren, Brücken, Brunnen, publiquen Orten nach aller Möglichkeit verhüten und denjenigen Weg am ersten nehmen, wo sie vermerken, daß dergleichen vorgehe; wie sie denn auch sonsten um Diebstahl und Unordnung zu verhüten ihre Tour zuweilen verändern mögen, dabei aber keine Straße oder Gasse überschlagen mussen, ohne solche durchzupatrouilliren.

§. 10.

Die des Nachts betroffene Bettler, verkleidete Jungens, sammt anderem lüderlichen Volk, welches in Kellern und Häusern aus- und eingeht oder auch in Straßen und auf Marktplätzen verdächtigerweise wahrgenommen wird, sollen die Wächter entweder in die nächste Wache in Arrest bringen, oder derselben anzeigen. An Dienstbothen und anderen Leuten, welche wegen Krankheit oder anderer Nothfälle des Nachts verschicket werden und ihre Straße gehen, haben sie, wenn ihnen solches auf ihr Befragen angezeigt wird, sich nicht zu vergreifen.

§. 11.

Das Gesinde, welches in der Nacht Koth, Glas oder sonst etwas Ungebührliches auf die Straßen schuttet, die kleinen Gassen zu Hinderung der Passage versetzet oder mit bloßem Lichte und brennendem Kien über die Straßen gehet, haben sie anzuhalten oder des Morgens Anzeige davon beim Magistrat zu thun.

§. 12.

Was die Nachtwächter etwa von Hurenwinkeln und Diebesherbergen in Erfahrung bringen, sollen sie des anderen Tages bei dem Magistrat anmelden und gewarten, daß es zum Protokoll genommen werde.

§. 13.

Würde ein Nachtwächter in einem Keller oder luderlichen Ort selbst eintreten oder trinken oder sonst mit diebischen Leuten umgehen und dessen über kurz oder uber lang uberfuhrt werden, soll er nicht allein weggejaget, sondern uberdem auch am Leibe exemplariter bestraft werden.

§. 14.

Wurde ein Nachtwächter betrunken auf die Wache kommen, der soll das erstemal einen Monat seines Tractements verlustig sein, das zweitemal aber ohnfehlbar kassirt werden.

§. 15.

Die Nachtwächter sollen auch des Winters alle Stunden die Stadtbrunnen ziehen, damit solche nicht einfrieren. Sollten die Brunnen jemals unbrauchbar sein, haben sie solches dem Nachtwachtmeister, desgleichen denen Feuerherrn und Brunnenmachern unverzüglich zu melden, auch haben sie die Wasserthienen bei den Brunnen wohl in Acht zu nehmen und bei entstandenem Frost das Wasser aus selbigen zu gießen, damit sie nicht einfrieren, und die Schlitten loszueisen; Hiernächst aber, wenn es Zeit davon, die Thienen wieder zu fullen und bei Sommerszeit das stinkende Wasser auszugiessen und da Koth oder Unflath nahe an den Schlitten läge, des folgenden Tages dem nachst wohnenden Feuerherrn Anzeige zu thun, damit es sofort weggeschafft werde und nichts verstocke noch verderbe.

§. 16.

Würde ein Nachtwachter durch großen Rauch oder sonsten ein aufgehendes Nachtfeuer wahrnehmen, soll derselbe die Einwohner solches Hauses jedoch mit Bescheidenheit aufwecken, und wenn die Hulfe nöthig, die allernächsten Nachbarn ermuntern, ohne Noth und Gefahr aber keinen Lärm machen.

§. 17.

Hierauf lieget ihm und seinem Neben- oder nächsten Wächter, welchen deshalb allenfalls mit dem kleinen Horn ein Zeichen zu geben, ob, ohne den allergeringsten Verzug der nächsten Wache, denen in selbiger Stadt wohnenden Burgermeistern und Feuerherrn, wie auch Marktmeistern auf dem Rathhause, ferner denen Lohnfuhrleuten oder Sackführern, welche ohnweit des Spritzenhauses oder der nächsten Stadtbrunnen und Wasserthienen wohnen, Meldung des entdeckten Feuers zu thun und so viel ihm möglich zu Anfuhrung der Spritze und Wassers anzutreiben, auch damit zu continuiren, so lange die Noth währet.

§. 18.

Entstünde das Feuer in Vorstädten, so hat der Nachtwächter solches der Wache und Burger-Hauptleuten und die ihm sonst vom Magistrat als zur allgemeinen Rettung verordnet angezeiget sein, unverzüglich anzudeuten.

§. 19.

Die übrigen Nachtwächter der Städte und Vorstädte müßen, sobald sie die Glocke oder Trommel hören, ihre nächste Befehlshaber aufwecken und die nächste Ausfuhre der Spritzen und Wasserkufen befördern helfen; des anderen Tages aber Attest und Schein bringen, daß sie solches prompt gethan haben.

§. 20.

Nachdem sie alles gemeldet, sollen die Nachtwächter des Reviers, wo kein Brand ist, ihres Dienstes daselbst wieder wahrnehmen; das Viertel aber, wo der Brand ist, von dem nächsten Wächter mit versehen werden, damit wenn irgendwo ein zweites Feuer entstünde, es an Aufsicht und Anmelden nicht fehlen könne. Einige Nachtwächter aber sollen an den Orten, wo die meiste Passage, als an der Königsstraße und am Mühlendamm, wie auch der Gegend des Viertels, wo der Brand entstanden, stehen bleiben, und denen, die zur Rettung kommen, anzeigen, wo das Feuer eigentlich sei.

§. 21.

Derjenige Nachtwächter, welcher ein Nachtfeuer entdecket und sich nach der Vorschrift des 16ten und 17ten Punctes fleißig erwiesen, soll mit 1 bis 2 Rthlr. belohnet und recompensiret, diejenigen aber, die in solcher allgemeinen Noth und Gefahr ihre Schuldigkeit nicht rechtschaffen erwiesen, nicht nur mit Entsetzung sondern auch am Leibe hart bestraft werden.

§. 22.

Wenn bei Tage ein Feuer entstehet, hat ein jeder Nachtwächter sich auf seinen Posten einzufinden und allem, was ihm vorgeschriebenermaassen oblieget, nachzuleben.

§. 23.

Jeder Nachtwächter soll nirgends anders als in dem ihm angewiesenen Revier wohnen und bei seiner Annehmung hiernach, wie weit solches sich erstrecke, beschieden werden.

§. 24.

Vor diese ihre gute Dienstleistung soll ein Jeder monatlich drei Thaler an Tractament haben, welche ihnen allemal den 21sten gegen Quittung richtig ausgezahlt werden sollen.

Eid:

Demnach ich zum Nachtwächter in Berlin, Cölln, Friedrichs-Werder, Dorotheenstadt, Friedrichsstadt, Cöllnischen, Spandowschen, Königs- und Stralowschen Vorstädten angenommen worden, Als schwöre ich NN zu Gott dem Allmächtigen mittelst dieses leiblichen Eides, daß ich zuvorderst meinen Herrn Befehlshabern, insonderheit auch Einem Hochedlen Magistrat und dieser Stadt treu und gewärtig sein, in dem mir anvertrauten und angewiesenen Oertern die Nachtwache unermüdet abwarten, auch allem was in vorstehender Ordnung und Instruction enthalten, oder ferner angeordnet werden möchte, nach allen meinen Kräften und Vermögen nachkommen will. So wahr mir Gott helfe durch seinen Sohn Jesum Christum.

No. XV.

Königliche Schloß-Feuer-Ordnung. Anno 1719.

Nachdem in der Nacht vom 6ten bis 7ten Januarii dieses 1719ten Jahres ein unvermutheter Brand auf dem Koniglichen Schlosse allhier entstanden, und man nicht anders davor halten kann, als daß solcher durch Verwahrlosung der Kamine hergekommen, Seine Königliche Majestät Allergnädigst befohlen, folgende Schloß-Feuer-Ordnung publiziren zu lassen. Alß ordnen und befehlen sie hiermit ernstlich:

1.

Daß die Schornsteinfeger und deren Leute von nun an alle Camine im Schlosse nach der Ordnung und neuen Reglement, worin dieselbe spezifiziret sein, zu der gesetzten Zeit allen Ruß gehörig auskratzen und rein fegen, auch die eisernen Röhren in denen Windofen mit einem dazu gehörigen Instrument von Ruß und Rahm wohl saubern, auch mit solcher Arbeit täglich continuiren sollen, damit sie wenigstens alle 4 Wochen mit Ausfegung aller auf dem Schlosse seienden Camine und Schornsteine fertig sein mögen; wurden die Schornsteinfeger darunter säumig oder nachlässig sein, es sei, daß sie die gesetzte Zeit nicht beobachten oder auch die Reinigung der Schornsteine nicht gebührend verrichten, so sollen die Meister oder derjenige von ihren Leuten, welcher dessen überfuhret wird, in die Karre gespannet und zur Festungsarbeit angehalten werden; Wie denn auch die Schornsteinfeger und deren Leute bei Vermeidung obiger Strafe bei der Bau-Kammer anzuzeigen haben, wenn sie etwa bei der Besteigung der Schornsteine vermerken sollten, daß in den innersten Zungen oder sonst am Schornstein etwas schadhaft und Mangelhaftes sich befinde, oder die Röhren zum Besteigen zu enge wären, damit solches eiligst geandert werden könne.

2.

Damit auch den Schornsteinfegern in solchem ihrem Amte keine Hinderungen zugezogen werden mögen; so ist Sr. Königlichen Majestät ernster Wille und allergnädigster Befehl, daß Niemand von denen, so auf dem Königl. Schlosse wohnen, er sei wer er wolle, die Schornsteinfegere und ihre Leute, wann sie sich zum Fegen angeben, abweisen solle, sondern es soll, wenn bereits Feuer im Camine, Heerd oder Ofens, solches ausgegossen und den Schornsteinfegern solchergestalt Platz gemacht werden, ihre Arbeit zu thun. Wer hierwider es sei Herrschaft oder Gesinde handeln wird, und ein Schornstein dadurch in Brand geriethe, selbiger soll, wann die Herrschaft daran Schuld, 100 Rthlr. inremissible Strafe sofort erlegen, das Gesinde aber mit dem Spinn- und Arbeitshause abgestrafet, auch beides sofort exequiret werden; Wie denn auch diejenige, so auf dem Schlosse logiren, die Schornsteinfeger fleißig holen lassen und zu Reinigung derer Schornsteine anhalten müssen, weil es ihnen zu keiner Entschuldigung dienen soll, wann sie gleich vorgeben wollten, daß sie des Schornsteinfegers nicht habhaft werden konnen.

3.

Soll von dem zeitigen Baumeister ein gewisses Reglement verfertigt und darin exprimiret werden, welche Camine diesen oder jenen Tag ausgefeget werden sollen; Dieserwegen nun soll dem Schornsteinfeger täglich ein Zettel von denen auszuräumenden Schornsteinen zugestellet und zu Ende einer jeden Woche solche in die Baukammer zuruckgeliefert werden, aus welchen Zetteln alle Spezificationen von der ganzen Woche verfertiget und solche denen Schornsteinfegern zu ihrer Nachricht zugestellt werden sollen, damit sie zu jeder Zeit damit bescheinigen können, daß sie dasjenige gethan was ihnen befohlen; So sollen auch diejenige, so auf dem Schlosse wohnen, und bei welchen die Schornsteinfeger sich nicht monatlich angeben möchten, solches bei der Bau-Kammer melden, woselbst alles sogleich remedirt werden soll.

4.

Se. Königliche Majestät wollen auch eine gewisse Anzahl Feuerspritzen anfertigen lassen, welche sowohl auf dem Schloßplatz als in den Etagen und unterm Dach verschlossen, als namlich auf jeder Treppe eine, auf der großen Treppe zwei, nebst einer gewissen Quantität Feuereimer, als nämlich 60 Eimer bei jeder Feuerspritze, gesetzet werden sollen; die Schlussel davon sollen einer in der Hauptwache und der andere in der Baukammer verwahret, solche Spritzen auch Winters alle 14 Tage, Sommers aber alle 4 Wochen probiret und wenn etwas schadhaftes daran, sofort repariret werden. Es sollen auch die Königliche und Marggräfliche Lackaien, ingleichen die Knechte aus dem Stall sich von Zeit zu Zeit fleißig uben, daß sie mit denen kleinen Schlauchen und Feuerspritzen recht wohl umzugehen und selbige gehörig zu regieren lernen und wissen mogen, worauf der Kammer-Fourier gehörige Achtung zu geben und sie dazu anzuhalten hat. Mit der großen Spritze auf dem Wasser wird es auf eben solche Weise gehalten und soll der Hofbrunnenmacher, Hofzimmermann und Hofmaurer und die Hofschlösser und die Hoftischler auf alle solche Spritzen Achtung geben, auch sowohl sich selbst als ihre Gesellen abrichten, daß sie bei entstehendem Feuer sowohl, als wenn die Spritzen unter Direction des Baumeisters probiret werden, dieselbige recht zu handthieren und gehorig ohne daran etwas zu beschädigen damit umzugehen wißen mogen. Absonderlich aber sollen die Schloßwächter dahin angehalten werden, daß sie alle und jede

Handgriffe bei denen großen sowohl auf dem Wasser, als sonsten beim Schlosse befindlichen Feuerspritzen recht erlernen und bei entstehender Feuersbrunst sowohl die Schlauche gehörig anzuschrauben als auch hernachmalen selbige richtig wo es am nöthigsten ist zu lenken wissen, und sollen ihnen dann von der Garnison Soldaten, welche solche Spritzen forttrecken und Wasser fourniren können, zugegeben werden; die Wächter aber mussen die große Spritze und derselben Schlauche allein gehörig einzurichten und zu regieren wissen.

5.

Die Wassertubben, so unterm Dache stehen, sollen sofort nachgesehen, die schadhafte reparirt, auch neue angeschaffet, solche im Sommer alle 14 Tage mit frischem Wasser angefullet und beständig voll Wassers gehalten, im Winter aber alle ausgegossen und umgestülpet werden; So sollen auch bei denen Brunnen auf dem Schlosse große Wasserthienen auf Schleifen gehalten werden, mit welchen des Wassers wegen es eben so gehalten werden soll, wie mit denen unterm Dache.

6.

Sollen bei jedweder Spritze drei hölzerne Handspritzen angehangen und gleichfalls verschlossen verwahret und alle 14 Tage probiret werden.

7.

Von denen Schloßwächtern sollen, wie bishero gebräuchlich, zwei nicht allein nur das Schloß visitiren, sondern auch auf denen 4 Ecken des Schlosses des Winters von 10 bis 11 Uhr und des Sommers von 10 Uhr bis es Tag wird, die Stunden abrufen. Wann sie etwa Feuer, oder auch daß ein Schornstein in solcher Zeit brenne merken werden, sollen sie es sofort in der Schloßwache, auch in der Baukammer melden, sich hernach zu denen großen Feuerspritzen aufm Wasser und aufm Schloßplatz verfügen und daselbst ihre Function wie im vorigen 4ten Artikul angeführt worden, verrichten und durch derselbigen zeitigen und gehörigen Gebrauch auch gute Regierung zur Dampfung des Feuers allen möglichen Fleiß mit anwenden; Damit es auch an zulänglichem Vorrath des Wassers nicht ermangele, sondern selbiges allemal parat gefunden werde, sollen die Wächters mit Anfullung der Wasserthienen auf denen Schloß-Platzen und unterm Dache sich fleißig erweisen und so lange es nicht frieret, absonderlich aber zu Sommerszeit mit frischem Wasser selbige anfullen, bei hartem Frost aber solche Thienen ausschöpfen und umkehren, wozu von der Wache einige Mannschaft zur Hülfe gegeben werden wird.

8.

Der Hausvoigteischreiber soll hierauf fleißig Acht geben, daß die Schloßwächter dasjenige, so ihnen nach vorigem Paragrapho zu thun obliegет, fleißig verrichten, und da sie sich widerspenstig erzeigen sollten, hat er solches bei dem Gerichte zur Bestrafung anzuzeigen.

9.

Weil auch die große Prahmspritze nicht vor unser Schloß allein, sondern auch zum Dienst aller am Spree-Strohm wohnenden verfertigt worden; so sollen auf allen Fallen, wann etwa auf dem Schlosse oder in einem am Strome belegenen Hause Feuer auskommen sollte, die Fischer in denen hiesigen Residentzien bei Vermeidung ernster Bestrafung wenigstens 16 Mann aus ihrem Mittel sogleich auf die Prahmspritze abschicken, welche nicht allein nebst denen Schloß-Wächtern solche gehörigen Orths anbringen, sondern auch das Druckwerk daran so lange anfänglich bearbeiten mussen, bis sie durch andere commandirte Leute abgeloset werden.

Schließlich und wie Se. Königliche Majestat uber diese Schloß-Feuer-Ordnung gehörig und genau gehalten haben wollen:

Als befehlen Sie auch Dero Gouverneur und Commandanten hiesiger Residentzien, wie auch Dero zeitigem Schloß-Hauptmann und Hofgerichte, auch Ober-Castellan und Hof-Fiskale allerseits Ihres Orths, sich darnach gehorsam zu achten, und daß derselben auch von denen unter ihrem Commando und Aufsicht stehenden Subalternen gehorig und schuldigst nachgelebet werde, zulängliche Verfügung zu thun und Achtung zu geben. Urkundlich unter Sr. Königlichen Majestat eigenhändigen Unterschrift.

Gegeben Berlin den 13. Januarii 1719.

(L. S.) Friedrich Wilhelm.

v. Printz.

---

9) Abbrennen von Feuerwerken und Schießen innerhalb der Stadt.

Polizeiliche Bekanntmachung.

Nach den Landes-Gesetzen (Allgemeines Landrecht Theil II. Tit. 20. §. 745. und 1554.) soll derjenige, welcher in bewohnten oder gewöhnlich von Menschen besuchten Orten sich des Schießgewehrs bedient, oder Feuerwerke ohne besondere Erlaubniß der Obrigkeit abbrennt, wenn auch kein Schaden geschehen ist, in eine Strafe von 5 bis 50 Thalern genommen werden, und soll überhaupt in der Nähe von Hausern und Gebäuden oder andern leicht entzündbaren Sachen sich ein jeder des Schießens und Abbrennens von Feuerwerkskörpern unbedingt enthalten. Die unterzeichneten Behorden machen auf diese gesetzlichen Vorschriften zu deren sorgfältigsten Beachtung mit dem Hinzufugen aufmerksam, daß das Schießen und Abbrennen von Pulver und allen daraus gefertigten Präparaten nach obigen Strafbestimmungen, ohne alle Ausnahme, und zwar den Umstanden nach, Statt der Geldstrafe, mit einer verhältnißmäßigen Freiheitsstrafe gerugt, auch nothigen Falls zur Aufrechthaltung der öffentlichen Ordnung gegen die Uebertreter dieses Verbots mit sofortiger Verhaftung verfahren werden soll.

Berlin, den 16. July 1839.

Königliches Gouvernement und Polizei-Präsidium hiesiger Residenz.
v. Tippelskirch. v. Puttkammer.

10) Verbot, Theer, Firniß und dergl. innerhalb der Stadt zu kochen.

Bekanntmachung.

Es wird hierdurch die bestehende Verordnung vom 2ten und 23sten October 1801 in Erinnerung gebracht, nach welcher es bei 10 Thalern Strafe verboten ist, innerhalb der Stadt Pech, Theer, Terpentin, Firniße oder Buchdrucker-Schwärze zu bereiten. Insofern dies auch innerhalb der Stadt ohne Gefahr geschehen oder der daraus entspringenden Gefahr hinreichend vorgebeugt werden kann, wird das Polizei-Präsidium hiezu ausnahmsweise die Erlaubniß ertheilen, weshalb die resp. Gewerbtreibenden sich unter Einsendung eines Situations-Planes vor dem Beginn des Geschäfts an dasselbe zu wenden haben.

Berlin, den 13ten October 1837.

Königliches Polizei-Präsidium. Gerlach.

11) Gebrauch der Kohlentöpfe.

Polizei-Verordnung.

In dem Buden-Reglement vom 15. August 1801 ist zwar bereits vorgeschrieben, daß kein Eigenthümer einer Bude in selbiger einen Ofen, Heerd oder sonstige Feuerstellen anlegen durfe, auch die Zeit bestimmt festgesezt worden, wenn die Buden geschlossen werden müssen. Da indessen, wie die Erfahrung lehrt, beide Vorschriften vergessen sind, und den Zweck nicht erreichen, so wird hierdurch Folgendes verordnet:

1) In keiner Bude darf ein Ofen, Heerd oder sonstige Feuerstelle angelegt, und wo solche sich befindet, muß sie binnen 3 Tagen nach Bekanntmachung dieser Verordnung weggeschafft werden.

2) Kein Inhaber einer Bude, kein Trodler und wer sonst auf dem Markt in Buden oder an den Straßen und öffentlichen Plätzen Waaren feil bietet, darf sich eines Kohlentopfes ohne die ehemals üblich gewesene Feuerstube bedienen.

Diese Feuerstube muß von Eisen, Blech, Messing oder Kupfer sein und die erforderliche Oeffnung nur an der Seite haben.

3) Niemand darf sich eines Kohlentopfes an obigen Orten zum Kochen bedienen, noch denselben mit gluhenden Kohlen ohne Aufsicht oder an feuergefährlichen Orten über Nacht stehen lassen.

4) Eben so wenig darf in einer Bude Taback geraucht werden.

5) Jeder Budenbesitzer, Trödler und Höker darf sich vom 1. Mai bis 1. September nicht länger als von 5 Uhr Morgens bis 7 Uhr Abends, vom 1. Marz bis 1. Mai und vom 1. September bis 1. November von Morgens 7 bis Abends 5 Uhr, und vom 1. November bis 1. März von Morgens 8 bis Abends 4 Uhr in seiner Bude oder an seiner Stelle aufhalten und feil bieten.

6) Wer gegen die obigen Vorschriften handelt, und langer aussteht, oder feuergefährliche Kohlentopfe, Heerde und dergleichen hält, soll sofort und ohne Ansehen der Person zum Arreste gebracht und mit 10 Rthlr. Geld oder 14tägiger Gefängnißstrafe belegt werden.

7) Die Polizei-Offizianten sind zur strengsten Aufsicht über die Befolgung dieser Vorschrift angewiesen, und dafür verantwortlich. Wenn durch Contravention oder Nachlässigkeit ein Unglück entsteht und durch ihre Saumseligkeit befördert worden ist; so werden sie ohnfehlbar zur Mitbestrafung gezogen werden. Dagegen sind sie befugt, mit allem Nachdruck ihres Amtes über die Beobachtung dieser Verordnung zu halten, und ist jeder, den es angeht, bei schärfster Ahndung verpflichtet, ihnen unfehlbar Folge darin zu leisten.

Berlin, den 6. October 1809.

Königl. Polizei-Präsident von Berlin. Gruner.

12) Anlegung der Plätze zum Verkauf des Holzes, der Kohlen und des Torfs.

Polizei-Verordnung.

Da die Verordnung vom 14. März 1814, das Verfahren bei Anlegung der Holzplätze betreffend, seither in der Ausfuhrung manche Schwierigkeiten gefunden, und zu vielseitigen, zum Theil nicht ungegründeten Beschwerden Anlaß gegeben hat, so werden, um den Handel mit Brennmaterialien, so weit es polizeilich irgend zuläßig ist, zu erleichtern, mit Berücksichtigung der in dieser Hinsicht bis jetzt gemachten Erfahrungen, und unter Aufhebung der oben erwähnten Verordnung nunmehr wegen Anlegung und Benutzung der zum Verkaufe des Holzes, der Kohlen und des Torfes bestimmten Plätze in Berlin und dessen engern Polizei-Bezirken folgende polizeiliche Vorschriften hierdurch festgesetzt:

§. 1.

Ohne vorgängig erhaltene schriftliche polizeiliche Erlaubniß darf Niemand einen zum Verkauf des Nutzholzes, Brennholzes, Torfes und der Kohlen bestimmten Platz anlegen, und wird die Erlaubniß nur temporair, und auf so lange ertheilt, als nicht Umstände eintreten, die veränderte Maaßregeln nöthig machen.

§. 2.

Bei Nachsuchung der desfallsigen Erlaubniß muß das betreffende Grundstück nach Straße und Hausnummer, oder sonst genau bezeichnet und ein richtig aufgenommener, mit einem Maaßstabe versehener Situations-Plan davon zwiefach eingereicht, auch bemerkt werden, ob der Unternehmer Eigenthümer oder Pächter ist.

§. 3.

Auf dem Situations-Plan muß genau bezeichnet werden:

a) das Grundstück, auf welchem der Handel mit Holz, Kohlen und Torf getrieben werden soll,
b) die darauf befindlichen Gebäude und sonstigen Anlagen,
c) der besondere Raum, auf welchem die Aufstellung des Holzes, der Kohlen und des Torfes erfolgen soll, und
d) die angrenzenden Theile der benachbarten Grundstücke, so wie die darauf vorhandenen Gebäude und sonstigen Anlagen.

§. 4.

Wer vor erhaltener schriftlicher polizeilicher Erlaubniß einen Platz der in Rede stehenden Art anlegt, hat nicht nur den Schaden zu tragen, welcher ihm wegen dessen Einrichtung bei etwaniger Verweigerung der Erlaubniß, oder durch nach derselben vorzunehmende Abänderungen erwachsen möchte, sondern verfällt dadurch auch in eine Polizeistrafe von zehn Thalern.

§. 5.

In der Nähe von Kirchen, Krankenhäusern, Schauspielhäusern, Magazin- und andern großen besonders öffentlichen Gebauden, imgleichen auf Grundstücken, welche ganz oder doch größtentheils von drei oder mehrere Geschosse hohen Gebäuden unmittelbar umgeben sind, oder derselben mehr auf die Höhe der Gebäude von der Sohle bis zur Giebelspitze oder Forstkante gemessen, sich nähern, ist die Anlegung eines Platzes zum Handel mit Holz, Kohlen und Torf unstatthaft.

§. 6.

Dergleichen Plätze müssen überall so gelegen sein, daß sie sowohl für Fuhrwerk, als auch für die Heranschaffung der Feuerlöschgeräthe, und des Wassers bei einem etwa dort ausbrechenden Feuer leicht und bequem zugänglich sind.

§. 7.

Auf dergleichen Plätzen muß stets so viel Raum vorhanden sein, daß die Wagen zum Zuführen oder Abfahren des Nutzholzes oder der Brennmaterialien darauf Platz finden.

§. 8.

Der zum Aufstellen des Holzes, der Kohlen oder des Torfes bestimmte Raum muß von allen Wohnungsräumen, und den dazu gehörigen Höfen, durch besondere Mauern, oder doch durch mindestens 6 Fuß hohe Zäune abgesondert werden. Nur die Aufenthalts-Gelasse der Aufseher der Plätze können Ausgänge nach denselben hinaus haben. Zu deren Erbauung sind besondere polizeiliche Bau-Erlaubnißscheine nachzusuchen, oder wenn schon vorhandene Gelasse dazu benutzt werden sollen, ist bei dem Antrage zur Ertheilung der Erlaubniß zur Anlegung des Holz- rc. Platzes die Benutzung derselben in der in Rede stehenden Art ausdrücklich mit anzuzeigen, oder, wenn diese Benutzung erst späterhin beliebt werden möchte, vorgängig die desfallsige Erlaubniß besonders bei der Polizei-Behörde nachzusuchen.

§. 9.

Für jeden Holz-, Kohlen- und Torfplatz müssen die nach Verhältniß der Menge des Brennmaterials, welches dort aufgestellt werden kann, erforderlichen Feuerlösch-Geräthe angeschafft, und auf dem Platze selbst in einem stets zugänglichen Gelasse sicher und in immer brauchbarem Zustande aufbewahrt, der Schlüssel zu demselben aber dem Wächter des Platzes oder einer andern ganz in der Nähe desselben wohnenden zuverlässigen Person überliefert werden.

§. 10.

Auf einem Holz-, Kohlen- oder Torfplatze,

a) welcher 99 Haufen fassen kann, sind 4 Feuereimer und 2 Löschwische,

b) wenn selbiger 100 bis 499 Haufen faßt, eine auf einem Karren befindliche Feuerspritze mit dreizölligem Stiefel, die 6 Kubikfuß Wasser faßt, sechs Feuereimer, vier Löschwische und eine im Sommer mit Wasser gefüllte Wasserthiene auf einer Schleife, und

c) wenn auf einem dergleichen Platz fur mehr als 499 Haufen Aufstellungsraum vorhanden ist, eine fahrbare Spritze mit vierzölligem Stiefel, welche zehn Kubikfuß Wasser faßt, zwölf Feuereimer, acht Loschwische und zwei im Sommer mit Wasser gefüllte Wasserthienen auf Schleifen, erforderlich, in sofern nicht besondere obwaltende Umstände eine größere Anzahl Feuerlöschgeräthe aus polizeilichen Rücksichten nothwendig machen.

§. 11.

Mehr als 100 Haufen Holz, Torf oder 50,000 bis 60,000 Tonnen Kohlen dürfen nicht zusammengestellt, oder aufgeschüttet werden.

§. 12.

Ist eine größere als im §. 11. bestimmte Quantität an dergleichen Materialien auf einem Platze befindlich, so muß so viel Raum für zugängliche mindestens 12 Rheinländische Fuß breite Wege liegen bleiben, daß niemals eine größere, als die gedachte Menge sich beisammen befindet.

§. 13.

Nutzholz und Brennholz dürfen nicht höher als in der gewöhnlichen Höhe eines Haufens, oder neun Fuß hoch, aufgestellt, Torf und Kohlen nur höchstens zwölf bis sechszehn Fuß hoch aufgelagert werden. Wenn die an sich allerdings zulässige Aufstellung des Brenn- und Nutzholzes in Klaftern beliebt, mithin ein grosserer Raum erforderlich wird, als bei einer Aufstellung des Holzes in Haufen, so bleibt der Polizei-Behörde vorbehalten, mit Rucksicht auf die §§. 10. und 11. näher zu bestimmen, was alsdann an Feuerloschgerathen anzuschaffen ist, und wie viel des Materials auf diese Art zusammengestellt werden darf. Dasjenige, welches auf Nutzholz und Brennholz in Haufen oder Klaftern bestimmt ist, findet auch bei Brettern und andern Gattungen Nutzhölzer statt, und ist bei selbigen der Raum nach dem Verhältnisse des Kubik-Inhalts eines Haufens oder einer Klafter zu berechnen.

§. 14.

Von den Straßengrenzen und von den Grenzen unbebauter nachbarlicher Grundstücke müssen Holz, Kohlen und Torf drei Fuß entfernt aufgestellt oder aufgeschüttet bleiben.

§. 15.

Ist der Platz von der Straße durch eine Mauer begrenzt, so können die fraglichen Materialien dicht an dieser Mauer aufgestellt werden. Unter demselben Umstande kann solches auch an der nachbarlichen Grenze nachgegeben werden, wenn der Eigenthümer des Grundstücks dagegen Nichts zu erinnern findet.

§. 16.

Von massiven oder massiv verblendeten Gebäuden müssen Holz, Kohlen und Torf so weit entfernt bleiben, als die Gebäude bis zum Dache hoch sind. Bei nicht massiven und nicht massiv verblendeten Gebäuden muß die Entfernung der Höhe der Gebäude von der Sohle bis zur Dachspitze gleich sein.

§. 17.

Wenn auf dem nachbarlichen oder auf dem zu einem Holz-, Kohlen- oder Torf-Platze bestimmten Grundstück selbst solche Gewerbe betrieben werden, bei deren Betriebe hinsichtlich des Holz-, Kohlen- und Torf-Platzes größere Feuergefährlichkeit vorhanden ist, so darf ein solcher daselbst gar nicht statt finden, oder es müssen mindestens das Holz, die Kohlen und der Torf weiter als im §. 16. bestimmt ist, von den nachbarlichen Grenzen oder den zum Betriebe jener Gewerbe bestimmten Räumen entfernt bleiben.

§. 18.

Die Entscheidung hierüber steht, nach geschehener Untersuchung der Oertlichkeit und der besondern obwaltenden Umstände, der Polizei-Behörde zu, welche, wenn der Fall einer gänzlichen Unstatthaftigkeit eintritt, die Benutzung des Grundstücks zum Holz-, Torf- oder Kohlen-Platz ganz untersagt, oder wenn Modifikationen ohne Gefahr gestattet werden können, die fraglichen Entfernungen speziell bestimmt.

§. 19.

Die Bestimmungen des §. 18. finden auch auf schon vorhandene Holz-, Kohlen- und Torf-Plätze Anwendung, wenn sich ergiebt, daß mit Feuergefahr verbundene Gewerbe späterhin angefangen oder auf dem mit einem Holz-, Kohlen- oder Torf-Platze versehenen Grundstücke an dessen Grenzen oder in der Nähe desselben Gebäude aufgeführt werden, in Beziehung auf welche nach §§. 5. und 17. Holz-, Kohlen- oder Torf-Plätze ganz oder doch zum Theil dort nicht vorhanden sein dürfen, da jeden Falls die Benutzung des Grund-Eigenthümers zur Aufstellung und Aufschüttung von Holz, Torf und Kohlen allen baulichen Anlagen untergeordnet bleiben muß. Die Polizei-Behörde hat alsdann zu bestimmen, ob und wie weit die zur Anlage eines Holz-, Torf- oder Kohlen-Platzes ertheilte Erlaubniß zu beschränken, oder ob sie ganz zurückzunehmen ist. Dem Inhaber eines solchen Platzes kann weder in dem einen noch in dem andern Falle ein Widerspruchs-Recht, oder ein Entschädigungs-Anspruch zugestanden werden.

§. 20.

Diese Verordnung findet in der Regel auch auf alle jetzt schon mit polizeilicher Erlaubniß bestehenden Holz-, Kohlen- und Torf-Plätze Anwendung. Welche Ausnahmen mit billiger Berücksichtigung der Verhältnisse des Inhabers, der Oertlichkeit und sonstiger Umstände eintreten dürfen und fur welchen Zeitraum solche zu gestatten sind, bleibt der besonderen Anordnung der Polizei-Behörde fur jeden einzelnen Fall vorbehalten.

Berlin, den 18. July 1829.

Königliches Preußisches Polizei-Präsidium.

13) Aufsetzung der Stein- und Braunkohlenhaufen zur Verhütung der Selbstentzündung.

Bekanntmachung.

Um die Selbst-Entzündung der Stein- und Braunkohlen zu verhüten, ist es nöthig, daß in den aufzustürzenden Haufen horizontale und senkrechte Kanäle aus Faschinen oder aus hölzernen Butten mit durchbohrten Wänden gebildet werden, wodurch der Luft der Zutritt verschafft und der Haufen so abgekühlt wird, daß sich die Hitze nicht bis zur Entzündung steigern kann. Will man die Kosten und die Zeit ersparen, welche zu der Einrichtung solcher Kanäle erfordert werden, so genügt es auch, einige Eisenstäbe in die Kohlenhalden zu stecken, und deren Temperatur von Zeit zu Zeit zu untersuchen; nehmen die Stäbe eine hohe Temperatur an, so müssen die Haufen durchbrochen, oder auch wohl auseinander geworfen werden. Das betheiligte Publikum wird deshalb angewiesen, Stein- und Braunkohlen in der Stadt und deren bebauten Umgebungen nicht anders, als unter Beobachtung der oben vorgeschriebenen Vorschriftsmaaßregeln aufzuschütten. Die Vernachläßigung derselben wird hierdurch mit Fünf Thalern Geld- oder achttägiger Gefängnißstrafe bedroht, und darauf aufmerksam gemacht, daß eben diese Vernachläßigung bei wirklich entstehendem Schaden nach §. 1107. des Allgemeinen Landrechts Theil II. Titel 20. criminelle Bestrafung zur Folge haben würde.

Berlin, den 28. October 1843.

Königliches Polizei-Präsidium. v. Puttkammer.

14) Verbot, ohne polizeiliche Genehmigung einen Privatbrunnen eingehen zu lassen.

Bekanntmachung.

In Gemäßheit eines Erlasses des Königlichen Ministeriums des Innern und der Polizei vom 8. Februar d. J. wird mit Bezugnahme auf die Gassen- und Brunnen-Ordnung für Berlin vom 14ten August 1660. Artikel I. §. 1. die gesetzliche Bestimmung dem Publikum in Erinnerung gebracht, daß kein Grundbesitzer, bei zehn Thalern Strafe für jeden Fall, den auf seinem Grundstück vorhandenen Brunnen ohne vorherige spezielle schriftliche Genehmigung des Polizei-Präsidii eingehen lassen darf.

Berlin, den 7. März 1837.

Königliches Polizei-Präsidium. Gerlach.

15) Versaumnisse der zum Feuerloschdienst kommandirten Einwohner.

Der Verordnung zur Folge, gestellet sich selbst, oder durch einen tüchtigen Stellvertreter, mit einem Eimer

im Monat 184

bei entstehendem Feuer, bei der Feuer-Spritze

wo dieser Zettel

an den Polizei-Commissarius des Reviers abgegeben wird. Ist die Spritze bereits ausgerückt, so folgt der Kommandirte derselben und darf dieselbe nicht eher verlassen, als bis ihm dieser Zettel zurückgegeben worden. Eigenmächtige Entfernung von der Spritze, oder gänzliches Ausbleiben beim Feuerruf und bei besonderer Bestellung zu Ablösungen, wird mit einer Strafe bis 5 Rthlr. geahndet werden.

Berlin, am ten 184

Wasser.

16) Verbot des Angelns von und unter den Brücken und des Ueberlassens von Kahnen an Kindern.

Publicandum.

Nachstehende Bekanntmachung: „Mit Bezug auf die deshalb schon bestehenden Polizei-Verordnungen wird es hiermit wiederholt untersagt, auf oder unter den Brücken, so wie an den Ufer-Schälungen zum Fischangeln sich aufzustellen; gleichmaßig wird in Erinnerung gebracht, daß das Fahren mit kleinen Kahnen auf der Spree und den sonstigen Wasserläufen der hiesigen Stadt und ihrer nächsten Umgebungen nur erwachsenen Personen, denen hinreichende Fertigkeit und Vorsicht zuzutrauen ist, unter keinen Umstanden aber dabei sich selbst uberlassenen Kindern gestattet werden darf. Wer hiergegen handelt, hat strenge Bestrafung zu gewärtigen, und bleiben für die Befolgung der zuletzt erwähnten Vorschrift namentlich auch die Eigenthümer von Kähnen vorzugsweise mit verantwortlich, denen es, um jedem Mißbrauch von ihren Fahrzeugen vorzubeugen, zugleich obliegt, ihre Kahne fur die Zeit, in der sie nicht von ihnen selbst oder mit ihrer speziellen Zustimmung genutzt werden, stets angeschlossen zu halten.

Berlin, den 1. Mai 1836." wird hierdurch in Erinnerung gebracht.

Berlin, den 3. Mai 1842.

Königliches Gouvernement. v. Colomb.

Konigliches Polizei-Prasidium. v. Puttkammer.

17) Verbot des Pferdeschwemmens in der Spree an der Weidendammer Brucke und am Schiffbauerdamm.

Polizeiliche Verordnung.

Das Baden der Pferde in der Spree, neben der Weidendammer Brücke, so wie auch am Schiffbauerdamm, wird bei Funf Thaler Geld- oder 8 Tage Arrest-Strafe untersaget; dagegen ist es ferner erlaubt, im Kupfergraben neben der Aufschwemme Pferde zu baden.

Berlin, den 27. Juny 1809.

Königl. Preuß. Polizei-Direktorium. Gruner.

An anderen Stellen sind Warnungstafeln mit einem Strafverbot von 2 Rthlr. aufgestellt.

Gifte, schädliche Medikamente 2c.

18) Anweisung fur die Apotheker und Materialwaarenhändler bei Aufbewahrung und Verabfolgung von Giftwaaren.

Ausführliche Anweisung
für sämmtliche Apotheker und Materialisten in den Königlichen Landen, wie sie sich bei Aufbewahrung und Verabfolgung der Giftwaaren verhalten sollen.

De Dato Berlin den 10ten December 1800.

Wir Friedrich Wilhelm von Gottes Gnaden König von Preußen 2c. Thun kund und fugen hiermit zu wissen. Da Wir mißfällig vernommen, daß den emanirten Verordnungen wegen sorgfaltiger Aufbewahrung und vorsichtiger Verabfolgung der Giftwaaren nicht uberall die strengste Folge geleistet wird: So haben Wir aus landesväterlicher Fürsorge nothig gefunden, die in Unserm allgemeinen Medizinal-Edict vom Jahre 1725 S. 27 §. 4., ingleichen die in der Verordnung an sämmtliche Apotheker vom Jahre 1758 enthaltenen Gesetze und Vorschriften, insbesondere bei denjenigen Giftwaaren, welche im Nachstehenden mit dem Namen: directe Gifte, bezeichnet sind, folgendergestalt zu bestimmen und zu erweitern.

§. 1.

Unter der Rubrik: directe Gifte, sind folgende namentlich begriffen. Alle Arsenicalia als: weißer Arsenic, Operment, Rauschgelb, Fliegenstein oder der eigentlich sogenannte Kobalt; ferner Mercurius sublimatus corrosivus, Mercurius praecipitatus ruber, ingleichen Euphorbium und weiße Nießwurz.

§. 2.

Zu diesen directen Giften sind besondere von den übrigen Waaren und Medicinalien entfernte Behältnisse und Verschläge zu bestimmen. Besonders darf auch die hie und da angetroffene Unordnung, Arsenicalia und Mercurialia unter und neben einander zu stellen, hinführo nicht weiter Statt finden, sondern es mußen beide nebst ihren besonders dazu zu bestimmenden und stets reinlich zu haltenden Geräthschaften, als: Waageschaalen, Mörser, hölzerne Löffel 2c. in abgesonderten verschlossenen Räumen verwahrt werden. Die Schlussel zu diesen Behältnissen nimmt der Apotheker selbst, oder in dessen Abwesenheit der älteste Gehülfe in Verwahrung.

§. 3.

Außer den Fällen, daß einer oder der andere dieser Artikel nach Recepten, wenn solche von approbirten Aerzten und Wundärzten verschrieben worden, zu dispensiren sind, darf der Apotheker solche im

Handverkauf nur allein zur Anwendung als Vieharzneimittel; zum technischen Gebrauch für Mahler, Färber und andere Künstler und Handwerker, die deren zu ihren Arbeiten bedurfen, imgleichen zur Tilgung schädlicher Thiere verabfolgen: Diese Verabfolgung darf aber nur gegen gültige Scheine und bloß an sichere unverdächtige und gesetzmäßig dazu qualificirte Personen geschehen. Hierunter sind zu verstehen: Personen aus der Klasse der Honoratioren, Königliche Bediente vom Civil- und Militairstande, Gutsbesitzer, Prediger, ansäßige Bürger und Eigenthümer, auch Landwirthe, wenn sie von dem Apotheker gekannt sind. In den Scheinen ist ausdrücklich anzugeben: zu welchem Gebrauch das Gift bestimmt ist.

Die Scheine selbst müssen von denjenigen Personen, welche die Giftwaaren verlangen, eigenhandig geschrieben und mit ihren Pettschaften besiegelt sein; auch nicht etwa von verdächtigen Personen, von Kindern oder unsicheren Dienstbothen überbracht werden.

Landwirthe und andere zum Empfange benöthigter Giftwaaren qualificirte, dem Apotheker aber nicht persönlich bekannte Personen haben sich durch ein von der Obrigkeit oder den Predigern ihres Orts beizubringendes Attest zu legitimiren.

§. 4.

Die Giftscheine sind in den Apotheken zu numeriren und sorgfältig aufzubewahren; auch ist zu deren Controllirung ein besonderes Giftbuch zu führen. Dieses Buch enthält in 6 Colonnen:

a) die Nummer des Giftzettels,
b) das Datum desselben,
c) den Namen des Empfängers,
d) ob dieser es in Person empfangen oder durch wen,
e) die Art des Giftes,
f) das Quantum desselben.

§. 5.

Da auch die Erfahrung gelehrt hat, wie es nöthig sei, daß das verabfolgte Gift fur jedermann als solches bezeichnet und kenntlich gemacht werde, so sollen:

a) diese Giftwaaren nicht in bloßen Papierhüllen, sondern in Behältnissen von dichtem Holze oder von Steingut verabreicht;
b) solche Behältnisse sorgfältig und fest verbunden, versiegelt, oder sonst wohl verwahrt werden; auch ist
c) die Art des darin enthaltenen Giftes und überdem noch das Wort Gift besonders deutlich auf die Signatur zu schreiben. Nicht minder sind
d) zu noch mehrerer Bezeichnung auch für Personen, die des Lesens ganz unerfahren sind, diese Behältnisse mit dreien in die Augen fallenden schwarzen Kreuzen, von der zur Bezeichnung der Grabmähler gebräuchlichen Gestalt, festhaltend zu bezeichnen.

§. 6.

Außer dieser strengeren Verfügung über Aufbewahrung und Verabfolgung der vorgenannten directen Gifte wird den Apothekern, in Ansehung sämmtlicher übrigen heftig wirkenden Mittel, die Beobachtung der größten Vorsicht hiermit wiederholentlich anbefohlen. Des Endes sollen

Aqua Laurocerasi, Opium und dessen Praeparata, Aconitum, Belladonna, Cicuta virosa, Conium maculatum

und andere Mittel dieser Art ebenfalls in eigenen abgesonderten und verschlossenen Behältnissen aufbewahrt werden. Da auch Mittel dieser Art nur allein nach gesetzlich authorisirten Recepten zu dispensiren sind, und gar nicht zu technischen und öconomischen Bedürfnissen des Publicums gehören, so wird deren Debit im Handkaufe, es sei mit oder ohne Schein, hiermit gänzlich verboten.

§. 7.

Auch die Materialisten, welche Giftwaaren verkaufen, sollen alle vorstehende, den Apothekern bei der Aufbewahrung und Debitirung der Gifte gegebene Anweisung gleichmaßig befolgen und behalten Wir uns vor, die Grenzlinien des Debits der Gifte zwischen den Apothekern und Materialisten näher zu bestimmen, auch diese, sowie jene, der Visitation und Controllirung Unserer Medizinal-Behörde zu unterwerfen.

§. 8.

Sämmtliche Apotheker und Materialisten in Unseren Landen haben sich nun mit dem Inhalt dieser erweiterten Verordnung bekannt zu machen und aufs genaueste darauf zu achten, mit der Verwarnung, daß der- oder diejenigen unter ihnen, welche solcher nicht in allen Stücken nachleben, ohnfehlbare nachdrückliche fiskalische Geld- oder Gefängnißstrafen zu erwarten haben, welche Strafen nach Befinden verstärkt werden sollen, wenn sie, bei etwan sich ereignenden Unglücksfällen durch Mißbrauch der Giftwaaren, überführt werden, durch Nachlässigkeit und Unvorsichtigkeit in Aufbewahrung und Verabfolgung derselben dazu beigetragen zu haben.

Signatum Berlin den 10ten December 1800.

Auf Sr. Königlichen Majestät allergnädigsten Special-Befehl.

v. d. Schulenburg. Freiherr v. Heinitz. v. Voß. v. Goldbeck.
v. Hardenberg. v. Struensee. v. Schrötter.

19) Verbot des Verkaufs von Fliegenpapier und Fliegenstein.

Bekanntmachung.

In Folge höherer Bestimmungen wird der Verkauf des an einigen Orten feil gebotenen sogenannten Fliegenpapiers, welches wegen des chemisch ermittelten erheblichen Arsenikgehaltes desselben dem Leben und der Gesundheit der Menschen leicht gefährlich werden kann, bei Vermeidung von 2 Thlr. Strafe fur jeden Contraventions-Fall verboten, so wie auch der Verkauf der Kobalts- oder Fliegenstein-Auflösung, als eines Fliegen-Vertilgungs-Mittels, imgleichen des damit getrankten Papiers gleichmäßig untersagt.

Berlin den 14ten April 1838.

Königliches Polizei-Prasidium. Gerlach.

20) Holz, das aus dem Wasser geschwemmt wird, soll von dem Wasserschierling gereinigt und dieser bei Seite geschafft werden.

Bekanntmachung.

Den Holzhändlern, Zimmerleuten und anderen Einwohnern, welche Holzlager auf dem Wasser halten, ist durch die Verordnung vom 24sten März 1806 bei funf Thalern Strafe zur Pflicht gemacht, das Holz, ehe solches zum Gebrauche ausgeschwemmt und über die Straße gebracht wird, von dem auf selbigem wachsenden Wasserschierling zu reinigen und letzteren dergestalt fortzuschaffen, daß er Niemanden in die Hände gerathen kann. Diese Verordnung wird hierdurch mit dem Bemerken in Erinnerung gebracht, daß alle Theile des Wasserschierlings Eigenschaften besitzen, die der Gesundheit der Menschen nachtheilig sind.

Berlin, den 2ten Mai 1846.

Königliches Polizei-Prasidium. v. Puttkammer.

21) Mit sogenanntem Neugrun bemalte Wände sollen nicht trocken abgerieben werden.

Bekanntmachung.

Nachstehendes Publikandum des Königlichen Ministerii des Innern vom 12ten Januar 1815: „Die Erfahrung hat gelehrt, daß der beim trocknen Abreiben der Wande entstehende Staub derjenigen Farbe, welche aus einer Mischung von Kupferoxyd und Arsenik besteht und mit dem Namen Neugrun belegt wird, der menschlichen Gesundheit höchst nachtheilig ist. Es wird daher hierdurch anbefohlen, diejenigen Wände, welche mit dieser Farbe bemalt sind, kunftig nicht mehr trocken, sondern bloß naß abzureiben. Wer aber die trockene Abreibung dennoch wissentlich vornimmt, oder durch Arbeitsleute, die mit dieser Farbe und der Gefahr der Arbeit unbekannt sind, vornehmen laßt, soll, wenn auch kein Nachtheil entstanden ist, mit 5 Thaler oder verhaltnißmäßigem Gefangniß bestraft werden. Bei veranlaßtem Schaden hingegen tritt die gerichtliche Untersuchung ein." wird hierdurch mit dem Bemerken in Erinnerung gebracht, daß außerdem auch das Anstreichen der Wände mit dem gedachten Neu- oder Scherbschen Grün, so wie mit anderen arsenikhaltigen Farben, namentlich Operment und rothem Arsenik, insofern diese Farben mit Leimwasser und nicht etwa mit Oelfirniß aufgetragen worden, für die Gesundheit der Bewohner solcher Zimmer gefährlich ist.

Berlin, den 12. August 1826.

Königliches Preußisches Polizei-Präsidium. v. Esebeck.

22) Verbot des Gebrauchs des Zinks bei Anlegung von Saugbrunnen.

Publicandum.

Das von der Königlichen Regierung zu Potsdam, im Amtsblatte vom 3ten v. M. unter No. 4. erlassene Publicandum vom 21sten Dezember 1833, wegen Nichtgebrauchs des Zinks bei der Anlegung von Saugbrunnen, findet seine Anwendung auch auf den diesseitigen Verwaltungsbezirk.

Berlin, den 28sten Februar 1834.

Königliches Polizei-Präsidium.

23) Verbot des Einbringens Altona'scher Wunderessenz, Langen'scher Pillen und Möller'scher Fiebertropfen.

Bekanntmachung.

Die Königlichen Hohen Ministerien der Finanzen und der geistlichen-, Unterrichts- und Medizinal-Angelegenheiten haben sich nach dem Rescripte vom 24sten v. M. veranlaßt gefunden, das bisher bestandene Verbot der Einbringung der Altonaer Wunder-Essenz, der Langen'schen Pillen und der Möller'schen Fiebertropfen in die Königlich Preußischen Staaten für die nächsten fünf Jahre zu erneuern. Die Uebertretung dieses Verbots wird, wenn nicht ein zur gerichtlichen Bestrafung geeignetes Vergehen damit verbunden ist, polizeilich geahndet.

Berlin, den 8ten September 1843.

Königliches Polizei-Prasidium. v. Puttkammer.

Schießpulver. *)

24) Conferantur die beifolgenden beiden Formulare zu Concessionen zum Handel mit Schießpulver und zum Handel mit Feuerwerkskörpern.

Formular a.

De

wird hierdurch die nachgesuchte Erlaubniß zum Handel mit Feuerwerkskörpern in dem Lokale .... Straße No. ... unter folgenden genau zu beobachtenden Bedingungen und Vorschriften ertheilt.

I. Rücksichtlich der Aufbewahrung.

1) In demselben Lokale, namentlich in den Laden, durfen nur so viel Feuerwerkskörper gehalten werden, als ein leichter Bretterkasten von 12 Zoll Höhe, 12 Zoll Breite und 12 Zoll Länge faßt.

Dabei wird jedoch nachgelassen, daß in verschiedenen Lokalen überhaupt zwei dergleichen Kasten gehalten werden können.

2) Kanonenschläge und Raketen, so wie großere Feuerwerksstucke dürfen nur in den Pulver-Magazinen aufbewahrt werden.

II. In Bezug auf den Verkauf.

1) Feuerwerkskörper dürfen nur gegen Empfangsscheine erwachsener Personen verkauft werden.

Dem Verkäufer muß entweder die Handschrift selbst bekannt oder die obige Qualität und die Unterschrift des Ausstellers von dem Polizei-Commissar des Reviers, worin der Käufer wohnt, oder sonst von einem Beamten attestirt sein, welcher ein Dienstsiegel führt.

2) Bei Licht dürfen Feuerwerkskörper nicht verkauft werden.

Jede Contravention gegen diese Bestimmungen wird nach dem Grade der dabei bewiesenen Fahrlässigkeit mit einer Geldstrafe von Zwei bis Zehn Thalern geahndet, welcher den Umständen nach und namentlich bei ermitteltem bösen Willen und in Wiederholungsfällen die Entziehung gegenwärtiger Concession hinzutritt.

Berlin, den ....

Königliches Polizei-Präsidium, II. Abtheilung

Concession

zum Handel mit Feuerwerkskörpern

für

den

*) Laut Allerhöchster Kabinetsordre vom 6. November 1846 finden alle auf das Schießpulver Bezug habende Vorschriften und Strafbestimmungen auch in Betreff der Schießbaumwolle und ähnlicher Präparate volle Anwendung.

Formular b.

De

wird hierdurch die nachgesuchte Erlaubniß zum Handel mit Schießpulver in dem Lokale . . . . Straße No. . . . unter folgenden genau zu beobachtenden Bedingungen und Vorschriften ertheilt.

I. Rücksichtlich der Aufbewahrung.

1) In den Läden durfen bis auf weitere Bestimmung nur 5 Pfund Schießpulver in leichten Bretterkasten, welche auf eine in die Augen fallende Weise als Pulverkasten bezeichnet sind, gehalten werden.

2) Können auf einem Boden, auf welchem sich keine feuerfangenden Gegenstände befinden, in ähnlichen Behältnissen, wie unter 1. bemerkt worden, noch anderweite 10 Pfund aufbewahrt werden.

Dagegen mussen

3) größere Quantitäten in den Pulver-Magazinen niedergelegt werden.

II. In Bezug auf den Verkauf

1) darf Schießpulver nur an erwachsene Personen verkauft werden, welche nicht den Verdacht erregen, daß sie sich desselben nur zur Ausführung irgend eines Unfugs bedienen wollen.

Hiervon hat der Verkaufer sich pflichtmaßig Ueberzeugung zu verschaffen und den jedesmaligen Verkauf mit Anfuhrung des Namens und der Wohnung des Käufers, so wie der Quantität des verkauften Pulvers in ein Register einzutragen.

Empfangscheine der Kaufer befreien den Verkäufer nur alsdann von der Verantwortlichkeit, wenn dem Verkäufer die Handschrift des Käufers selbst genau bekannt ist, oder die vollständige Zuverlässigkeit und die Unterschrift des Ausstellers von dem Polizei-Commissar des Reviers, worin der Käufer wohnt, oder sonst von einem Beamten attestirt sind, welcher ein Dienstsiegel fuhrt.

2) Bei Licht darf Schießpulver nicht verkauft werden.

Jede Contravention gegen diese Bestimmungen wird nach dem Grade der dabei bewiesenen Fahrlässigkeit mit einer Geldstrafe von Zwei bis Zehn Thaler geahndet, welcher den Umständen nach und namentlich bei ermitteltem bösen Willen und Wiederholungsfällen die Entziehung gegenwärtiger Concession hinzutritt.

Berlin, den . . . .

Königliches Polizei-Präsidium, II. Abtheilung.

Concession
zum Handel mit Schießpulver
für
den

Die Spediteurs sollen von jeder an sie gelangenden Pulversendung dem Polizei-Präsidium vorher Anzeige machen und nicht mehr als 1/3 Ctr. Pulver in die Stadt dirigiren.

c. Circular an sämmtliche hiesige Spediteurs.

Die hiesigen Herrn Spediteurs werden hierdurch angewiesen, jeden durch Sie beförderten Schießpulver-Transport mindestens 24 Stunden vor seinem Abgange oder Eintreffen dem Polizei-Präsidium anzuzeigen, und wird Ihnen gleichzeitig untersagt, Quantitäten von Schießpulver, welche 1/8 Centner übersteigen, in die Stadt zu dirigiren.

Die Nichtbeachtung dieser Anordnung muß mit einer Geldbuße bis zu funfzig Thalern belegt werden.

Berlin, den 15. Juli 1843.

Königliches Polizei-Präsidium. (gez.) Köhler.

Circular
an sämmtliche Herrn Spediteurs
hierselbst.

Eisenbahnen.

25) Bahn-Polizei-Reglement für die Berlin-Potsdam-Magdeburger Eisenbahn.

Bekanntmachung.

Das Königliche Finanz-Ministerium hat auf Grund des §. 23. des Gesetzes über die Eisenbahn-Unternehmungen vom 3. November 1838 (Gesetzsammlung de 1838. S. 509) unter dem 30. v. M. bestimmt, daß bis zum definitiven Erlaß eines Bahn-Polizei-Reglements für die Berlin-Potsdam-Magdeburger Eisenbahn nachfolgende Vorschriften über die Handhabung der Bahn-Polizei auf der gedachten Eisenbahn für das Publikum vorlaufig in Kraft treten sollen. Ich bringe dieselben daher hiermit zur öffentlichen Kenntniß.

Potsdam, den 5. August 1846.

Der Ober-Präsident der Provinz Brandenburg.

von Meding.

Provisorische Vorschriften für das Publikum über die Handhabung der Bahn-Polizei auf der Berlin-Potsdam-Magdeburger Eisenbahn.

Auszug aus dem Bahnpolizei-Reglements-Entwurf.

§. 8.

Die Eisenbahn-Reisenden müssen den allgemeinen Anordnungen nachkommen, welche von der Direction der Gesellschaft Behufs Aufrechthaltung der Ordnung beim Transport der Personen und Effecten getroffen werden und haben den dienstlichen geziemenden Aufforderungen der vereidigten, mit Uniform oder Dienstabzeichen versehenen Gesellschafts-Beamten (§. 4.) unweigerlich Folge zu leisten.

§. 9.

Das Planum der Bahn, die dazu gehörigen Böschungen, Dämme, Gräben, Brücken u. s. w. dürfen vom Publikum nicht betreten werden, außer an den Stellen, die zu Ueberfahrten und Uebergängen bestimmt sind.

§. 10.

Mit Ausnahme derjenigen Königlichen Beamten, welche Dienstgeschäfte dahin rufen, darf Niemand ohne Erlaubnißkarte die Bahnhöfe und die dazu gehörigen Gebäude außerhalb derjenigen Räume betreten, welche ihrer Bestimmung nach dem Publikum geöffnet sind. Die Wagen, welche Reisende zur Bahn bringen oder von daher abholen, müssen auf den Vorplätzen der Bahnhöfe an den dazu bestimmten Stellen auffahren.

§. 11.

Das eigenmächtige Eröffnen oder Uebersteigen der Barrieren und sonstigen Einfriedigungen, desgleichen das Durchschlüpfen unter jenen Absperrungen ist untersagt.

§. 12.

Die Bahn darf nur an den Stellen, die zu Ueberfahrten und Uebergängen für das Publikum bestimmt sind, überschritten werden, und zwar nur dann, wenn die Barrieren geöffnet sind, das Ueberschreiten der Bahn muß ohne allen unnöthigen Verzug geschehen.

§. 13.

Das Hinüberschaffen von Pflügen, Eggen und anderen Geräthen, so wie von Baumstämmen und dergleichen ohne untergelegte Schleifen ist verboten. Wer die ihm obliegende Aufsicht auf Vieh also vernachlässigt, daß dasselbe das Planum der Bahn betritt, wird bestraft.

§. 14.

Die bloß zum Privatgebrauche bestimmten Uebergänge für die Eigenthümer der von der Bahn durchschnittenen Grundstücke dürfen nur von den Berechtigten unter den besonders dafür bestimmten Modalitäten benutzt werden. Anderen ist deren Benutzung verboten.

§. 15.

Sind die Ueberfahrten geschlossen, so müssen die Fuhrwerke auf den durchkreuzenden Wegen in der durch Markpfähle bezeichneten Entfernung von den Verschluß-Barrieren das Wiedereröffnen derselben abwarten; wo keine Markpfähle vorhanden sind, darf die Annäherung nur bis zum Anfang der Ueberfahrts-Rampe geschehen.

§. 16.

Vorsätzliche Beschädigungen der Bahn und der dazu gehörigen Anlagen und Betriebsmittel nebst Zubehör, imgleichen das Hinauflegen von Steinen oder sonstigen hindernden Gegenständen auf das Planum der Bahn sind, sofern nicht nach den allgemeinen strafrechtlichen Bestimmungen, namentlich nach der Verordnung wegen Bestrafung der Beschädiger der Eisenbahn-Anlagen vom 30. November 1840 eine härtere Strafe stattfindet, nach Maaßgabe des §. 25. a. zu ahnden.

§. 17.

In gleicher Weise wird bestraft, wer falschen Allarm macht, Signale nachahmt, Ausweiche-Vorrichtungen verstellt, oder solche Handlungen begeht, durch welche eine Störung des Betriebes veranlaßt werden kann.

§. 18.

Es ist verboten, feuergefährliche und solche Gegenstände, wodurch andere Transportgegenstände oder die Transportmittel selbst beschädigt werden könnten, in den Personen- oder Gepäckwagen mitzuführen, oder in den Güterwagen ohne Anzeige zu versenden. Zu diesen Gegenständen gehören insbesondere Zundhutchen, Streichfeuerzeuge, Schießpulver und dergleichen.

§. 19.

Geladene Gewehre dürfen unter keinerlei Umständen mitgenommen werden. Die Schaffner sind verpflichtet, vor dem Einsteigen die von den Reisenden geführten Schießgewehre zu untersuchen.

§. 20.

Das Tabackrauchen in anderen Wagen-Classen oder Coupees, als denjenigen, in welchen dasselbe nach den, von der Direction getroffenen Anordnungen gestattet wird, ist verboten.

§. 21.

Hunde und andere Thiere dürfen Reisende in den Personenwagen nicht mit sich führen.

§. 22.

Trunkene Personen dürfen zum Mitfahren nicht zugelassen werden. Sind solche unbemerkt in die Wagen gelangt, so werden sie aus diesen ausgewiesen; ein Gleiches findet statt, wenn sie in den Versammlungssälen oder auf den Bahnhöfen betroffen werden. Dergleichen Personen haben keinen Anspruch auf Ersatz des etwa gezahlten Personengeldes.

§. 23.

Wer die vorgeschriebene Ordnung nicht beobachtet, sich den Anordnungen der Bahnpolizei-Beamten nicht fugt, oder sich unanständig benimmt, wird gleichfalls zurückgewiesen und ohne Anspruch auf den Ersatz des bezahlten Personengeldes von der Mit- und Weiterreise ausgeschlossen.

§. 24.

Sichtlich Kranke dürfen nur dann zur Mitfahrt zugelassen werden, wenn ein besonderes Coupee für sie gelöst wird, oder alle Reisenden in einem andern sich fur die Mitnahme erklären.

§. 25. a.

Wer den in den §§. 9. bis 20. enthaltenen Verboten zuwider handelt, verfällt in eine polizeiliche Strafe bis zu 50 Thlr. Geld, resp. sechs Wochen Gefängniß.

§. 25. b.

Die §§. 8 bis 25. a. dieses Reglements, desgleichen die Fahrpläne, so wie die Fahr- und Fracht-Tarife der einzelnen Bahnen sind auf den Passagierzimmern aller Stationen auszuhängen.

§. 26.

Die zur Ausübung der Bahnpolizei berufenen und verpflichteten Gesellschafts-Beamten (§. 2.) sind ermächtigt, jeden Uebertreter der obigen Vorschriften, sofern er unbekannt ist und sich über seine Person nicht auszuweisen vermag, oder in letzterem Falle nicht eine angemessene Caution erlegt, deren Höhe das Maximum der Strafe (§. 25. a.) jedoch in keinem Falle übersteigen darf, zu arretiren und an die nächste Polizeibehörde abzuliefern.

§. 27.

Im Falle einer Arrestation ist den Bahnpolizei-Beamten gestattet, die arretirten Personen durch Mannschaften aus dem, auf der Eisenbahn befindlichen Arbeitspersonal in Bewachung zu nehmen und an den Bestimmungsort abliefern zu lassen. In diesem Falle hat der Bahnpolizei-Beamte eine mit seinem Namen und seiner Dienstqualität bezeichnete Arretirungs-Karte mitzugeben, welche vorläufig die Stelle der aufzunehmenden Contraventions-Verhandlung vertritt, die jedenfalls innerhalb 24 Stunden nach der Constatirung einer Contravention an die competente Polizeibehörde eingesandt werden muß.

26) Bahn-Polizei-Reglement für die Berlin-Anhaltsche Eisenbahn.

Um für die Aufrechthaltung der Ordnung und die Sicherheit des Publikums bei dem Transportbetriebe auf der von der Berlin-Anhaltschen Eisenbahn-Gesellschaft erbauten Eisenbahn zwischen Berlin und der Anhaltschen Grenze Fürsorge zu treffen, wird auf Grund des §. 23.

des Gesetzes über die Eisenbahn-Unternehmungen vom 3ten November 1838, unbeschadet der, nach den bestehenden oder künftig ergehenden gesetzlichen Vorschriften, der Gesellschaft obliegenden Verantwortlichkeit für den beim Transportbetriebe entstehenden Schaden und mit Vorbehalt der Aenderung und Ergänzung nach Maßgabe der sich ergebenden Erfahrungen und Bedürfnisse, das nachstehende Bahn-Polizei-Reglement erlassen.

Abschnitt I.

Allgemeine Bestimmungen über Einrichtung, Unterhaltung und Beaufsichtigung.

A. Der Bahn.

§. 1.

Die Gesellschaft ist verpflichtet, die Bahn nebst Zubehör fortwährend in solchem Stande zu erhalten, daß die Beförderung auf derselben mit Sicherheit und auf die, der Bestimmung des Unternehmens entsprechende Weise erfolgen könne; sie kann hierzu im Verwaltungswege angehalten und die Bahn nöthigenfalls sofort gesperrt werden.

§. 2.

Sowie die Verhältnisse der Konstruktion der Bahn nach §. 4. des Gesetzes über die Eisenbahn-Unternehmungen an die Genehmigung der Staatsbehörde gebunden sind, so dürfen auch Aenderungen an der Bahn und dem Erdkörper ohne diese Genehmigung nicht vorgenommen werden.

§. 3.

Die Bahn muß von der Gesellschaft nach Erforderniß eingefriedigt werden. Wo und wie dies geschehen müsse, bestimmen resp. die Königlichen Regierungen zu Potsdam und Merseburg und das Königliche Polizei-Präsidium zu Berlin nach vorgängiger Anhörung der Direktion der Eisenbahn-Gesellschaft.

§. 4.

Da, wo nach der Bestimmung jener Behörden Uebergänge über die Bahn erforderlich sind, muß die Gesellschaft solche anlegen, und zwar in der Art, daß dieselben, um die Passage während des Vorüberfahrens des Dampfwagenzuges zu hemmen, verschließbar sind. Der Verschluß, welcher den Weg zum Uebergange auf seine ganze Breite sperren muß, geschieht in der Regel durch Barrieren; es können aber auch nach dem Bedürfnisse der Oertlichkeit anderweite Verschluß- und Vorsichtsmaßregeln angeordnet werden.

Der Raum des Weges von der Verschlußanlage bis zur Bahn ist auf beiden Seiten einzufriedigen.

Sollten außerdem noch an einigen Wegen in der nächsten Umgebung der Bahn wegen des zu besorgenden Scheuwerdens der Pferde, Bewehrungen oder sonstige Sicherungsmaßregeln nöthig werden, so muß die Gesellschaft auch diese bewirken. Die Erleuchtung der Verschlußanlagen muß die Gesellschaft auf Erfordern besorgen.

§. 5.

Die Bahn ist in Meilen zu 2000 Ruthen abzumessen, und jede Meile wieder in gleichförmige Sektionen zu theilen. Die Meilen und Sektionen sind durch Nummern auf Pfählen oder Steinen, welche längs der Bahn zur Seite derselben aufgestellt werden, gehörig zu markiren.

§. 6.

Die Gesellschaft muß für die Bahn ein vollständiges Aufsichtspersonal halten, über welches im Abschnitt IV. die näheren Bestimmungen erfolgen.

B. Der Transportmittel.

§. 7.

Die Gesellschaft ist dafür verantwortlich, daß sämmtliche Transportmittel, deren sie sich zur Beförderung auf der Bahn bedient, die Dampf- und Munitionswagen sowohl, als die Transportwagen, sicher und tüchtig hergestellt werden.

In Betreff der Construktions-Verhältnisse der Fahrzeuge im Allgemeinen ist die Genehmigung des Königlichen Finanz-Ministeriums erforderlich. Die Dampfwagen dürfen nur nach vorgängiger polizeilicher Prüfung und Genehmigung zur Beförderung benutzt werden.

§. 8.

Die Gesellschaft ist verpflichtet, die Transportmittel fortwährend in solchem Stande zu erhalten, daß die Beförderung mit Sicherheit und auf die, der Bestimmung des Unternehmens entsprechende Weise erfolgen könne. Sie kann zur Erfüllung dieser Verpflichtung im Verwaltungswege angehalten werden. Unsicher und untüchtig gewordene Transportmittel müssen sofort außer Gebrauch gesetzt werden.

§. 9.

Um den Lauf der Wagenzüge hemmen zu können, muß jeder hinter einem Dampfwagen folgende Kohlen- und Wassermunitionswagen (Tender), imgleichen ein Theil der Transportwagen (§. 105.) mit einer Vorrichtung zum Bremsen versehen werden.

§. 10.

Ein jeder Dampfwagen muß mit einer Dampfpfeife und mit Bahnräumern, welche die auf den Schienen etwa vorhandenen Hindernisse fortzuräumen bestimmt sind, versehen sein.

§. 11.

Die Gesellschaft ist verpflichtet, die Dampfwagen mit den wirksamsten Vorkehrungen zur Vorbeugung des Auswurfs von Kohlen zu versehen, auch sofern für diesen Zweck Verbesserungen erfunden werden, sobald sie sich bewährt haben, solche sofort einzuführen.

§. 12.

Die für den Gütertransport bestimmten Wagen müssen mit solchen Vorkehrungen versehen sein, daß ein Anstoßen der Ladung gegen hindernde Gegenstände zur Seite der Schienen unmöglich gemacht werden kann.

Es ist daher insbesondere auch dafür zu sorgen, daß die Ladung sich auch während der Fahrt nicht in besorglicher Weise verrucken kann.

§. 13.

Auch für die Fahrzeuge muß ein ausreichendes Aufsichtspersonal gehalten werden, über dessen Funktionen der Abschnitt IV. das Nähere besagt.

Abschnitt II.

A. Allgemeine Vorschriften über den Transportbetrieb auf der Bahn.

§. 14.

Die Fahrten auf der Eisenbahn sind regelmäßig festzusetzen und jederzeit pünktlich inne zu halten, soweit nicht unvermeidliche Umstände (wie die Nothwendigkeit, vor dem Abgange eines Zuges das Eintreffen des von entgegengesetzter Richtung herkommenden Zuges abzuwarten) ein Anderes bedingen. Wegen Festsetzung des Fahrplans und künftiger Veränderungen desselben hat die Gesellschaft sich an den für das Eisenbahn-Unternehmen bestellten Königlichen Kommissarius zu wenden.

Die festgesetzten Fahrten, sowie die darin getroffenen Aenderungen sind in geeigneter Art durch öffentliche Blätter bekannt zu machen.

§. 15.

Außerhalb des Fahrplanes dürfen, mit Ausnahme der etwa in Nothfällen herbeigerufenen Reserve-Lokomotiven, während der Dunkelheit gar keine Wagen auf der Bahn fahren; bei Tageslicht aber nur die für den innern Betrieb nothwendigen Arbeits- und Geschäftsfuhren, als Erd- Holz- Steinfuhren 2c.

§. 16.

Die im vorigen Paragraphen erwähnten Arbeitsfuhren dürfen nur so unternommen werden, daß dadurch die Fahrten der planmäßigen Wagenzüge in keiner Art aufgehalten werden.

§. 17.

Die Regulirung des Tarifs für die Preise der Beförderung auf der Bahn bleibt vorerst in Gemäßheit des §. 26. des Gesetzes vom 3ten November 1838 der Gesellschaft überlassen.

Die Gesellschaft muß jedoch

a) nicht nur den ursprünglich angenommenen Tarif, sondern auch die spätern Aenderungen sofort bei deren Eintritt, im Falle der Erhöhung aber sechs Wochen vor Anwendung derselben, den Königlichen Regierungen zu Potsdam und Merseburg und dem

Königlichen Polizei-Präsidium zu Berlin anzeigen, und durch die Berliner Zeitungen bekannt machen;

b) alle zur Fortschaffung aufgegebene Waaren, ohne Unterschied der Interessenten, für die angesetzten Preise befördern, mit Ausnahme derjenigen, welche dem Postzwange unterworfen sind, oder welche ihrer leichten Entzündlichkeit wegen Feuersgefahr besorgen lassen.

§. 18.

Die stattfindenden Fahrten und der jedesmalige Tarif müssen auf den Stationsplätzen mittelst aufgestellter Tafeln dem Publikum ersichtlich sein.

§. 19.

Die Gesellschaft ist verpflichtet, über die Dauer der stattgehabten Fahrten in der allgemeinen Staatszeitung in den von dem Königlichen Kommissarius zu bestimmenden Zwischenräumen Mittheilung zu machen.

§. 20.

Bei starkem Nebel oder dichtem Schneefalle muß die Schnelligkeit der Fahrt so gemäßigt werden, daß der Dampfwagenführer die Bahn und die Signale der Bahnbeamten, soweit es zur Sicherheit erforderlich ist, wahrnehmen kann.

§. 21.

Der Dampfwagen darf den Wagenzug nicht vor sich herschieben, sondern muß demselben vorangehen. Ausgeschlossen hiervon sind die Arrangements auf den Bahnhöfen und die Arbeitsfuhren, wobei das Schieben des Dampfwagenzuges aber auch nur im langsamen Tempo stattfinden soll. Sonst ist eine Ausnahme nur gestattet, wenn die Nothwendigkeit des Nachsendens eines Reserve-Dampfwagens eintritt, oder wenn wegen einer bedeutenden Ansteigung der Bahn, wegen Glatteis oder sonst, eine zeitweise Nachhülfe durch eine Extra-Locomotive erforderlich wird. Der Dampfwagen darf sich aber in keinem Falle dem vorangehenden Zuge während der Fahrt des Letzteren, sondern immer erst dann anschließen, wenn dieser stillsteht. Auch darf der Kohlen- oder Wasser-Munitions-Wagen (Tender) ohne dringende Noth dem Dampfwagen nicht vorangehen.

§. 22.

Wenn es wegen starker Frequenz gewünscht wird, können auch zwei resp. drei Dampfwagenzüge nach einer und derselben Richtung hintereinander abgefertigt werden, jedoch nur in Zwischenräumen von mindestens 10 Minuten und bei hellem Wetter, so daß von dem hintern Zuge aus der vordere aus weiter Entfernung wahrgenommen werden kann. Die Abfertigung eines folgenden Wagenzuges muß dem Bahn-Aufsichtspersonal durch eine an dem letzten Wagen des vorangehenden Zuges aufgesteckte Flagge signalisirt werden. Mehr als drei Züge dürfen keinenfalls ohne vorgängiges Begehen und Besichtigen der ganzen Bahnstrecke bis zur nächsten Station hintereinander abgefertigt werden.

§. 23.

Der nachfolgende Dampfwagenzug darf dem vorangehenden, bevor dieser am Bestimmungsorte angelangt ist, niemals naher kommen, als 200 Ruthen. Wo der vorangehende Wagenzug wegen des Terrains oder wegen einer Biegung aus der Ferne nicht wahrnehmbar ist, muß der nachfolgende Wagenzug langsamer fahren, so daß er nöthigenfalls ohne Schwierigkeit gleich anhalten kann.

§. 24.

Wenn nach dem Fahrplane Dampfwagenzüge gleichzeitig nach entgegengesetzten Richtungen fahren und sich ausweichen müssen, so muß jeder derselben ein für alle Mal das Ausweichungsgeleise rechter Hand einschlagen.

Findet das Ausweichen nicht auf einem Bahnhofe statt, wo die Wagenzüge ohnehin anhalten mussen, so muß jedem der kreuzenden Wagenzüge durch einen Pfahl der Ort auf der Ausweichungsbahn bezeichnet werden, wo er den von der entgegengesetzten Seite kommenden Convoi, oder, je nachdem es nach §. 22. markirt wird, die hintereinander zu erwartenden Wagenzuge, wenn solche noch nicht passirt sind, abzuwarten hat.

Der für den ersten Wagenzug bestimmte Pfahl muß 60 Ruthen von dem Punkte, wo sich die beiden Ausweichungsgeleise wieder vereigen, der für den zweiten Wagenzug bestimmte, 250 Ruthen von dem vordersten Pfahle, und der fur den dritten Wagenzug bestimmte, 250 Ruthen vom zweiten Pfahle entfernt aufgestellt werden. Die Ausweichung, auf welcher mehrere hintereinander folgende Wagenzuge einem oder mehreren von der entgegengesetzten Seite kommenden Convoi ausweichen sollen, muß wenigstens eine Meile lang sein. Das Vorbeifahren zweier sich ausweichenden Convois darf von beiden jedesmal nur im langsamen, den Schritt eines Pferdes nicht ubersteigenden Tempo geschehen. Giebt einer der sich kreuzenden Zuge während des Vorüberfahrens das Zeichen Bremsen (§. 59.), so muß auch der andere sofort anhalten, um auf diese Weise eine etwa erforderliche mündliche Mittheilung möglich zu machen.

B. Besondere Vorschriften über den Transportbetrieb zur Nachtzeit.

§. 25.

Für die Dampffahrten auf der Eisenbahn gilt als Nachtzeit in den Monaten November, Dezember, Januar und Februar die Zeit von einer halben Stunde nach Sonnenuntergang bis zu einer halben Stunde vor Sonnenaufgang, und in den ubrigen Monaten von einer Stunde nach Sonnenuntergang bis zu einer Stunde vor Sonnenaufgang.

§. 26.

Zur Nachtzeit darf die Schnelligkeit der Fahrt, ausschließlich des Anhaltens, eine Viertelstunde auf die Meile nicht übersteigen, und es ist, soviel nur irgend möglich, auf die gleichmäßige Vertheilung dieser Zeitdauer zu halten.

§. 27.

Zur Nachtzeit muß der Dampfwagen auf der vordern Seite mit fünf großen hellbrennenden Laternen mit weißem Glase und Reverberen versehen sein, welche die Bahn möglichst erleuchten und das in der Nähe der Bahn passirende Publikum, sowie die Bahnwärter von dem Herannahen des Dampfwagenzuges unterrichten sollen.

§. 28.

Erfordert es die dringendste Noth (§. 21.), daß der Tender zur Nachtzeit dem Dampfwagen vorangeht, so muß ersterer die im vorigen Paragraphen vorgeschriebenen fünf Laternen auf der vordern Seite führen.

§. 29.

Der letzte Wagen eines zur Nachtzeit fahrenden Zuges erhält auf der hintern Seite eine große grüne Laterne.

§. 30.

Folgen zur Nachtzeit mehrere Wagenzuge hintereinander, so darf der zweite und resp. der dritte immer erst nach Verlauf von einer Viertelstunde nach dem ersten und resp. zweiten Wagenzuge von jedem Bahnhofe abgehen.

Das Nachfolgen eines zweiten und resp. dritten Wagenzuges wird zur Nachtzeit dadurch signalisirt, daß der letzte Wagen des vorhergehenden Convois, statt einer, drei große grüne, in einem Dreiecke aufzuhängende Laternen führt.

§. 31.

Jeder nachfolgende Wagenzug muß, sobald die grünen Laternen des letzten Wagens des vorhergehenden Convois sichtbar werden, unverzüglich so lange anhalten, bis die grünen Laternen wieder entschwunden sind. Wo der vorangehende Wagenzug wegen des Terrains oder wegen einer Biegung aus der Ferne nicht wahrnehmbar ist, muß der nachfolgende Wagenzug, wie schon in dem §. 23. allgemein vorgeschrieben ist, langsam fahren, damit er nöthigenfalls ohne Schwierigkeit sogleich anhalten kann.

§. 32.

Während der Nachtfahrten müssen die nach §. 24. für die Ausweichungen angeordneten Distanzpfähle durch Laternen sichtbar gemacht werden. Folgen zur Nachtzeit mehrere Wagenzüge hintereinander, welche außerhalb eines Bahnhofes mit andern von der entgegengesetzten Richtung kommenden kreuzen, so kann zwar der Maschinist schon an den, nach §. 30. an der hintern Seite des letzten Wagens eines entgegenkommenden Convois aufgehängten drei grünen Laternen erkennen, daß demselben noch ein Wagenzug folgt. Damit aber jedem Irrthum noch mehr vorgebeugt werde, so soll außerdem noch der Feuermann desjenigen Wagenzuges, welchem ein anderer folgt, jedem auf der Ausweichung ihm begegnenden Train zur Signalisirung des nachfolgenden Wagenzuges vom Tender aus mit der Hand eine große grüne Laterne präsentiren.

§. 33.

Alle in diesem Reglement für die Fahrten zur Nachtzeit gegebenen besonderen Vorschriften sind auch dann zur Ausführung zu bringen, wenn die Dunkelheit durch Mondschein gemildert wird.

Abschnitt III.

Vorschriften bei Benutzung der Eisenbahn-Beförderung.

§. 34.

Zur Erhaltung der Ordnung bei der Personen-Beförderung auf der Bahn sind die nachfolgenden Vorschriften, von denen das Publikum durch Anschläge an den Stationsorten fortwährend in Kenntniß zu erhalten ist, sowohl von Seiten der Gesellschaft, als der Reisenden genau zu beachten.

§. 35.

Auf dem Bahnhofe zu Berlin wird der Zeitpunkt, von welchem ab der Ort, wo die zum Abgange bestimmten Wagen stehen, geöffnet ist, was spätestens 10 Minuten vor der Abfahrt geschehen soll, durch einmaliges Läuten einer Glocke angedeutet. Es treten hierauf die mit einem Billet zur nächsten Fahrt versehenen Personen ein, und nehmen nach Anweisung der die Aufsicht führenden Wagenmeister und Wärter ihre Plätze in den Wagen ein.

Fünf Minuten vor dem Abgange wird zum zweiten Mal geläutet, um die etwa noch zurückgebliebenen Reisenden auf die Abfahrt aufmerksam zu machen.

Mit dem Schlage der zur Abfahrt bestimmten Stunde wird zum dritten Male geläutet und zugleich der zu den Wagen führende Eingang wieder geschlossen. Es wird alsdann Niemand weiter zum Mitfahren zugelassen. Die Wagenmeister und Wärter schließen die Thüren der Wagen und nehmen ihre Plätze auf denselben ein. Der Wagenmeister giebt dem, den Dampfwagen führenden Maschinisten ein Zeichen und der Zug setzt sich in Bewegung.

§. 36.

Das Anhalten unterwegs ist in der Regel nur an den im Voraus hierzu bestimmten Plätzen gestattet. Die letzteren zerfallen in solche, an welchen alle Passagiere aussteigen dürfen und welche Stationen genannt werden, und in solche, wo nur die nicht weiter fahrenden Passagiere austreten und welche Anhaltspunkte heißen. Die Aufnahme von Reisenden findet an beiden Orten dieser Halteplätze statt.

§. 37.

In jedem Coupee der Personenwagen soll sich eine schriftliche Bekanntmachung daruber befinden, welche Orte als Stationen gelten, und wie lange auf denselben angehalten wird.

§. 38.

Bei der Ankunft auf einer Station öffnen die Wagenbeamten, sobald der Wagenzug still steht, sämmtliche Wagenthüren nach der zum Aussteigen bestimmten Seite und nennen dabei zugleich laut und deutlich den Ortsnamen der Station.

§. 39.

Auf allen Stationen wird zwei Minuten vor dem Abgange zum ersten Male und eine Minute vor dem Abgange zum zweiten, zum dritten Male aber um die zum Abgange bestimmte Zeit geläutet. Mit diesem letzteren Zeitpunkte wird zugleich der zu den Wagen führende Eingang geschlossen, und alsdann Niemand weiter zum Mitfahren zugelassen, überhaupt nach §. 35. verfahren.

§. 40.

An den Anhaltepunkten steigen nur diejenigen Passagiere ab, welche nicht weiter mitfahren. Die ubrigen durfen in der Regel den Wagen nicht verlassen, und verlieren jedenfalls das Recht, weiter zu fahren, wenn sie vor dem letzten Zeichen zur Abfahrt ihre Plätze noch nicht eingenommen haben. Es soll möglichst darauf gesehen werden, daß die an einem Anhaltepunkte absteigenden Reisenden in bestimmten Wagen Platz nehmen, in welchem Falle denn auch in der Regel nur die letzteren bei der Ankunft geöffnet zu werden brauchen.

§. 41.

Zur Kenntnißnahme fur die aufzunehmenden neuen Passagiere soll auf den Stationen und bei den Anhaltepunkten durch öffentlichen Anschlag bekannt gemacht werden, zu welcher Zeit der Wagenzug frühestens dort ankommt. Wer nach diesem Zeitpunkte auf den Anhaltepunkten beim Eintreffen des Wagenzuges nicht zum sofortigen Einsteigen bereit ist, verliert das Recht zum Mitfahren.

Das Eintreffen des Wagenzuges wird auf den Stationen, wie auf den Anhaltepunkten, sobald derselbe in der Ferne sichtbar ist, durch einmaliges Läuten markirt.

§. 42.

Es soll auf jedem Bahnhofe eine dem Publikum vom Zugange zum Bahnhofe aus sichtbare große Uhr vorhanden sein, nach welcher der Betrieb der Eisenbahn-Beförderung uberall geleitet wird, und welche daher auch für alle Reisenden maßgebend ist.

Sämmtliche Uhren sollen nach der Uhr der Königlichen Akademie zu Berlin regulirt werden, und es ist dies täglich zu kontrolliren (§. 109.). Wo Nachtfahrten stattfinden, mussen die Bahnhofsuhren erleuchtet sein.

§. 43.

Die Passagiere dürfen sich nicht aus den Wagen hinauslegen, auch dieselben zum Ein- und Aussteigen nicht selbst öffnen; sie mussen vielmehr das Oeffnen dem Wagenmeister und Warter uberlassen.

§. 44.

Das Betreten des innern Raumes der Bahnhöfe, wo sich die Schienengeleise befinden, ist den Passagieren untersagt.

§. 45.

Die Passagiere dürfen Hunde und andere Thiere in den Personenwagen nicht mit sich fuhren.

§. 46.

In der ersten Wagenklasse ist das Tabackrauchen untersagt.

§. 47.

Solche Reisende, welche die fur die Aufrechthaltung der Ordnung gegebenen Vorschriften nicht beachten, sich unanständig betragen oder trunken sind, werden von der Mitreise zurückgewiesen; sie haben sich hierbei den Anordnungen der Aufsichtsbeamten unbedingt zu unterwerfen. Das schon gezahlte Personengeld kann in diesem Falle nicht zurückgefordert werden, sondern ist der Gesellschaft verfallen.

§. 48.

Sollte es vorkommen, daß wegen eingetretener Hindernisse unterwegs außerhalb einer Station längere Zeit aufgehalten werden muß, so kann ausnahmsweise den Passagieren das Aussteigen gestattet werden. Sie müssen aber alsdann, sobald ein dreimaliges Ertönen der Dampfpfeife anzeigt, daß der Wagenzug zur Weiterfahrt bereit ist, sofort wieder ihre Plätze einnehmen. Wer hierzu nicht bereit ist, verliert das Recht weiter mit zu fahren.

Abschnitt IV.

Von den Obliegenheiten der Beamten der Gesellschaft in Ansehung der Sicherheit der Dampfbeförderung auf der Bahn und den zu diesem Zwecke zu treffenden Vorsichtsmaßregeln.

Im Allgemeinen.

§. 49.

Unter den Beamten der Gesellschaft sind es vorzüglich der Maschinist, die Bahnmeister und Wärter, und Wagenmeister und Wärter, denen die unmittelbare Fürsorge für die Sicherheit des Transportbetriebes obliegt. Es wird ihnen daher die pünktlichste Befolgung der in dem gegenwärtigen Reglement oder mittelst sonstiger Instruktionen ihnen ertheilten Anweisungen, Fleiß und Treue für ihren Dienst und ein ordentlicher nüchterner Lebenswandel besonders zur Pflicht gemacht.

§. 50.

Jeder der im vorigen Paragraphen genannten Beamten ist gehalten, die ihn angehenden Bestimmungen dieses Reglements zu kennen;

auch soll ein jeder ein Ordrebuch führen, in welchem die ihn betreffenden Vorschriften des Reglements enthalten sind, und in das auch spätere bezügliche Verordnungen eingetragen werden. Das Ordrebuch ist in Vertretungsfällen jedesmal dem Stellvertreter auszuhändigen.

§. 51.

Es darf kein Maschinist zur selbstständigen Führung eines Dampfwagenzuges zugelassen werden, der nicht von dem Königl. Polizei-Präsidium zu Berlin dazu approbirt ist. Die genannte Behörde kann ihre Zustimmung ertheilen, wenn der Maschinist durch genügende Atteste nachweiset, daß er bereits auf andern Eisenbahnen selbstständig und mit Sicherheit Lokomotiven geführt habe.

Können solche Atteste nicht vorgelegt werden, oder findet das Königliche Polizei-Präsidium solche nicht genügend, so unterwirft dasselbe den Maschinisten einer Prüfung, von deren Ausfall die Ertheilung oder Verweigerung der Approbation abhängt.

A. Funktion des Maschinisten.

§. 52.

Das Geschäft des Maschinisten ist vornehmlich der Betrieb und die Leitung des Dampfwagens unter Beachtung der sicheren Bewegung des ganzen ihm anvertrauten Wagenzuges.

§. 53.

Dem Maschinisten untergeordnet ist der Feuermann, welcher jedesmal mitfahren und besonders die Feuerung des Kessels, so wie die Handhabung der am Tender befindlichen Bremsen besorgen muß.

§. 54.

Ohne besondere Erlaubniß der Direktion oder der höhern Betriebsbeamten soll auf dem Dampfwagen und dem dazu gehörigen Munitionswagen Niemand anders mitfahren als der Maschinist und der Feuermann.

§. 55.

Der einen Dampfwagen führende Maschinist darf den Wagen während der ganzen Dauer der Ueberfahrt nicht einen Augenblick verlassen, und es muß unvermeidlichen Falls ein gleich sachverständiger Stellvertreter ihn ersetzen.

Der Feuermann muß mit den Handgriffen bekannt sein, durch welche der Dampfwagen in Stillstand versetzt wird, damit er dies bewirken kann, wenn der Maschinist im Laufe der Fahrt durch Krankheit oder sonst seiner Thätigkeit gänzlich beraubt werden sollte.

§. 56.

Der Maschinist ist für die Befolgung der oben, namentlich in dem Abschnitt II. gegebenen, ihn betreffenden speziellen Vorschriften, sowie allgemein dafür verantwortlich, daß die Spannung der Dämpfe und die Schnelligkeit der Fahrt nicht übertrieben werde. Ueberhaupt liegt ihm ob, auf die Sicherheit des Publikums und die Vermeidung von

Unglücksfällen gewissenhaft Bedacht zu nehmen. Er muß daher während der Fahrt, auf dem Wagen stehend, ununterbrochen die genaueste Aufmerksamkeit sowohl auf die Maschine und den Gang des Wagenzuges, als auch auf die Bahn und die darauf etwa sich zeigenden Hindernisse richten, auch die Signale der Bahn- und Wagen-Aufsichtsbeamten genau beachten.

Sobald nach den gegebenen Signalen oder nach seiner eigenen Wahrnehmung das langsamere Fahren oder das gänzliche Anhalten nöthig ist, muß er das Eine oder das Andere unverzüglich veranlassen.

§. 57.

Damit der Maschinist schon, bevor er an ein Ausweichungs-Excentrik gelangt, übersehen kann, ob solches richtig gestellt ist, soll jedes auf der Hauptbahn befindliche Excentrik mit einer Tafel fest verbunden sein, welche sich mit der Bewegung des Excentriks umdrehen und auf diese Weise den Stand desselben aus der Ferne erkennen läßt. Für die Nachtzeit wird an diesen Tafeln eine Laterne von verschiedenfarbigen Seiten dergestalt angebracht, daß eine Verwechselung der Seiten beim Aufstecken der Laternen nicht möglich ist.

§. 58.

Ganz besondere Vorsicht hat der Maschinist bei solchen Dampffahrten zu beobachten, welche außerhalb des Fahrplans stattfinden (§. 15), also z. B. bei Arbeitsfuhren. Sieht der Maschinist bei solchen, daß ein Bahnwärter das Zeichen, daß kein Hinderniß auf der Bahn und die Uebergangs-Barrieren geschlossen seien, nicht giebt, so muß er vor denselben anhalten und erst weiterfahren, wenn die Uebergangs-Barrieren geschlossen sind. Der Maschinist muß zu dem Ende genau unterrichtet sein, an welchen Stellen er einen Bahnwärter zu gewärtigen hat.

§. 59.

Ueberall, wo der Maschinist vor Gefahr zu warnen, oder besondere Vorsicht zu empfehlen für nöthig erachtet, muß er die an dem Dampfwagen befindliche Dampfpfeife ertönen lassen. Dies ist besonders bei den Nachtfahrten, ingleichen vor und in Bahnkrümmungen, wo er die Bahn nicht übersehen kann, und dann öfters zu wiederholen, wenn Nebel oder Schneegestöber die Uebersicht des Wagenzuges schmälern.

Ein Dampfwagen soll sich niemals in Bewegung setzen, wenn nicht zuvor durch einen Ton der Dampfpfeife zur Vorsicht ermahnt ist. Hält der Maschinist das Anziehen der Bremsen für nöthig, so markirt er dies den Wagen-Aufsichtsbeamten (§. 106.) dadurch, daß er die Dampfpfeife in kurzen hintereinander folgenden Tönen erschallen läßt. Die Lösung der Bremsen markirt er dagegen durch zwei hintereinander folgende lange Töne.

§. 60.

Folgen mehrere Wagenzüge hintereinander, und muß einer der vorangehenden Wagenzüge anhalten, so ist der Maschinist verpflichtet, den zuletzt passirten Bahnwärter sogleich hiervon zu benachrichtigen, damit er dem folgenden Wagenzuge das Zeichen zum Anhalten geben kann. Besonders nothwendig ist dies bei Nachtfahrten.

§. 61.

Jeder den Dampfwagen fuhrende Maschinist muß angemessene Utensilien bei sich und zur Hand haben, um etwa vorfallenden Beschädigungen der Maschine nach Möglichkeit augenblicklich abhelfen zu können.

§. 62.

Vor jeder Fahrt ist der Maschinist den Dampf- und Munitionswagen fleißig zu untersuchen verpflichtet, nach Befinden durch Auf- und Abfahren. Er ist verantwortlich dafür, daß der ihm anvertraute Dampfwagen rechtzeitig angeheizt wird; auch muß er für hinreichende Munition an Wasser und Brennmaterial sorgen, damit solche zu der ganzen Ueberfahrt reichlich genügt.

B. Funktionen des Bahn-Aufsichts-Personals.

§. 63.

Es ist im §. 6. bereits angeordnet, daß die Gesellschaft zur Beaufsichtigung der Bahn ein ausreichendes Personal halten muß. Dasselbe besteht aus Bahnwärtern und deren unmittelbaren Vorgesetzten, den Bahnmeistern.

§. 64.

Was die Zahl und die Postirung der zu bestellenden Wärter betrifft, so gilt als Regel, daß so viele Bahnwärter gehalten werden mussen, daß an jedem Uebergange uber die Bahn Einer stationirt ist, daß ferner jedes Ausweichungs-Excentrik auf der Hauptbahn von einem Bahnwärter beaufsichtigt und gehandhabt wird — wobei indessen, wenn der Uebergang und das Excentrik unmittelbar bei einander liegen, beide von einem und demselben Bahnwärter versehen werden können, — daß überdies jeder Bahnwärter, von dem ihm angewiesenen Standpunkte aus, den ihm auf jeder von beiden Seiten zunachst gestellten Bahnwärter deutlich sehen kann, und daß endlich niemals Einer mehr als 350 Ruthen von dem Andern entfernt ist.

Eine Ausnahme von der angeordneten Besetzung der Uebergänge durch Bahnwärter ist nur bei Privat-Feldwegen, d. h. bei solchen, welche nur von einzelnen Personen zur Bewirthschaftung des Landes benutzt werden, unter den in dem §. 89. enthaltenen naheren Maßgaben zulässig.

§. 65.

Vertreten werden die Bahnwärter in Behinderungsfällen durch Vice-Bahnwärter, welche daher die Gesellschaft in ausreichender Zahl zu halten hat, die aber, so lange sie nicht einen Bahnwärter vertreten, als Arbeiter benutzt werden können.

§. 66.

Bahnmeister sind so viele anzustellen, daß sie ihre Strecke täglich mindestens einmal begehen können.

§. 67.

Vertreten werden die Bahnmeister in Behinderungsfällen durch den dazu bestimmten Bahnwarter ihrer Strecke, fur welchen inzwischen ein Vice=Bahnwärter eintritt.

§. 68.

Die Pflicht des Bahnwarters im Allgemeinen ist, die ihm zugetheilte Bahnstrecke genau zu beaufsichtigen, zu bewachen und darauf zu sehen, daß dieselbe immer in gutem Stande erhalten werde. Der Wärter hat daher die hierzu erforderlichen Arbeiten nach der Anweisung seines Vorgesetzten auszufuhren, wenn er dieselben aber nicht alleiu verrichten kann, den Letztern hiervon in Kenntniß zu setzen.

§. 69.

Der Bahnwärter muß sonach seine Aufmerksamkeit sowohl auf den Unterbau, als auf den Oberbau der Bahn richten. Er hat das Planum, die Böschungen, die Appareillen und die Graben, ferner die Brücken, Uebergänge, Wachthäuser, die Nummersteine und Pfähle, die Wasserdurchläſſe, die Barrieren in Obacht zu nehmen. Er muß eben so den Zustand und die Lage der hölzernen Schwellen, ferner die richtige Lage und Beschaffenheit der Schienen, wie ihre Befestigung beaufsichtigen.

§. 70.

Kleinere Mängel, deren Abhulfe sogleich und ohne Bedenken mit den, dem Bahnwärter zu diesem Ende uberlieferten Werkzeugeu, die er immer mit sich fuhren muß, möglich ist, hat er sofort zu beseitigen. Insbesondere liegt ihm aber ob, die Bahn und die Schienen stets rein zu erhalten, worauf vorzuglich auch bei den vertieften Geleisen zu sehen ist, und alle Hindernisse, als Steine, Geräthschaften u. s. w., welche sich zwischen den Schienen oder in der Nähe derselben vorfinden möchten, unverzüglich zu entfernen.

§. 71.

Fallen größere Schadhaftigkeiten vor, welche der Bahnwärter nicht allein und unverzuglich auszubessern im Stande ist, so muß er seinem vorgesetzten Bahnmeister davon sogleich Nachricht geben. Sind die Fehler von der Art, daß die Bahn vor deren Abhulfe gar nicht, oder doch nur vorsichtig und langsam befahren werden kann, so hat der Bahnwärter dies dem, den Dampfwagen leitenden Maschinisten durch die unter §. 75. angegebenen Signale mitzutheilen.

§. 72.

Außer der vorstehend allgemeinen Verpflichtung zur Beaufsichtigung der ihm überwiesenen Bahnstrecke, liegen dem Bahnwärter insbesondere das jedesmalige Begehen und Besichtigen seiner Bahnstrecke vor den einzelnen Dampfwagenfahrten, die Beobachtung des Dampfwagenzuges während der Voruberfahrt und das Signalisiren an den Maschinisten, an die ubrigen Bahnwärter und an die Wagenwärter ob, so wie das Oeffnen und Schließen der Barrieren an den Uebergängen und die Beaufsichtigung und Handhabung der Ausweichungs=Excentriks, wo solche sich befinden, resp. das Anzünden der an denselben befindlichen Laternen für die Nachtfahrten (§. 57.)

§. 73.

Die Signale der Bahnwärter zerfallen in weitergehende oder Bahnsignale und in Streckensignale.

§. 74.

Die Bahnsignale, welche die Bahnwärter weiter geben müssen, werden an hohen Stangen, welche in entsprechender Entfernung aufzurichten sind, markirt.

Sie bedeuten:

a) es ist ein Dampfwagenzug von der Station abgegangen, ein Signal, welches bis zur nächsten Station fortgegeben wird;

b) es soll eine Reserve-Maschine zur Hülfe kommen;

c) die Reserve-Maschine kann zurückbleiben, weil anderweit Hülfe geschafft ist.

§. 75.

Die nähere Einrichtung dieser Signale wird der Gesellschaft überlassen, jedoch hat dieselbe dafur zu sorgen, daß erstere auch bei Nachtfahrten, z. B. durch farbige Laternen, gegeben werden können. Das Signal unter b fällt zur Nachtzeit fort, und es wird in solchen Fällen, wo bei Tage langsam gefahren werden müßte, das Signal zum Anhalten gegeben.

Auch diese Signale unterliegen der Zustimmung des für die Bahn bestellten Königlichen Kommissarius.

§. 76.

Die Bahnwärter müssen möglichst genau von den obern technischen Beamten darüber unterrichtet werden, in welchen Fällen ein langsames Fahren genüge und ein gänzliches Anhalten eines Wagenzuges unterbleiben könne.

§. 77.

Der Bahnwärter hat jeden nach dem Fuhrplane stattfindenden Dampfzug stets an dem äußersten Ende seiner Bahnstrecke nach der Seite, wo der Dampfwagenzug herkommt, zu erwarten und dort die erforderlichen Signale zu geben.

Die von den Bahnwärtern bei Herannahung des Dampfzuges zu schließenden Uebergänge, die von ihnen zu handhabenden Excentriks, die von ihnen zu bedienenden Signalstangen müssen stets am Ende einer Bahnstrecke belegen sein, damit sie resp. während der Ueberfahrt besetzt sind und zweckmäßig gehandhabt werden können.

§. 78.

Alle Verrichtungen, welche der Bahnwärter bei dem Herannahen der regelmäßigen Dampfzüge hat, also z. B. das Schließen der Barrieren, das Signalisiren ꝛc., liegen demselben auch ob, wenn sich ein Dampfwagen außerhalb des Fuhrplans (§. 15.), also z. B. bei Arbeitszügen, nähert; doch soll der Bahnwärter während der Vorüberfahrt eines solchen den Standpunkt einnehmen, an welchem er den nächsten, nach dem Fuhrplan stattfindenden Wagenzug zu erwarten hat. Das §. 74. vorgeschriebene Bahnsignal, daß ein Dampfwagen von der Station abgegangen ist, wird den Bahnwärter befähigen, den erstern auch außerhalb des Fuhrplanes nach Vorschrift zu erwarten.

§. 79.

Während des Passirens des Wagenzuges hat der Bahnwärter den letztern genau zu beobachten. Nimmt er an dem Wagenzuge einen Fehler wahr, wegen dessen derselbe anhalten muß, so giebt er den rückwärts sitzenden Wagen-Aufsichtsbeamten (§. 103.) das Zeichen zum Anhalten.

§. 80.

Folgt einem Wagenzuge ein anderer, was daran zu erkennen ist, daß der letzte Wagen jenes Wagenzuges eine Flagge (§. 22.), oder bei der Nachtfahrt drei grüne Laternen führt (§. 31.), so wartet der Bahnwärter den folgenden Zug ab und beobachtet ganz dasselbe Verfahren, was für den ersten vorgeschrieben ist.

§. 81.

Ist der Wagenzug, oder sind, wenn zwei, resp. drei Wagenzüge hintereinander folgen, die Wagenzüge sämmtlich passirt, so besichtigt der Bahnwärter die ihm überwiesene Bahnstrecke genau und bewirkt die vorgeschriebene Reinigung der Bahn, so wie die Herstellung kleiner und sogleich abzuhelfender Mängel.

§. 82.

Damit der Bahnwärter seine Bahnstrecke auch für die Nachtfahrten revidiren kann, muß derselbe mit einer Handlaterne versehen sein. Während des Verschlusses der Uebergangs-Barrieren hat der Bahnwärter sich so mit der Laterne aufzustellen, daß die ersteren möglichst erleuchtet werden.

§. 83.

Der Bahnwärter muß sich bei den planmäßig stattfindenden Wagenzügen spätestens fünf Minuten vor dem Minimum der Zeit, zu welcher der Dampfwagenzug dort zu erwarten ist, bei den Extra-Zügen aber sofort, nachdem das Nahen derselben durch das Bahnsignal (§. 74.) markirt ist, bei dem Punkte aufstellen, wo er den Dampfwagenzug zu erwarten hat.

§. 84.

In Ansehung der Uebergänge über die Bahn, welche in Gemäßheit des §. 64. jedenfalls bei jeder Dampfwagenfahrt von einem dabei stationirten Bahnwärter bewacht werden mussen, haben die Bahnwärter insbesondere noch folgende Obliegenheiten.

§. 85.

Sobald der mit der Aufsicht über einen Uebergang beauftragte Bahnwärter den Wagenzug sich nähern sieht, oder, sobald er, der Oertlichkeit nach, solchen nicht weit voraussehen kann, die Annäherung des

Zuges signalisirt wird (§. 86.), hat derselbe die Barrieren des über die Bahn führenden Weges auf beiden Seiten zu schließen und Niemandem den Uebergang weiter zu gestatten. Der Uebergang von getriebenem Vieh darf aber bei den planmäßig stattfindenden Zügen während der letzten fünf Minuten vor dem Zeitpunkte, an welchem der Wagenzug nach dem bestehenden Fahrplane den Weg berühren kann, überhaupt nicht mehr zugelassen werden. Nachdem der Zug passirt ist, sind die Barrieren, mit Ausnahme des im §. 87. gedachten Falles, sofort wieder zu öffnen.

§. 86.

Falls ein Bahnwärter der Oertlichkeit wegen den Wagenzug nicht weit voraussehen kann, so muß ihm der zunächst vorstehende Bahnwärter ein bei Tage, wie bei Nacht leicht erkennbares Zeichen geben, daß der Zug nahet und die Barrieren daher zu schließen sind. An welchen einzelnen Stationsarten ein solches Signalisiren stattfinden muß, ist nach den örtlichen Verhältnissen genau zu bestimmen.

§. 87.

Wenn nach §. 80. zwei oder drei Züge unmittelbar hintereinander folgen, dürfen die Barrieren des Ueberganges in der Regel zwischen dem ersten und zweiten, resp. dem zweiten und dritten Zuge gar nicht geöffnet werden. Ausnahmsweise kann dies jedoch dann geschehen, wenn der Bahnwärter den nachfolgenden Zug noch nicht wahrnimmt und bei den wartenden Passanten ein schneller Uebergang anzunehmen ist, was z. B. bei dem Uebergang von getriebenem Vieh oder schwer belastetem Fuhrwerke nicht der Fall sein würde. Bei der sichtbaren Annäherung des Wagenzuges sind die Barrieren unverzüglich wieder zu schließen.

§. 88.

Bei dem Passiren der Uebergänge ist von dem Wärter darauf zu achten, daß Niemand, insbesondere nicht das übergehende Fuhrwerk und Vieh, auf dem Uebergange oder dessen Appareillen sich aufhalte, oder nach der Seite hin der Bahn entlang abweiche. Auch hat derselbe bei geschlossenen Barrieren die auf die Wiedereröffnung harrenden Personen, welche mit Vieh halten, zu warnen, daß sie zur Vermeidung des Scheuwerdens des Letzteren in angemessener Entfernung warten.

§. 89.

Die Barrieren solcher privativen Feldweg-Uebergänge, bei welchen nach §. 64. kein eigener Bahnwärter stationirt ist, sind mit Schlössern zu versehen. Den Schlüssel zu den Schlössern führen die nächsten Bahnwärter. Diese Barrieren dürfen nur in den Zeiten, wo die Uebergänge häufig benutzt werden, z. B. zur Saat- und Erndtezeit, geöffnet sein, und müssen jedesmal 10 Minuten vor der frühsten Ankunftszeit des Dampfwagens verschlossen werden, damit der Bahnwärter noch Zeit behält, nach seinem Haupt-Standpunkte zu gehen und auch den dortigen Uebergang zu schließen. In der übrigen Zeit des Jahres sind die Barrieren zu dergleichen Feldwegs-Uebergängen stets verschlossen, werden aber auf Verlangen der Berechtigten geöffnet, jedoch nur dann, wenn ein Dampfwagenzug nicht zu erwarten ist, und der Bahnwärter also seinen Haupt-Standpunkt verlassen kann. Die Barrierenschlösser sind dann sogleich wieder abzuschließen.

An den Barrieren ist durch einen Anschlag bekannt zu machen, an wen man sich wegen des Oeffnens zu wenden hat. Wo diese Anordnungen aus irgend einem Grunde unausführbar sein sollten, kann von der Stationirung eines besondern Bahnwärters nicht abgestanden werden.

§. 90.

Die in den §§. 72 bis 88. enthaltenen Obliegenheiten des Bahnwärters während der Dauer der Fahrten sind diejenigen, denen alle übrigen Verpflichtungen, wenn sie mit den ersteren nicht vereinbar sind, nachstehen müssen.

§. 91.

Jeder Bahnwärter soll, um seinen Obliegenheiten pünktlich genügen und die Wagenzüge zeitig im Voraus erwarten zu können, jederzeit eine richtig gehende, mit den Uhren auf den Bahnhöfen übereinstimmende Uhr mit sich führen. Außerdem muß er stets mit einem Exemplare des Planes, wonach die Fahrten stattfinden, versehen sein. Jeder Bahnwärter muß demnach auch fertig lesen können.

§. 92.

Der Bahnwärter darf während der Dienststunden seinen Posten keinen Augenblick verlassen. Die Dauer der Dienststunden bestimmt die Gesellschaft. Außerhalb der Dienststunden eines Bahnwärters darf kein Dampfwagen den von ihm zu beaufsichtigenden Uebergang passiren.

§. 93.

Auch über Nacht, wenn nicht gefahren wird, muß die Bahn in entsprechender Weise bewacht werden. Ob hierzu die Bahnwärter verwendet werden können, hängt davon ab, ob dies ohne Uebermüdung derselben möglich ist.

§. 94.

Der Bahnmeister führt die Aufsicht über die Bahnwärter seiner Bahnsektion, und hat dieselben, so wie die Bahn selbst, zu kontroliren. Er ist zu dem Ende auch verpflichtet, seine Bahnsektion in der Regel täglich ihrer ganzen Länge nach entweder zu Fuß oder zu Pferde zu bereisen, bei welcher Gelegenheit ihm die Bahnwärter auch die etwanigen Anzeigen zu machen haben. Der Bahnmeister muß hierbei auch zugleich das Richtiggehen der Uhren kontroliren, welche die Bahnwärter bei sich führen.

§. 95.

Auch die höhern Betriebsbeamten der Gesellschaft haben die Bahn fleißig zu beaufsichtigen und regelmäßig ihrer ganzen Länge nach zu bereisen.

§. 96.

Die Bahnwärter und die Bahnmeister und deren Stellvertreter nehmen an der Ausübung der Polizei auf der Bahn, dem Publikum gegenüber, nach den in dem Abschnitt VI. weiter unten folgenden näheren Bestimmungen Theil.

C. Funktion des Wagen-Aufsichts-Personals.

§. 97.

Es ist im §. 13. bereits angeordnet, daß die Gesellschaft zur Beaufsichtigung der Wagen ein ausreichendes Personal bestellen muß. Dasselbe besteht aus Wagenwärtern und deren unmittelbaren Vorgesetzten den Wagenmeistern.

§. 98.

Es müssen so viele Wagenmeister und Wagenwärter gehalten werden, daß jeder Personen-Wagenzug mindestens von einem Wagenmeister und einer hinreichenden Anzahl Wagenwärter, namlich:

ein Wagenzug	von	1	bis	3 Wagen	von	1 Wärter,
=	=	= 4	=	6	=	= 2 Wärtern,
=	=	= 7	=	12	=	= 3 =
=	=	= 13	=	16	=	= 4 =

und von je bis 4 Wagen mehr von einem Wärter mehr begleitet werden.

Ein Güter-Transport-Wagenzug erfordert dagegen außer einem Wagenmeister für je bis 6 Wagen einen Wagenwärter.

§. 99.

In Behinderungsfällen müssen die Wagenwärter von Vice-Wagenwärtern, und die Wagenmeister von Vice-Wagenmeistern vertreten werden

§. 100.

Dem Wagen-Aufsichtspersonal liegt, in Gemeinschaft mit den Aufsichtsbeamten der Bahnhöfe, die Erhaltung der Ordnung beim Eintritt in den Bahnhof und bei dem Austritte aus demselben ob.

§. 101.

Das Wagen-Aufsichtspersonal hat ferner die Wagenthüren zu öffnen und zu schließen, auch den Passagieren ihre Plätze anzuweisen.

§. 102.

Während der Fahrt sitzt der Wagenmeister jedesmal oben auf dem ersten Wagen nach rückwarts gekehrt, damit er auf den Wagenzug und die Signale der Wagenwärter und der Bahnwärter (§. 106 und §. 79.) achten kann. Zugleich ist eine Einrichtung zu treffen, vermöge deren der Wagenmeister im Stande ist, sich sowohl im Hellen als im Dunkeln unverzüglich mit dem Maschinisten in Verbindung zu setzen, und ihn zum Anhalten des Zuges zu veranlassen.

Das Nähere dieser Einrichtung unterliegt der Zustimmung des für das Unternehmen bestellten Königl. Kommissarius.

§. 103.

Die außer dem Wagenmeister mitfahrenden Wagen-Aufsichts-Beamten setzen sich ebenfalls obenauf rückwärts und vertheilen sich so auf die übrigen Wagen, daß keiner der letztern unbeaufsichtigt bleibt. Befinden sich z. B. offene Wagen in dem Zuge, die von den verdeckten überragt werden, so muß ein Wagenwärter seinen Platz auf dem letzten verdeckten Wagen vor den offenen einnehmen, damit er die letztern übersehen kann.

§. 104.

Während der Nachtfahrten findet dieselbe Einrichtung statt. Ueberdies werden die Wagen so durch Laternen erleuchtet, daß den Wagenbeamten die nöthige Uebersicht über den Wagenzug gewährt wird.

§. 105.

Es ist im §. 9. schon angeordnet, daß ein Theil der Wagen mit Vorkehrungen zum Bremsen versehen sein muß. In dieser Beziehung wird bestimmt, daß so viele Wagen zum Bremsen in einem Wagenzuge befindlich sein sollen, als Wagenwärter denselben nach §. 98. begleiten müssen. Das Bremsen soll durch die Wagenaufsichtsbeamten von ihren Sitzen aus bewirkt werden, daher denn die mit dieser Hemmvorrichtung versehenen Wagen so zu rangiren sind, daß die Wagen-Aufsichtsbeamten sich, wie in §. 103. angeordnet ist, auf dem Wagenzug vertheilen können.

§. 106.

Tritt der Fall ein, daß schleunig angehalten und also gebrems't werden soll, und wird die Nothwendigkeit des Anhaltens zuerst von einem Wagenwärter erkannt, so hat derselbe jene Nothwendigkeit dem Wagenmeister sofort zu signalisiren. Die anderen Wagenwärter ahmen das Signal nach, und der Wagenmeister giebt dem Maschinisten das Zeichen zum Anhalten.

Bei den Nachtfahrten geben die Wagenbeamten das Zeichen zum Anhalten mittelst eines im Dunkeln erkennbaren Signals. Auch diese Signale unterliegen der Zustimmung des Königl. Kommissarius.

Jeder Wagenbeamte, welchem eine Bremse vertraut ist, hat dieselbe, sobald er die Nothwendigkeit oder das Zeichen zum Anhalten sieht, neben dem Weitergeben des Signals sofort anzuziehen. Auch müssen die bei einer Bremse sitzenden Wagenbeamten die Signale des Maschinisten zum Bremsen und zum Lösen der Bremsen (§. 59.) genau beachten und befolgen.

§. 107.

Die Wagen-Aufsichtsbeamten sind verpflichtet, vor und nach jeder Fahrt die Wagen genau zu untersuchen, und sich auf diese Weise zu überzeugen, ob dieselben auch nicht schadhaft, und zur nächsten Fahrt brauchbar sind.

§. 108.

Der Wagenmeister muß bei jeder Fahrt Werkzeuge mit sich führen, um den an den Wagen vorfallenden Schäden wo möglich sogleich abhelfen zu können.

§. 109.

Die Wagenmeister haben die Uebereinkunft der Uhren auf den Stations-Bahnhöfen mit der auf dem Berliner-Bahnhofe zu kontroliren. Jeder Wagenmeister muß daher mit einer richtig gehenden, nach der Uhr des Berliner Bahnhofes zu regulirenden Uhr versehen sein.

§. 110.

Die Wagenmeister und Wagenwärter und deren Stellvertreter nehmen an der Ausübung der Polizei auf den Bahnhöfen und auf der Bahn, dem Publikum gegenüber, nach den in dem Abschnitt VI. folgenden näheren Bestimmungen Theil.

Abschnit V.

Bestimmungen zum Schutze der Bahn und des Verkehrs auf derselben.

§. 111.

Dem Publikum ist verboten, außerhalb der über die Bahn führenden Uebergänge das Planum derselben, oder die dazu gehörigen Böschungen, Dämme und Gräben zu betreten, darauf zu reiten, oder zu fahren.

§. 112.

Die zur Befriedigung der Bahn und zur Sicherheit der Uebergänge dienenden Barrieren und sonstigen Verschlußanlagen dürfen nicht bestiegen werden.

§. 113.

Das eigenmächtige Eröffnen der Barrieren oder sonstigen Verschlußanlagen, das Passiren der über die Bahn führenden Uebergänge während der Zeit, wo die Barrieren oder sonstigen Verschlußanlagen geschlossen sind, imgleichen das Anhalten mit Fuhrwerk und Vieh auf den Uebergängen und deren Appareillen ist untersagt.

§. 114.

Das Publikum hat sowohl auf den Bahnhöfen, als auf der Bahn und neben derselben den Anordnungen der uniformirten Beamten der Gesellschaft, welchen die Handhabung der Polizei zusteht (§§. 118. u. 125), so wie der zur Erhaltung der Ordnung etwa mitwirkenden Königlichen Polizeibeamten und Gendarmen unweigerlich Folge zu leisten.

§. 115.

Wer den obigen Bestimmungen (§§. 111. bis 114.) entgegen handelt, ist, unter Vorbehalt der Ansprüche wegen der etwa zugefügten Beschädigungen, mit einer Geldstrafe von einem bis zehn Thalern, oder verhältnißmäßiger Gefängnißstrafe zu bestrafen.

§. 116.

Vorsätzliche Beschädigungen der Bahn und der dazu gehörigen Anlagen, imgleichen das Hinaufwerfen oder Hinauflegen von Steinen oder sonstigen hindernden Gegenständen auf das Planum der Bahn sind, sofern nicht nach den allgemein strafrechtlichen Bestimmungen, und namentlich auch nach der Verordnung wegen Bestrafung der Beschädiger der Eisenbahn-Anlagen vom 30sten November 1840, eine härtere Strafe stattfindet, mit einer willkuhrlichen Strafe bis zu sechs Wochen Gefängniß oder funfzig Thaler Geldbuße zu ahnden.

§. 117.

Die Bestimmungen der §§. 111 bis 116. sollen auf den Bahnhöfen und an den Bahnwärterhäusern angeschlagen werden; der Mangel dieser Publikation thut jedoch der Anwendung der obigen Strafbestimmungen überall keinen Eintrag.

Abschnitt VI.

Ausübung der Polizei auf der Bahn und den Bahnhöfen.

§. 118.

Zur Ausübung der zur Erhaltung der Ordnung nöthigen Polizei auf den Bahnhöfen und auf der Bahn sind zunächst die Bahnhofswärter und Aufseher, das Wagen- und Bahnwärter-Personal, sowie die Wagen- und Bahnmeister befugt und verpflichtet. Alle diese Beamten der Gesellschaft, also auch die stellvertretenden Vice-Beamten, müssen uniformirt sein, und während ihres Dienstes stets in Uniform erscheinen; auch müssen die Bahnhofswärter und Aufseher, so wie die Wagen- und die Bahnwärter, imgleichen ihre Stellvertreter, Nummern an ihren Mützen führen.

§. 119.

Die Auswahl und Annahme der nach §. 118. zur polizeilichen Aufsicht berufenen Beamten und Vice-Beamten ist zwar der Gesellschaft selbst überlassen, sie müssen jedoch vor ihrer wirklichen Anstellung den nach §. 121. kompetenten Königl. Polizeibehörden präsentirt und, wenn diese gegen ihre Zulassung nichts zu erinnern haben, von ihnen vereidigt werden.

Diese Beamten können in Bezug auf ihre polizeilichen Funktionen nur von denjenigen Oberbeamten der Gesellschaft Befehle empfangen, welche ebenfalls nach §. 126. zur Theilnahme an der Polizeiverwaltung zugelassen und vereidigt sind. Zu dem Ende müssen ihnen von der Direktion der Gesellschaft diese Oberbeamten bekannt gemacht werden.

§. 120.

Die Polizei-Aufsichts-Beamten der Gesellschaft (§. 118.) sind befugt, die Uebertreter der in diesem Reglement gegebenen polizeilichen Vorschriften zu pfänden, oder, wenn die Pfändung nicht anwendbar ist, zu arretiren und an die betreffende Polizei-Obrigkeit abzuliefern. Diejenigen, welche sich der Widersetzlichkeit schuldig machen, oder der Bestrafung nach §. 116. unterliegen, sind in der Regel jedesmal zu arretiren. In allen Fällen haben die Aufsichtsbeamten die Contravention an demselben Tage, wo sie geschehen ist, ihren Vorgesetzten anzuzeigen, welche sofort bei der nach §. 121. kompetenten Polizeibehörde denunziren. Den Letztern liegt alsdann, so fern nicht zur gerichtlichen Untersuchung Veranlassung ist, die Untersuchung, Festsetzung und Ausführung der Strafe ob, deren Ausfall der Gesellschafts-Direktion auf ihr Ersuchen mitgetheilt wird.

Da übrigens in der Regel die Aufsichtsbeamten die Arretirungen wegen ihrer anderweiten Dienstverrichtungen nicht selbst zu Ende führen können, so ist es gestattet, die Arretirten durch Mannschaften aus dem auf der Eisenbahn befindlichen Arbeitspersonal in Bewachung nehmen und an den Bestimmungsort abliefern zu lassen. In diesen Fällen hat der betreffende Aufsichtsbeamte dem Transporte eine, mit seiner Nummer bezeichnete Arretirungskarte mitzugeben, welche vorläufig die Stelle des schriftlichen Rapports vertritt.

§. 121.

Die Königl. Polizeibehörde für die Strecke von Berlin bis zu dem Punkte, wo die Eisenbahn den Polizeibezirk von Berlin verläßt, ist das Königliche Polizei-Präsidium zu Berlin,

für die Strecke von dort bis zum Ende des Teltowschen Kreises, das Königl. Landrathsamt des Teltowschen Kreises,

für die Strecke von dort bis zum Ende des Jüterbogk-Luckenwaldeschen Kreises, das Königliche Landrathsamt des Jüterbogk-Luckenwaldeschen Kreises,

für die Strecke von dort bis zum Ende des Schweinitzer Kreises, das Königl. Landrathsamt des Schweinitzer Kreises,

für die Strecke von dort bis zur Anhaltischen Grenze, das Königl. Landrathsamt des Wittenberger Kreises.

Bei diesen Behörden sind daher auch die auf Grund der §§. 111 bis 116. dieses Reglements festzusetzenden Polizeistrafen in gleicher Art, wie die übrigen Polizei-Strafgelder zu vereinnahmen und zu verrechnen.

Andere Ortsobrigkeiten sind von der Verwaltung der Polizei in diesen Angelegenheiten ausgeschlossen.

Hinsichtlich der Berufung auf richterliches Gehör hat es bei den bestehenden Bestimmungen sein Bewenden.

§. 122.

Die Gesellschaft hat strenge darauf zu sehen, daß die, in Gemäßheit der §§. 49 ff. zur Leitung der Dampfwagen und des Transportbetriebes von ihr bestellten Beamten den ihnen zur Pflicht gemachten Obliegenheiten pünktlich nachkommen. Die Gesellschaft hat sich zu dem Ende auch bei Anstellung der diesfälligen Beamten das Recht zur Festsetzung von Geldstrafen in Contraventionsfällen kontraktlich vorzubehalten, damit sie in den Fällen, welche nicht nach den §. 123 seq. zur

Cognition der Königlichen Behörden gelangen, selbst Strafen eintreten lassen kann.

§. 123.

Die §. 121. genannten Königl. Polizeibehörden sind verbunden, auf die Aufrechthaltung der Vorschriften dieses Reglements durch die Eisenbahn-Direktion und ihre Beamten zu wachen. Etwanige Verstöße gegen das Reglement sind sofort zu instruiren und die geschlossenen Akten zur Entscheidung vorzulegen, und zwar Seitens der betreffenden landräthlichen Behörden ihren vorgesetzten Regierungen.

§. 124.

Geringere Vernachlässigungen oder Verletzungen der Direktion oder der Beamten der Gesellschaft in Bezug auf das gegenwärtige Reglement, oder sonst auf die ihnen Behufs der Sicherheit des Betriebes obliegenden Verrichtungen und Pflichten sind im Disciplinarwege durch Verweise und Ordnungsstrafen von Seiten der Königlichen Regierungen zu Potsdam oder Merseburg, oder des Königlichen Polizei-Präsidiums zu Berlin zu rügen.

Dem zur Ausubung des Aufsichtsrechts bestellten Königl. Kommissarius steht die Befugniß zu, rücksichtlich der, den in §§. 49, 53 und 118. bezeichneten Beamten der Gesellschaft zur Last fallenden Vernachlässigungen und Pflichtverletzungen der obigen Art Verweise zu ertheilen und Ordnungsstrafen bis auf Höhe von fünf Thalern festzusetzen. Falls seiner Ansicht nach eine höhere Strafe eintreten muß, ist die Festsetzung derselben den Königlichen Regierungen zu Potsdam oder Merseburg, oder dem Königlichen Polizei-Präsidium zu Berlin zu überlassen.

Die zur Aufklärung der Sache nothwendigen Verhandlungen sind auf Erfordern von dem Syndikus der Gesellschaft zu führen. Die Einziehung der festgesetzten Ordnungsstrafen, allenfalls durch Abzug an dem Gehalte, liegt der Gesellschaft ob. Die eingehenden Strafgelder fließen einer von der Gesellschaft zu verwaltenden Kasse zur Unterstützung armer Unterbeamten derselben zu.

§. 125.

Fallen einem Beamten der Gesellschaft erhebliche Dienstvernachlässigungen oder grobe Pflichtwidrigkeiten zur Last, so steht den Königl. Regierungen zu Potsdam und Merseburg und dem Königlichen Polizei-Präsidium zu Berlin die Befugniß zu, die sofortige Dienstentlassung desselben anzuordnen, und die Ausführung dieses Beschlusses durch die Direktion der Gesellschaft zu veranlassen.

Außerdem soll, sofern nicht nach den allgemein strafrechtlichen Bestimmungen eine härtere Strafe eintritt, eine jede grobe Fahrlässigkeit in der Erfüllung der durch gegenwärtiges Reglement bestimmten Dienstobliegenheiten mit einer Geldstrafe bis zu funfzig Thalern, oder einer Gefängnißstrafe bis zu sechs Wochen geahndet werden. Auch bleibt es den Königlichen Regierungen zu Potsdam und Merseburg und dem

Königlichen Polizei-Präsidium zu Berlin vorbehalten, die augenblickliche Entlassung eines jeden Beamten zu verlangen, welcher nach ihrem Erachten den ihm übertragenen, auf die allgemeine Sicherheit Bezug habenden Dienst ungenugend verwaltet, oder wegen ungebührlichen Benehmens dazu nicht geeignet ist.

Dem bei der Eisenbahn bestellten Königl. Kommissarius steht die Befugniß zu, die Direktion der Gesellschaft in dringenden Fällen zur sofortigen Suspension des betreffenden Beamten zu veranlassen.

§. 126.

Außer den §. 118. gedachten Aufsichtsbeamten kann auch den höhern Betriebsbeamten der Gesellschaft, wie dem Special-Direktor, Inspektor u. s. w. die Mitwirkung und Leitung bei der Handhabung der Polizei auf der Bahn und den Bahnhöfen übertragen werden. Es bedarf jedoch hierzu der besondern Genehmigung und Vereidigung der betreffenden Beamten von Seiten des Königlichen Polizei-Präsidiums zu Berlin. Auch bleibt es sowohl dem Letzteren, als den Königlichen Regierungen zu Potsdam und Merseburg jederzeit vorbehalten, denselben die in dieser Hinsicht ihnen übertragenen Befugnisse ohne weiteres wieder zu entziehen.

Bei Ausübung der polizeilichen Funktionen müssen diese Beamten sich gleichfalls durch Uniform als dazu mitberufene kenntlich machen.

§. 127.

Die Königlichen Polizeibeamten und Gendarmen sind befugt und verpflichtet, wo sich die Gelegenheit dazu trifft, ebenfalls auf die Befolgung der oben §. 111 seq. gegebenen polizeilichen Vorschriften Seitens des Publikums zu halten, auch den Beamten der Gesellschaft vorkommenden Falles in Ausubung ihres Aufsichtsdienstes Beistand zu leisten.

Berlin, den 26sten Mai 1841.

Der Finanz-Minister.
In dessen Abwesenheit (gez.) Beuth.

27) Das letztere Reglement ist auch für die Berlin-Stettiner-Eisenbahn als gultig erklärt worden.

Publicandum.

Die Königlichen Ministerien der Finanzen und des Innern haben mittelst Erlasses vom 26sten v. M. genehmigt, daß das durch die Beilage zum 26sten Stück des vorjährigen Amtsblatts der Königlichen Regierung zu Potsdam und der Stadt Berlin publicirte Bahnpolizei-Reglement für die Berlin-Anhaltsche-Eisenbahn vom 26sten Mai v. J. provisorisch auch auf die Berlin-Stettiner Eisenbahn angewendet werde. Indem ich dies zur öffentlichen Kenntniß bringe, bemerke ich zugleich, daß bei jener provisorischen Anwendung des gedachten Reglements in den Ressort-Verhältnissen selbstredend diejenigen Modificationen eintreten, welche dadurch bedingt werden, daß bei der Berlin-Stettiner Eisenbahn zum Theil andere Behörden, als bei der Berlin-Anhaltschen konkurriren. Für die dem Verkehr zunächst zu eröffnende Strecke der Berlin-Stettiner Eisenbahn von Berlin bis Neustadt-Eberswalde haben daher von dem Punkte ab, wo dieselbe den Polizeibezirk von Berlin verläßt, die Königlichen Landraths-Aemter des Nieder- und Ober-Barnimschen Kreises die in den §§. 121. und 122. jenes Reglements erwähnten Funktionen der Polizeibehörden auszuüben.

Berlin, den 9ten Juli 1842.

Der Ober-Präsident der Provinz Brandenburg.
(gez.) von Meding.

28) Provisorische Bestimmungen für die Berlin-Frankfurter Eisenbahn.

Publicandum.

Da die Eröffnung der Berlin-Frankfurter Eisenbahn nahe bevorsteht, so werden nachstehende Vorschriften, welche in Betreff der gedachten Eisenbahn bis zum Erscheinen des Bahn-Polizei-Reglements für dieselbe von Seiten des Publikums zu beachten sind, mit Genehmigung der Königlichen Ministerien der Finanzen und des Innern hierdurch zur öffentlichen Kenntniß gebracht.

1. Dem Publikum ist verboten, außerhalb der über die Bahn führenden Uebergänge, das Planum derselben, oder die dazu gehörigen Böschungen, Dämme und Gräben zu betreten, darauf zu reiten oder zu fahren.

2. Die zur Befriedigung der Bahn und zur Sicherheit der Uebergänge dienenden Barrieren und sonstigen Beschlußanlagen dürfen nicht bestiegen werden.

3. Das eigenmächtige Eröffnen der Barrieren und sonstigen Verschlußanlagen, das Passiren der über die Bahn führenden Uebergänge während der Zeit, wo die Barrieren oder sonstigen Verschlußanlagen geschlossen sind, imgleichen das Anhalten mit Fuhrwerk und Vieh auf den Uebergängen und deren Appareillen ist untersagt.

4. Das Publikum hat sowohl auf den Bahnhöfen, als auf der Bahn und neben derselben den Anordnungen der uniformirten Beamten der Gesellschaft, so wie der zur Erhaltung der Ordnung etwa mitwirkenden Königlichen Polizeibeamten und Gendarmen unweigerlich Folge zu leisten.

5. Wer den Bestimmungen sub 1. bis 4. entgegenhandelt, wird unter Vorbehalt der Ansprüche wegen der etwa zugefügten Beschädigungen mit einer Geldstrafe von einem bis zehn Thalern oder verhältnißmäßiger Gefängnißstrafe belegt.

6. Vorsätzliche Beschädigungen der Bahn und der dazu gehörigen Anlagen, imgleichen das Hinaufwerfen oder Hinauflegen von Steinen

oder sonstigen hindernden Gegenständen auf das Planum der Bahn werden, sofern nicht nach den allgemein strafrechtlichen Bestimmungen und namentlich auch nach der Verordnung wegen Bestrafung der Beschädiger der Eisenbahnanlagen vom 3ten November 1840 eine härtere Strafe stattfindet, mit einer willkührlichen Strafe bis zu sechs Wochen Gefängniß oder funfzig Thaler Geldbuße geahndet.

7. Ueber das Verhalten der Fahrgaste beim Einsteigen in den Wagen, während der Fahrt und beim Aussteigen, ist das Erforderliche von der Gesellschaft durch besondere Anschlage an den Stationsorten bekannt gemacht.

8. Die dem Staate obliegende polizeiliche Aufsicht ist für die Strecke von Berlin bis zu dem Punkte, wo die Eisenbahn den weiteren Polizeibezirk von Berlin verlaßt,

dem Konigl. Polizei-Präsidium zu Berlin,

für die Strecke von dort bis zu dem Ende des Niederbarnimschen Kreises

dem Königl. Landraths-Amte des Niederbarnimschen Kreises,

für die Strecke von dort bis nach Frankfurt

dem Königl. Landraths-Amte des Lebuser Kreises

übertragen.

Berlin, den 11ten October 1842.

Der Ober-Prasident der Provinz Brandenburg.

(gez.) von Meding.

Bauen.

29) Verpflichtung zum Einholen eines polizeilichen Bauconsenses.

Republication.

Nachstehende Bekanntmachung: „Mit Bezugnahme auf die Bestimmungen des Allgemeinen Landrechts Theil 1. Titel 8. §. 67 seq. werden hierdurch nachstehende nähere Bestimmungen, die Ausführung baulicher Anlagen und Vorrichtungen innerhalb des Verwaltungs-Bezirks des Polizei-Präsidii betreffend, bekannt gemacht.

§. 1.

Die Ausführung jeder baulichen Anlage und Vorrichtung muß von dem Polizei-Präsidio genehmigt worden sein, bevor mit derselben begonnen werden darf, insofern nicht deshalb besondere Ausnahmen gestattet sind.

§. 2.

Ausgenommen hiervon sind diejenigen Arbeiten, durch welche die innerhalb der Umfassungswande befindlichen baulichen Anlagen und

Vorrichtungen, mit Ausschluß der Feuerungs-Anlagen, wieder hergestellt oder verändert werden und also die öffentlichen Interessen nicht gefährdet werden können. Namentlich bedarf die Ausfuhrung folgender Arbeiten keiner speciellen Genehmigung: 1) die Einlegung und Reparatur der Fußböden, die Anlage von Thüren und Fenstern, welche nicht auf die Straße oder auf benachbarte Grundstücke führen, die Deckung und Reparatur der Dächer, Erhöhung der Schornsteine bis auf 4 Fuß und das Ausweißen und Abputzen der Wände. Sobald jedoch ein Haus an der Straßenfronte abgeputzt werden soll, ist dem Polizei-Kommissarius des Reviers von dem ausfuhrenden Bauhandwerker 24 Stunden vor dem Beginn bei einem Thaler Strafe Anzeige zu machen; 2) die Einziehung einzelner Balken, die Reparatur der Stacketen, Gitter- und Bretterzaune, die nicht an die Straße grenzen, der Gewölbe und Schornsteine im Bodenraume und über dem Dache; das Setzen und die Reparatur der Stubenöfen und Kamine, jedoch ohne Anlegung neuer oder Veränderung bestehender Röhren oder Feuerstellen, die Reparatur der Backöfen, Feuerheerde und Feuerstellen der Handwerker mit gleicher Beschränkung; 3) die Abtragung und Aufführung von Zwischenwänden, ausschließlich der Mittelwände, die Fortschaffung von Feuerstellen, die massive Untermauerung der, nicht nach der Straße hin belegenen Schwellen bis unter den Riegel, so wie die Wölbung der Keller ohne Vertiefung der Fundamente. Dagegen muß die Genehmigung eingeholt werden, namentlich: 1) zur Besetzung jeder alten oder neuen Baustelle mit neuen Gebäuden; 2) zu jedem Wasser- und Mühlenbau, zur Anlegung und Versetzung von Dampfmaschinen, Dampfkesseln und Dampfheizungen; 3) zu jeder Erhöhung bestehender Gebäude, Erneuerung oder Veränderung der Umfassungsmauern, Mittelwände und Dachstühle; Anlegung, Verlegung und Veränderung der Blitzableiter, Gallerie und bedeckten Gänge, der Feuerstellen, Schornsteinröhren und Schornsteine, insbesondere zur Aufsetzung eiserner Röhren; 4) zur Ausführung, Wiederherstellung oder Veränderung jeder baulichen Anlage und Vorrichtung an der Straßenfronte der Gebäude, den Brandmauern an der nachbarlichen Grenze, auf dem Bürgersteige oder dem Straßendamme, so wie zu jeder Veränderung der Façade selbst.

§. 3.

Wer mit der Ausführung einer baulichen Anlage beginnt, zu welcher die Genehmigung eingeholt werden muß, bevor dieselbe ertheilt ist, oder wer bei der Ausführung ohne diesfällige ausdrückliche Genehmigung von den Bedingungen abweicht, welche in dem ertheilten Bau-Erlaubniß-Scheine enthalten sind, verfällt in eine, nach Bewandniß der Umstände zu arbitrirende Geldstrafe von 5 bis 40 Thalern, oder verhältnißmäßige Gefängnißstrafe. Diese Strafe trifft nicht nur denjenigen Handwerker, welcher den Bau selbstständig ausführt oder ausführen läßt, sondern auch den Bauherrn selbst, insofern derselbe nicht nachzuweisen vermag, daß die Contravention ohne sein Wissen begangen worden. Außerdem aber hat sich der Letztere selbst beizumessen, wenn die Anlage auf seine Kosten wieder abgetragen werden muß. Pfuschereien werden nach den bestehenden Bestimmungen noch besonders gerügt.

Berlin, den 9ten Februar 1842.

Königliches Gouvernement. Königliches Polizei-Präsidium."

wird hierdurch in Erinnerung gebracht.

Berlin, den 4ten April 1846.

Königliches Polizei-Präsidium. v. Puttkammer.

30) Bauconsens bei Anlegung von Lackir- und Trockenöfen.

Erneuerte polizeiliche Bekanntmachung.

In Gemäßheit einer Bestimmung des Königlichen Ministeriums des Innern und der Polizei vom 1sten dieses Monats wird hierdurch zur öffentlichen Kenntniß gebracht, daß es zur Anlage der Lackir- und Trockenöfen, wie zu jeder Bau-Anlage, der besonderen schriftlichen polizeilichen Erlaubniß bedarf.

Berlin, den 14. Mai 1829.

Königliches Polizei-Präsidium. Gerlach.

31) Errichtung und Erhaltung der Wasserbau-Anlagen.

Bekanntmachung.

Da wahrgenommen worden ist, daß die bestehenden Vorschriften wegen Errichtung und Unterhaltung von Wasserbau-Anlagen hieselbst nicht gehörig beachtet werden, so werden solche mit Bezug auf die öffentlichen Bekanntmachungen vom 12ten Dezember 1820 und 12ten Dezember 1828 wiederholt nachstehend zur öffentlichen Kenntniß gebracht:

1) Zu jeder neuen Errichtung, Wiederherstellung oder Reparatur einer baulichen, oder den Wasserlauf hemmenden und beschränkenden sonstigen Anlage in oder an der Spree und deren Nebengewässern mit Einschluß des Landwehrgrabens muß in Gemäßheit der Bestimmungen des Allgemeinen Landrechts Theil I. Titel 8. §. 96. und Theil II. Titel 15. §. 46. 61. und 62. die besondere obrigkeitliche Genehmigung vorgängig eingeholt werden.
2) Die desfallsigen Gesuche sind Behufs der erforderlichen weitern Veranlassung speziell einzureichen:
   a) beim Polizei-Präsidio: in so weit sie die Anfertigung und Instandsetzung von Uferschälungen, mit Einschluß von Privat-Aufschwemmen, die Anweisung der Fluchtlinien am Wasser, die Erneuerung von Schutzpfählen und anderweite Anlagen

betreffen, welche sich nicht nachfolgend unter b. als ausgenommen bestimmter bezeichnet finden. Es sind indeß auch rücksichtlich dieser sonst ausgenommenen Gegenstände diejenigen Anträge ebenfalls an das Polizei-Präsidium zu richten, welche nur auf Erneuerung oder Reparatur, ohne irgend eine Veränderung oder Umfangs-Erweiterung schon bestehender Anlagen sich beziehen, zu deren Unterhaltung auch die zeitigen Eigenthümer oder Nutznießer mit besonderen, auf ihre Person lautenden Concessionen bereits versehen sind;

b) beim Rent-Amte Berlin: wenn es auf neue Einrichtung, Unterhaltung und mit Umfangs- oder sonstigen Veränderungen verbundene Erneuerungen und Reparaturen von Balkons und Altanen, welche gegen die Uferlinie über den Wasserspiegel vortreten, von Waschbänken, Badeschiffen, Treppen, Brunnenröhren, Fischkästen, Schutzpfahlen und andern ähnlichen Anlagen ankommt.

3) Zur Einrichtung und Nutzung von Anlagen der vorstehend unter 2. b. näher specificirten Art werden keine Realberechtigungen verliehen, sondern nur bedingte, und ausschließlich für die Person der einzelnen Extrahenten gültige besondere Bewilligungen ertheilt. Es ist daher auch Niemand befugt, dergleichen schon bestehende, und früher einem Andern gestattete Anlagen, auf Grund bloßer Privat-Ueberlassung, zur weitern Beibehaltung und Nutzung sich anzueignen, sondern bedarf es hiezu vielmehr stets erst wieder der ausdrucklichen, beim Rent-Amte Berlin einzugebenden Nachsuchung, und darauf erfolgter Zugestehung einer neuen, auf den Namen desjenigen, an welchen die Nutzungsrechte übergehen sollen, lautenden Concession.

4) Jede Wasseranlage, zu deren Einrichtung und Haltung die Gesuche beim Rent-Amte Berlin anzubringen sind, muß auf einer, an ihrer äußersten, dem Strome zugekehrten Seite zu befestigenden schwarzen Blechtafel, mit der von dem gedachten Amte näher dafür zu bestimmenden Nummer, in weißen Ziffern, deutlich und in die Augen fallend bezeichnet, auch diese Bezeichnung stets vollkommen lesbar erhalten werden.

5) Bauherren und Baumeister, welche den obigen Vorschriften zuwider handeln, werden jeder mit einer Polizei-Strafe von Fünf bis Zehn Thalern belegt werden. Auch hat der Bauende zu gewärtigen, daß die Wiederfortschaffung der Anlage auf seine Kosten veranlaßt wird. Wer Anlagen der unter 2. b. specificirten Art ohne die erforderliche, auf ihn persönlich auszefertigte Concession unterhält, verwirkt gleiche Strafe, und hat überdies den grundsätzlichen Zins, so weit solcher noch gar nicht, oder unvollständig berichtigt sein sollte, nachzuzahlen. Wer die Anbringung der zu 4. erwähnten Nummerbezeichnung ganz unterläßt, oder

die Erneuerung solcher, sobald das Bedurfniß dazu eintritt, vernachlassigt, verfallt in eine Polizei-Strafe von Zwei bis Fünf Thalern.

Berlin, den 17ten Januar 1834.

Königliches Polizei-Prasidium hiesiger Residenz.
Gerlach.
Königliche Ministerial-Bau-Kommission.
de Vignau. Mandel.
Königliches Rent-Amt Berlin.
Krack.

32) Consens zu Reparaturen und Umpflasterungen der Bürgersteige und Rinnsteine.

Republication.

Die polizeiliche Verordnung vom 6. Juni 1816, nach welcher sämmtlichen Steinsetzern hierdurch zur Pflicht gemacht worden ist, keine Reparatur, Umpflasterung oder sonstige Veränderung an den hiesigen Bürgersteigen und Rinnsteinen vorzunehmen, ohne zuvor dazu die polizeiliche Genehmigung nachgesucht und erhalten zu haben, wird hierdurch mit dem Bemerken in Erinnerung gebracht, daß auch bei Einlegung derjenigen Granitbahnen, welche in Folge öffentlicher Aufforderung gelegt werden sollen, eine gleiche polizeiliche Erlaubniß erforderlich ist. Der Fall einer Uebertretung dieser Vorschrift wird mit den, für ähnliche verbotswidrige Handlungen bei andern Baugewerben angeordneten Geldstrafe bis zu 10 Thaler gerugt werden.

Berlin, den 27. Mai 1838.

Königliches Polizei-Präsidium. Gerlach.

33) Consens zur Anlegung von Schau- und Vorfenstern.

Bekanntmachung.

Nachstehende polizeiliche Verordnung vom 23ten April 1829: „In der neuern Zeit hat sich bei den hiesigen Handeltreibenden Einwohnern immer mehr die Neigung verbreitet, zur Ausstellung von Waaren an den Häusern in den Straßen Vorfenster vor einzelnen Fenstern und Schauspinden vor einem oder mehreren Fenstern, und den anstoßenden Pfeilern anzubringen, welche vor der Fluchtlinie der Straße vortreten. Wenn jedoch dergleichen Vorrichtungen, zumal in lebhaften Straßen und auf schmalen Bürgersteigen, theils durch sich selbst, theils dadurch, daß sich vor derselben Schaulustige aufstellen, fur die vorübergehenden hinderlich, auch bei unangemessener Einrichtung in sicherheitspolizeilicher Hinsicht gefährlich sind, so werden mit Genehmigung des Königlichen

Ministeriums des Innern und der Polizei folgende Vorschriften rücksichtlich der Anlegung von dergleichen Vorfenstern und Schauspinden hierdurch festgesetzt und zur Beachtung zur offentlichen Kenntniß gebracht.

§. 1.

Vorfenster und Schauspinden, welche vor der Fluchtlinie der Straßen hervortreten, können nur gestattet werden, wenn der vor dem Hause befindliche Bürgersteig mindestens zehn preußische Fuß breit ist.

§. 2.

Dergleichen Anlagen dürfen aber nur auf höchstens sechs Zoll vor der Fluchtlinie der Straße vortreten und mussen an den Ecken abgerundet sein.

§. 3.

Bei Vorfenstern und Schauspinden, die mindestens sieben Fuß über der, nach den bestehenden polizeilichen Grundsätzen richtigen Höhe des Bürgersteiges angebracht werden, wird ein Untersatz nicht verlangt, dagegen ist bei Vorfenstern und Schauspinden in minderer Höhe ein Untersatz erforderlich, der mit Gesimsvorlagen von höchstens zwei Zoll bis zum Pflaster des Burgersteiges hinunter reicht.

§. 4.

Vorfenster und Schauspinden müssen so eingerichtet sein, daß dadurch nicht den Dieben das Einsteigen in die obern Stockwerke des Hauses förderlich gemacht wird, sie mussen deshalb gar keine, oder doch nur sehr wenig vortretende Gesimse, überhaupt auch an den Seiten keine Einrichtung haben, welche bequem Gelegenheit zum Hinaufsteigen darbietet.

§. 5.

Ohne vorgängig erhaltene schriftliche polizeiliche Erlaubniß darf Niemand Vorfenster und Schauspinden anbringen. Bei Nachsuchung dieser Erlaubniß ist eine vollständige und mit Angabe des Maaßes versehene Zeichnung der beabsichtigten Anlage zwiefach einzureichen.

§. 6.

Wer ohne schriftliche polizeiliche Erlaubniß dergleichen Anlagen ausführen, oder auch nur anfangen läßt, verfällt in eine zur Polizei-Haupt-Kasse zu zahlende Polizeistrafe von funf Thalern und bat außerdem den Schaden zu tragen, welcher durch die, auf polizeiliche Anordnung vorzunehmende Abbrechung oder Abänderung der fraglichen Anlagen hervorgehen möchte.

§. 7.

In eine gleiche Strafe verfällt auch der Werkmeister, welcher dergleichen Anlagen ausführt, ohne daß ihm die gedachte polizeiliche Erlaubniß dazu nachgewiesen ist.

§. 8.

Derjenige, welcher gegen ausdrückliches Verbot der Polizeibehörde dennoch dergleichen Anlagen ausführt oder ausführen läßt, oder Abänderungen gegen bestimmte Vorschriften des polizeilichen Erlaubnißscheins, bei deren Bau oder Instandsetzung vornimmt oder vornehmen läßt, verfällt außerdem noch in eine erhöhte, nach dem Befinden der Umstände und den bestehenden gesetzlichen Vorschriften gemaß festzusetzende, zur Polizei-Haupt-Kasse zu entrichtende Polizei-Strafe und hat gleichmäßig den durch Fortschaffung oder Abänderung der Anlagen erwachsenden Schaden zu tragen.

§. 9.

Die in den §§. 6 und 7. enthaltenen Strafbestimmungen finden auch dann statt, wenn sich bei der Untersuchung ergeben möchte, daß die ohne Erlaubniß geschehenen oder veränderten Anlagen nicht vor der Fluchtlinie der Straße hervortreten, und auch sonst nicht vorschriftswidrig eingerichtet sind.

§. 10.

Jede polizeiliche Erlaubniß zur Einrichtung von dergleichen Anlagen wird nur als ein Precarium und also widerruflich ertheilt. Dergleichen Anlagen müssen daher auf vorgängige schriftliche Aufforderung Seitens der Polizei-Behörde, wieder fortgeschafft oder abgeändert werden, auch wenn sie mit polizeilicher Erlaubniß und vorschriftsmäßig angefertigt sind, wenn polizeiliche Rücksichten diese Fortschaffung als nothwendig erachten lassen. Dem Inhaber einer solchen Anlage steht für diesen Fall überall kein Entschädigungs-Anspruch oder Widerspruchsrecht zu.

§. 11.

Zu jeder Abänderung bei dergleichen Anlagen oder bei gänzlicher Erneuerung derselben, jedoch in der bestandenen Art, ist gleichmäßig zuvor die desfallsige schriftliche polizeiliche Erlaubniß bei der Polizei-Behörde nachzusuchen, und macht es hiebei keinen Unterschied, ob sie mit vorschriftsmäßiger Erlaubniß eingerichtet oder ohne dieselbe in einer frühern Zeit ausgeführt sein möchten. Auch hiebei sind Zeichnungen nach Vorschrift des §. 5. zwiefach einzureichen, sofern dieselben für den Fall, daß von einer bloßen Erneuerung ohne Abänderung die Rede ist, nicht schon früherhin eingereicht sein möchten.

§. 12.

Gegen denjenigen, welcher wider die Bestimmungen des §. 11. handelt, finden die Festsetzungen der §§. 6, 7, 8 und 9. statt.

§. 13.

Von bereits bestehenden und gegen die Vorschriften dieser Verordnung früher eingerichteten Anlagen der fraglichen Art kann Niemand einen Grund herleiten, auch bei ihm eine Ausnahme von der Regel statt finden zu lassen.

§. 14.

Diejenigen Bestimmungen dieser Verordnung, welche sich auf die, aus polizeilichen Rücksichten nothwendige Fortschaffung oder Abänderung der in Rede stehenden Anlagen beziehen (§. 10.), finden auch auf diejenigen Anwendung, welche bereits vor Bekanntmachung dieser

Polizei-Verordnung vorhanden gewesen sind." wird hierdurch erneuert in Erinnerung gebracht.

Berlin, den 19ten April 1832.

Königliches Polizei-Präsidium.

34) Consens zur Anbringung von Markisen.

Publicandum.

Nach den bisher zur Anwendung gekommenen Grundsätzen dürfen Markisen in der untern Etage solcher Häuser, vor welchen sich kein Bürgersteig befindet, oder derselbe nicht mindestens eine Breite von fünf Fuß hat, nach der Straße gar nicht angebracht werden. Ist der Bürgersteig fünf und mehrere Fuß breit, so ist zwar die Anbringung von Markisen nach der Straße zulässig, dieselben dürfen jedoch niemals mehr als fünf Fuß über die Fluchtlinie des Hauses vortreten.

Rücksichtlich der Höhe werden die früheren Grundsätze im Interesse der Gewerbtreibenden dahin modificirt, daß nicht zwischen der Markise, sondern zwischen den untern Stäben der Markise in deren ganzer Länge und dem Pflaster des Bürgersteiges ein lichter Raum von mindestens acht Fuß verbleiben muß, und von dem Gestell ab eine, die Länge von einem Fuß nicht überschreitende Gardine herabhängen darf.

Die Erlaubniß zur Anbringung von Markisen muß in jedem einzelnen Falle bei dem Polizei-Kommissarius des Reviers nachgesucht werden.

Jede Nichtbeachtung dieser Bestimmungen zieht eine Strafe von einem bis fünf Thalern nach sich, und außerdem wird die Umänderung in der vorgeschriebenen Form, oder nach den Umständen gänzliche Fortschaffung unzulässiger Markisen angeordnet werden.

Berlin, den 24sten Februar 1841.

Königliches Polizei-Präsidium.

35) Vorsichtsmaaßregeln beim Bauen an den Straßen und Plätzen.

Republication.

Nachstehende Bestimmungen: „§. 1. Die Passage über öffentliche Plätze, Straßen, Wege und Gänge darf bei Bauten oder andern Einrichtungen durch Auflagerung von Bau-Materialien, Erd- und Schutthaufen, durch Gerüste, aufgerissenes Steinpflaster, oder andere Vorkehrungen, ohne vorgängige polizeiliche Genehmigung nicht beschränkt oder gefährdet werden. §. 2. Sofern eine solche Beschränkung nach dem Ermessen der Polizei-Behörde nothwendig wird, müssen dergleichen Stellen zum Schutz des vorubergehenden Publikums durch Bauzäune oder Einfassung mit Stangen und Latten abgesondert und bei eintretender Dunkelheit durch Laternen, welche bei der Königlichen Straßen-Erleuchtungs-Inspektion miethsweise zu haben sind, erleuchtet werden. §. 3. Die Erlaubniß zur Errichtung von Bauzäunen wird nur auf eine bestimmte Zeit ertheilt. Mit Ablauf derselben und mit der auch nur einstweiligen Einstellung des Baues muß, ohne vorherige Aufforderung, der Bauzaun weggenommen und die freie Passage wieder hergestellt werden. §. 4. Das Herabwerfen des Bauschuttes aus den oberen Stockwerken ist untersagt, der Schutt muß entweder hinunter getragen oder in Rinnen, welche von allen Seiten dicht verschlossen und Einen Fuß vom Erdboden entfernt, aufzustellen sind, hinab geleitet werden. §. 5. Erde und Schutt darf auf der Straße nicht angehäuft und gelagert, muß vielmehr im Laufe des Tages fortgeschafft werden. §. 6. Die Wagen, auf welchen Schutt oder Erde fortgeschafft wird, sind so einzurichten, daß nicht durch das Herabfallen der Ladung die Straße verunreinigt werden kann. §. 7. Die Nichtbefolgung dieser Vorschriften zieht für die Werkmeister und Bauherrn, in Bezug auf §. 6. für den Kutscher, eine Geldbuße von zwei bis zehn Thalern oder verhältnißmäßige Gefängnißstrafe nach sich.

Berlin, den 19ten März 1844.

Königliches Polizei-Präsidium."

werden hierdurch zur allgemeinen Kenntniß und Beachtung in Erinnerung gebracht.

Berlin, den 13ten März 1846.

Königliches Polizei-Präsidium. Köhler.

36) Beaufsichtigung der Bauten von Seiten der Baumeister.

Bekanntmachung.

Es ist bemerkt worden, daß Maurer- und Zimmermeister, welche Polire und Gesellen zu Arbeiten auf Bauten senden, solche nicht ordnungsmäßig persönlich beaufsichtigen. Da die Meister hiezu verpflichtet sind, und sich nur dadurch vergewissern können, daß dem Bau-Erlaubnißscheine gemäß, imgleichen technisch richtig und ordentlich gearbeitet wird, so werden dieselben hierdurch auf diese ihre Obliegenheit mit dem Bemerken aufmerksam gemacht, daß jede Vernachlässigung hierunter neben ihrer Verpflichtung fur den etwa dadurch entstandenen Schaden zu haften, mit einer Ordnungsstrafe von 5 bis 50 Thalern belegt werden soll. Vorstehendes findet auch auf Baumeister Anwendung, welche in Folge der gesetzlichen Prüfung, ohne Maurer- und Zimmermeister zu sein, berechtigt sind, Maurer- und Zimmerarbeiten zu übernehmen und Gesellen und Polirer auf Bauten zu senden.

Die Bauherren sind nach den Bestimmungen des Allgemeinen Landrechts Theil II. Tit. 20. §. 1539 folg. und des Gesetzes vom 7. September 1811 über die polizeilichen Verhältnisse der Gewerbe verpflichtet, sich bei Ausführung der Maurer- und Zimmerarbeiten, sofern nicht von Flickarbeiten die Rede ist, qualificirter resp. Maurer- und Zimmermeister oder Baumeister zu bedienen, und sollen im Unterlassungsfalle in eine Geldstrafe genommen werden, welche hierdurch — auf Grund der Vorschrift des Allgemeinen Landrechts Theil II. Tit. 20. §. 1555. und 1556., imgleichen der Regierungs-Instruction vom 22sten October 1817. §. 14. auf 5 bis 10 Thaler bestimmt wird.

Berlin, den 13. Februar 1838.

Königliches Polizei-Präsidium. Gerlach.

37) Meisterscheine der beim Bau beschäftigten Gesellen.

Bekanntmachung.

Die bestehenden Verordnungen, wonach die Zimmer- und Maurermeister jedem Gesellen, wenn sie ihm allein einen Bau zur Ausführung übertragen, ein von dem Polizei-Kommissarius des Reviers beglaubigtes und vom Bauherrn mit unterzeichnetes Attest darüber, daß der betreffende Gesell bei dem genau zu bezeichnenden, dem Meister übertragenen Bau, von letzterem in Arbeit angestellt sei, ertheilen müssen, werden hierdurch wiederholt mit dem Bemerken zur allgemeinen Kenntniß gebracht, daß jeder Meister, welcher einen Gesellen ohne einen solchen Schein zu einem Bau schickt, unnachsichtlich in die festgesetzte Strafe von 2 Thalern genommen werden wird, derjenige Meister aber, welcher ein solches Attest ertheilt, ohne den Bau wirklich selbst übernommen zu haben, sich allen aus einer solchen gesetzwidrigen Handlung entstehenden nachtheiligen Folgen aussetzt.

Berlin, den 7ten März 1835.

Königliches Polizei-Präsidium. Gerlach.

Beschädigungen durch Thiere.

38) Bulldogs und Zughunde sollen mit Maulkörben versehen sein.

Bekanntmachung.

Da die Erfahrung bewiesen hat, daß die unter dem Namen Bulldogs bekannten Hunde ihre natürliche Bösartigkeit selten ganz ablegen, so wird zum Schutze des Publikums hiermit verordnet, daß dergleichen Hunde, wenn sie nicht an der Kette gehalten werden, mit einem das Beißen verhindernden Maulkorbe versehen sein müssen. Die unterbliebene Befolgung dieser Vorschrift ziehet für den Eigenthümer des Hundes die im §. 752. Titel 20. Theil II. des Allgemeinen Landrechts geordnete Geldstrafe von 20 bis 50 Thalern nach sich; außerdem werden die auf der Straße betroffenen, mit einem Maulkorbe nicht versehenen Bulldogs von den Scharfrichterknechten zur Tödtung aufgegriffen werden, wie ein Gleiches nach der Bekanntmachung vom 22sten April 1817 mit allen andern Hunden geschiehet, welche nicht mit einem vorschriftsmäßigen Halsbande versehen sind, und auch nicht an einer Leine oder dergleichen geführt werden. In Betreff der zum Ziehen gebrauchten Hunde vor Milchkarren, Handwagen u. s. w. hat es bei der Bekanntmachung vom 13ten Mai 1835, wonach dergleichen Hunde bei 2 Thaler Geld- oder verhältnißmaßiger Gefängnißstrafe mit Maulkörben versehen und fest angebunden sein mussen, sein Bewenden.

Berlin, den 3ten August 1842.

Königliches Polizei-Prasidium. v. Puttkammer.

39) Fesselung des durch die Straßen einzeln getriebenen Rindviehs.

a. Republication.

Nachstehende Bekanntmachung: „Die seit langerer Zeit bestehende und mehrfach bekannt gemachte Verordnung, nach welcher das Rindvieh, wenn es einzeln oder zu zwei und drei Stucken uber die Straße geführt wird, an Horn und Vorderfuß gebunden, wenn es aber Heerdenweise durch die Stadt getrieben wird, zuverlässigen Leuten anvertraut sein soll, welche dafur zu sorgen haben, daß das Vieh auf dem Straßendamme bleibt und nicht auf den Burgersteig ubertritt, wird mit der zum Theil schon ergangenen Bestimmung wiederholt, daß die Königsstraße, der Muhlendamm, die Straße an den Werderschen Muhlen und die Plätze zwischen der Schloßbrucke und der Promenade unter den Linden bei jedem Transporte von Vieh, die Schillingsgasse aber beim Heerdenweise Treiben desselben vermieden werden mussen. Den Viehtreibern wird hierbei das unnutze und anhaltende Knallen mit ihren Peitschen in der Stadt untersagt. Jede Uebertretung dieser Vorschriften wird geeigneten Falls nicht nur an den Treibern, sondern auch an den Eigenthümern des Viehes mit einer Strafe bis zu fünf Thalern oder verhältnißmäßigem Gefangniß geahndet werden.

Berlin, den 12ten Juli 1838.

Königliches Polizei-Präsidium."

wird hierdurch in Erinnerung gebracht.

Berlin, den 7ten October 1844.

Königliches Polizei-Präsidium. v. Puttkammer.

b. Bekanntmachung.

Mit Bezug auf die Bekanntmachung vom 6ten Juni c. wird hierdurch zur öffentlichen Kenntniß gebracht, daß auch das Treiben von Vieh über den Exerzierplatz vor dem Brandenburger Thore, bei den dort angedroheten Strafen verboten ist, so wie überhaupt die Bestimmungen der Verordnung vom 14ten October 1834 wegen Benutzung der Alleen im Thiergarten, auf den Exercierplatz durchgängig Anwendung finden.

Berlin, den 26sten August 1846.

Königliches Polizei-Präsidium. Köhler.

Scheumachen der Pferde.

40) Verbot, unbedeckte Spiegel über die Straße zu tragen.

Publicandum.

Da die Erfahrung gelehret hat, daß durch das Tragen unbedeckter Spiegel die Pferde scheu gemacht werden, so wird hierdurch bei Einem Thaler Geld- oder verhältnißmäßiger Leibesstrafe untersagt, unbedeckte Spiegel über die Straßen zu tragen.

Berlin, den 24sten März 1811.

Königlich Preußisches Gouvernement und Polizei-Präsident.

(gez.) Graf v. Kalckreuth. v. Brauchitsch. v. Schlechtendal.

41) Verbot, Drachen in den Straßen steigen zu lassen.

Bekanntmachung.

Das Steigenlassen und Ziehen sogenannter Drachen in den Straßen und an allen zur öffentlichen Passage bestimmten Orten ist gefahrbringend und deshalb bei 2 Thalern Geldbuße oder verhältnißmäßiger Gefängnißstrafe untersagt. Fur Uebertretungen dieses Verbots durch Kinder bleiben diejenigen, welche über solche die Aufsicht zu führen haben, persönlich verantwortlich.

Berlin, den 12ten September 1845.

Königliches Polizei-Präsidium. Köhler.

Anderweite körperliche Beschädigungen.

42) Das Aufhangen und Ausstellen von Gegenständen vor den Fenstern oder Hausern erfordert polizeiliche Genehmigung.

Bekanntmachung.

Es wird die Verordnung vom 20sten November 1799:

„Da verschiedentlich bemerkt worden ist, daß den Vorschriften des allgemeinen Landrechts Th. 2. Tit. 20. §. 762., nach welchen in Gegenden, die zum Ab- und Zugange des Publikums bestimmt sind, bei 5 Rthlr. Strafe Niemand vor seinen Fenstern oder an seinem Hause etwas ohne gehörige Befestigung aufstellen oder aufhängen soll, durch dessen Herabsturz jemand beschadigt werden konnte, von den Einwohnern hiesiger Königlichen Residenz bisher nicht die gehörige Folge geleistet worden; so wird diese gesetzliche Vorschrift und die mit ihrer Uebertretung verknupfte Strafe dem Publikum hierdurch zur genausten Befolgung nicht nur besonders bekannt gemacht, sondern dabei zugleich eröffnet, daß jeder hiesige Einwohner verpflichtet ist, das Aufzustellende oder Aufzuhängende, unter Bemerkung der zur Verhutung aller etwanigen Gefahr zu treffenden Anstalten, jedesmal dem Polizei-Directorium zuvörderst anzuzeigen, welches nach vorgängiger Untersuchung den Erlaubnißschein hiernächst unentgeldlich ertheilen wird."

dem hiesigen Publikum wiederholt mit dem Bemerken, daß die etwanigen Inschriften der Schilder zuvorderst bei der Polizei schriftlich eingereicht werden mussen, zur genauesten Befolgung in Erinnerung gebracht.

Berlin, den 2ten Mai 1811.

Königlicher Polizei-Präsident von Berlin. v. Schlechtendal.

43) Aussetzen von Blumentöpfen vor den Fenstern.

Bekanntmachung.

Dem Publico wird die Verordnung vom 16ten August 1791, in Betreff des Aussetzens der Blumentopfe vor den Fenstern, welche folgendermaaßen lautet:

„Auf höchsten Befehl wird den hiesigen Einwohnern das Aussetzen der Blumentöpfe auf der bloßen Mauer vor den Fenstern der Häuser nach den Straßen hin, ohne daß solche durch sogenannte Blumenbretter mit Geländer, oder auf eine andere Art befestiget und hierdurch vor dem Herunterstürzen gesichert werden, bei 2 Rthlr. Geld- oder verhältnißmäßiger Arreststrafe fur jeden Contraventions-Fall hierdurch öffentlich verboten, und es soll diese Strafe stattfinden, wenngleich ein unbefestiger Blumentopf nicht herunter gefallen, noch

Schaden dadurch geschehen; dafern aber durch einen heruntergefallenen unbefestigten Blumentopf Jemand beschädigt oder gar erschlagen werden sollte, hat der Contravenient neben der Schadenerstattung zu gewärtigen, daß sein Vergehen untersucht und über seine härtere Bestrafung rechtlich erkannt werden wird."

da solche in Vergessenheit gerathen zu sein scheint, hierdurch nochmals zur Nachricht und Achtung bekannt gemacht.

Berlin, den 16ten Juni 1819.

Königliche Polizei-Intendantur hiesiger Residenz. Rück.

44) Aufhocken auf fahrende Wagen und Anhängen kleinerer Fuhrwerke.

Bekanntmachung.

Es wird häufig wahrgenommen, daß Kinder und erwachsene Personen sich erlauben, auf fahrende Wagen ohne Bewilligung der Führer heimlich aufzusteigen oder sich daran aufzuhängen, auch kleines Fuhrwerk daran zu befestigen, um es fortziehen zu lassen. Dieser mit Gefahr verbundene Unfug ist unstatthaft und wird hiermit bei 24stündiger Gefängnißstrafe oder, nach Umständen, körperlicher Züchtigung untersagt.

Berlin, den 12ten September 1845.

Königl. Polizei-Präsidium. Köhler.

45) Herunterwerfen von Gläsern und Flaschen beim Richten der Gebäude.

Bekanntmachung.

Das Herunterwerfen der Gläser und Flaschen, aus welchen bei den Feierlichkeiten nach dem Richten neuer Gebäude auf dem Dache getrunken worden, wird hierdurch bei 5 Thaler Geld- oder verhältnißmäßiger Freiheitsstrafe untersagt, weil die Erfahrung bestätigt hat, daß durch die herabgeworfenen Gläser Menschen stark beschädigt worden sind. Der Zimmermeister oder Polierer, welcher den betreffenden Bau beaufsichtigt, ist wegen der etwa vorfallenden Contraventionen verantwortlich.

Berlin, den 2ten März 1837.

Königliches Polizei-Präsidium. Gerlach.

Verhütung von Diebstahl und Betrug.

46) Sichere Aufbewahrung der Leitern.

Bekanntmachung.

Die mangelhafte Aufbewahrung von Leitern hat in neuerer Zeit wieder zu einigen verwegenen diebischen Unternehmungen Gelegenheit gegeben. Es wird daher die Verordnung, nach welcher jeder Besitzer einer Leiter, wenn sie nicht gebraucht wird, dieselbe stets angeschlossen oder an einem verschlossenen Orte bei Vermeidung einer Geldbuße von fünf Thalern aufbewahren soll, hiermit in Erinnerung gebracht.

Berlin, den 13ten Mai 1846.

Königl. Polizei-Präsidium. v. Puttkammer.

47) Verbot des Angelns und Krebsens auf der Oberspree.

Bekanntmachung.

Das zum Nachtheil der hiesigen Fischerei-Berechtigten, dem wiederholt schon erlassenen Verbot entgegen, von unbefugten Personen unternommene Fischen mit Senken und Angeln, auch der Krebsfang auf der Oberspree vom Mühlendamm an bis zum Oberbaum, und im Spree-Kanal von der Inselbrucke bis zur Schleuse, wird hiermit bei Verlust des Fischerzeugs und bei zwei Thaler, oder auch angemessener Leibesstrafe aufs Neue verboten. Sollten indeß einige Personen geneigt sein, das Angeln und Senken auf den genannten Gewässern zum Vergnügen zu betreiben, so mussen sich dieselben bei den Fischerei-Berechtigten, welche auf dem Königlichen Rentamte Muhlenhof, sowie auch bei dem Magistrat hieselbst zu erfahren sind, melden, und die Erlaubniß dazu bei denselben nachsuchen, auch, zur Vermeidung aller Unannehmlichkeiten, den von diesen Behörden erhaltenen Schein beim Senken oder Angeln zum Beweise ihrer Befugniß bei sich führen.

Berlin, den 12ten Mai 1829.

Königliches Preuß. Polizei-Präsidium. v. Esebeck.

48) Verbot des Angelns in der Spree vor dem Oberbaum.

Bekanntmachung.

Das bereits unterm 20sten März 1811 verbotene Fischen mit Angel, Hamen und andern Fischerzeugen, auch der Krebsfang, von unbefugten Personen auf den Gewässern der Gemeine zu Stralow, und insbesondere auch auf der Oberspree außerhalb der Stadt vom Oberbaum an, wird mit Bezug auf die in dem Amtsblatt No. 20. Jahrg.

1811. No. 9. ergangene Verordnung der Königl. Regierung vom 23sten August 1811 bei 2 Rthlr. oder darnach angemessener Leibesstrafe und Confiscation des Fischerzeuges wiederholt verboten, und zugleich bekannt gemacht, daß auf die Contraventionen genau vigilirt werden wird, um die Contravenienten zur gebuhrenden Strafe zu ziehen.

Sollten indessen Verschiedene geneigt sein, das Angeln auf den genannten Gewässern zum Vergnugen zu treiben, so müssen sich selbige bei dem Schulzen Finckelde zu Stralow melden, und die Erlaubniß dazu bei solchem nachsuchen; den von diesem erhaltenen Erlaubnißschein beim Angeln zum Beweise ihrer Befugniß dazu aber auch jederzeit bei sich führen.

Berlin, den 1sten April 1825.

Königl. comb. Rent- und Polizei-Amt Mühlenhoff, Cöpenick und Niederschonhausen.

49) Verbotenes Einbringen von Wild, Holz rc.

Bekanntmachung.

Mit Bezugnahme auf die Publicanda vom 17ten Juni 1788, 2ten October 1836 und 14ten August 1839 werden hierdurch nachstehende Bestimmungen in Erinnerung gebracht:

1) „Wer Brennholz, unverarbeitetes Bau- und Nutzholz, Birkenreis, Besen, Kien, Raff- und Leseholz, Holzkohlen und Wildprett in hiesige Residenz einbringt, hat sich auf Erfordern der Steuer-, Forst- und Polizeibeamten durch eine Bescheinigung der Polizei-Behörde seines Wohnorts oder durch ein glaubwürdiges Attest des Eigenthümers desjenigen Waldes oder Jagdreviers, aus welchem die einzubringenden Gegenstände kommen, oder dessen Stellvertreters, über den rechtlichen Erwerb derselben auszuweisen. In diesen Attesten müssen Quantität und Gattung des Holzes u. s. w. und zwar die erstere mit Buchstaben ausgedrückt sein.

2) Holzberechtigte haben sich mit einem gleichen Atteste zu versehen, in welchem außerdem noch der Tag, an welchem, und die Transportmittel, mit welchen das Holz eingebracht wird, anzugeben sind.

3) Wer diesen Bestimmungen nicht Folge leistet, wird, wenn nicht ein zur gerichtlichen Bestrafung qualificirtes Vergehen concurrirt, polizeilich mit der Confiscation des Holzes, Wildpretts u. s. w. bestraft, rücksichtlich dessen diese Bescheinigung nicht beigebracht ist.

Berlin, den 8ten Februar 1840.

Königliches Polizei-Präsidium."

Obige Bekanntmachung wird hierdurch republicirt.

Berlin, den 5ten August 1844.

Königliches Polizei-Präsidium. v. Puttkammer.

50) Revision der Waagen der Waarenverkäufer.

Bekanntmachung.

Nachstehende Bekanntmachung: „Da die Richtigkeit einer Waage nicht bloß von der richtigen Eintheilung des Balkens und dem Gleichgewichte der Schaalen, sondern überhaupt von der ganzen Einrichtung der Waage abhängt, so gewährt die Stempelung der Waagebalken und Schaalen für die fortdauernde Richtigkeit der Waage keine zureichende Sicherheit. Ein Jeder, welcher Waaren für Jedermann feil hält, ist daher verpflichtet, oft zu untersuchen, ob seine Waage noch richtig wieget. Die Richtigkeit zum gewöhnlichen Gebrauche ergiebt sich aus folgenden Proben: 1) die Zunge muß bei einer richtigen Waage einstehen, sobald man die Schaalen mit genau gleich schweren Gewichten belastet, deren Summe ungefähr der Last gleich kommt, welche die Waage überhaupt zu tragen fähig ist; 2) die Waage muß auch einstehen, sobald man nicht nur die beiden zur Prüfung benutzten Gewichte, sondern auch die Schaalen umwechselt; 3) die Waage muß — sie sei belastet oder nicht — wenn man die eine Schaale herunterdrückt, nach der Aufhebung des Drucks nicht in der niedergedruckten Lage verbleiben; 4) die Schaalen unter sich müssen gleich schwer sein; 5) die Waagebalken müssen auch nach Entfernung beider Schaalen einstehen; 6) eine Waage muß, bei einer Belastung bis zu der größten Last, die darauf gewogen werden kann, auf beiden Seiten sodann die Zunge ausschlagen lassen, wenn sie außerdem auf der einen Seite mit einem verhältnißmäßig geringen Gewicht beschwert wird, das heißt: eine Waage, welche zum Wiegen von Centnern bestimmt ist, muß mindestens ein Loth angeben. — Nach diesen sechs Versuchen, von denen aber nicht **einer**, sondern **ein Jeder** das Resultat gewähren muß, welches oben angegeben worden, kann sich der Eigenthümer der Waage überzeugen, ob zur Zeit der Probe die Waage richtig ist. Die executiven Polizei-Beamten sind angewiesen, bei den Revisionen der Waagen sich allen sechs Versuchen zu unterziehen, und diejenigen Waagen in Beschlag zu nehmen, bei welchen auch nur einer derselben die Richtigkeit der Waage nicht darthut. Es wird sodann der Eigenthümer zur Untersuchung gezogen und nach Befinden in eine Geldstrafe von 1 bis 5 Thalern genommen, auch selbst zur gerichtlichen Untersuchung gezogen werden, wenn die Vermuthung einer unerlaubten Absicht entstehet. Vom dem Erforderniß der Stempelung der Waagen wird bei den polizeilichen Revisionen aus dem Eingangs gedachten Grunde abgestanden. In Betreff der Apothekerwaagen in den Recepturen bleiben noch die näheren Bestimmungen vorbehalten.

Berlin, den 3ten Juni 1836. Königliches Polizei-Präsidium."
wird hierdurch in Erinnerung gebracht.

Berlin, den 8ten Februar 1846.

Königliches Polizei-Präsidium. v. **Puttkammer.**

51) Aushängung der Taxen in den Gasthöfen.

Publicandum.

Die bisher den Ortspolizei-Behörden obgelegene Anfertigung von Taxen für die Gasthöfe soll zu Folge höchster Verfügung nicht weiter statt finden. Damit aber die Gastwirthe nicht hieraus Gelegenheit nehmen, in der Gegend unbekannte, nicht leicht wiederkehrende Reisende unverhältnißmäßig zu übersetzen, ist von nun an jeder Gastwirth verpflichtet, sich selbst eine Taxe zu machen, und von der Polizei-Behörde unterzeichnete Exemplare davon an alle Gastzimmer anzuheften, auch ein von ihm unterzeichnetes Exemplar bei der Polizei nieder zu legen. Er kann diese Taxen zwar ändern so oft er will, jedoch nicht, ohne der Polizei davon Anzeige gemacht und neue Exemplare davon respective in den Gaststuben ausgehängt und bei der Polizei niedergelegt zu haben. Diese Taxe giebt nicht allein die Norm, wenn über grobe Uebertheurung geklagt wird, sondern die Polizei ist angewiesen, überhaupt darauf zu wachen, daß jeder Gastwirth die von ihm selbst entworfene Taxe ohne Ansehen der Person halte, und Bekannte und Unbekannte gleichmäßig nach derselben behandele. Diese Verordnung wird hierdurch auf höhern Befehl zur Kenntniß der Reisenden gebracht, und wird die unterzeichnete Behörde die Gastwirthe, welche das Anschlagen der Taxen unterlassen oder diese Taxen überschreiten, durch angemessene Strafe zu ihrer Schuldigkeit hierin anhalten.

Berlin, den 14ten September 1811.

Königl. Polizei-Präsident von Berlin. v. Schlechtendal.

52) Aushängung der Taxen der Bäcker.

Publicandum.

Die hiesigen Bäcker sind durch das Publicandum von 7ten Juli d. J. bei einer Polizeistrafe von 1 bis 5 Thlr. angewiesen worden, allmonatlich die Preise und das Gewicht ihrer Backwaaren durch einen von dem Revier-Polizei-Commissarius zu stempelnden Anschlag im Verkaufslokal zur Kenntniß ihrer Käufer zu bringen. Da diese Bestimmung theils nicht allgemein beachtet worden, theils mißverstanden zu sein scheint, so wird hierdurch auf dieselbe nochmals hingewiesen und gleichzeitig zusätzlich verordnet: daß die gedachten Taxen leicht leserlich sein und an einer, den Käufern von außen in die Augen fallenden Stelle zunächst dem Verkaufsfenster aushängen müssen. Daß im Laufe eines Monats eine Veränderung der Taxe, und mithin auch eine Veränderung der Verkaufspreise oder des Gewichts der Backwaaren, überhaupt nicht vorgenommen werden darf, versteht sich von selbst, und es wird hierüber durch häufige polizeiliche Revisionen streng gewacht werden.

Berlin, den 8ten November 1845.

Königliches Polizei-Präsidium. v. Puttkammer.

53) Verbot, beim Fleischverkauf eine Knochenbeilage zu geben.

Bekanntmachung.

Die nachstehende, unterm 29sten Mai 1812 ergangene Polizei-Verordnung wird, als ihrem ganzen Umfange nach unverändert noch in Kraft, hierdurch in Erinnerung gebracht. Obgleich den hiesigen Schlächtern untersagt ist, Köpfe, Fuße und andere dergleichen weniger genießbare Gegenstände als Beilagen zu den Braten und zum Kochfleisch zu verkaufen, so ist dennoch bemerkt worden, daß sich dieselben, seit Aufhebung der Fleischtaxen, erlauben, den Käufern die Annahme der Beilage zur Bedingung des Kaufs und des für das Fleisch verlangten Preises zu machen. Dergleichen Täuschungen, durch welche das Publicum verhindert wird, den wahren Preis des Fleisches zu erkennen, sind unerlaubt und durch Aufhebung der Fleischtaxen keinesweges freigelassen. Es wird daher hierdurch, fur den ersten Contraventionsfall bei 2 Thlr. Strafe, für den zweiten bei Verdoppelung dieser Strafe, und für den dritten Contraventionsfall bei Abnahme des Gewerbescheines verordnet: daß Köpfe, Füße, Eingeweide und andere weniger genießbare Gegenstände jedesmal für sich allein und mit Bestimmung eines besondern Preises, niemals aber als Beilagen der Braten und des Kochfleisches verkauft werden sollen. Beim Einkauf des Fleisches und der Braten darf daher, namentlich von Seiten des Gesindes gegen die Herrschaft eben so wenig ein Aufdringen, als von Seiten der Schlächter eine freiwillige Annahme der Beilage, fernerhin vorgeschutzt werden, indem für die Einkaufenden durchaus kein Zwang zur Annahme obwaltet, die verkaufenden Schlächter aber bei jeder sich bestätigenden Anzeige von dem Mitwiegen einer Beilage sofort der gesetzlichen Strafe unterworfen sind, ohne mit dem Einwande einer entgegengesetzt getroffenen freiwilligen Uebereinkunft weiter gehört und entschuldigt zu werden.

Berlin, den 29sten Juni 1830.

Königl. Preuß. Polizei-Präsidium. v. Esebeck.

54) Gebrauch des Klafter-Kummtmaaßes beim Torfhandel.

a. Publicandum.

Mit Rücksicht auf die Vorschrift in §. 25. der Maaß- und Gewichts-Ordnung vom 16. Mai 1816 (G.-S. S. 142) soll beim Torfhandel anstatt des bisher hier üblich gewesenen Haufenmaaßes, nunmehr das gesetzliche Klaftermaaß, zu 108 Kubikfuß, eingefuhrt und dieses selbst durch ein Kummt dargestellt werden. Da nach genauen Messungsversuchen der Königlichen Normal-Eichungs-Kommission 108 Kubikfuß Torfmasse, bei lockerem Einschütten der Soden, ein Kummt von 138,36 Kubikfuß Rauminhalt schlicht ausfullen, so ist dieser Raum als Klaftermaaß für Torf angenommen und demgemäß bestimmt worden, daß das, eine

Klafter messende Kummt 12 Fuß lang, oben 4 Fuß 10 Zoll, unten 2 Fuß breit und, senkrecht gemessen, 3 Fuß 4½ Zoll tief sein soll. Zur Darstellung von ½ und ¼ Klafter dient ein Schütz, welches in der Mitte, oder auf ein Viertel der Länge des Kummtes, zwischen zwei gefalzte Leisten senkrecht eingesetzt wird. Außerdem kann das Kummt, wenn es auf einem Wagen unmittelbar zum Transport des Torfs gebraucht wird, durch einen Aufsatz von 1 Fuß 1 Zoll senkrechter Höhe bei 12 Fuß Länge, zu einem Maaß für 1½ Klafter Torf vergrößert werden. Das Kummt, so wie dieser Aufsatz, wird geeicht, und es werden bei dem hiesigen Eichungs-Amte nicht nur solche Torfkummte und Aufsätze zum Verkauf, sondern auch dergleichen Normalmaaße zur öffentlichen Ansicht stehen. Mit Bezug hierauf wird die nachfolgende Verordnung erlassen, welche mit dem 1sten Mai 1845 in Kraft tritt.

§. 1.

Als Maaß für den Torf darf im öffentlichen Handel nur die Klafter, ganz oder getheilt, gebraucht und es dürfen die Preise nur nach diesem Maaß bestimmt werden.

§. 2.

Zu dem Ende soll jeder Torfverkäufer ein geeichtes Kummt auf seiner Verkaufsstelle halten, womit ganze, halbe und viertel Klaftern abgemessen werden können.

§. 3.

Jeder Käufer kann sich den gekauften Torf hiermit zumessen lassen, wenn er denselben nicht auf einen, mit einem geeichten Kummt versehenen Wagen ladet, wo das Zumessen in diesem geschieht.

§. 4.

Beim Anfüllen des Kummtes muß der Torf, so wie er nach dem Wurf aus freier Hand oder beim Einschütten fällt, liegen bleiben und das Kummt nur schlicht voll gefüllt und der Torf auf der Oberfläche geebnet werden.

§. 5.

Der fernere Gebrauch der Torf-Körbe oder Kieven als Maaß beim feilen Verkauf wird verboten. Dagegen bleibt der Detailverkauf nach der Stückzahl gestattet.

§. 6.

Die Führung vorschriftswidriger oder ungeeichter Maaße, oder sonstige Zuwiderhandlungen gegen die vorstehenden Bestimmungen haben 1 bis 5 Thaler Geld- oder verhältnißmäßige Gefängnißstrafe zur Folge. Unrichtiges Gemäß unterliegt außerdem der Confiscation.

§. 7.

Von Zeit zu Zeit wird öffentlich bekannt gemacht werden, welche der hiesigen Fuhrleute im Besitz von Torfwagen mit geeichten Kummten sind.

Berlin, den 27sten December 1844.

Königliches Polizei-Präsidium. v. Puttkammer.

b. Bekanntmachung.

Es ist vorgekommen, daß beim Zumessen einer ganzen, oder mehrer Klaftern Torf, das Schutz, welches in dem Klafterkummt eine halbe Klafter abtheilt, nicht herausgenommen worden. Da hierdurch eine Verringerung des vorgeschriebenen Klaftermaaßes entsteht: so wird hierdurch bestimmt, daß die Schutze beim Einmessen von Torf nur alsdann in den Kummtmaaßen verbleiben dürfen, wenn dies zur Darstellung einer Unterabtheilung des Maaßes erforderlich ist, sonst aber jedesmal herausgenommen werden müssen. Contraventionen hiergegen unterliegen der durch das Publicandum vom 27sten December v. J. festgesetzten Strafe.

Berlin, den 2. November 1845.

Königliches Polizei-Präsidium. v. Puttkammer.

55) Einführung des Klafter-Rahmenmaaßes beim Holzhandel.

Publicandum.

Das bisher hier beim Brennholz-Handel noch üblich gewesene Maaß nach Haufen zu 486 Kubikfuß, d. i. $4\frac{1}{2}$ Klafter, entspricht so wenig den Vorschriften der Maaß- und Gewichts-Ordnung vom 16. Mai 1816 §. 25., als dasselbe überhaupt ein richtiges Maaß gewährt. Da nämlich kein Holzhaufen, wegen der ihm sonst fehlenden Stabilität, ohne Kreuzlagen an beiden Enden aufgesetzt werden kann, die Kloben aber über das Kreuz gelegt, mehr Zwischenraum übrig lassen, als wenn sie der Länge nach auf einander gepackt werden; so enthält auch der sorgfältigst in den vorgeschriebenen Dimensionen von 18 Fuß Länge und 9 Fuß Höhe aufgesetzte Haufen weniger als $4\frac{1}{2}$ Klaftern Holz, und genaue Messungsversuche haben ergeben, daß diese Differenz $\frac{1}{4}$ bis $\frac{1}{2}$ Klafter beträgt. Deshalb soll nunmehr auch für den Handel mit Brennholz das gesetzliche Klaftermaaß von 108 Kubikfuß eingeführt werden und es wird demnach hierdurch Folgendes verordnet.

§. 1.

Vom 1. October 1846 an darf hierselbst als Maaß für Brennholz im öffentlichen Handel nur die Klafter, ganz oder getheilt, gebraucht und es dürfen die Preise nur nach diesem Maaß bestimmt werden.

§. 2.

Zu dem Ende sollen alle Holzhändler, auch diejenigen, welche nur klein gemachtes Holz führen, geeichte Klafterrahmen auf ihren Verkaufsstellen halten und das verkaufte Holz den Käufern nur mit diesen Rahmen zumessen.

§. 3.

Die Rahmen sind in einer Größe von einer halben, einer ganzen Klafter, $1\frac{1}{2}$ Klaftern und von mehren ganzen Klaftern in beliebiger

Zahl gestattet. Bei dem ganzen Klafterrahmen muß die halbe Klafter, bei dem halben Klafterrahmen die Viertel-Klafter abgezeichnet sein.

§. 4.

Die Constructionsart der Rahmen ist beliebig, nur müssen, mit Rücksicht auf die übliche Klobenlänge des Holzes von 3 Fuß, alle Rahmen 6 Fuß hoch sein, in der Lange aber fur ½ Klafter 3 Fuß, für 1 Klafter 6 Fuß, fur 1½ Klafter 9 Fuß, für 2 Klafter 12 Fuß, für 3 Klafter 18 Fuß u. s. w. im Lichten haben. Ist der Rahmen jedoch oben durch eine Verbindungsleiste oder auf andere Weise geschlossen: so muß über den, an den Seitenständern in der Höhe von 6 Fuß anzubringenden Marken noch ein, mindestens 6 Zoll hoher, freier Zwischenraum bleiben, damit das Aufpacken der obersten Klobenschicht nicht erschwert wird.

§. 5.

Bei dem Eichungsamte stehen einige Rahmenmaaße zur Ansicht, auch wird dasselbe auf mündliche Rückfragen nähere Auskunft wegen der Einrichtung solcher Maaße Behufs der Statthaftigkeit ihrer Eichung ertheilen.

§. 6.

Beim Füllen des Rahmens mussen alle Kloben der Länge nach in denselben und mit den scharfen Seiten so dicht als möglich in einander gepackt werden. Den Holzkäufern steht frei, das Einpacken selbst vorzunehmen oder durch ihre Leute vornehmen zu lassen, und eben so können sie das von dem Verkäufer schon eingepackte Holz nochmals umpacken.

§. 7.

Beim Zumessen von klein gemachtem Holz müssen entweder so viele Schichten hinter einander in den, mit dichten Seitenwänden versehenen, Rahmen gepackt werden, als zur Darstellung einer Klobenlänge von 3 Fuß nöthig sind, oder der Rahmen muß eben so oft mit einer einfachen Schicht angefüllt werden.

§. 8.

Den Holzhändlern ist, unter Beobachtung der gehörigen Vorsicht, die Aufstellung des Holzes auf ihren Verkaufsplätzen in beliebiger Höhe und Länge gestattet, jedoch verbleibt es im Uebrigen bei den Vorschriften der Verordnung vom 18ten Juli 1829 wegen Anlegung der Holzhöfe.

§. 9.

Die Führung vorschriftswidriger oder ungeeichter Maaße und sonstige Zuwiderhandlungen gegen diese Verordnung haben 1 bis 5 Thlr. Geld- oder verhältnißmäßige Gefängnißstrafe zur Folge. Unrichtiges Gemäß unterliegt außerdem der Confiscation.

Berlin, den 13ten Juni 1846.

Königliches Polizei-Präsidium.

56) Pfand- und Leih-Reglement für die Preußischen Staaten vom 13. März 1787.

Da Se. Königliche Majestät von Preußen 2c. Unser allergnädigster Herr, wahrgenommen haben, daß die uber das Leihen und Borgen auf Pfänder in gemeinen Rechten und einzelnen Landesgesetzen enthaltene Vorschriften eines Theiles nicht so allgemein bekannt sind, als es bei einem Geschäfte, welches besonders unter den niederen Klassen des Volks betrieben wird, die Nothwendigkeit und der Endzweck der Gesetze erfordern, und daß es andern Theils diesen Vorschriften, vornemlich insofern sie die Form und Erfordernisse des Pfand-Contracts betreffen, an bestimmter Deutlichkeit und Vollständigkeit hin und wieder noch ermangele, so haben Allerhöchst Dieselben resolviret, sothane Vorschriften nochmals revidiren und in ein allgemeines Reglement bringen zu lassen, damit solchergestalt auf der einen Seite den aus dem Pfand-Verkehr entstehenden Irrungen und Processen möglichst vorgebeugt, auf der anderen Seite aber auch den bei diesem Geschafte bisher so häufig vorgefallenen Betrügereien und wucherlichen Bevortheilungen desto nachdrücklicher gesteuert werden möge.

I.

Bestimmung dererjenigen, fur welche das gegenwärtige Reglement gegeben ist.

§. 1.

Zuförderst sollen nur Privatpersonen, welche ein ordentliches Gewerbe und Verkehr mit Geldverleihen auf Pfänder treiben, an dieses Reglement gebunden sein und darnach beurtheilt werden.

§. 2.

Dagegen soll es in Ansehung der bereits subsistirenden öffentlichen Leihanstalten bei deren bisherigen Verfassung und den ihnen ertheilten besonderen Vorschriften und Privilegien fernerhin sein Bewenden haben.

§. 3.

Banquiers und andere Kaufleute, welche nur zufällig bei Gelegenheit eines Wechsel- oder anderen kaufmännischen Verkehrs, zu ihrer mehreren Sicherheit Pfänder nehmen, sind unter dem gegenwärtigen Reglement nicht mit begriffen, sondern werden bloß nach den allgemeinen gesetzlichen Vorschriften beurtheilt.

§. 4.

Andere Privatpersonen hingegen, welche sich mit Geldverleihen auf Pfänder abgeben, und dabei die durch dieses Reglement bestimmten und gebilligten Vortheile genießen wollen, mussen solches bei derjenigen Behörde, welcher die Aufsicht über die Polizeianstalten ihres Wohnorts zukömmt, anzeigen; sich in eine von dieser Behörde zu haltende

Rolle der Pfandverleiher eintragen und sich einen Concessionsschein darüber ertheilen lassen.

§. 5.

Wer diese Anmeldung und Eintragung verabsäumt, gleichwohl aber überführt werden kann, daß er, ohne selbst ein Kaufmann zu sein, an einen Kaufmann oder andere Privatpersonen mehr als dreimal innerhalb Jahresfrist Geld auf Pfänder verliehen, oder auch daß er bei einem gegen Pfand gegebenen Darlehn sich über sechs vom Hundert an Zinsen ausgedungen habe, der soll als ein solcher, welcher aus dem Pfandverkehr ein Gewerbe macht, angesehen, folglich nach den Vorschriften des gegenwärtigen Reglements beurtheilt und sich fur die Zukunft in die Rolle der Pfandverleiber eintragen zu lassen angehalten werden.

II.

Erforderniſſe des Pfand-Contracts in Ansehung der dabei vorkommenden Personen und Sachen.

§. 6.

Wer Geld auf Pfänder verleihen will, muß für allen Dingen genau prüfen: ob die zum Pfand eingetragene Sache wirklich dem Eigenthum und der freien Disposition des Verpfänders unterworfen sei.

§. 7.

Besonders muß der Pfandverleiher diese Vorschrift alsdenn beobachten, wenn der Verpfänder ein Dienstbote und das Pfand so beschaffen ist, daß es wahrscheinlicherweise der Dienstherrschaft gehören kann.

§. 8.

In einem solchen Fall muß er sich mit der bloßen Versicherung des Dienstbothen, daß das angebotene Pfand sein Eigenthum sei, oder daß der Versatz vor die Herrschaft geschehe, nicht begnugen; sondern sich für allen Dingen bei der Dienstherrschaft selbst erkundigen, ob das Vorgeben seine Richtigkeit habe, oder ob etwa eine Untreue des verpfändenden Gesindes mit unterlaufe.

§. 9.

Werden Sachen von Werth, z. E. Gold, Silber, Jouwelen und andere Kostbarkeiten von einem ganz unbekannten Menschen zum Pfand angeboten; oder ist das Pfand von der Beschaffenheit, daß Leute von dem Stand und Gewerbe des Verpfänders dergleichen Sachen gewöhnlich nicht zu haben pflegen; so muß der Pfandverleiher sich darüber in keinen Pfandcontract einlassen.

§. 10.

Wenn aus Vergleichung der Qualität der Sache und der Person des Verpfänders ein wahrscheinlicher Verdacht, daß erstere entwendet sei, erwächst; vornehmlich aber, wenn der Pfandverleiher durch öffentliche Bekanntmachung, oder durch obrigkeitliche Warnungen, oder auch nur durch glaubhafte Privatanzeigen benachrichtiget ist, daß Sachen von dieser Art, und mit solchen Kennzeichen versehen, gestohlen oder verloren worden; so muß derselbe ein solches verdächtiges Pfand anhalten und an die Polizei-Obrigkeit des Orts abliefern; auch derselben die Umstände und Grunde seines Verdachts pflichtmäßig anzeigen.

§. 11.

Wer eine fremde Sache ohne Vorwissen und Genehmigung des Eigenthümers zum Pfand angenommen hat, der bleibt diesem das Seinige zurückfordernden Eigenthümer, zur Herausgabe des Pfandes, oder zur Schadloshaltung, nach den Vorschriften der gemeinen Rechte verhaftet.

§. 12.

Hiervon sind alle diejenigen ausgenommen, die aus Verleihung von Kleidungsstücken, oder anderen Effecten, gegen Entrichtung eines gewissen Leihgeldes, ein Gewerbe machen; und soll denselben, wenn die geliehenen Sachen von den Inhabern verpfandet worden, gegen den Pfandnehmer keine Vindicationsklage zukommen; sondern sie bloß an denjenigen, mit welchem sie contrahirt haben, sich zu halten berechtigt sein.

§. 13.

Ein Pfandverleiher, der kein Jude ist, und wissentlich eine gestohlene Sache zum Pfand angenommen hat, soll, gleich den Diebeshehlern, nach Inhalt der Criminal-Gesetze bestrafet werden und zur ferneren Treibung des Pfandverkehrs auf immer unfähig sein.

§. 14.

Kann er einer wirklichen Wissenschaft, daß die zum Pfand gegebene Sache gestohlen sei, zwar nicht überführt werden; es ergiebt sich aber bei der Untersuchung, daß er die §. 6—10. vorgeschriebene Prüfung nicht mit gehöriger Sorgfalt und Aufmerksamkeit angestellet habe; so soll er nach Verhältniß der ihm zur Last bleibenden Nachlässigkeit mit Geldbuße oder Gefängniß nachdrücklich bestraft werden.

§. 15.

Wird ein solcher Pfandverleiher zum zweitenmale dabei betroffen, daß er gestohlene Sachen ohne Anwendung der schuldigen Vorsicht zum Pfand angenommen; so soll die das erstemal gegen ihn erkannte Strafe verdoppelt und ihm noch außerdem aller fernere Pfandverkehr bei nahmhafter Gefängniß- oder Zuchthausstrafe gänzlich untersaget werden.

§. 16.

Hat ein jüdischer Pfandverleiher wissentlich gestohlene Sachen zum Pfand angenommen, so soll derselbe seines Schutzbriefes verlustig erklärt und nebst den Seinigen aus dem Lande geschaffet werden.

§. 17.

Diejenige Gerichtsobrigkeit, welche einen nach dieser Vorschrift zur Fortschaffung qualifizirten jüdischen Pfandverleiher ferner duldet, soll nicht nur wegen einer solchen Contravention in fiskalischen Anspruch genommen, sondern auch zur Selbsthaftung fur alle von ihm etwa

9 *

nachher noch verübte Betrügereien und Uebervortheilungen und den daraus entstandenen Schaden, angehalten werden.

§. 18.

Ist ein solcher judischer Pfandverleiher nicht vermögend, das Pfand selbst dem Eigenthumer wieder zu schaffen, oder bei dessen Ermangelung den vollen Werth zu ersetzen; so ist die Judenschaft des Orts schuldig, den Eigenthumer fur diesen Werth und die bei der Sache verwendeten Kosten zu entschädigen.

§. 19.

Von dieser Vertretung soll die Judenschaft nur in dem einzigen Fall befreit sein, wenn die Aeltesten nachweisen können, daß sie alle in dem General-Juden-Reglement, in den ubrigen Landesgesetzen und auch in dem gegenwartigen Reglement (§. 79.) ihnen vorgeschriebene Sorgfalt und Aufmerksamkeit angewendet haben, um dergleichen Diebesheelerei und lüderliches Gesindel in Zeiten zu entdecken und zur Fortschaffung anzuzeigen.

§. 20.

Kann nach vorstehenden Grundsätzen dem Eigenthümer weder das Pfand selbst zuruck verschafft, noch ihm zu seiner Entschädigung von dem Pfandverleiher oder der Judenschaft verholfen werden, so ist gegen den Pfandverleiher, außer der Kassation seines Schutzbriefes, und noch vor seiner Wegschaffung aus dem Lande, mit Zuchthausstrafe nebst Willkommen und Abschied oder andrer verhaltnißmaßiger Leibesstrafe zu verfahren.

§. 21.

Ist dagegen das Pfand selbst dem Eigenthumer zuruck verschafft oder ihm dafür vollstandige Schadloshaltung geleistet worden; und es ist das erstemal, daß der judische Pfandverleiher auf dem Vergehen, gestohlene Sachen wissentlich zum Pfand angenommen zu haben, betroffen wird; so soll auf Vorbitte der Judenschaft des Orts und nach Befund der von selbiger zur Milderung des Vergehens beigebrachten Grunde und Umstande, dem Richter erlaubt sein, die in dem §. 16. festgesetzte ordentliche in eine außerordentliche Geld- oder Leibesstrafe zu verwandeln.

§. 22.

Wird aber ein solcher judischer Pfandverleiher auf einem dergleichen Verbrechen zum zweitenmal betroffen, so soll nicht nur die gesetzliche Strafe (§. 16. seq.) ohne weitere Schonung über ihn verhängt, sondern auch die Judenschaft des Orts, ohne die geringste fernere Rucksicht oder Entschuldigung, zur völligen Entschädigung des Eigenthümers nach Vorschrift des §. 18. angehalten werden.

§. 23.

Kann der judische Pfandverleiher, welcher eine gestohlene Sache zum Pfand angenommen hat, zwar keiner wirklichen Wissenschaft von dieser Qualitat der Sache, dagegen aber einer Vernachlässigung der in den §. 6—10. vorgeschriebenen Prüfung und Vorsicht überführt werden, so soll bei dem ersten Contraventionsfall die Vorschrift §. 14. wider ihn stattfinden. Wenn er aber zum zweitenmale auf eine dergleichen Contravention betroffen wird, so soll er mit der in dem §. 16. bestimmten ordentlichen Strafe der Kassation seines Schutzbriefes, auch seiner und der Seinigen Fortschaffung außer Landes, verfahren werden.

§. 24.

Mit Personen, deren Befugniß uberhaupt Contracte zu schließen oder insonderheit Darlehne aufzunehmen, durch Gesetze eingeschränket ist, soll sich Niemand diesen gesetzlichen Einschränkungen zuwider in ein Pfandverkehr einlassen.

§. 25.

Insonderheit darf an Militairpersonen, denen das Schuldenmachen ohne Consens des Chefs oder Commandeurs, in den Edicten verboten ist, auch gegen Pfand kein Darlehn gegeben werden, insofern nicht ein förmlicher schriftlicher Consens dieses Chefs oder Commandeurs, in welchem die Summe und Munzsorte des Darlehns nebst der Zeit, auf wie lange solches geliehen werden könne, ausgedruckt sein müssen, von dem Verpfänder beigebracht worden.

§. 26.

Bleibt das Pfand nach verflossener Zeit unabgelöset stehen, so muß sich der Pfandnehmer entweder eine gleichmaßige förmliche Prolongation des Chefs oder Commandeurs beibringen lassen; oder wenn ihm solche nicht verschafft werden kann, das Darlehn nach der unten folgenden Vorschrift unverzuglich einklagen.

§. 27.

Wer diesem zuwider einer solchen Militairperson ohne den erforlichen Consens Gelder auf Pfand verleihet, der verlieret nicht nur sein Darlehn und muß das Pfand unentgeltlich zurückgeben, sondern er soll auch noch außerdem nach den darüber vorhandenen Edicten fiskalisch bestraft werden.

§. 28.

Mit Personen, welche unter väterlicher Gewalt oder vormundschaftlicher Aufsicht stehen, soll niemand ohne Vorwissen und ausdrücklicher Genehmigung der Vater oder Vormunder in ein Pfandverkehr sich einlassen.

§. 29.

Ist solches dennoch geschehen, so verliert der Pfandleiher sein Darlehn und muß das Pfand unentgeltlich zuruckgeben.

§. 30.

Der Vorwand, daß sich der Verpfänder fur volljährig oder fur einen solchen, der nicht mehr unter väterlicher Gewalt stehet, ausgegeben, und solches wohl gar eidlich bestarkt habe, soll den Pfandverleiher bei Schuldnern, welche Landeseingeboren sind, gegen den Verlust des

Darlehns und die unentgeltliche Herausgabe des Pfandes niemals schutzen.

§. 31.

Nur in den durch die Gesetze naher bestimmten Fällen, wo ein dergleichen Personen gegebenes Darlehn durch die wirklich geschehene Verwendung in ihren Nutzen unter gewissen Umstanden gultig wird, bestehet auch ein mit ihnen geschlossener Pfand-Contract.

§. 32.

Es ist daher die Pflicht eines jeden Pfandverleihers, wenn die Person und Qualitat des sich angebenden Verpfanders ihm nicht mit hinlänglicher Zuverlässigkeit bekannt sind, sich darnach genau zu erkundigen und durch unverdächtige Taufscheine oder durch das Zeugniß glaubwürdiger Personen sich zu versichern: daß der Verpfänder unter diejenigen nicht gehore, mit denen ohne vaterlichen und vormundschaftlichen Consens kein gültiger Darlehns- und Pfand-Contract geschlossen werden kann.

§. 33.

Wer wissentlich mit dergleichen Personen ein Pfandverkehr getrieben hat, der soll dafur nach Vorschrift der daruber besonders ergangenen Verordnungen bestraft werden, und wird fur immer unfähig zur Treibung des Pfandverkehrs.

§. 34.

Kann der Pfandverleiber dieser gehabten Wissenschaft zwar nicht überfuhrt werden; es ergiebt sich aber bei der Untersuchung, daß er der Vorschrift des §. 32. zuwider die erforderliche Mühe, sich von der persönlichen Qualitat des Pfandgebers zu versichern, nicht angewendet habe, so soll gegen ihn ohne Unterschied, ob er ein Jude ist oder nicht, nach den §. 14 u. 15. enthaltenen Festsetzungen verfahren werden.

§. 35.

Mit verheiratheten Frauenspersonen soll sich Niemand ohne Vorwissen und ausdruckliche Bewilligung des Mannes in ein Pfandverkehr einlassen.

§. 36.

Nur in solchen folgenden Fallen bedarf es keiner solchen Einwilligung:

1) wenn eine Frau fur sich selbst eine eigene Handlung treibt.
2) wenn sie das gegen Pfand erborgte Geld zum gemeinschaftlichen Besten beider Eheleute wirklich verwendet.
3) wenn ihr der Mann einen Theil ihres Gewerbes übertragen und sie zum Betrieb desselben wahrend seiner Abwesenheit Gelder auf Pfand erborget hat; obgleich die Verwendung nicht geschehen oder der daraus gehoffte Nutzen nicht erfolgt ware.
4) wenn die zum Pfand angetragene Sache so beschaffen ist, daß aus ihrer bloßen Qualität die freie Befugniß der Frau, nach Willkur daruber zu disponiren, entnommen werden kann.

§. 37.

Bei Jouvelen, Gold- und Silbergeschirr, Spitzen und anderen Kostbarkeiten gilt, wenn sie auch ihrer Qualität nach zum Gebrauch der Frau gewidmet sind, dennoch die Vermuthung, daß ihr darüber eine willkürliche Disposition ohne Vorwissen des Mannes keineswegs zustehe.

§. 38.

Es muß daher jeder, welcher sich mit einer verheiratheten Frau in ein Darlehns- und Pfandverkehr einlassen will, entweder die Einwilligung des Mannes dazu einholen oder sich hinlänglich versichern, daß einer der vorbestimmten Fälle, wo es dieser Einwilligung nicht bedarf, vorhanden sei.

§. 39.

Wer obigen Vorschriften zuwider sich mit einer verheiratheten Frau in ein verbotenes Pfandverkehr einläßt, verliert sein Darlehn und muß das Pfand unentgeltlich zurückgeben.

§. 40.

Hat der Contravenient die Qualität der Verpfänderin gewußt, so muß ihm die fernere Treibung des Gewerbes mit Pfänderleihen bei nahmhafter Strafe gänzlich untersagt werden.

§. 41.

Ein gleiches soll stattfinden, wenn ein solcher Pfandverleiher, zwar nicht aus überführter Wissenschaft, aber dennoch aus Unvorsichtigkeit und Mangel an Aufmerksamkeit und sorgfältiger Erkundigung nach der Qualität der Verpfänderin auf solchen unerlaubten Pfandverkehren mit verheiratheten Frauenspersonen schon mehr als einmal betroffen worden.

§. 42.

Studirenden auf höheren Schulen und Universitäten soll Niemand, ohne Vorwissen und Consens des academischen Gerichts, Geld oder Geldeswerth auf Pfänder leihen.

§. 43.

Der Consens soll allemal nur auf eine gewisse nach den Umständen bestimmte Zeit ertheilt werden.

§. 44.

Wenn nach Verlauf dieser Zeit das Pfand unabgelöset stehen bleibt, so muß der Pfandnehmer solches dem academischen Gericht, bei Verlust seines Rechts, unverzüglich anzeigen, damit ihm von diesem, auf den in den allgemeinen und den besonderen academischen Gesetzen näher bestimmten Wegen, zu seiner Befriedigung verholfen werde.

§. 45.

Wer einem Studirenden, ohne den vorgeschriebenen Consens, ein Darlehn auf Pfänder giebt, wird dessen verlustig und muß das Pfand unentgeltlich zurückgeben.

§. 46.

Ist das Darlehn zu unnützen Ausgaben oder gar zur Ueppigkeit und Schwelgerei gegeben worden, so soll der Pfandnehmer, außer dem

Verlust der Schuld auch noch um den ganzen Betrag derselben fiskalisch bestraft und ihm das fernere Gewerbe mit Pfänderleihen gänzlich untersagt werden.

III.

Form des Pfand-Contracts.

§. 47.

Jeder, welcher mit Geldverleihen auf Pfänder ein Gewerbe treibt, soll schuldig seïn, ein ordentliches Pfandbuch zu halten und solches nach Vorschrift des Stempeledicts vom 13. Mai 1766 Art. VI. paraphiren zu lassen.

§. 48.

In dieses Pfandbuch muß jedes von ihm betriebene Pfandverkehr deutlich und umständlich eingetragen werden.

§. 49.

Die Einschreibung muß in deutscher oder französischer Sprache geschehen; jenachdem der Pfandnehmer zu einer oder der andern Nation gehöret.

§. 50.

Der Vermerk muß, der Regel nach, von dem Verpfänder selbst eingetragen und mit seinem ausgeschriebenen Namen unterzeichnet werden.

§. 51.

Allenfalls kann zwar die Einschreibung des Vermerks, auf Verlangen des Verpfänders, durch einen Dritten, welches jedoch nicht der Pfandnehmer selbst sein darf, geschehen; es ist aber alsdann erforderlich, daß der Verpfänder Geschriebenes lesen könne und seinen Namen eigenhändig unterschreibe.

§. 52.

Ist der Verpfänder des Lesens und Schreibens so weit nicht mächtig, oder ist er der Sprache, in welcher, nach §. 49. das Einschreiben geschehen soll, nicht kundig, so muß er einen selbst gewählten Assistenten mitbringen und durch diesen die Einzeichnung in das Pfandbuch verrichten lassen.

§. 53.

Dieser Assistent muß, wenn der Verpfänder der Sprache nicht kundig ist, mit ihm zugleich den Vermerk unterschreiben und dabei ausdrücklich attestiren, daß er solchen dem Verpfänder in seiner Sprache treulich erklärt habe.

§. 54.

Ist aber der Verpfänder des Lesens und Schreibens überhaupt nicht mächtig, so muß er den Vermerk im Pfandbuch mit Kreuzen, oder anderen ihm gewöhnlichen Zeichen vollziehen; sein Assistent muß ihn als Zeuge mit unterschreiben und dabei ausdrücklich attestiren, daß er diesen Vermerk dem Verpfänder vorgelesen, dieser ihn genehmigt und die Zeichen oder Kreuze statt seiner Unterschrift beigefügt habe.

§. 55.

Obige Vorschriften (§. 52. 53. 54.) müssen zwar, der Regel nach, ohne Rücksicht auf den Betrag des Darlehns beobachtet werden; und dem Pfandnehmer liegt ob, den bei ihm sich meldenden Verpfänder darnach zu bedeuten und anzuweisen.

§. 56.

Wenn jedoch das Darlehn nur zehn Thaler oder weniger beträgt, und der Verpfänder sich zur Zuziehung eines Assistenten dabei nicht bequemen will, so kann solcher zwar wegbleiben und die Einzeichnung in das Pfandbuch allenfalls von dem Pfandnehmer selbst geschehen. Es muß aber alsdann in dem eingetragenen Vermerk ausdrücklich erwähnt werden, daß Verpfänder wegen Zuziehung eines Assistenten bedeutet worden, und sich dazu nicht habe verstehen wollen.

§. 57.

Wenn der Verpfänder, welcher sich unter solchen Umständen die Einzeichnung des Vermerks in das Pfandbuch und den Pfandnehmer selbst hat gefallen lassen, hiernächst inne wird, daß das Geschäfte anders niedergeschrieben als verabredet worden; so muß er solches innerhalb dreier Tage, von Zeit des vollzogenen Geschäftes, dem Richter zur weiteren Untersuchung anzeigen.

§. 58.

Wird aber dergleichen Behauptung erst nach Ablauf des dreitägigen Zeitraums angebracht, so soll der Verpfänder damit nicht weiter gehört werden.

§. 59.

Will der Verpfänder seinen Namen oder überhaupt das ganze Verkehr im Pfandbuche nicht kund werden lassen, so steht ihm zwar frei, dem Pfandnehmer einen besonderen Schein darüber auszustellen. Es muß aber

a) dieser Schein völlig in der Form abgefaßt sein und eben das enthalten, was bei einem Vermerk im Pfandbuch selbst erforlich ist.

b) Besonders muß der Verpfänder in diesem Schein ausdrücklich bekräftigen, daß die Einschreibung in das Pfandbuch auf sein eigenes Verlangen und Anregung unterblieben sei.

c) Der Pfandnehmer muß zu gleicher Zeit, da ihm der Schein zugestellt wird und unter eben dem dato in seinem Pfandbuch vermerken: daß er unter diesem dato ein Pfandgeschäfte über so und soviel gegen ein in Jouvelen, Silber, Kleidern ꝛc. bestehendes Pfand, laut besonderen Scheins geschlossen habe.

d) Diese geschehene Eintragung in das Pfandbuch und die Nummer oder pagina des Vermerks in selbigem muß von dem Verpfänder auf dem Originalschein notirt werden. (cfr. §. 71.)

§. 60.

Der in das Pfandbuch eingetragene Vermerk, und also auch der, in dem Falle des §. 59. statt desselben auszustellende Schein muß enthalten:

1) das Datum und Jahr des vollzogenen Geschafts;
2) die Stucke, welche verpfandet worden, mit moglichst genauer Beschreibung derselben und wenn sie in Gold oder Silber bestehen, mit Bemerkung des Gewichts und der Probe;
3) die Summa und Munzsorte des Darlehns;
4) die verabredeten Zinsen: ob dieselben im voraus abgezogen und wie viel nach deren Abzug dem Verpfänder wirklich baar gegeben worden;
5) die bedungene Zeit der Wiederbezahlung;
6) wie hoch der Werth des Pfandes von dem Verpfänder angeschlagen werde;
7) das Bekenntniß des Verpfänders, daß ihm von diesem Vermerk eine Abschrift statt des Empfangscheines uber das eingelegte Pfand zugestellt worden. (cfr. §. 67.)

§. 61.

Dem Verpfänder steht frei, wenn besonders Jouvelen oder andere, nach Summe, Maaß und Gewicht nicht genau zu bestimmende Pfänder eingelegt worden, Siegel und andere dergleichen Kennzeichen daran zu befestigen. Ist solches geschehen, so muß dessen im Pfandbuch gedacht und die gemachten Kennzeichen müssen deutlich angegeben werden.

§. 62.

Auch können sich die Interessenten dahin vereinigen, daß die einzulegenden Pfänder in Gegenwart des Pfandnehmers, in Beuteln, Schachteln oder andere Behältnisse gepackt und mit des Verpfänders Pettschaft versiegelt werden. Alsdann muß aber, außer der Benennung der Stücke, auch das Behältniß, in welches sie gelegt, ingleichen das Pettschaft, womit sie versiegelt und wie oft dieses Siegel daran befestigt worden, in dem Pfandbuch mit bemerkt werden.

§. 63.

Welcher Pfandverleiher entweder gar kein Pfandbuch hält, oder ein Pfandgeschäft ohne die verordnete Eintragung darin, oder im Fall des §. 59. ohne Ausstellung des besonderen Scheines darüber, vornimmt, der soll des Darlehns verlustig sein; solches dem Fisco zuerkannt, der Pfandnehmer zur unentgeltlichen Herausgabe der Pfänder angehalten, auch demselben die fernere Treibung des Gewerbes, bei nahmhafter Strafe, gänzlich untersagt werden.

§. 64.

Eine gleiche Strafe soll den Pfandverleiher treffen, wenn das Geschäfte in das Pfandbuch zwar eingetragen, dabei aber, oder in dem §. 59. beschriebenen besondern Scheine, die gesetzmäßige Form vernachläßiget worden, und sich aus den Umständen ergiebt, daß diese Vernachläßigung vorsätzlich und in der Absicht, Wucher oder andere unerlaubte Vervortheilungen dadurch zu verheimlichen, begangen worden.

§. 65.

Finden sich aber keine erheblichen Anzeigen eines solchen strafbaren Vorsatzes, sondern läuft die in der Form des Pfandbuchs begangene Vernachlässigung mehr auf eine Unvorsichtigkeit, Uebereilung oder Unschicklichkeit hinaus; so soll dennoch, wenn wegen der übergangenen oder weggelassenen Umstände des Geschäfts Streit entsteht, die Vermuthung allemal gegen den Pfandnehmer gelten, und die von ihm widersprochene Angabe des Verpfänders so lange für richtig angenommen werden, bis das Gegentheil hinlänglich ausgemittelt werden kann.

§. 66.

Außerdem soll in einem solchen Fall der Pfandverleiher über die begangene Vernachlässigung oder gesetzliche Vorschrift alles Ernstes zurechte gewiesen und ihm auf die nächste Wiederholung desselben Fehlers die in dem §. 63. verordnete Strafe besonders angedroht; auch er demnächst, wenn er auf einer solchen Wiederholung wirklich betroffen würde, mit dieser Strafe ohne fernere Nachsicht belegt werden.

§. 67.

Der Pfandverleiher ist dem Verpfänder über das eingelegte Pfand einen Empfangsschein zu ertheilen schuldig.

§. 68.

Dieser Schein soll in einer richtigen und getreuen Abschrift des in das Pfandbuch eingetragenen Vermerks bestehen, welche der Pfandnehmer, der Regel nach, eigenhändig ausfertigen und mit seines Namens Unterschrift beglaubigen muß.

§. 69.

Ist der Pfandverleiher des Schreibens nicht mächtig, so kann er zwar die Abschrift von einem Dritten fertigen lassen; er muß aber alsdann Geschriebenes lesen können, und seine Namens-Unterschrift eigenhändig beifügen.

§. 70.

Ist er auch hierzu nicht fähig, so muß er sich zur Fertigung der Abschrift eines selbst gewählten Assistenten bedienen, welcher dabei alles das zu beobachten hat, was in einem gleichen Fall dem Assistenten des Verpfänders §. 54. vorgeschrieben ist.

§. 71.

Ist nach §. 59. das Pfandgeschäft nur allgemein im Pfandbuche bemerkt, und darüber von dem Verpfänder ein besonderer Schein gegeben worden; so muß demselben von dem Pfandnehmer eine Abschrift dieses Scheins sowohl, als des allgemeinen Vermerks im Pfandbuch, unter seiner, des Pfandnehmers, Unterschrift, statt der Recognition oder des Empfangscheins zugestellt werden.

§. 72.

Hat der Verpfänder die Taxe des Pfandes im Pfandbuche, nach der Meinung des Pfandnehmers, zu hoch angegeben, so steht letzterem frei, denjenigen Werth, welcher nach seiner Schätzung dem Pfande nur beizulegen sei, unter dem Empfangschein zu bemerken.

§. 73.

Der Empfangschein wirkt einen vollen Beweis gegen den Pfandnehmer; selbst alsdann, wenn dieser der Sprache, in welcher der Vermerk in das Pfandbuch eingeschrieben worden, nicht kundig wäre.

§. 74.

Sollte sich zwischen dem im Pfandbuche eingeschriebenen Vermerk und der in den Händen des Verpfänders befindlichen Abschrift eine Verschiedenheit äußern, so streitet die Vermuthung für dasjenige, was dem Pfandnehmer am nachtheiligsten ist.

§. 75.

Wird dem Verpfänder die Abschrift des Vermerks im Pfandbuch oder des §. 59. beschriebenen Scheins von dem Pfandnehmer beharrlich verweigert und vorenthalten, so soll gegen letzteren ebenso verfahren werden, als wenn er das Geschäfte in sein Pfandbuch gar nicht eintragen lassen (§. 63.).

§. 76.

Uebrigens muß der Pfandschein, wenn die Summe des Darlehns 30 Thaler oder mehr beträgt, auf einen Stempelbogen von sechs Groschen bei Edictmäßiger Strafe ausgefertigt werden. Beträgt aber das Darlehn weniger, so bedarf es keines Stempelpapiers.

IV.

Revision der Pfandbücher.

§. 77.

Damit obige zur Sicherheit des Publici gereichende Vorschriften, wegen ordentlicher Fuhrung der Pfandbücher, desto zuverläßiger beobachtet werden mögen, so sollen die Pfandbücher von Zeit zu Zeit revidirt werden.

§. 78.

Den Fiscälen steht es frei, auf dergleichen Revision jederzeit anzutragen; und sie sind solches zu thun verpflichtet, so oft ihnen Nachrichten oder Anzeigen der von diesem oder jenem Pfandnehmer verübten Unordnungen, oder wucherlichen Behandlungen, zukommen.

§. 79.

Auch die Juden-Aeltesten mussen außerdem die Pfandbücher der Mitglieder ihrer Gemeine fleißig revidiren und nachsehen, ob auch von selbigen die Vorschriften des gegenwärtigen Reglements gehörig beobachtet werden.

§. 80.

Vornemlich aber soll die zu Verwaltung der Polizeigeschäfte jeden Orts verordnete Behorde eine Revision sämmtlicher Pfandbücher, ohne Unterschied der Gerichtsbarkeit, welcher die Pfandverleiher sonst unterworfen sind, alljahrlich einmal mit moglichster Sorgfalt und Genauigkeit vornehmen.

§. 81.

Bei dieser Revision mussen alle Fehler und Uebertretungen der in dem gegenwärtigen Reglement vorgeschriebenen Ordnung in dem zu führenden Protokoll genau angemerkt; in Ansehung derjenigen, wo es nach oben stehenden Vorschriften nur einer Zurechtweisung bedarf, solche dem Pfandverleiher sofort ertheilt, in Fallen aber, wo nach eben diesen Vorschriften eine willkürliche Bestrafung, oder die Untersagung des ferneren Pfandverkehrs stattfindet, den Gerichten, unter welche der Pfandverleiher gehort, davon, zur weitern Untersuchung, unverzüglich Anzeige gemacht werden.

§. 82.

Die Revision selbst muß nicht bloß auf die noch schwebenden, sondern auch auf die schon abgethanen Pfandgeschafte gerichtet sein.

§. 83.

Kommen jedoch bei Gelegenheit einer solchen Revision Contraventionen, die an und für sich zu einer wirklichen Bestrafung qualifizirt sind, nur bei schon abgemachten Pfandgeschaften zum Vorschein, so soll der Pfandverleiher, statt des im §. 63. festgesetzten Verlusts des ganzen Darlehns, nur um den vierten Theil der Summe desselben fiskalisch bestraft werden.

§. 84.

Wegen der Untersagung des fernern Pfandverkehrs aber macht es keinen Unterschied, ob die Contraventionen, welche nach Maaßgabe §. 15. 33. 40. 46. 63. 64. 66. ein dergleichen Verbot begrunden, bei schon abgemachten oder bei noch schwebenden Pfandgeschaften entdeckt worden.

§. 85.

Diejenigen Pfandverleiher, welche dies Gewerbe gänzlich niedergelegt und ihren Namen in der Rolle (§. 4.) haben ausstreichen lassen, sollen zur Vorlegung ihrer Bucher ex officio nicht angehalten werden.

§. 86.

Wenn jedoch innerhalb Jahresfrist nach geschehener Niederlegung des Gewerbes, wegen eines begangenen Wuchers oder Betruges Klage entstünde, so soll die alsdann vorzunehmende Revision des Pfandbuchs nicht bloß auf den Fall, welcher den Streit veranlaßt, sondern auch auf die übrigen schon abgethanen Geschäfte gerichtet, und dabei nach der Vorschrift des §. 83. verfahren werden.

§. 87.

Die Revisores der Pfandbucher sind schuldig, uber die bei solcher Revision zu ihrer Wissenschaft gelangten Pfandgeschäfte, besonders über die Namen der Verpfänder, ein genaues Stillschweigen auf ihren Amtseid zu beobachten; insofern nicht etwa die wegen einer bemerkten Contravention zu verhängende Untersuchung die Bekanntmachung des Geschäftes und Namens unvermeidlich macht.

§. 88.

Ueber die im Pfandbuch nach §. 59. nur allgemein bemerkten Pfandgeschäfte muß sich zwar der Pfandgeber, auf besonderes Verlangen des Revisors, durch Vorlegung des Scheins legitimiren; wenn aber der Revisor dabei nichts Bedenkliches wahrnimmt, so darf er eines solchen Geschäfts, viel weniger des Namens des Verpfänders in seinem Protokoll keine Erwähnung thun.

Behauptet der Pfandnehmer, daß dergleichen Geschäfte durch Zahlung und Zurückgabe des Scheins bereits abgethan sei; so soll es zwar dabei sein Bewenden haben, und diese Behauptung im Protokoll mit eingetragen werden. Ergiebt sich aber in der Folge, daß diese Behauptung unrichtig gewesen, so treffen den Pfandnehmer die §. 63. geordneten Strafen.

§. 89.

Uebrigens soll den Revisoren der sechste Theil von allen einkommenden Strafen für die bei den Revisionen entdeckten und angezeigten Contraventionsfälle zur Belohnung ihrer Mühe angewiesen und verabfolgt werden.

V.

Zinsen.

§. 90.

Pfandverleiher, welche sich in die §. 4. beschriebene Rolle haben eintragen lassen, sollen berechtigt sein, von Darlehnen über 10 Thaler sechs, und wenn sie Juden sind, acht vom Hundert an Zinsen zu nehmen.

§. 91.

Beträgt das Darlehn nur 10 Thaler oder weniger, so kann der Pfandverleiher ohne Unterschied, ob er ein Jude ist oder nicht, einen Pfennig vom Thaler auf die Woche nehmen, insofern das Darlehn nur auf sechs Monat oder auf eine kurzere Zeit gegeben worden.

§. 92.

Ist aber das Darlehn auf eine längere Zeit, jedoch unter zwölf Monaten, gegeben, so darf nur ein halber Pfennig vom Thaler auf die Woche genommen werden.

§. 93.

Ist das Darlehn auf länger als ein Jahr gegeben, so sind, auch bei Summen von zehn Thalern und weniger nur sechs und bei Juden acht Procent Zinsen zulässig.

§. 94.

Ist ein solches kleines Darlehn anfänglich zwar nur auf eine kurze Zeit gegeben, nachher aber ausdrücklich oder stillschweigend verlängert worden; so muß dennoch die Berechnung der Zinsen nur nach obigen Grundsätzen angelegt und also bloß auf die ersten sechs Monat ein ganzer, auf die folgenden sechs Monat ein halber Zinspfennig für die Woche, und wenn das Darlehn noch langer stehen bleibt, fur diese längere Zeit nur der ordinaire Zinssatz von sechs und acht Procent genommen werden.

§. 95.

Außer diesen erlaubten Zinsen darf kein Pfandverleiher, weder unter dem Namen von Einschreibcgeld, noch unter irgend einem anderen Vorwand, das geringste mehr, bei Vermeidung der gesetzmäßigen Strafen des Wuchers, fordern oder annehmen.

§. 96.

Auch hat es darunter, daß weder Zinsen von Zinsen genommen, noch die Zinsen zum Capital geschlagen, noch der Zinsenrückstand, insofern er die Summe des Capitals ubersteigt, gefordert werden durfe, bei den Vorschriften der Gesetze vor der Hand sein Bewenden.

VI.

Pflichten des Pfandverleihers.

§. 97.

Der Pfandverleiher ist schuldig, das ihm anvertraute Pfand mit derjenigen Vorsicht und Sorgfalt zu verwahren und in Obacht zu halten, die ein jeder vorsichtiger Hauswirth anzuwenden pflegt, und die er etwa noch vorzüglich in seinen eigenen Angelegenheiten zu beobachten gewohnt ist.

§. 98.

Alles eigenen Gebrauchs des Pfandes muß der Pfandnehmer sich schlechterdings und gänzlich enthalten.

§. 99.

Wer von Pfändern, die ihm verschlossen oder versiegelt übergeben worden, ohne ausdrückliche Erlaubniß des Eigenthumers irgend einen Gebrauch macht, ist allen dadurch verursachten Schaden, nach der eidlichen, jedoch richterlich zu ermäßigenden Angabe des Verpfänders, zu ersetzen schuldig; wird seines Darlehns verlustig; und muß das Pfand unentgeltlich herausgeben.

§. 100.

Wer ein anderes Pfand ohne Genehmigung des Eigenthümers braucht, soll außer dem Schadensersatz nach Bewandniß der Umstände, und der dem Verpfänder aus solchem Gebrauch entstandenen Gefahr, mit Geld- oder Gefängnißstrafe belegt werden.

§. 101.

Nach verlaufener Zeit des Pfand-Contracts muß der Pfandnehmer gegen erfolgende Bezahlung des Pfandschillings und Zinsen das Pfand zurück geben.

§. 102.

Wider diese Verbindlichkeit kann den Pfandnehmer der Vorwand, daß das Pfand gestohlen worden, keineswegcs schützen.

§. 103.

Nur in dem einzigen Fall wird der Pfandnehmer von dieser Rückgabe frei, wenn der Verlust des Pfandes durch Feuer, gewaltsamen Einbruch, oder anderen äußern Zufall, dessen Abwendung nicht in seiner Macht gestanden hat, erfolgt ist.

§. 104.

Wenn sich jedoch ein solcher Zufall ereignet, so muß der Pfandinhaber dem Verpfänder sofort, und längstens binnen drei Tagen, davon Anzeige machen und dessen Erklärung: ob er den Verlust des Pfandes für bekannt annehme, abfordern.

§. 105.

Kann er dergleichen bestimmte Erklärung von dem Verpfänder in Güte nicht erhalten, so muß er spätestens binnen 14 Tagen nach der ersten Anzeige die Sache bei Gerichten anhängig machen, damit solche auf frischer That und ehe noch die Mittel zur Aufklärung derselben durch die Länge der Zeit verdunkelt oder verloren werden, untersucht und ausgemittelt werden könne.

§. 106.

Ist der gegenwärtige Aufenthalt des Verpfänders dem Pfandinhaber unbekannt, oder zu weit entfernt; so muß die §. 102. verordnete Anzeige den Gerichten des Orts geschehen.

§. 107.

Welcher Pfandverleiher die im Vorstehenden festgesetzte Fristen verabsäumt, der soll mit der Angabe eines, auch durch unvermeidlichen Zufall erfolgten Verlustes des Pfandes, nicht weiter gehört werden.

§. 108.

Wer ein bei ihm eingelegtes Pfand weiter versetzet, muß jeden Zufall ohne Unterschied tragen, von welchem das Pfand in den Händen des zweiten Pfandnehmers getroffen wird.

§. 109.

In allen Fällen, wo nach obigen Vorschriften der angebliche Verlust des Pfandes dem Pfandnehmer nicht zu statten kommt, muß der erweisliche Werth desselben, nach Abzug des Pfandschillings, dem Pfandgeber vergütet werden.

§. 110.

Dieser Werth ist in der Regel nach der im Pfandbuche geschehenen Angabe zu bestimmen, insofern nicht etwa der Pfandnehmer solchem durch einen auf den Pfandschein gesetzten Vermerk widersprochen hat; in welchem Fall der Werth, so viel als möglich, durch die gewöhnlichen Beweismittel eruirt und allenfalls von dem Verpfänder nach vorhergegangener richterlichen Ermäßigung eidlich erhärtet werden muß.

§. 111.

Der Pfandnehmer ist zur Ruckgabe des Pfandes nur gegen Aushändigung des von ihm ausgestellten Pfandscheins verbunden.

§. 112.

Behauptet der Verpfänder, diesen Schein verloren zu haben; so muß er, wenn die Summe des Darlehns nur 10 Rthlr. oder weniger beträgt, mit Ruckgabe des Pfandes noch 4 Wochen nach Ablauf der im Pfandschein bestimmten Einlosungsfrist in Geduld stehen.

§. 113.

Meldet sich wahrend dieser Zeit kein dritter Inhaber des Pfandscheins, so kann der Pfandnehmer sich nicht entbrechen, das Pfand gegen eine von dem Verpfänder ausgestellte Quittung, in welcher zugleich der Pfandschein fur erloschen erklärt wird, zuruck zu geben.

§. 114.

Es wird also der dritte Inhaber eines solchen Pfandscheins, der bei einem Darlehn von zehn Thalern und weniger ausgestellt worden, aller Rechte gegen den Pfandnehmer verlustig, wenn er sich bei selbigem innerhalb 4 Wochen nach verlaufener Einlösungsfrist nicht gemeldet hat.

§. 115.

Beträgt aber das Darlehn über zehn Thaler; so muß der Verpfänder den verlornen Pfandschein auf Verlangen des Pfandnehmers gerichtlich aufbieten und für erloschen erklaren lassen.

§. 116.

Ist die Summe des Darlehns nur Funfzig Thaler, oder weniger; so geschieht das Aufgebot in einem Termin von sechs Wochen und darf nur einmal in den Intelligenzblattern der Provinz bekannt gemacht werden.

§. 117.

Bei einer Summe von 50 bis 100 Thaler ist ein Termin von neun Wochen und zweimalige Bekanntmachung hinreichend; hingegen wird bei Summen über Hundert Thaler ein Termin von drei Monaten und eine dreimalige Bekanntmachung in den Intelligenzblättern erfordert.

VII.
Rechte des Pfandnehmers.

§. 118.

Nach Ablauf der im Pfandbuch bestimmten Zeit ist der Verpfänder schuldig, durch Bezahlung des Capitals und der Zinsen, insofern letztere nicht etwa im voraus abgezogen worden, das Pfand einzulösen.

§. 119.

Weigert er sich dessen, oder ist er saumseelig darin; so hat der Pfandverleiher das Recht, auf die Einlösung und event. auf den Verkauf des Pfandes klagbar zu werden.

§. 120.

Diese Klage muß er durch Vorlegung des in seinem Pfandbuche eingetragenen Vermerks begründen; und wenn dieser in der gesetzmäßigen Form abgefaßt ist, so soll gegen den Verpfänder der executivische Proceß eröffnet werden.

§. 121.

Ist in dem Fall des §. 52. das Geschäft mit einem der Sprache oder des Lesens und Schreibens unkundigen Verpfänder, unter Zuziehung eines Assistenten, vorgenommen worden, so muß der Pfandnehmer diesen Assistenten zum Anerkenntniß seiner Hand- und Unterschrift vor dem Richter stellen.

§. 122.

Kann er dieses nicht, weil der Assistent entweder gestorben oder sein dermaliger Aufenthalt unbekannt ist, so findet zwar der executivische Proceß nicht statt; das Pfandbuch aber macht dennoch, wenn es sonst vorschriftsmäßig geführt ist, gleich einem Handlungsbuch einen halben Beweis.

§. 123.

Wegen des Falles, wenn der Vermerk in das Pfandbuch bei einem Darlehn unter 10 Rthlr. ohne Zuziehung eines Assistenten eingezeichnet worden, hat es bei den Vorschriften der §. 56—58. sein Bewenden.

§. 124.

In dem nach gehörter Sache erfolgenden Urtel ist dem Verpfänder noch eine verhältnißmäßige Frist zur Einlösung zu bestimmen; und wenn solche auch alsdann nicht erfolgt, auf ferneres Anmelden des Pfandnehmers mit dem öffentlichen Verkauf des Pfandes zu verfahren.

§. 125.

Ob dieser Verkauf durch Subhastation oder bloß durch Auction erfolgen solle, muß nach der Qualität des Pfandes und den diesfälligen Vorschriften der Gesetze bestimmt werden.

§. 126.

Von dem gelös'ten Werthe muß, nach Abzug der Verkaufskosten, der Pfandnehmer an Capital, Zinsen und Kosten, soweit die Lösung dazu hinreicht, vollständig befriedigt, ein etwaniger Ueberschuß aber dem Verpfänder zugestellt werden.

§. 127.

Ist dem Pfandnehmer der Aufenthalt des Verpfänders unbekannt, so muß derselbe zur Einlösung des Pfandes durch Edictalcitation vorgeladen und nicht eher als nach ergangenem Präclusionsurtel mit dem öffentlichen Verkauf verfahren werden.

§. 128.

Bei dieser Edictalcitation sind die Vorschriften der Proceßordnung Theil I. Tit. IV. §. 13. 14. und §. 39 seq. zu beobachten.

§. 129.

Doch soll, wenn das Darlehn nur 10 Rthlr. oder weniger beträgt, ein Termin von sechs Wochen und die einmalige Bekanntmachung in den Intelligenzblättern, so wie bei Darlehnen unter Funfzig Thalern ein zweimonatlicher Termin und eine zweimalige Bekanntmachung desselben hinreichend sein.

§. 130.

Wenn in diesem Fall, wo der Verpfänder auf die ergangene Edictalcitation sich nicht meldet, bei dem hiernächst erfolgenden Verkaufe des Pfandes ein Ueberschuß bleibt, so soll derselbe der Armen-Kasse des Orts anheimfallen.

§. 131.

Beträgt dieser Ueberschuß nur 10 Rthlr. oder weniger, so muß solcher in eben dem Contumacialurtel, wodurch auf den gerichtlichen Verkauf des Pfandes erkannt wird, der Armenkasse zugesprochen werden.

§. 132.

Beträgt der Ueberschuß zwar über zehn, doch unter Hundert Thalern, so muß solcher sechs Monat hindurch von Zeit des Verkaufs in gerichtlicher Verwahrung bleiben; und wenn auch binnen dieser Zeit der Eigenthümer sich nicht meldet, ein nochmaliges Aufgebot desselben verfügt werden.

§. 133.

Der Präclusions-Termin ist dabei auf zwei Monat hinauszusetzen, und solcher zweimal in den Intelligenzblättern der Provinz bekannt zu machen.

§. 134.

Beträgt hingegen der Ueberschuß 100 Rthlr. oder mehr, so kann das Aufgebot erst nach Jahresfrist stattfinden; es muß dabei ein Termin von drei Monaten bestimmt und solcher dreimal in den Intelligenzblättern, einmal aber in den Zeitungen der Provinz bekannt gemacht werden.

§. 135.

In allen Fällen sind die Kosten des Aufgebots von dem aufgebotenen Ueberschusse selbst zu nehmen.

§. 136.

Ein eigenmächtiger Privatverkauf der Pfänder soll ganz und gar nicht stattfinden, auch alsdann nicht, wenn der Verpfänder bei Schließung des Contracts darein im Voraus gewilligt hätte.

§. 137.

Wenn jedoch zur Zeit der Einlösung die Partheien sich unter einander über einen Privatverkauf des Pfandes vereinigen und der Verpfänder seinen Consens dazu schriftlich erklärt hat, so soll es bei einem solchen Abkommen sein Bewenden haben.

Seine Königliche Majestät befehlen also hierdurch jedermänniglich, besonders aber allen denjenigen, welche mit Leihen auf Pfänder ein

Gewerbe treiben, sich nach den Vorschriften des gegenwärtigen Reglements fortan auf das sorgfältigste zu achten, so wie allen und jeden Ober- und Untergerichten, imgleichen dem Officio Fisci über der genauen Beobachtung derselben fest und unverbruchlich zu halten und alle dagegen begangene Contraventiones ohne Nachsicht oder Ansehen der Person gebührend zu ahnden.

Urkundlich haben Seine Konigliche Majestat gegenwärtiges Pfand- und Leih-Reglement Hochsteigenhandig unterschrieben und mit Allerhöchst Dero Königlichem Insiegel bedrucken lassen.

So geschehen und gegeben zu Berlin den 13ten März 1787.

(L. S.) Friedrich Wilhelm.

v. Blumenthal. v. Carmer. v. Gaudi. Freih. v. Heinitz.
v. Werder. v. Arnim. v. Mauschwitz. v. Schulenburg.

57) Reglement wegen der Trödler und deren Handel in Berlin vom 21. October 1788.

Reglement

wegen der Trödler und deren Handel in den Königlichen Residentzien Berlin. De dato Berlin, den 21sten October 1788.

Wir Friedrich Wilhelm, von Gottes Gnaden König von Preußen rc. thun kund und fügen hiermit zu wissen: daß nachdem vielfältige Beschwerden eingegangen, wie viele Personen vom Militair- und Civilstande ohne obrigkeitliches Vorwissen und Genehmigung sich den sogenannten Trödelhandel angemaasset zum großen Nachtheil der Kaufmannschaft, Professionisten und Handwerker die Jahrmärkte in den Landstädten ordentlich bezogen, auch sich, dem Privilegio der Kaufmannschaft entgegen, sehr vieler einem Trodler nicht zukommender Handlungsartikel angemaasset, und sonst allerlei Misbräuche bei ihrem Verkehr getrieben, Wir zur Steuerung dieses Unwesens hiermit Folgendes allergnädigst verordnen und festsetzen wollen.

§. 1.

Es soll niemand weder vom Militair- noch Civilstande sich mit dem Trödelhandel in hiesigen Residentzien befassen, der nicht vom Polizei-Directorio dazu besonders concessioniret ist.

§. 2.

Wird das Polizei-Directorium ernstlich angewiesen, niemanden zum Trödelhandel zuzulassen und mit einer Concession zu versehen, der eine Profession oder sonst eine burgerliche Nahrung treibt, es wäre denn, daß er sich des Betriebes seiner Profession oder einer andern burgerlichen Nahrung zuvor begeben hatte.

§. 3.

Diejenigen Personen, welchen der Trodelhandel zu gestatten, müssen in einem guten Ruf stehen und wenigstens ein eigenes Vermögen von 100 Rthlr. besitzen, solches auch hinreichend bescheinigen können, außerdem aber soll keiner zum Trodler, er sei vom Militair- oder Civilstande, angenommen und ganz genau hierauf gesehen werden.

§. 4.

Die Anzahl der Trödler fur die Residenzien Berlin wird überhaupt auf sechszig festgesetzet und bestimmet, und soll diese Anzahl in der Folge, so lange Wir nicht Hochstselbst ein Anderes zu verfugen oder Jemanden aus besonders bewegenden Ursachen über diese Anzahl mit einer Concession zum Trodelhandel zu begnadigen gut finden möchten, nie überschritten werden.

Wenn aber gegenwartig allhier mehr als 150 Personen sich mit diesem Handel befassen; So sollen diese Leute, insofern sie nicht noch andere Gewerbe dabei treiben, in Betracht sie einmal mit diesem Handel verwickelt sind, dabei zwar gelassen und ihnen die Concessionen vom Polizei-Directorio gratis ausgefertigt werden. Wenn sie jedoch mehrere Nahrungsarten nebenbei betreiben, und sich solcher nicht begeben wollen, sollen sie den Trödelhandel ganzlich niederlegen, wozu ihnen das Polizei-Directorium, nach vorgängiger Untersuchung, die praeclusivische Frist nach Billigkeit bestimmen muß.

§. 5.

Da die Anzahl der Trodler auf 60 festgesetzet ist, so verstehet es sich von selbst, daß nicht eher neue Concessiones ertheilt werden mussen, als bis die jetzt vorhandene Anzahl derselben bis auf 60 ausgestorben oder sonst abgegangen sein wird.

§. 6.

Für eine Concession zum Trodelhandel sollen künftig an
Chargen-Gebühren . . . . 5 Rthlr.
und an Stempelgebühren exclusive des Expeditions-
Stempels . . . . 2 Rthlr. 12 Gr.
entrichtet werden, die Trödler auch gehalten sein, pro recognitione jährlich 1 Rthlr. Canon zur hiesigen Kammerei zu bezahlen.

§. 7.

Die Trödler sollen nur Befugniß haben, mit altem Sachen, keineswegen aber mit neuen zu handeln bei Strafe der Confiscation aller bei ihnen gefundenen neuen Waaren, es wäre denn, daß sie solche auf Auctionen gekaufet, worunter jedoch nur bloß die zu einem gewissen Behuf bereits fertige neue Sachen, insoweit deren Verkauf nicht durch die Gesetze verboten ist, also keinesweges ungeschnittene Zeuge und andere Materien zu verstehen sind.

§. 8.

Damit aber dem Trödler alle Eingriffe in die Privilegia der Kaufleute, Professionisten und Handwerker gänzlich benommen werden; so setzen wir hierdurch fest: daß die Trödler eigentlich nur befugt sein sollen, mit folgenden Artikuln zu handeln: nämlich mit alten und schon gebrauchten Kleidungsstücken, dergleichen Tischzeug, Mobilien, Geräthschaften und Clincaillerie, worunter alle alte Eisenhandlerwaaren begriffen sind, insoweit deren Verkauf nicht durch die Gesetze allgemein verboten ist, und daß sie in dem Falle nur allein obige Sachen neu führen können, wenn sie solche auf Auctionen gekauft und dieses gehörig zu bescheinigen im Stande sind, zu welchem Ende sie sich hierüber von dem Auctions-Commissario Atteste mit Benennung der Auction, worin diese neue Sachen erstanden sind, geben lassen müssen; wobei sich jedoch von selbst verstehet, daß der Actions-Commissarius nicht neue Sachen, um solche in Auctionen mit zu geben, verfertigen lassen darf, und wird ihm dieses hiermit auf das Nachdrücklichste verboten. Dagegen soll sich der Trödler bei Strafe der Confiscation, und dem Befinden nach, bei Verlust seiner Concession, des Handels mit neuen zu keinem Behuf bestimmten Waaren und Sachen, als mit Tüchern, Boy, Fries, Flanell, Parchend, Seide, Cameel und anderem Garn, rohem Eisen, Blech, Wolle und wollenen, auch halbwollenen Zeugen, imgleichen unverarbeitetem Leder gänzlich enthalten; wie ihm denn bei gleicher Strafe auch nicht erlaubt ist, dergleichen und andere neue Waaren in Commission zu nehmen.

§. 9.

Keinem Trödler ist erlaubt, Messen oder Jahrmärkte zu beziehen, und soll die Obrigkeit des Orts, wenn sich ein Trödler auf den Jahrmärkten in den Landstädten einfindet, demselben die Waaren sofort anhalten und darüber an die Behörde berichten.

§. 10.

Keinem Trödler soll gestattet werden, auf Auctionen die in dem 8ten §. verbotenen Artikul zu kaufen, es wäre denn eine Kleinigkeit, die er zu seiner eigenen Consumtion selbst benöthigt wäre, in welchem Fall ihm zwar der Einkauf zu gestatten ist, wenn sich aber demnächst finden sollte, daß er diese Waaren in seiner Bude zum Verkauf stellet, und einen Handel damit treibet, oder solcher sogar hausiren schicket, so soll ihm außer der Confiscation solcher Waaren der Trödelhandel gänzlich gelegt werden; wer aber von den jetzigen Trödlern noch dergleichen zum Trödelhandel nicht qualifizirte Waaren und Sachen vorräthig hat, muß solche, a dato publicationis, binnen 6 Monaten bei Strafe der Confiscation abschaffen.

§. 11.

Ein Trödler muß schlechterdings lesen und schreiben können und sowohl über seinen Ein- als Verkauf ein Buch führen, in welchem er besonders die Namen derjenigen Personen, die ihm etwas zum Verkauf bringen, eintragen muß, nebst dem Preise, wie hoch er es verkauft hat.

§. 12.

Kein Trödler soll sich unterfangen, Sachen von Personen zu kaufen, von welchen er nicht überzeuget ist, daß dieselben darüber zu verfügen und solche zu veraußern berechtiget sind.

§. 13.

Wenn ihm dahero Soldaten, Dienstboten, Lehrbursche, unmündige oder andere unter väterlicher Gewalt oder Vormundschaft stehende Personen Sachen zum Verkauf anbieten, so muß er sich mit denselben nicht anders einlassen, als wenn sie einen schriftlichen Consens der resp. Compagnie-Chefs, Dienstherrschaften, Lehrmeister, Eltern und Vormündern beibringen.

§. 14.

Ist die Person des Verkaufers dem Trödler unbekannt; so muß er sich ihrenthalben bei anderen bekannten und glaubhaften Personen erkundigen und nicht eher den Kauf schließen, als bis er von diesen versichert worden, daß gegen den Verkäufer und die Befugniß desselben, die Sache zu veräußern, nichts Bedenkliches und Verdächtiges obwalte.

§. 15.

Die zu seiner Rechtfertigung bei einem solchen Ankauf dienenden Umstände und die von ihm dabei gebrauchte Vorsicht muß der Trödler in seinem Buche genau bemerken.

§. 16.

Erweckt aus den Umstanden ein wahrscheinlicher Verdacht, daß die zum Kauf angebotene Sache entwendet sei; so ist der Trödler bei nachdrücklicher Ahndung schuldig, eine solche verdächtige Sache anzuhalten und an das Polizei-Directorium zur weitern Untersuchung abzuliefern.

§. 17.

Dies muß insonderheit geschehen, wenn Sachen von Werth, z. E. Gold, Silber, Jouwelen, Spitzen oder andere Kostbarkeiten von ganz unbekannten oder von solchen Leuten, die nach ihrem Stand und Gewerbe dergleichen Sachen nicht zu haben pflegen, zum Kauf angeboten werden, und noch mehr, wenn der Werth der Sache den dafür geforderten Preis beträchtlich übersteigt.

§. 18.

Vornemlich müssen die Trödler solche von unbekannten oder verdächtigen Personen angebotene Sachen anhalten und abliefern, wenn sie durch die öffentliche Bekanntmachung in den Intelligenzblättern durch obrigkeitliche Warnungen oder auch nur durch glaubwürdige Privatanzeigen benachrichtiget sind, daß Sachen von dieser Art und mit solchen Kennzeichen versehen gestohlen oder verlohren worden.

§. 19.

Hat ein Trödler Sachen, von denen er weiß, daß solche gestohlen sind, gekaufet; so soll er nicht nur seiner Concession sofort verlustig sein, sondern auch als ein Dieb bestrafet werden.

Eben diese Strafe soll den Trodler auch alsdann treffen, wenn er auch nur das erstemal überführet wird, gewußt zu haben, daß der Verkäufer von einer der §. 13. benannten Personen aufgestellt sei, und er gleichwohl ohne Anwendung der gesetzmäßigen Vorsicht auf dergleichen verstelltes Geschäfte sich eingelassen hat.

§. 20.

Hat er gestohlene Sachen, in Ansehung welcher er nach §. 18. vorher gewarnet worden, dennoch gekauft; so soll ihm, wenn er auch der Wissenschaft selbst nicht völlig überfuhrt werden kann, gleichwohl der fernere Trödelhandel bei mehrjahriger Gefängniß- oder Zuchthausstrafe gänzlich untersaget und die erhaltene Concession abgenommen, er auch überdies nach Verhältniß des gegen ihn obwaltenden Verdachts der Diebeshehlerei mit Gefängniß- oder Zuchthausstrafe beleget werden.

§. 21.

Hat außerdem ein Trödler gestohlene Sachen zwar nicht wissentlich, aber doch mit Verabsäumung der nach vorstehenden §§. 12—15. ihm obgelegenen Vorsicht gekaufet; so soll ihm ebenfalls die Concession sofort abgenommen und wider ihn nach Verhältniß der begangenen Nachlässigkeit auf eine angemessene Geld- oder Gefängnißstrafe erkannt werden.

§. 22.

Ein Gleiches soll Statt finden, wenn ein Trödler mehr als einmal Sachen von Personen, die nach §. 13. darüber zu disponiren nicht befugt sind, ohne Anwendung der gesetzmäßigen Vorsicht gekauft hat.

§. 23.

Da auch durch den Gebrauch von Kleidern, Leinen und Betten, welche Personen, die mit ansteckenden Krankheiten behaftet sind, auf und an ihrem Leibe gehabt haben, der Gesundheit anderer sehr geschadet, und dadurch dergleichen epidemische Krankheiten weiter verbreitet werden können; so haben wir resolviret: daruber, in wie ferne solche Kleider, Leinen und Betten entweder ganz vernichtet, oder was sonst bei deren weiterem Gebrauch zur Verhütung des Ansteckens fur Vorsichtsregeln angewendet werden sollen, das Nöthige in einem besonderen Publicando zu verordnen. Nach diesem Publicando, welches den Trödlern zu seiner Zeit ausdrücklich bekannt gemacht werden soll, müssen dieselben mit vorzüglicher Sorgfalt und Genauigkeit sich achten, und haben diejenigen, welche demselben, es sei vorsatzlich oder aus groben Versehen, zuwider handeln, nach Bewandniß der Umstände, des Grades der Moralität und des an der Gesundheit anderer verursachten Schadens verhältnißmäßige Geldstrafe, Verlust ihrer Concession oder wohl gar schwere Leibesstrafe zu gewärtigen.

Immittelst aber müssen die Trödler auch schon jetzt, vom Tage der ihnen geschehenen Bekanntmachung dieses Reglements an, wissentlich keine Kleider, Leib-Leinen und Betten, die mit ansteckenden Krankheiten, als venerischer Seuche, bosartigem Scorbut und Pocken, der Krätze, Fleck- und Faulfieber behaftet gewesene Personen auf und an ihrem Leibe gehabt haben, zu ihrem Trodelgewerbe kaufen, und die wissentlich dawider gehandelt zu haben überfuhrt werden, sollen mit dem Verlust ihrer Concession und nach Befinden mit der hier erwahnten Strafe angesehen werden.

§. 24.

Uebrigens muß der Trödler zwar in allen Fällen die gestohlene oder von unbefugten Personen gekaufte Sachen wieder heraus geben.

Hat er jedoch die gesetzmäßige Vorsicht bei dem Ankauf angewandt: so bleibt ihm der Regreß gegen seinen Verkaufer sowohl als gegen denjenigen, der ihm die Sicherheit des Verkäufers attestiret hat, rechtlicher Art nach vorbehalten.

§. 25.

Alle Schlüssel und Dietriche, welche dem Trödler zum Verkauf angeboten werden, muß er sofort, auch wo möglich den Verkäufer selbst, anhalten und an das Polizei-Directorium abliefern.

§. 26.

Damit auch die Aufkäuferei von gestohlenen Sachen so viel möglich verhütet werde; so wird dem Polizei-Directorio anbefohlen, durch Commissaires de quartiers alle sechs höchstens acht Wochen eine unvermuthete Visitation bei den Trödlern in jedem Revier der Stadt vornehmen, deren Bücher genau revidiren, in Ansehung der vorzufindenden neuen und in die Augen fallenden Sachen unterweilen bei den Verkäufern und gewesenen Eigenthumern sich in Absicht der Richtigkeit erkundigen, besonders auch darauf: ob in den Trödelbuden unter dem Boden oder sonst heimliche Versteckungs-Oerter angebracht sind, genau attendiren und von einer jeden Revision Bericht abstatten zu lassen.

§. 27.

Dem Polizei-Directorio und Magistrat in Berlin, den Steuerräthen und den Magisträten in den Landstadten befehlen Wir allergnädigst, über dieses Trodler-Reglement, so weit dessen Beobachtung zu eines jeden Amt gehöret, genau und ernstlich zu halten und dagegen bei eigener Verantwortung keine Contravention zu gestatten; Wie denn auch bei entstehendem Verdacht die Trodlerbuden sogleich außerordentlich zu visitiren und alle diejenigen Waaren, die dem Trodler zu fuhren nicht erlaubt sind, oder von welchen er den Verkäufer nicht nachweisen kann, in gerichtlichen Beschlag zu nehmen sind.

Urkundlich haben Wir dieses Reglement hochst eigenhändig vollzogen und mit Unserm Königlichen Insiegel bedrucken lassen.

So geschehen und gegeben zu Berlin den 21sten October 1788.

(L. S.) Friedrich Wilhelm.

v. Blumenthal. v. Carmer. v. Gaudi. v. Heinitz.
v. Werder. v. Mauschwitz. v. Schulenburg.

II.

Polizeiliche Vorschriften zur Erhaltung der öffentlichen Sitte, Ordnung, Reinlichkeit, Bequemlichkeit und Annehmlichkeit.

Sitte und Ordnung.

1) Aeußere Heilighaltung der Sonn- und Festtage.

Verordnung.

Nach der Verordnung uber die außere Heilighaltung der Sonn- und Festtage, vom 18ten Mai 1837, war das Oeffnen der Verkaufslokale an jenen Tagen, mit Ausschluß der Vormittagsstunden von 9 bis 11 Uhr und der Nachmittagsstunden von 2 bis 4 Uhr, allgemein gestattet. Mit höherer Genehmigung wird diese Bestimmung hierdurch außer Kraft gesetzt, und dagegen Folgendes allgemein verordnet. Der öffentliche Gewerbeverkehr, namentlich das Oeffnen der Verkaufs-Lokalien und das Ausstellen von Waaren an den Ladenthuren und Schaufenstern ist an Sonn- und Festtagen nur bis 9 Uhr Vormittags gestattet, von da ab aber allen Gewerbetreibenden, mit alleiniger Ausnahme derer, welche Lebensmittel feilhalten, unbedingt verboten. Diesen letzteren ist gestattet, außer den Haupt-Kirchenstunden von 9 bis 11 Uhr und Nachmittags von 2 bis 4 Uhr, ihre Laden zu offnen. Rucksichtlich der Apotheken und Stuben der Wundärzte bleibt es bei den früheren Bestimmungen, wonach deren Eröffnung keiner Beschrankung unterliegt. Ebenso ist der Verkehr auf den, des Sonntags in den Fruhstunden stattfindenden und in den Monaten Mai, Juni, Juli und August bis 8 Uhr, in den übrigen Monaten aber bis 8½ Uhr dauernden Morgen-Viktualien-Märkten, mit Einschluß des Fleischverkaufs in den Scharren, so wie der Verkauf auf den Jahrmärkten und dem Weihnachtsmarkt, außer den vorbezeichneten Stunden des Gottesdienstes auch fernerhin gestattet. Oeffentliche Arbeiten wahrend des Gottesdienstes bleiben wie früher verboten, ebenso durfen an den Vorabenden der drei großen Feste, Weihnachten, Ostern und Pfingsten, des allgemeinen Buß- und Bettages, des dem Andenken der Verstorbenen gewidmeten Tages, so wie an den Abenden dieser letzten beiden Tage und während der Charwoche keine Bälle, oder andere öffentliche Lustbarkeiten stattfinden. Wer hiergegen handelt, verfallt in eine Polizei-Strafe bis zu funf Thalern, die im Wiederholungsfalle erhöht wird.

Berlin, den 20sten November 1844.

Königliches Polizei-Präsidium. v. Puttkammer.

2) Räumung des Platzes an der neuen Kirche auf dem Gensdarmenmarkt vom Wochenmarktverkehr an den Sonnabenden.

Bekanntmachung.

Der Bau in der neuen Kirche am Gensdarmenmarkt ist nunmehr beendigt und soll der Gottesdienst in der gedachten Kirche wieder beginnen. In Folge Allerhöchster, bereits früher ergangener Bestimmung wird dem, den Wochenmarkt auf dem Platze bei der Kirche besuchenden Publikum hierdurch, unter Bezugnahme auf das desfallsige Publicandum vom 23sten März 1830, wiederholt bekannt gemacht, daß der betreffende Marktverkehr an den Sonnabenden stets um 12 Uhr Mittags gänzlich geschlossen und der Platz geräumt sein muß. Die diesem Verbote entgegen handelnden Personen werden in 1 Thaler Geld- und im Wiederholungsfalle in noch härtere Strafe genommen werden.

Berlin, den 27sten November 1834.

Königliches Polizei-Präsidium. Gerlach.

3) Schlafstellenhalter sollen nicht zugleich männliche und weibliche Individuen aufnehmen.

Formular.

De

wird, mit Vorbehalt der etwanigen Widerspruchsrechte eines jeden Dritten, und namentlich des Hauseigenthümers, hierdurch polizeilich gestattet, für Personen Geschlechts Schlafstellen zu halten.

Es ist d selbe übrigens verpflichtet, bei Vermeidung einer Geldbuße von 2 Thalern oder verhältnißmäßiger Gefängnißstrafe für jeden einzelnen Contraventionsfall, den allgemeinen polizeilichen Vorschriften wegen der An- und Abmeldungen auf das Pünktlichste nachzukommen, und der gleichzeitigen Aufnahme von Personen verschiedenen Geschlechts unbedingtest sich zu enthalten, auch, wenn die Aufgebung des Geschäfts eintreten soll, solches anzuzeigen.

Berlin, den ten 184

Königliches Polizei-Präsidium, II. Abtheilung.

Erlaubnißschein zum Schlafstellenhalten.

4) Tabackrauchen in der Stadt, den Vorstädten und im Thiergarten.

Bekanntmachung.

Mit Bezugnahme auf die Allerhochste Kabinets-Ordre vom 9. December 1832 wird hierdurch wiederholt bekannt gemacht, daß das Tabackrauchen auf den Straßen und öffentlichen Plätzen, innerhalb der Ringmauer von Berlin, so wie im Thiergarten, zu welchem die Bellevue-, die Lenné-, die Schulgarten-Straße und der Königliche Garten von Bellevue zu rechnen, so wie in der Potsdamer Straße und auf dem Potsdamer Platz, bei einer Geldstrafe bis zu zwei Thalern oder verhältnißmäßiger Gefängnißstrafe verboten ist.

Berlin, den 6ten April 1846.

Königliches Gouvernement. v. Ditfurth. — Königliches Polizei-Präsidium. v. Puttkammer.

5) Baden in der Spree.

Nachstehende Bekanntmachung:

„Durch bestehende polizeiliche Verordnungen ist es, um Gefahren für die Badenden selbst und ebenso Verletzungen des öffentlichen Anstandes und der Sittlichkeit vorzubeugen, unbedingt verboten, innerhalb der Stadt, mit alleiniger Ausnahme der Benutzung des Unterrichts bei der Schwimm-Anstalt am Schlesischen Thore, frei zu baden. Aus gleichen Gründen ist solches auch außerhalb der Stadt in deren näheren Umgebungen, sowohl des engeren, als weiteren Berliner Polizei-Bezirks im Allgemeinen untersagt und außer den beiden Privat-Schwimm-Unterrichts-Anstalten vor dem Unterbaum nur an denjenigen einzelnen Stellen der verschiedenen Wasserläufe erlaubt, welche durch eigene, am Ufer errichtete und mit der Aufschrift „Badestelle" versehene Tafeln deutlich und in die Augen fallend, besonders als dazu nutzbar bezeichnet sind. Von den so bezeichneten Stellen befinden sich zwei in der Spree unfern Stralow am Kreuzbogen und an der Viehtränke bei Treptow, dem Dorfe Stralow gegenuber, zwei im Rummelsburger See, neun im Landwehrgraben zwischen dem Halleschen und Cottbusser und zwischen diesem und dem Schlesischen Thore und eine im Plötzen-See. Wer sie besucht, darf übrigens, wie sich von selbst versteht, auch dort keine Unsittlichkeiten begehen, namentlich nicht entkleidet am Ufer umherlaufen und bleibt zugleich für jeden, an den benachbarten nutzbaren Grundstücken und deren Früchten von ihm angerichteten Schaden verhaftet. Jede Uebertretung dieser Vorschriften wird nachdrücklich und namentlich das Baden an Orten, wo selbiges nicht gestattet ist, mit sofortiger Verhaftung geahndet. Eltern, Vormunder, Erzieher und Lehrherrn sind verpflichtet, mit Achtsamkeit darauf zu halten, daß ihre Kinder, Pflegebefohlenen und Lehrlinge sich dergleichen nicht zu Schulden kommen lassen, und machen sich durch wissentliche Verstattung dazu oder Vernachlässigung der erforderlichen Warnungen selbst straffällig. Diese Festsetzungen werden, als unverändert gültig bleibend, hierdurch wiederholt und um so mehr in Erinnerung gebracht, als einige während der letzten Jahre lediglich in Folge der Uebertretung vorgekommene Unglücksfälle die traurige Ueberzeugung gewährt haben, daß dem bestehenden Verbote des Badens an den nicht dazu ausdrücklich bezeichneten Orten häufig noch entgegengehandelt worden ist und es den Anschein gewinnt, als gelte die Ansicht, daß alle verbotene Orte durch besondere Warnungstafeln, was jedoch durchaus unausführbar sein würde, bezeichnet sein müßten. Hierbei wird noch besonders darauf aufmerksam gemacht, daß in dem Landwehrgraben zunächst dem Halleschen Thore bis bei dem Gasbereitungs-Etablissement vorüber, und eben so in der Panke zwischen der Chaussee und dem Invalidenhause, wegen der gegenwärtigen stärkeren Bebauung dieser Gegenden, das früher dort erlaubt gewesene Baden jetzt nicht mehr gestattet ist.

Zugleich wird ein Jeder gewarnt, bei Benutzung der Badestellen in der Spree, im Rummelsburger- und im Plötzen-See, deren durch eingesetzte Pfähle bezeichnete Grenzen im Wasser zu überschreiten, indem sich Jeder, der dagegen handelt, nicht nur der Gefahr des Ertrinkens, sondern auch unangenehmen Maaßregeln, namentlich eventueller Verhaftung aussetzt. Uebrigens wird noch einem Jeden die Beobachtung der beim Baden erforderlichen Vorsicht, insbesondere der nöthigen Abkühlung vor dem Baden, zur Vermeidung von Schlagflüssen und anderen Erkrankungen empfohlen.

Berlin, den 17. Juli 1839."

wird hierdurch in Erinnerung gebracht.

Berlin, den 6. Mai 1841.

Königliches Gouvernement. Königliches Polizei-Präsidium.
v. Lobell. v. Puttkammer.

6) Oeffentliche Tanzvergnügungen.

Bekanntmachung.

Gast- oder Schankwirthe jeder Art, welche in ihren Lokalen Tanzlustbarkeiten veranstalten wollen, bedürfen dazu in Gemäßheit des §. 186. Tit. 20. Thl. II. des Allgemeinen Landrechts, sofern sie nicht von dieser Verpflichtung ausnahmsweise entbunden werden, für jeden einzelnen Fall der besondern polizeilichen Erlaubniß, welche sie bei dem betreffenden Revier-Polizei-Commissarius nachzusuchen haben. Diese Erlaubniß wird von dem Letztern, in Folge der demselben von hier aus beigelegten Befugniß, in jedem einzelnen Falle durch den üblichen sogenannten Musik- oder Nachtschein ertheilt. Gast- oder Schankwirthe im weitern Berliner Polizei-Bezirke haben zunächst die Zustimmung der Ortsbehörde (des Gutsherrn und wenn ein solcher im Orte nicht wohnt, des von demselben Beauftragten) einzuholen, sich darüber eine Bescheinigung ertheilen zu lassen und dieselbe dem Revier-Polizei-Commissarius vorzulegen, welcher dann die Erlaubniß zu ertheilen, oder zu verweigern, ermächtigt worden ist. Wer in seinem Lokale ohne polizeiliche Erlaubniß eine Tanzlustbarkeit veranstaltet, verfällt in eine Geldstrafe von 5 bis 50 Thalern.

Berlin, den 2ten Marz 1814.

Königliches Polizei-Prasidium. v. Puttkammer.

7) Würfelspiel auf den Schutzenplätzen und bei anderen Volksfesten.

Bekanntmachung.

Mit Bezug auf die höheren Orts erlassenen allgemeinen Bestimmungen, nach welchen auf Schutzenplätzen und bei Gelegenheit ähnlicher Volksfeste Würfelspiele, jedoch nur um Gegenstände geringen Werthes gestättet sind, wird zur Beachtung des hierbei betheiligten Publikums festgesetzt, daß dergleichen Spiele niemals ohne polizeiliche Erlaubniß stattfinden dürfen und die dabei auszulegenden Spielpläne von dem unterzeichneten Polizei-Prasidio gestempelt und visirt werden mussen. Etwanige Uebertretungen haben die Entfernung des Spielhalters, dessen Bestrafung, wie auch die Confiscation der Spielgeräthschaften zur Folge.

Berlin, den 8ten Mai 1815.

Königliches Polizei-Prasidium. v. Puttkammer.

8) Feier des Stralauer Fischzuges.

Bekanntmachung.

Die gewöhnliche Feier des Stralauer Fischzuges wird in diesem Jahre nicht am 24sten, sondern wegen des auf diesen Tag fallenden Sonntags, erst am 25sten d. Mts., wie dies hergebracht ist, statt finden. Hierbei wird zugleich auf folgende polizeiliche Festsetzungen aufmerksam gemacht: 1) Das Schießen und das Abbrennen von Feuerwerken aller Art, auf dem Lande sowohl, als von den Schiffen und Kähnen, ist bei 5 bis 30 Thaler Geldbuße oder verhaltnißmaßiger Freiheitsstrafe durchaus untersagt. Uebertretungen dieses Verbots, welche Verletzung von Menschen oder Brandentstehung veranlassen, unterliegen peinlicher Bestrafung. 2) Auf der Waisen-, Jannowitz-, Schillings- und Oberbaums-Brücke darf Niemand als Zuschauer, oder zu sonstigen Zwecken sich feststellen, oder überhaupt länger, als es zum Uebergange erforderlich ist, verweilen. 3) Von 6 Uhr Nachmittags an kann es keinem Wagen oder Reiter mehr gestattet werden, in der Richtung nach Stralau hin, die Mühlen-Straße und das Stralauer Thor zu passiren. Es müssen solche vielmehr von der angegebenen Stunde ab, ihren Weg dorthin über Bockshagen und Rummelsburg nehmen. Für die von Stralau zurückkommenden Wagen und Reiter wird dagegen, von derselben Zeit ab, der nach Rummelsburg abgehende Weg gesperrt, und müssen diese später, bis zum Stralauer Thore, die nach letzterem führende Allee verfolgen. 4) Die Schiffer durfen, wenn sie am Tage vor dem Fischzuge bei Stralau anlegen wollen, kein Feuer daselbst anzünden. 5) Das freie Baden in der Umgegend von Stralau und Treptow im der Spree sowohl als im Rummelsburger See, bleibt fur den Fischzugs-Tag unbedingt, und namentlich auch an denjenigen einzelnen Stellen, wo solches sonst, für jede andere Zeit, noch gestattet ist, untersagt.

Berlin, den 18. August 1845.

Königliches Gouvernement und Polizei-Präsidium hiesiger Residenz.

v. Ditfurth. v. Puttkammer.

9) Gastwirthe und Chambre-garnie-Vermiether sollen den Postillonen für das Zubringen von Fremden keine Trinkgelder zahlen.

Verordnung.

Den Gastwirthen und Vermiethern von meublirten Stuben wird, in Gefolge früherer Verordnung vom 9ten November 1780 von neuem hierdurch verboten, den Postillons dafür, daß sie ihnen Reisende zuführen, irgend etwas als Trinkgeld oder Geschenk an Geld oder Geldeswerth zu verabreichen. Die Uebertreter dieser Vorschriften werden mit dem fünffachen Betrage des gegebenen Geschenks bestraft.

Berlin, den 7ten Juli 1828.

Königliches Polizei-Präsidium.

10) Vergehungen des Gesindes gegen die Herrschaften und Ueberschreitung der Disciplinarbefugniß von Seiten letzterer.

a. Circular-Rescript

der Ministerien des Innern und der Justiz vom 17ten April 1812.

(Rabe. Band 10. Seite 558.)

Wir haben aus dem dortigen Provinzial-Amtsblatte No. 9. vom 10ten Julius v. J. das Publicandum ersehen, welches die Königliche Lithauische Regierung und das Königliche Ober-Landesgericht rücksichtlich des in Gesindesachen zu beobachtenden Ressorts erlassen haben. Wir können selbigen nicht bergen, daß sie billig vor Erlassung dieser, allgemeine Gesetze ergänzenden und abändernden Verordnung darüber bei den concernenten Departements des Ministerii hätten anfragen sollen.

Demnächst aber können wir auch in der Sache selbst ihren Sentiments nicht überall unsere Genehmigung ertheilen, vielmehr haben sie vorläufig, und bis zur Emanation des allgemeinen Polizei-Reglements, und in sofern nicht die besonderen Polizei-Reglements den errichteten Polizei-Directorien größere Befugnisse beilegen, in den von ihnen angeregten Fällen folgende Grundsätze zu beobachten, und solche im Amtsblatte bekannt zu machen.

1) Wenn
   a) von der verweigerten Annahme des Gesindes in den Dienst von Seiten der Herrschaft, vid. §. 47. der Gesinde-Ordnung,
   b) von dem verweigerten Antreten im Dienst von Seiten des Gesindes, §. 51.
   c) von dem verweigerten Behalten des Gesindes im Dienste von Seiten der Herrschaft, §. 160.
   d) von dem verweigerten Bleiben des Gesindes im Dienste von Seiten des Gesindes, §. 167.
   e) von dem verweigerten Abziehen und Entlassen die Rede ist, so hat die Polizeibehörde die vorläufigen Bestimmungen zu erlassen, und sie zu executiren.

   Diejenigen Partheien, die sich bei dieser Bestimmung nicht beruhigen wollen, können zwar auf Urtel und Recht provociren, sie sind aber verpflichtet, inzwischen und bis zur Entscheidung des Richters, der Bestimmung der Polizei Folge zu leisten.
2) Gehört die Festsetzung der Strafen in den Fallen der §§. 12. 17. 20. u. 31. der Gesinde-Ordnung stets, selbst wenn solche über 5 Rthlr. betragen, vor die Polizei-Behörden, so daß dagegen keine Provocation auf den Weg Rechtens, sondern nur der Recurs dagegen an die Regierung Statt findet.
3) Die in den §§. 51. u. 168. der Gesinde-Ordnung festgesetzten Strafen sind gleichmäßig, ohne daß eine Provocation auf den Weg Rechtens Statt findet, von den Polizei-Behörden festzusetzen und zu executiren.
4) Wenn von der Erfüllung contractmäßiger Verbindlichkeiten der Herrschaft oder des Gesindes während des Dienstes die Rede ist, so mussen die Polizei-Behörden sich der vorläufigen Entscheidung unterziehen, und solche executiren, bis im Wege Rechtens eine andere Entscheidung extrahirt worden. Beleidigungen des Gesindes gegen die Herrschaft können die Polizei-Behörden bis zu 14 Tagen Gefängniß oder 5 Rthlr. Geldstrafe ahnden, ohne daß dagegen auf den Weg Rechtens provocirt werden kann.
5) Die in den §§. 37. u. 38. der Gesinde-Ordnung gedachten Entscheidungen wegen der Livree und der Kost gehören lediglich den Polizei-Behörden, ohne daß daruber auf rechtliches Gehör angetragen werden kann.

Ebenmäßig stehet

6) in den Fällen der §§. 10. 13. 173. u. 176. der Gesinde-Ordnung den Polizei-Behörden die Cognition ausschließlich zu.

Berlin, den 17ten April 1812.

(gez.) v. Kircheisen. Sack.

An die Königl. Litthauische Regierung zu Gumbinnen
und
An das Königl. Ober-Landesgericht zu Insterburg.

b. Auszug aus dem Polizei-Reglement für Berlin vom 18. September 1822.

(v. Kamptz Annalen VIII. S. 457.)

Wir Friedrich Wilhelm, von Gottes Gnaden, König von Preußen ꝛc.
haben bei Aufhebung der bisher zu Berlin bestandenen Regierung die Wiederherstellung des dortigen Polizei-Präsidiums angeordnet, und erlassen über dessen Verhältnisse, unter Aufhebung des Polizei-Reglements vom 5ten Januar 1810 und des Regulativs vom 9ten Mai 1816 nachstehende Bestimmungen: — —

§. 12.

Namentlich verbleiben daher auch der Polizeibehörde, nach besonderer, bisher schon bei der Polizei-Intendantur und früherhin beim Polizei-Präsidio bestandener Verfassung:

I. Die Untersuchung und Bestrafung der Contravention gegen die Bordell-Vorschriften.

II. Der correctionelle Theil der Gesindesachen, nach folgenden Bestimmungen:

1) die Aufsicht über die Gesinde-Vermiethungs-Comtoirs und über die noch vorhandenen Gesindemäkler und Mäklerinnen;
2) die Untersuchung und Bestrafung derer, welche Andern das Gesinde abwendig machen;
3) die Untersuchung und Bestrafung wegen nicht beobachteter Formalitäten bei Schließung des Dienstvertrages;
4) die Untersuchung und Bestrafung, wenn Gesinde doppeltes Miethsgeld nimmt;
5) das Gesinde, welches nicht zur gehörigen Zeit den Dienst, zu welchem es sich vermiethet, angetreten hat, durch Zwang zur Erfüllung seiner Verbindlichkeiten anzuhalten;
6) das Gesinde, welches sich weigert, die Laden und Behältnisse, in welchen es seine Habseligkeiten hat, in die Wohnung der Herrschaft zu bringen, dazu anzuhalten, und bei etwaniger Renitenz zu bestrafen;

7) die Untersuchung und Bestrafung nachstehender, vom Gesinde im Dienst begangener und von den Herrschaften gerügter Vergehen:
a) wenn es auf der Herrschaft Namen borgt,
b) wenn es sich zur Gewohnheit macht, uber die zu einem Geschäft erforderliche, oder die ihm erlaubte Zeit auszubleiben, so wie bei Schlafenszeit sich aus dem Hause zu begeben,
c) wenn es sich Veruntreuungen, deren Gegenstand 5 Thaler oder weniger beträgt, kleiner Hausdiebstähle, Widerspenstigkeit, schimpflicher Begegnung der Herrschaft, wiederholter Prellerei, Zank und Schlägerei mit dem Nebengesinde zu Schulden kommen läßt,
d) wenn das Gesinde ein, noch zum fernern Dienstgebrauch bestimmtes Livreestück verkauft oder versetzt;
8) die Rüge und Bestrafung jeder Ueberschreitung der, der Herrschaft zustehenden Disciplinarbefugnisse;
9) die Bestrafung des Gesindes, welches den Dienst verläßt, und die Veranstaltung, daß selbiges, wenn die Herrschaft es verlangt und sonst nicht rechtsgültige Ursachen entgegenstehen, in den Dienst zurückgebracht werde;
10) der Versuch der Sühne bei Entlassung des Gesindes ohne Aufkündigung, oder nach geschehener Aufkundigung vor Ablauf der Dienstzeit, wegen Fortsetzung des Dienstvertrages, desgleichen der Sühneversuch, wenn aus dem Dienstvertrage Lohn oder Entschädigungsforderungen geltend gemacht, bevor die Abgabe der Sache an die Civilgerichte zur Instruction und Entscheidung erfolgt;
11) die Anwendung von Zwangsmitteln gegen Herrschaften, welche sich weigern, dem Gesinde einen Entlassungsschein auszufertigen, zur Erfüllung dieser Verbindlichkeit;
12) die Bestrafung derer, welche dem Gesinde Gelegenheit zu Ausschweifungen irgend einer Art geben, oder mit demselben unerlaubte, den Herrschaften nachtheilige Verbindungen eingehen und Durchstechereien treiben; endlich
13) die Bestrafung derer, die vom Gesinde Livreestücke (No. 7. Lit. d) kaufen oder versatzweise annehmen. — —

Wir beauftragen Unser Ministerium des Innern und der Polizei, das gegenwärtige Reglement baldmöglichst zur Ausführung zu bringen, und die deshalb, so wie zur nähern Bestimmung etwa erforderlichen Instructionen zu erlassen, und auf Befolgung dieser Vorschriften zu halten.

Urkundlich unter Unserer eigenhändigen Unterschrift und beigedrucktem Königlichen Siegel.

Gegeben Berlin, den 18ten September 1822.

(L. S.) Friedrich Wilhelm.

C. Furst v. Hardenberg. v. Schuckmann.

11) Verbot des Eingriffs in die Schul-Disciplin.

Republication.

Auf Grund einer Verfügung der Königlichen Ministerien der geistlichen, Unterrichts- und Medizinal-Angelegenheiten und des Innern vom 16ten d. Mts. würd hiermit Folgendes verordnet: 1) Niemand darf ein öffentliches Schullokal hierselbst, sei es während oder außer der Unterrichtszeit, betreten, welcher nicht vermöge seines Amtes oder einer ausdrücklichen Erlaubniß des Lehrers dazu die Befugniß erhalten hat. 2) Eltern, Vormünder und andere Personen, welche diesem Verbote zuwider handeln, verfallen in eine Geldbuße von einem bis zu fünf Thalern, oder im Unvermögensfalle in eine verhältnißmäßige Gefängnißstrafe. 3) Eben so wird derjenige bestraft, welcher, ohne das Schullokal selbst zu betreten, auf unbefugte Weise den Schulunterricht, oder die dem Lehrer gebührende Schulzucht absichtlich stört. 4) Sind mit der Uebertretung vorstehender Verbote andere Vergehen, als Beleidigungen des Lehrers u. s. w. verbunden, so finden zugleich die deshalb bestehenden Strafgesetze Anwendung.

Berlin, den 31sten Juli 1845.

Königliches Schul-Kollegium der Provinz Brandenburg. Königliches Polizei-Präsidium.

Vorstehende Bekanntmachung wird hierdurch in Erinnerung gebracht.

Berlin, den 30sten December 1845.

Königliches Schul-Kollegium der Provinz Brandenburg. Königliches Polizei-Präsidium.

Weil. Köhler.

12) Verbot des Topf- und Scherbenwerfens an Polterabenden.

Verordnung.

Das Werfen mit Töpfen, Scherben, Flaschen und dergleichen gegen Häuser und Wohnungen verlobter Personen an den sogenannten Polterabenden wird seit einiger Zeit wieder bemerkt. Die desfallsigen früheren Verbote vom 26sten April 1825, 7ten Januar 1829 und 22sten Mai 1833 werden daher mit dem Bemerken in Erinnerung gebracht, daß, wer bei einem solchen Unfug betroffen werden sollte, als Ruhestörer betrachtet und nachdrücklich bestraft werden wird.

Berlin, den 24sten Februar 1834.

Königliches Polizei-Präsidium. Gerlach.

13) Verbot des öffentlichen Verkaufs von Theaterbillets.

Bekanntmachung.

Nach §. 59. der Allgemeinen Gewerbe-Ordnung vom 17. Januar 1845 ist das Feilhalten von Gegenständen des Gewerbebetriebs nur in den gewöhnlichen Verkaufslokalien und auf Märkten unbedingt gestattet, wogegen das Feilhalten und Anbieten von solchen Gegenständen oder Diensten auf Straßen oder an anderen öffentlichen Orten, außer der gewöhnlichen Marktzeit oder außerhalb der zum Marktverkehr bestimmten Plätze, ohne besondere polizeiliche Erlaubniß unzulässig ist. Wer hiergegen fehlt, macht sich einer, nach §. 177. des erwähnten Gesetzes mit Geldbuße bis zu zweihundert Thalern oder Gefängniß bis zu drei Monaten zu rugenden, Gewerbe-Polizei-Contravention schuldig. Auf diese Bestimmungen wird das Publikum mit dem Bemerken hingewiesen, daß dieselben namentlich auch auf den Verkauf von Theaterbillets auf Straßen oder an anderen öffentlichen Orten Anwendung finden.

Berlin, den 24sten Februar 1845.

Königliches Polizei-Präsidium. v. Puttkammer.

14) Verbot des Tragens von silbernen Hutcordons.

Republication.

Es wird wiederholt in Erinnerung gebracht, daß das Tragen von silbernen Cordons in den Hüten, der Königlichen Hofdienerschaft der Prinzen und Prinzessinnen des Königlichen Hauses ausschließlich zusteht, und daher den Privatlivreebedienten nicht erlaubt ist. Uebertretungen dieser Vorschriften werden gegen die Herrschaften, welche ihre Dienerschaft das Tragen dieser Abzeichen gestatten, mit einer Geldstrafe von zehn Thalern belegt, die sich im Wiederholungsfalle verdoppelt. Ebenso wenig kann an einer Privatlivree das Tragen von Königlichen Wappen- oder Adlerknöpfen gestattet werden, vielmehr haben diejenigen, die sich solches zu Schulden kommen lassen, eine angemessene Geld- oder Freiheitsstrafe — nach Bestimmung des §. 1440. Th. II. Tit. 20. des Allg. Landrechts — zu gewärtigen.

Berlin, den 19ten Januar 1843.

Königliches Polizei-Präsidium. v. Puttkammer.

15) Transport des Viehs zum Viehmarkt.

a. Bekanntmachung.

Zur Vorbeugung der vielen Beschwerden über das Verhalten bei dem Verkaufe des Viehes auf dem hiesigen Viehmarkte sind folgende Bestimmungen für nöthig erachtet worden:

1) Das zum Verkaufe auf den hiesigen Viehmarkt zu stellende Vieh darf
a) in den Monaten August, September und October des Morgens nicht vor 5 Uhr,
b) in den Monaten November, December, Januar, Februar und März des Morgens nicht vor 6 Uhr, und
c) in den Monaten April, Mai, Juni und Juli des Morgens nicht vor 4 Uhr dahin aufgetrieben werden.
2) Alles Vieh, welches am Tage vor dem Markt hier eintrifft, kann nur bis Abends 9 Uhr in die Stadt eingelassen, es muß sofort in Ställe oder Höfe untergebracht und von dort aus erst in den a, b, c 1. bestimmten Stunden nach dem Markte getrieben werden.
3) Das Verweilen der Viehheerden auf den Straßen überhaupt und namentlich in der Umgegend des Viehmarktes wird hierdurch ausdrücklich untersagt. Aus der Bestimmung zu 3 folgt:
4) a) daß das am Morgen eines Markttages in die Stadt eingetriebene Vieh sofort nach dem Viehmarkte getrieben, und wenn daselbst kein Platz mehr sein sollte, nach der Anweisung der Markt-Polizei-Beamten aufgestellt werden muß;
b) daß für die Viehheerden, welche an den Markttagen aus den Ställen und von den Höfen zu Markt getrieben werden, ein gleiches (ad a) zu beachten ist.

Obige Bestimmungen werden hierdurch zur Achtung mit dem Bemerken bekannt gemacht, daß der Uebertreter der einen oder der anderen Anordnung mit einer Geldstrafe von zehn Thalern oder nach Befinden mit körperlicher Strafe wird belegt werden.

Berlin, den 25sten Januar 1825.

Königl. Preuß. Polizei-Präsidium. v. Esebeck.

b. Publicandum.

Das von früher her bestehende Verbot, wonach die zum Schlachten bestimmten Kälber, bei Vermeidung einer Strafe von zwei Thalern, auf Karren und Wagen nicht so transportirt werden sollen, daß die Köpfe überhängen oder gar anschleifen, wird auf höhere Veranlassung hierdurch zur Nachachtung in Erinnerung gebracht, und zugleich bei obiger Strafe verordnet, daß der Transport auch nicht in einer Weise geschehen darf, wo mehr als eine Schicht von Kalbern unmittelbar über einander liegt.

Berlin, den 20sten August 1846.

Königliches Polizei-Präsidium. Köhler.

Reinlichkeit.

16) Straßenreinigung und Bestreuung der Bürgersteige bei Winterglätte.

Republicandum.

Die nachstehende polizeiliche Verordnung:

„1) Jeder Eigenthümer oder Verwalter eines hiesigen Grundstücks ist verpflichtet, längs der ganzen Fronte desselben den Bürgersteig, den Rinnstein bis auf die Sohle und den Straßendamm bis zu seiner Mitte von Moder, Schnee, Eis und anderem Unrath reinigen, die Unreinigkeiten zunächst in Haufen auf dem Damm dicht am Rinnstein zusammen bringen, alsdann aber ohne Verzug gänzlich von der Straße fortschaffen zu lassen. Bei trockner Wilterung muß, zur Vermeidung des Staubes, bei dem Reinigungsgeschäft die Straße vorher besprengt, überhaupt auch nach der Reinigung Wasser aus den Straßenbrunnen von den Eigenthümern, vor deren Häusern sich solche befinden, in die Rinnsteine hinreichend zum Nachspülen eingelassen werden. Diese Straßenreinigung muß in jeder Woche regelmäßig zweimal, Mittwochs und Sonnabends Morgens in den sechs Sommermonaten zwischen 6 und 8 Uhr, in den sechs Wintermonaten zwischen 7 und 9 Uhr, außerdem aber so oft als Unreinigkeiten sich zeigen, Eis sich gebildet hat, oder Schnee gefallen ist, erfolgen.

2) Die Straße darf von Niemanden durch Abwerfen von Schutt, Müll, Scherben, Eis, Schnee, durch Ausgießen von Unreinigkeiten aus den Fenstern, oder auf irgend eine andere Art verunreinigt werden.

3) Bei Winterglätte muß der Bürgersteig mit Sand, Asche oder einem anderen zweckdienlichen Materiale, sobald es tagt, überstreut, und dies so oft wiederholt werden, als Glätte sich zeigt.

4) Diejenigen Gewerbetreibenden, welche bei ihrem Geschäfte viel Wasser gebrauchen, dürfen solches während des Frostes in den Straßenrinnstein nicht ablaufen lassen, sofern dasselbe nicht so heiß ist, daß es selbst bei dem strengsten Froste den Ort seines Abflusses in die Spree, die Gräben oder Canäle erreicht, ohne zu gefrieren. Desgleichen dürfen auch die aus den Häusern nach den Straßenrinnsteinen führenden unbedeckten Abzugsrinnen während des Frostes zur Ableitung des Wassers nicht benutzt und muß das darin sich etwa bildende Eis sofort wieder fortgeschafft werden.

5) Jeder Eigenthümer ist verpflichtet, die vorstehenden Bestimmungen unaufgefordert auszuführen, erfolgt aber auf eine besondere Aufforderung durch den Revier Polizei-Beamten keine sofortige Abhülfe, so hat der Säumige zu gewärtigen, daß die Reinigung der Straße resp.

Fortschaffung des Moders, Schnees und Eises im Wege der Execution auf seine Kosten geschieht. In Betreff der Bestreuung des Bürgersteiges bei Winterglätte aber sind, wegen der hier fur Fußgänger obwaltenden Gefahr im Verzuge, die Revier-Polizei-Beamten angewiesen worden, überall wo sie eine Vernachlässigung in dieser Beziehung wahrnehmen, zur sofortigen Beseitigung der Gefahr, die Bestreuung des Bürgersteiges ohne Weiteres auf Kosten der Säumigen ausführen zu lassen.

6) Außer dem Ersatz der entstandenen Kosten wird jede Nichtbefolgung der vorstehenden Bestimmungen mit einer in Wiederholungsfällen zu schärfenden Geldbuße von Einem Thaler oder verhältnißmäßiger Gefängnißstrafe geahndet werden.

Berlin, den 20sten December 1839."

wird hierdurch in Erinnerung gebracht.

Berlin, den 30sten August 1843.

Königliches Polizei-Präsidium. v. Puttkammer.

17) Aufeisen der Rinnsteine bei Thauwetter.

Republication.

Die nachstehende Verordnung: „Nach den bisherigen Erfahrungen lassen sich beim eintretenden Thauwetter noch viele hiesige Hausbesitzer säumig finden, die Rinnsteine und Brucken vor den Häusern an den Straßen sogleich offnen und aufhauen zu lassen. Damit nun bei künftig eintretendem Thauwetter das Aufeisen schneller und allgemeiner bewirkt, hierdurch aber das Aufstauen des Wassers gegen die Nachbarn vermieden werde, wird den Besitzern der Häuser hiesiger Königlichen Residenzien die alte Verordnung, bei eintretendem Thauwetter die Rinnsteine sogleich unerinnert aufhauen und die Brücken öffnen zu lassen, in Erinnerung gebracht. Derjenige Hausbesitzer, welcher das schleunige Aufeisen bei eintretendem Thauwetter dennoch unterlassen sollte, hat außer dem Schaden-Ersatz, welcher durch seine Unfolgsamkeit seinen Nachbarn erwachsen sollte, noch zwei Thaler Geldstrafe, und daß das Aufeisen auf seine Kosten von Polizei wegen sofort verfügt werden wird, zu gewärtigen. Dabei wird auch dem oberhalb liegenden Eigenthümer, welcher das Aufeisen bewerkstelliget hat, die Befugniß ertheilt, bei seinem säumenden unterhalb liegenden Nachbar auf dessen Kosten mit aufeisen zu lassen, zu deren Wiederbezahlung ihm das Polizei-Direktorium, auf desfallsige Anzeige, ohne alle Weitläuftigkeit verhelfen wird. Berlin, den 6ten Januar 1806." wird hierdurch unter Hinweisung auf die Verordnungen vom 11ten Januar und 10ten December 1842, so wie vom 16ten December 1844, und mit dem Bemerken in Erinnerung gebracht, daß die Revier-Polizei-Commissarien angewiesen sind, für die unverzugliche Befriedigung desjenigen Eigenthümers Sorge zu tragen, welcher in Gemäßheit dieser Verordnung für Rechnung des unterhalb liegenden Nachbars das Aufeisen bewirkt hat.

Berlin, den 15ten Januar 1845.

Königliches Polizei-Präsidium. v. Puttkammer.

18) Verbot des Ausgießens von Flüssigkeiten in den Straßen-Rinnstein bei Frostwetter.

Republication.

Die nachstehende polizeiliche Verordnung: „Das Ausgießen von Flüssigkeiten in die Straßen-Rinnsteine ist während der Dauer des Frostes wegen des sich auf den Straßen bildenden Eises und Schmutzes nicht erlaubt. Jedermann muß, was sehr wohl angeht, sich des in der Haushaltung erzeugten unreinen Wassers auf dem Hofe des von ihm bewohnten Grundstücks entledigen, wogegen als Ausnahme nur bei solchen Grundstücken, welche mit keinen Höfen versehen sind, das Ausgießen von unreinem Wasser in den Straßen-Rinnstein nachgelassen wird; jedoch muß in diesem Falle das sich erzeugende Eis so wie der Schmutz sofort und täglich weggeschafft werden. Jede Uebertretung wird mit der in der Verordnung vom 20sten December 1839 bestimmten Geldbuße von Einem Thaler oder verhältnißmäßiger Gefängnißstrafe geahndet werden.

Berlin, den 5ten Januar 1841."

wird hierdurch in Erinnerung gebracht.

Berlin, den 11ten Januar 1842.

Königliches Polizei-Präsidium. v. Puttkammer.

19) Verunreinigung der ungepflasterten Wege durch Abladen von Schutt, Scherben ꝛc.

Republication.

Nachstehende polizeiliche Bestimmung: „Jede Verunreinigung der im diesseitigen Verwaltungs-Bezirke belegenen ungepflasterten Wege mit Unrath, Schutt oder Scherben wird mit einer Geldbuße von zwei Thalern oder verhältnißmäßiger Gefängnißstrafe geahndet werden.

Berlin, den 23sten Mai 1839."

wird hierdurch in Erinnerung gebracht.

Berlin, den 14ten Juli 1842.

Königliches Gouvernement und Polizei-Präsidium.

v. Müffling. v. Puttkammer.

20) Verunreinigung der Spree und ihrer Kanäle.

Publicandum.

Die bestehende polizeiliche Vorschrift, wonach alles Verunreinigen des Spreestrohmes, imgleichen der Kanäle und sonstigen Wasserläufe innerhalb hiesiger Residenz, durch Hineinwerfen von Mull oder anderer dergleichen Gegenstände, so wie zur Winterszeit durch Schnee, bei zwei Thaler Strafe verboten ist, wird hierdurch in Erinnerung gebracht, mit dem Bemerken, daß ein Jeder, welcher diesem Verbot zuwider handelt, nicht nur mit gedachter Geldstrafe belegt, sondern außerdem auch noch zur Reinigung des Strohms oder Kanals an der betreffenden Stelle angehalten oder diese Reinigung auf seine Kosten bewirkt werden wird.

Zugleich wird sämmtlichen Schiffern die genaue Befolgung des Regulativs vom 1sten Januar 1814, nach welchem sie, bei Vermeidung einer Geldbuße von 4 Thalern oder verhältnißmäßiger Gefängnißstrafe, gehalten sind, das Ufer von der mit der Ausladung verknüpft gewesenen Verunreinigung wieder zu säubern, auch den im Schiffsgefäße selbst zurückbleibenden Schutt und Abfall nicht ins Wasser zu werfen, sondern ihn im Gefäße zu behalten und sich dessen außerhalb der Stadt auf eine andere Art, als durch Ausschütten in den Strohm zu entledigen, auch über die Erfullung dieser Verpflichtung sich mit einem Atteste des Revier=Polizei=Commissarius zu versehen, hierdurch wiederholentlich eingeschärft mit dem Beifügen, daß auch sie außer der festgesetzten Strafe die obige allgemeine Verpflichtung zur Wiederaufräumung der verunreinigten Strohmstelle trifft.

Berlin, den 9ten Juni 1823.

Königliches Polizei=Präsidium hiesiger Residenz. v. Esebeck.

21) Verunreinigung des Stadtgrabens.

Bekanntmachung.

Das bestehende polizeiliche Verbot der Verunreinigung des Stadtgrabens durch Einwerfen von Müll und anderen Unreinigkeiten wird hierdurch erneuert, mit dem Beifügen, daß jede Contravention mit zwei Thalern Geld= oder verhaltnißmäßiger Gefängnißstrafe geahndet werden wird.

Berlin, den 6ten September 1832.

Königliches Polizei=Präsidium. Gerlach.

22) Verbot des Ausschuttens der Nachteimer in die Spree und andere Wasserläufe.

Bekanntmachung.

Die Verunreinigung der Spree und der in der Stadt durchfließenden Kanale durch das Ausschutten von Nachteimern und anderem Unrath wird, nachdem dem entsprechenden Bedurfnisse der mit keinen Mistgruben auf den Höfen versehenen Häuser durch die Latrinen-Reinigungsanstalt, neue Königsstraße No. 53., abgeholfen ist, hierdurch untersagt. Dies wird mit dem Bemerken, daß vom 1sten Januar 1842 ab jede Verunreinigung der Spree und der Kanale durch Ausschütten von Nachteimern und anderem Unrath gegen die Herrschaft, welche solches veranlaßt, mit einer Geldstrafe von funf Thalern, gegen die contravenirenden Dienstboten und Arbeiter aber mit einer viertagigen Gefängnißstrafe gerugt werden wird, zur offentlichen Kenntniß gebracht.

Berlin, den 4ten December 1841.

Königliches Polizei-Präsidium. v. Puttkammer.

23) Reinigung der Abtritte und Austragen der Nachteimer.

Bekanntmachung.

Die nachfolgenden bereits bestehenden polizeilichen Bestimmungen werden hierdurch in Erinnerung gebracht:

1) Das Ausräumen der Abtritte, so wie die Abfahrt und die Austragung beweglicher Latrinen und Nachteimer bei Tage ist unbedingt untersagt. Es darf damit vor 11 Uhr Abends nicht angefangen und es muß dies Geschäft vom 1sten April bis 1sten October um 6 Uhr und vom 1sten October bis 1sten April um 8 Uhr Morgens beendet und die Straße völlig gereinigt sein.

2) Der Eigenthümer, Administrator, der Vicewirth, so wie jeder Miether, der gegen dies Verbot handelt, oder durch andere dagegen handeln laßt, verfallt in eine Strafe von zwei Thalern; die mit dem Ausräumen der Gruben und der Abfahrt oder Austragung beschäftigten Arbeiter haben dagegen bei Uebertretung dieser Vorschrift achtundvierzigstündige Gefängnißstrafe zu gewärtigen. Die Herren der mit dem in Rede stehenden Geschäfte beauftragten Knechte sind, nach Befinden der Umstände, für die Handlungen der Letzteren verantwortlich und haben im Uebertretungsfalle eine Strafe von zwei Thalern zu gewärtigen.

3) Das Ausschutten der Nachteimer und anderen Unraths in die Spree und in die, die Stadt durchfließenden Kanäle ist unbedingt verboten. Dem entsprechenden Bedürfnisse der mit keinen Mistgruben versehenen Grundstücke ist durch die Latrinen-Reinigungs-Anstalt, neue Königsstraße No. 53., abgeholfen.

4) Die Uebertretung dieses Verbots wird gegen die Herrschaft, die solches veranlaßt, mit einer Geldbuße von fünf Thalern, gegen die contravenirenden Dienstboten und Arbeiter aber mit einer viertägigen Gefängnißstrafe gerügt werden.

5) Eine gleiche viertägige Gefangnißstrafe haben diejenigen zu erwarten, welche geleerte Nachteimer an den Straßenbrunnen reinigen.

6) Das Ausschütten der Nachteimer auf die Straße und in die Straßen-Rinnsteine wird mit achttägiger Gefängnißstrafe geahndet werden.

Berlin, den 14ten October 1842.

Königliches Polizei-Präsidium. **Köhler.**

24) Professionisten, die übelriechende Stoffe verarbeiten, sollen keine Abgänge aushängen und wenn sie nicht am fließenden Wasser und freien Luftzuge wohnen, tiefe Senkgruben auf ihren Höfen haben.

Verordnungen.

Den hiesigen Einwohnern wird hierdurch die Verordnung vom 24sten November 1798 zur genauesten Befolgung in Erinnerung gebracht, wodurch in Betreff der Loh- und Weißgerber, Corduanmacher, Leimkocher, Darmsaitenmacher und überhaupt aller Professionisten, bei denen die Ausübung des Gewerbes mit bösartigen Ausdünstungen thierischer Materialien verbunden, folgendes festgesetzt ist:

1) Daß die Anlegung neuer Werkstätten zu den genannten Gewerben lediglich am fließenden Wasser und zwar an dessen Abfluß und an solchen Orten, wo der freie Zug der Luft nicht durch enge Bebauung verhindert wird, gestattet sein, und deshalb von jeder neuen Anlage der Polizeibehörde zur Veranlassung der Besichtigung und Genehmigung Anzeige gemacht werden soll, wobei es denn in einzelnen Fällen dem Polizei-Präsidenten allein zusteht, nach vorhergegangener Untersuchung der Local-Umstände, Ausnahmen von der Regel zu machen.

2) Daß bei den schon bestehenden Anlagen, welche die erwähnten Erfordernisse nicht besitzen, die zu verarbeitenden Materialien, so

lange sie noch einen faulen Geruch verbreiten, nicht von den Waschbänken und Höfen auf freie Straßen und Plätze gebracht und daselbst ausgehängt werden dürfen, bei einer Strafe von fünf Thalern im ersten, von zehn Thalern im zweiten und bei gänzlicher Untersagung des Gewerbebetriebes im öfter wiederholten Contraventionsfalle.

3) Daß diejenigen Professionisten, deren Werkstätte nicht am fließenden Wasser belegen sind, gehalten sein sollen, auf ihren Hofstellen tiefe Senkgruben zur Aufnahme der Unreinigkeiten einzurichten und bei zwanzig Thaler Strafe weder die Abgänge noch die Jauche nach der Straße abführen dürfen.

4) Daß bei der Veräußerung solcher Häuser, welche vorschriftswidrige Anlagen der Eingangs bezeichneten Art enthalten, der Verkauf nicht ferner an dergleichen gewerbetreibende Burger geschehen soll, es sei denn, daß die ausdrücklichen letztwilligen Bestimmungen des Erblassers hierbei eine Begünstigung nothwendig machen.

Berlin, den 24sten September 1810.

Königlicher Polizei-Präsident von Berlin. Gruner.

Bequemlichkeit und Annehmlichkeit.

25) Verbot der bettelhaften Neujahrsgratulationen.

Bekanntmachung.

Daß das sogenannte Neujahr-Gratuliren zur Erlangung kleiner Geschenke, welches früher Almosen-Empfänger, Gesinde, Handwerksgesellen und Lehrlinge, so wie selbst einzelne Beamte der geringeren Klasse häufiger sich erlaubten, als eine nicht zu duldende Belästigung der hiesigen Einwohner untersagt ist, und vorkommenden Falls als eine verbotene Bettelei gerügt werden soll, wird hierdurch in Erinnerung gebracht.

Berlin, den 24sten December 1844.

Königl. Polizei-Präsidium. v. Puttkammer.

26) Holzkleinmachen auf der Straße.

Bekanntmachung.

Die nachfolgende Bekanntmachung: „Nachstehende Bestimmungen, die Nutzung der Straßen zum Kleinmachen des Brennholzes betreffend, werden hierdurch bekannt gemacht: 1) wo irgend genugender Hofraum vorhanden ist, muß durchgängig auf diesem das Kleinmachen des Holzes erfolgen und jede Nutzung der Straße dazu ganz unterbleiben. Die hin und wieder in den Mieths-Contrakten wahrgenommenen Verabredungen zwischen Eigenthümern und Miethern, nach welchen letzteren zur Pflicht gemacht ist, dieser Vorschrift entgegen, sich der Straße zu obigem Zwecke zu bedienen, sind, wie alle gegen ein ausdruckliches Verbotgesetz laufende Verträge, unverbindlich; 2) in allen Fällen, für welche wegen gänzlichen Mangels oder allzugeringer Geräumigkeit der Höfe die Benutzung der Straße zu dem Zwecke uberhaupt noch gestattet bleibt, muß das Holz beim Abladen von dem Wagen sogleich in Haufen von der Tiefe der Klobenlängen fest und auch nicht höher, als solches mit vollständiger Sicherung gegen den Wiederumsturz einzelner Lagen vereinbar bleibt, auf der Seite des Straßendammes hart am Rinnstein zusammengeschichtet werden, und es darf dabei so wenig, als bei dem Zersägen und Spalten des Holzes selbst, der Bürgersteig, dessen Bewerfung mit kleingehauenem Holze ebenfalls verboten bleibt, benutzt werden, sobald der Damm nicht allzuschmal ist; 3) das Einschlagen von Pflöcken oder Pfahlen zwischen dem Steinflaster zur Befestigung der Hauklötze ist unbedingt untersagt; 4) zum Kleinmachen von Holz, welches nicht zum eigenen Verbrauche bestimmt ist, darf die Straße unter keinen Umständen genutzt werden. Das Gewerbe des betreffenden Detailhandels darf daher nur in solchen Grundstücken, welche mit zureichendem Hofraume versehen sind, um auf letzterem das Sägen und Spalten bewirken zu können, betrieben, oder es muß das Holz an einem andern passenden Orte schon klein gemacht sein und so angefahren werden; 5) jede Uebertretung obiger Vorschriften zieht 3 Thaler Geld- oder verhältnißmaßige Gefängnißstrafe nach sich.

Berlin, den 22sten September 1838.

Königliches Gouvernement und Polizei-Präsidium."

wird hierdurch in Erinnerung gebracht.

Berlin, den 2ten October 1845.

Königliches Gouvernement. Königliches Polizei-Präsidium.
v. Ditfurth. v. Puttkammer.

27) Freihaltung der Nummerpfeile, Hausnummern und Straßenschilder.

Bekanntmachung.

Zur leichteren Auffindung bestimmter Häuser bei Abendzeit besteht die Einrichtung, daß an denjenigen Häusern, wo Straßenlaternen angebracht sind, die Hausnummern nebst einem, den Lauf der Zählung anzeigenden Pfeil, an einer beleuchteten Stelle, mit schwarzer Oelfarbe deutlich aufgemalt sein sollen. Die betreffenden Haus-Eigenthümer und Verwalter werden hierdurch an ihre Verpflichtung erinnert, diese Nummern und Pfeile stets deutlich zu erhalten, und wo dieselben zerstört oder noch gar nicht angebracht gewesen sind, neu anmalen zu lassen. Die Revier-Polizei-Commissarien sind neuerdings angewiesen worden, hierauf Acht zu haben, und wo ein Mangel gefunden wird, denselben nach fruchtloser Aufforderung des Verpflichteten, sogleich auf dessen Gefahr und Kosten beseitigen zu lassen. Gleichzeitig wird verordnet, daß Niemand, bei sofortiger Wegschaffung auf seine Kosten und, nach den Umständen, einer Polizeistrafe bis zu 5 Thalern, die gedachten Nummern und Pfeile, so wie die gewöhnlichen Hausnummern und die Straßen-Benennungs-Bleche durch Anbringung von Schildern, Markisen, Ladenthüren, Ankleben von Zetteln, oder auf irgend eine andere Weise verdecken darf.

Berlin, den 9ten April 1844.

Königliches Polizei-Präsidium. v. Puttkammer.

28) Verbot, die Hunde über Nacht auszusperren.

Bekanntmachung.

Es wird hierdurch in Erinnerung gebracht, daß nach dem Publicandum vom 7ten November 1831 das Ausschließen der Hunde aus den Häusern zur Nachtzeit bei einer Geldbuße von 2 Thlr., welche im Wiederholungsfall auf 5 Thlr. erhöhet und bei Unvermögen in verhältnißmäßige Gefängnißstrafe verwandelt wird, untersagt ist. Die Nachtwächter sind in der ihnen ertheilten Instruction angewiesen, auf die Befolgung dieser Vorschrift, so wie darauf zu achten, daß die Hausthüren in den Monaten August bis incl. Mai von 10 Uhr, in den Monaten Juni und Juli aber von 11 Uhr ab des Nachts verschlossen gehalten werden, wofür die Hauswirthe zu sorgen verpflichtet sind. Wer dieser Verpflichtung nicht genügt, wird von den Nachtwächtern geweckt und dazu angehalten werden, und hat außerdem dem Wächter an Gebühren zwei und einen halben Silbergroschen zu zahlen.

Berlin, den 9ten Mai 1842.

Königliches Polizei-Präsidium. Köhler.

29) Feder- und anderes Mastvieh soll nicht auf der Straße umherlaufen.

Verordnung.

Obwohl wiederholentlich festgesetzet worden, daß die Besitzer von Feder- und anderem zur Mastung bestimmten Vieh solches nicht auf den Straßen umherlaufen lassen sollen, so wird dennoch dieses Verbot häufig übertreten. Es wird deshalb hierdurch bekannt gemacht, daß alle diejenigen, welche gegen dies Polizeigesetz contraveniren, mit 2 Thaler Geldbuße oder mit verhältnißmäßigem Gefängniß unfehlbar bestraft werden sollen.

Berlin, den 19ten August 1814.

Königlicher Staatsrath und Polizei-Präsident von Berlin.
le Coq.

30) Schlächter sollen vor ihren Häusern nicht Fleisch nach der Straße zu aushängen oder ausstellen.

Bekanntmachung.

Die polizeiliche Verordnung vom 3ten Januar 1806, nach welcher es den Schlächtermeistern, welche Fleisch im Hause verkaufen, bei 2 Thlr. Strafe untersagt ist, auf den öffentlichen Straßen Fleisch aufzuhängen, oder vor ihren Verkaufsstellen und Wohnungen Tische mit Waaren auszustellen, wird hierdurch zur genauesten Beachtung in Erinnerung gebracht.

Berlin, den 12ten Februar 1836.

Königliches Polizei-Präsidium. Gerlach.

31) Verbot des Wäschespülens an den Straßenbrunnen.

Republication.

Die nachstehende Verordnung:

„Dem Publicum wird hierdurch in Erinnerung gebracht, daß das Spülen der Wäsche an den öffentlichen Straßenbrunnen bei 15 Sgr. Strafe für jeden Contraventionsfall verboten ist.

Berlin, den 2ten December 1842.“

wird hierdurch wiederholt bekannt gemacht.

Berlin, den 16ten December 1842.

Königliches Polizei-Präsidium. v. Puttkammer.

32) Verbot des Sonnens und Ausklopfens der Fußdecken und Betten und des Wäschetrocknens an den Fenstern rc.

Republication.

Nachstehende Bekanntmachung: „Die längst bestehenden Polizei-Verordnungen, welche die Benutzung der Straßen und öffentlichen Plätze zum Sonnen und Ausklopfen der Betten und Fußdecken, so wie zum Trocknen der Wäsche, mit Einschluß des Aufhängens der letztern vor den in der Vorderfronte der Häuser befindlichen Fenstern, bei Zwei

Thalern Geldbuße oder verhältnißmäßiger Gefängnißstrafe untersagen, werden dem Publikum hierdurch wiederholt mit dem Bemerken in Erinnerung gebracht, daß der Gebrauch der Alleen und Plätze des Thiergartens, so wie aller Land- und frequenten Communikations-Straßen außerhalb der Thore nebst deren offenen, unmittelbaren Umgebungen zu irgend einem der angegebenen Zwecke gleichmäßig verboten ist.

Berlin, den 1sten Mai 1835.

Königliches Polizei-Präsidium."

wird hierdurch in Erinnerung gebracht.

Berlin, den 6ten Mai 1844.

Königliches Polizei-Präsidium. v. Puttkammer.

33) Verbot des Zerstörens der Vogelnester und Wegfangens der Vögel.

Bekanntmachung.

Das Zerstören und Ausnehmen der Vogelnester sowohl, als das Tödten und Wegfangen der Vögel in den Königlichen Forsten ist durch frühere Verordnungen bei namhafter Geld- oder Leibesstrafe untersagt, das Fangen der Nachtigallen aber allgemein verboten worden. Diese Verordnungen finden auch auf die Gegend um hiesige Residenz, namentlich auf den Thiergarten Anwendung, und da bemerkt worden ist, daß hier nicht überall denselben nachgelebt wird, so bringen wir die betreffenden Bekanntmachungen vom 8. Mai 1770, 20. Juni 1797, 24. April 1798 und 29. December 1803, dem Publikum hierdurch mit dem Eröffnen in Erinnerung, daß ein Jeder, welcher im Thiergarten beim Ausnehmen der Vogelnester, so wie beim Vogelfange, oder in den Gegenden um die Residenz beim Fangen der Nachtigallen betroffen wird, sofort ohne Ansehen der Person arretirt und den Gesetzen gemäß bestraft werden soll.

Den Forstbeamten ist es zur Pflicht gemacht worden, strenge darauf zu wachen, daß diesen Bestimmungen ein Genüge geleistet wird. Hiernach hat sich Jedermann zu achten.

Berlin, den 25. März 1819.

Königl. Preuß. Regierung. II. Abtheilung.

34) Schutz der Anlagen im Thiergarten.

Warnungstafel.

Jede Beschädigung der Anpflanzungen, Besaamungen und Gehege im Thiergarten ist, außer dem Schadenersatze, bei Zehn Thalern; das Fahren und Reiten außer den ausdrücklich dazu bestimmten Wegen, bei Fünf Thalern; das Treiben von Viehheerden jeder Art durch die Alleen und Promenaden des Thiergartens, gleichfalls bei Fünf Thalern Geld- oder verhältnißmäßiger Leibesstrafe; das Tabackrauchen und

Verunreinigen der Promenaden durch Kehricht und dergleichen, bei Zwei Thalern, und das Gehen außer den Wegen bei einem Thaler Geld- oder verhältnißmäßiger Gefängnißstrafe verboten. Die frei herumlaufenden, nicht an der Leine gefuhrten Hunde sollen eingefangen und nur auf Nachweis der Erlegung von Zwei Thalern Strafe für jeden und außerdem Vergütigung der Futterkosten zurückgegeben, insofern der Eigenthümer aber nicht binnen längstens acht Tagen deshalb sich meldet, getödtet oder anderweit darüber disponirt werden. Auch soll jeder beim Fangen der Vögel oder Zerstören der Nester Ertappte nach den Gesetzen bestraft werden.

Berlin, den 14. October 1834.

Königl. Preuß. Gouvernement und Polizei-Präsidium hiesiger Residenz.

(gez.) v. Tippelskirch. Gerlach.

III.

Polizeiliche Vorschriften über den Gewerbebetrieb der Schiffer und Fuhrleute und über das Fahren und Reiten.

Schiffer.

1) Regulativ uber das Verhalten der in der Stadt anlegenden Schiffer.

Publicandum.

Dem Schiffahrt treibenden Publikum werden nachstehende Vorschriften in Absicht der hiesigen Strom-Polizei auf der Spree und ihren verschiedenen Armen, zur genauesten Achtung hierdurch wiederholentlich bekannt gemacht:

1) Für jedes befrachtete Schiffsgefäß, welches innerhalb der Stadt ausgeladen werden soll, und nicht nach den Packhofen oder für Königl. Rechnung nach einem Holzmarkte, dem Eisenmagazin, der Eisengießerei u. s. w. bestimmt ist, wird beim Einpassiren am Baume, außer dem Baumzettel, mit welchem der Schiffer sich bei der Packhofsbuchhalterei melden muß, eine von dem Polizei-Präsidenten ausgestellte Karte mit der Anweisung zur Lösung des polizeilichen Ausladescheins, gegen Niederlegung eines Pfandes von 7½ Sgr. ertheilt.

2) Der Schiffer meldet sich, unter Vorzeigung dieser Karte, bei dem Polizei-Kommissarius, in dessen Revier der Platz gelegen ist, an dem er anlegen und ausladen zu durfen wünscht. Der Polizei-Kommissarius prüft die Zulässigkeit seines Gesuchs mit Rücksicht auf die, ihm zugekommenen besondern Verhaltungs-Vorschriften, und weiset ihn diesem gemäß entweder an, eine andere Stelle zu suchen, oder ertheilt ihm den förmlichen Ausladeschein, fur welchen 3 Sgr. 9 Pf. entrichtet werden.

In so fern einzelne Behörden oder Privatpersonen noch besondere Rechte auf bestimmte Ausladestellen haben, muß auch deren Zustimmung von den Schiffern beschafft werden. Die Verbindlichkeit zur Lösung des polizeilichen Ausladescheins bleibt jedoch deshalb völlig unverändert.

3) Dieser Ausladeschein giebt dem Schiffer in der Regel das Recht, auf der ihm angewiesenen Stelle acht Tage lang zu liegen. Muß er längere Zeit verweilen, so ist er verpflichtet, einen neuen Erlaubnißschein bei dem nämlichen Revier-Kommissarius nachzusuchen. Dergleichen erneuerte Ausladescheine sollen aber nur unter besondern Umständen, jederzeit auf nicht länger als abermalige acht Tage, und nie anders, als gegen wiederholte Entrichtung der Gebuhren von 3 Sgr. 9 Pf. ertheilt werden.

Diese Bedingungen bleiben unverändert, wenn mehrmalige Erneuerungen für zulässig erachtet werden.

4) Jeder Schiffer ist dafür verantwortlich, daß durch die Anlegung seines Gefäßes die Ufer und Schälungen, auch die auf selbigen befindlichen eisernen und hölzernen Geländer nicht beschädigt werden. Zur Verhütung von dergleichen Beschädigungen dürfen die Schiffe nur an einen deshalb eingeschlagenen Pfahl, oder auf eine andere unschädliche Art befestigt, nicht aber an die vorgedachten Geländer angebunden werden. Auch ist der Schiffer verbunden, das Ufer, soweit die Nothwendigkeit dazu durch die Ausladung herbeigeführt ist, wieder zu reinigen. Den im Gefäße selbst zuruckbleibenden Schutt und Abfall darf er nicht ins Wasser werfen, sondern muß solchen im Gefäße behalten, wieder zur Stadt hinausnehmen und auch dort anderweit, als in den Strom, sich desselben entledigen. Ueber die Erfullung der hier erwähnten Verpflichtungen muß er sich ein Attest des Polizei-Kommissarius beschaffen, ohne welches er auf der Ruckfahrt nicht durch den Baum gelassen wird.

5) Beim Auspassiren giebt der Schiffer die Anweisung zum Ausladungs-Erlaubnißschein, diesen Schein selbst und das zu 4. erwähnte Attest in der Thor-Expedition ab, und erhält dagegen das bei der Ankunft niedergelegte Pfand von 7½ Sgr. zurück.

6) Schiffer, die ausgeladen haben, sind verpflichtet, auf Anweisung abzustoßen, neu ankommenden befrachteten Gefäßen Platz zu machen, und überhaupt die Stellen zu räumen, wenn ihre Liegezeit auch noch nicht abgelaufen sein sollte.

7) Auch die Anlegung leerer Schiffsgefäße innerhalb der Stadt darf künftig ohne jedesmalige ausdrückliche polizeiliche Erlaubniß, welche bei dem betreffenden Revier-Kommissarius nachzusuchen ist, nicht Statt finden. Auf längere Zeit, und insbesondere zur Ueberwinterung, müssen die Schiffsgefäße in der Regel außerhalb der Stadt angelegt werden.

8) Jeder Schiffer ist verpflichtet, den schon bestehenden gesetzlichen Bestimmungen, wohin namentlich auch die speciellen Vorschriften vom 18ten April 1813, das Aufziehen der Brücken betreffend, und vom 20sten November 1810, wegen des Feueranmachens auf den Schiffsgefäßen gehören, so wie den etwa an ihn ergehenden besonderen Anweisungen der Polizei-Officianten, mit Einschluß der Strommeister, überall auf das Pünktlichste und unweigerlich Folge zu leisten. Sie werden von diesen dagegen auch wider alle etwanige Beeinträchtigungen

in ihren Gerechtsamen und Befugnissen, so weit sie sich zur polizeilichen Cognition irgend eignen, Schutz und Hülfe jederzeit finden. Beschwerden von Wichtigkeit, und in so fern sie gegen das Verfahren einzelner Beamten gerichtet sind, werden bei dem Polizei-Präsidio angebracht.

9) Jeder Schiffer, welcher diesen Vorschriften in irgend einer Art zuwider handelt, verfallt in eine unerläßliche Geldbuße von 4 Thalern oder verhältnißmäßige Gefängnißstrafe. Beschädigung der Brücken, Ufer und Schälungen zieht uberdies noch die Verpflichtung zum Schadenersatze; Widersetzlichkeit gegen die Officianten und deren Anweisungen augenblickliche Verhaftung und die in den Gesetzen darauf festgestellte Strafe unausbleiblich nach sich.

Berlin, den 26sten December 1823.

Königliches Polizei-Präsidium hiesiger Residenz.

(gez.) v. Esebeck.

2) Durchschleusen der Schiffe und der Floßhölzer.

a) Bekanntmachung.

Zur Aufrechterhaltung der Ordnung auf der Spree können Schiffsgefäße nur in der nach der Zeit ihrer Ankunft resp. bei der Ober-Baums- und Moabiter-Brucke gebildeten Reihefolge zur Schleuse gelassen werden. Fahrzeuge, welche ihre Ladungen nur theilweise löschen oder einnehmen und dann zur Schleuse weiter fahren, müssen ebenfalls in der von den Bäumen ab gebildeten Reihefolge der zur Schleuse bestimmten Kähne verbleiben. Die Fuhrer der Schiffsgefäße, welche hiergegen handeln, verfallen in eine Geldbuße bis zu fünf Thalern oder verhältnißmäßige Gefängnißstrafe. Sie werden außerdem mit ihren Fahrzeugen an einen bestimmten Liegeplatz verwiesen und nicht früher durch die Schleuse gelassen, bis ihnen das Durchschleusen nach der Reihefolge zusteht. Fahrzeuge, deren Ladungen gänzlich gelöscht worden sind, werden übrigens, wie bisher, entweder bei der Ausladestelle oder vor der Inselbrücke und vor dem Kupfergraben zu der Schleuse einrangirt.

Berlin, den 27. Navember 1843.

Königliches Polizei-Präsidium. v. Puttkammer.

b) Bekanntmachung.

Schiffs- oder Floßholzführer, welche unmittelbar zur Schleuse fahren, dürfen, bei zwei Thaler Geld- oder verhältnißmäßiger Gefängnißstrafe, die Schloß- oder resp. die Gertraudten-Brücke nicht passiren, bevor sie nicht die Schifffahrtsabgaben berichtigt haben und im Stande sind, sich darüber auszuweisen. Eine Ausnahme von dieser Verpflichtung findet jedoch in Ansehung solcher Schiffsgefäße statt, welche zwischen den beiden gedachten Brucken ausladen und zu diesem Behufe mit einem polizeilichen Ausladescheine versehen sind. Eine gleiche Strafe trifft auch diejenigen Schiffer, welche mit ihren Schiffsgefäßen oder Floßhölzern willkührlich vor der Schleuse liegen bleiben und dort die Wasserräume beengen, sofern sie nicht sofort nach Anweisung des Schleusen- oder Strommeisters oder sonst eines Polizei-Beamten zurücklegen.

Berlin, den 25sten April 1845.

Königliches Polizei-Präsidium. v. Puttkammer.

3) Ordnung für die durch die Moabiter Brücke nach Berlin passirenden Schiffe.

Bekanntmachung.

Zur Aufrechthaltung der Ordnung auf der Spree außerhalb der Stadt vor dem Unterbaum ist Folgendes bestimmt worden:

1) Bei außergewöhnlich lebhafter Schifffahrt, namentlich bei jedem starken Andrange der Schiffsgefäße nach der Stadt, wird die Moabiterbrücke durch Vorlegung des Schwimmbaums gesperrt und zwischen dieser Brücke und dem Unterbaum nur diejenige Anzahl von Schiffsgefäßen zugelassen werden, welche der gedachte Stromtheil bequem aufnehmen kann.

2) Jeder Schiffer, welcher zu solchen Zeiten die Moabiter-Brücke stromaufwärts passiren will, muß zuvor klar, d. h. bei der Steuer- und Polizeibehörde zum Einlaß abgefertigt und mit den nöthigen Papieren versehen, auch jedes Fahrzeug, welches die Schleuse in Berlin passiren wird, abgeleichtert sein, um die Fahrt bis zum Bestimmungsorte ohne Aufenthalt fortsetzen zu können, und sich darüber auf Erfordern gegen den dort stationirten Polizei-Beamten ausweisen.

3) Letzterer ertheilt denjenigen Schiffern, welche mit ihren Fahrzeugen den Unterbaum passiren wollen, nach der Reihefolge ihrer Ankunft, sobald sie klar sind, numerirte Karten, welche am Unterbaum dem daselbst revidirenden Steuerbeamten ausgehändigt werden müssen.

4) Kein Schiffer darf die ihm durch die Nummerkarte angewiesene und durch die Zahl derselben bestimmte Reihefolge verlassen, sich vordrängen oder anderen Schiffern vorbeifahren. Die Schiffer sind daher schuldig, dem Polizeibeamten mit Einschluß des Strommeisters ihre Nummerkarte auf Erfordern überall vorzuzeigen.

5) Sämmtliche Fahrzeuge passiren nur nach der Reihefolge ihrer Nummern den Unterbaum und müssen, wenn sie wegen Ueberfüllung des Stromes innerhalb der Stadt nicht sogleich zugelassen werden können, vor dem Unterbaum am linken Spreeufer nach der ertheilten Nummer in dreifacher Reihe gestreckt hinter einander angelegt werden.

6) Die rechte Stromseite unterhalb des Unterbaums, welche nur zum Ausgange der Fahrzeuge aus der Stadt bestimmt ist, darf so wenig als die Mitte des Stromes mit Fahrzeugen belegt werden. Ueberhaupt müssen alle zwischen der Moabiter-Brücke und dem Unterbaum

so wie durch die Stadt sowohl stromauf- als stromabwärts fahrende Schiffsgefäße in der Regel jedem entgegenkommenden Fahrzeuge rechts so weit ausweichen, daß hinlanglicher Raum fur jedes voruberfahrende Gefäß gegeben wird.

7) Leere Fahrzeuge, welche nach dem Spreetheil zwischen der Moabiter-Brucke und dem Unterbaum sich begeben, um dort Salz oder andere Gegenstände einzuladen, desgleichen Fahrzeuge, welche daselbst entfrachtet worden sind, durfen, so lange sie auf die einzunehmende Ladung warten, nur unterhalb der letzten Bade-Anstalt an das rechte Spreeufer gestreckt hintereinander angelegt werden, und mussen daselbst so lange verweilen, bis der Einlageschein von dem Salzschifffahrts-Comtoir oder der polizeiliche Erlaubnißschein zum Anlegen an eine andere Stelle erlangt worden ist.

8) Die sämmtlichen an dem rechten Spreeufer liegenden Fahrzeuge müssen zur Freihaltung des Trödelweges ohne Ausnahme die Masten niedergelegt haben.

9) Das Ableichtern, Um- und Ueberladen darf nur unterhalb der Moabiter-Brücke statt finden.

10) Freies Kochfeuer auf den Kähnen zu halten, ist für den Spreetheil zwischen dem Unterbaum und der Moabiter-Brücke unbedingt untersagt. Die Feuerung in den Oefen der Cajuten wird nur auf die besonders für jedes Fahrzeug nachzusuchende Erlaubniß nach Vorschrift der Bekanntmachung vom 7. December 1837 mit Rucksicht auf die Oertlichkeit gestattet.

11) Die mit Vorschleusepässen versehenen Fahrzeuge, imgleichen diejenigen, welche von Königlichen Beamten gefuhrt werden, ferner die Dampfschiffe, Gondeln, Fischerkähne und Fischdröbel, überhaupt alle nicht vermessungspflichtige und als solche nicht bezeichnete, so wie diejenigen Fahrzeuge, deren Fuhrer sich daruber vollständig ausweisen können, daß sie auf dem Stromtheil zwischen der Moabiter-Brücke und dem Unterbaum ein- oder ausladen, passiren den Baum an der Moabiter-Brücke ohne die polizeiliche Nummerkarte.

12) Der Ausweis hieruber muß durch Vorzeigung der Vorschleusepässe, der Frachtbriefe und der von den Schiffern bereits beschafften polizeilichen Ausladescheine bei dem Strompolizeibeamten an der Moabiter-Brücke gefuhrt werden. Die Schiffsgefaße, welche für Rechnung der Königlichen Porzellan-Manufactur fahren, und die mit Salz beladenen Kähne mussen, da sie von Lösung der polizeilichen Ausladescheine befreit sind, Atteste der Königlichen Porzellan-Manufactur resp. des Salzschifffahrts-Comtoirs statt des polizeilichen Ausladescheins vorzeigen.

13) Für die zwischen der Moabiter-Brucke ein- oder ausladenden Kähne, welche ohne Nummerkarte die Moabiter-Brücke passiren, müssen nachträglich Nummerkarten gelös't und die Schiffsgefäße der Reihefolge angeschlossen werden, wenn sie um Ladungen zu löschen oder einzunehmen später den Unterbaum passiren sollen.

14) Für die stromabwärts fahrenden Fahrzeuge tritt bei der Moabiter-Brücke keine Beschränkung ein, dieselben können vielmehr die gedachte Brücke jederzeit passiren.

15) Alle Fahrzeuge mussen aber bei Passirung der Moabiter-Brücke zwischen der Lutzschen Damen-Bade-Anstalt oberhalb der Brücke und dem Stationspfahle unterhalb der Brücke mit niedergelassenen Segeln schwimmen.

16) Sobald auf der Spree zwischen der Moabiter- und Unterbaums-Brücke so viele Fahrzeuge befindlich sind, daß dieser Stromtheil deren nicht mehrere bequem aufnehmen kann, werden bis wieder hinreichender Platz vorhanden ist, weiter keine Fahrzeuge zugelassen.

17) Diejenigen Fahrzeuge, welche stromaufwärts bei der Moabiter-Brücke ankommen und dieselbe nach dem Vorstehenden nicht sofort passiren können, dürfen sich der Brücke nur bis zu dem unterhalb derselben aufgestellten Stationspfahle nähern, und mussen von da ab an das linke Spreeufer (Thiergartenseite) nach der Folge ihrer Ankunft in vierfacher Reihe gestreckt hintereinander anlegen.

18) Die Befestigung der Fahrzeuge daselbst darf nur durch Auswerfen der Anker in den Grund des Stromes, niemals aber durch Auswerfen desselben auf das Ufer erfolgen. Außerdem ist zur bessern Sicherheit bei ungünstigem Winde das Einschlagen eines etwa sechs Zoll starken Pfahls, jedenfalls aber mindestens acht Fuß von der Spree entfernt, und die Befestigung des Fahrzeuges an denselben mittelst eines niedrig angebrachten den Trödelweg nicht versperrenden Taues erlaubt.

19) Das rechte Spreeufer ist lediglich zum Ausladen der Kähne und für die Passage der von der Moabiter-Brücke stromabwärts fahrenden Schiffsgefäße bestimmt. Andere Fahrzeuge dürfen deshalb daselbst unter keinerlei Umständen anlegen oder sich aufhalten.

20) Jede Uebertretung dieser, sowie der besonderen zur Ausführung der allgemeinen Vorschriften erforderlichen Anordnungen der Polizei-Beamten einschließlich der Strommeister, desgleichen der sonstigen auf den Stromverkehr bezüglichen polizeilichen Vorschriften, mit welchen die Schiffer vor Passirung der Moabiter-Brücke sich bekannt machen müssen, wird mit fünf Thalern Geld- oder verhältnißmäßiger Gefängnißstrafe belegt, im Fall eines beharrlichen Ungehorsams aber der Widerspenstige sofort verhaftet werden.

Berlin, den 13. Juni 1842.

Königliches Polizei-Präsidium.

4) Ueberwintern der Schiffe innerhalb der Stadt.

Bekanntmachung.

Den Schiffern, welche behindert sind, sich nach eingetretenem Frost mit ihren innerhalb der Stadt befindlichen Schiffsgefäßen nach den Ueberwinterungs-Depots vor den Wasserthoren zu begeben, wird hierdurch bekannt gemacht, daß sie bei dem Polizei-Commissarius Mahlow, Neue Jacobsstraße No. 26 die Ertheilung von Liegescheinen nachzusuchen haben. Dieselben werden gegen Erlegung der Gebühren mit 3 Sgr. 9 Pf. nur dann ausgestellt, wenn die Schiffer ihre Schiffspapiere deponiren und entweder selbst am Orte gegenwärtig bleiben und die Beaufsichtigung ihrer Schiffsgefäße übernehmen oder zu diesem Behuf einen zuverlässigen Bevollmächtigten bestellen. Schiffer, welche 48 Stunden nach erfolgter Aufforderung Seitens der Strommeister sich noch mit ihren Schiffsgefäßen innerhalb der Stadt befinden und einen Liegeschein nicht nachweisen können, verfallen in eine Geldstrafe von 4 Thlr. oder verhältnißmäßiger Gefängnißstrafe.

Berlin, den 3. Januar 1842.

Königliches Polizei-Präsidium. v. Puttkammer.

5) Passiren der Schiffe durch die Brücken.

Bekanntmachung.

Zur Verhütung jeder Beschädigung durfen Schiffsgefäße die hiesigen Brücken nur dann passiren, wenn dieselben so tief schwimmen, daß zwischen dem oberen Theile des Schiffsgefäßes und dem Bogen und dem Balken der zu passirenden Brücke überall ein lichter Raum von mindestens 6 Zoll verbleibt. Jeder Schiffsführer muß sich vor Passirung einer Brucke genügende Ueberzeugung verschaffen, daß sein Gefäß mit dem angegebenen Zwischenraum die Brücke passiren kann, und dürfen deshalb auch Fahrzeuge nicht vor oder unter die Brücke fahren, um zu diesem Zwecke Versuche anzustellen. Fahrzeuge, welche mit einem Zwischenraum von 6 Zoll durch die Brucken nicht schwimmen, durfen die mit Aufzügen versehenen Brücken daher nur nachdem dieselben gezogen, die mit Aufzugen nicht versehenen Brucken aber unter keinerlei Umständen passiren, überhaupt auch die Gefäße niemals durch das Einsetzen und Anwenden von Rudern, Stangen, Hebebäumen und dergleichen durch die Brucken gedrängt werden. Jede Uebertretung dieser Bestimmung zieht, außer dem Ersatz des den Brücken zugefügten Schadens unnachsichtlich eine Geldbuße von vier Thalern, im Unvermögensfalle verhältnißmäßige Gefängnißstrafe nach sich.

Berlin, den 15. April 1841.

Königliches Polizei-Präsidium. v. Puttkammer.

6) Verbot mit ausgespannten Segeln innerhalb der Stadt zu fahren.

Bekanntmachung.

Es wird hierdurch insbesondere den Schiffern in Erinnerung gebracht, daß es nach den bestehenden Verordnungen

1) bei zwei Thaler Strafe verboten ist, innerhalb der Stadt mit aufgespannten Segeln zu fahren, die Segel vielmehr schon in angemes-

sener Entfernung vor den Wasserthoren, namentlich aber sobald Schiffsgefäße nahe bei der Ober- oder Unterbaumsbrücke anlegen, abgenommen werden müssen, damit das Scheuwerden der Pferde verhutet werde;

2) die Masten auf den Schiffsgefäßen bei 4 Thlr. Geld- oder verhältnißmäßiger Gefängnißstrafe im hiesigen Packhofshafen nicht niedergelegt werden dürfen, sondern, insofern dies die Ladung irgend gestattet, schon vor den Wasserthoren niederzulegen sind, damit die Brücken leichter passirt werden können.

Berlin, den 14. Juni 1837.

Königliches Polizei-Präsidium.

7) Feuermachen auf den Schiffen.

Republication.

Nachstehende Verordnung: „Die rücksichtlich der Feuerung auf den Schiffsgefäßen, welche innerhalb der hiesigen Stadt oder deren nächsten Umgebungen anlegen, bisher bestandenen Vorschriften werden hierdurch dahin beziehungsweise erneuert und abgeändert:

1) Freies Kochfeuer auf den Schiffsgefäßen zu halten, bleibt, so wie das Tabackrauchen auf denselben, unbedingt untersagt.

2) die Feuerung in den Oefen der Kajüten darf eben so wenig statt finden:

a) wo es an hinreichend sichern Vorrichtungen dazu fehlt,

b) wo die Ladung der Gefäße selbst, oder anderer in ihrer Nähe angelegter, besondere Gefahr herbeiführt. Ladungen dieser Art sind alle leicht entzündbare Materialien, namentlich: Schießpulver, Heu, Stroh, Kohlen jeder Art, Holz, Torf, Oel, Theer, Pech und andere Harze,

c) wo die Uferumgebungen vorzügliche Vorsicht nothwendig machen, wie dies beispielsweise und vorzüglich der Fall ist: bei allen Holz- und Torfplätzen, bei den Magazingebäuden zwischen dem Oberbaum und der Stralauer-Brücke, bei der letzt genannten Brücke selbst, und von derselben ab, bis zum Mühlendamm auf der rechten, und vom Mühlendamm ab bis zum Königlichen Schlosse auf der linken Seite des Stromes, zwischen der Schleusen- und Schloßbrücke, im ganzen Kupfergraben und am Wassergetreidemarkte im sogenannten alten Festungsgraben in unmittelbarer Nähe der dortigen Proviant-Magazine, der Feldbäckerei und der Kaserne, endlich außerhalb der Stadt beim Unterbaum zwischen den dortigen Holzmärkten und in der Nachbarschaft der Pulvermühlen und Magazine, und während des Fahrens, und wenn die Schiffsgefäße sonst irgend in Bewegung sind, so wie bei sehr stürmischem Wetter, ohne alle Ausnahme.

3) Die Ofenfeuerung ist dagegen in der Regel gestattet, wo keins der angegebenen Hindernisse entgegen steht; da ein solches jedoch auch für den Augenblick eintreten kann, so bedarf es unter allen Umständen der jedesmaligen Anzeige bei dem Polizei-Kommissarius des Reviers und dessen spezieller Genehmigung.

4) Nichtbeachtung dieser Vorschriften wird für jeden Contraventionsfall mit einer Geldbuße von fünf Thalern oder verhältnißmäßiger Gefängnißstrafe unausbleiblich geahndet.

Berlin, den 7. December 1835.

Königliches Polizei-Präsidium."

wird hierdurch in Erinnerung gebracht.

Berlin, den 20. November 1843.

Königliches Polizei-Präsidium. v. Puttkammer.

8) Preußische Handelsschiffe sollen auf der Spree nur die Preußische Handelsflagge führen.

Bekanntmachung.

Da die Allerhöchste Kabinetsordre vom 12. März 1823, nach welcher die ordentliche Landes- und Handelsflagge in dem mittleren weißen Streifen den Preußischen heraldischen Adler erhalten, und die beiden äußern schwarzen Streifen zusammengenommen den dritten Theil der ganzen Flaggenbreite einnehmen sollen, durch die Circular-Verfugung vom 4. November 1834 auch auf die Flußschiffe anwendbar erklärt worden ist, so wird, auf den Grund eines Erlasses des Königl. Finanz-Ministeriums vom 22. September d. J. darauf gehalten werden, daß Preußische Handelsschiffe auf der Spree keine fremde, sondern nur die Preußische Handelsflagge fuhren. Contraventionen werden mit einer Polizeistrafe bis zum Betrage von fünf Thalern geahndet werden.

Berlin, den 7. October 1837.

Königl. Polizei-Präsidium.

9) Beschiffung des Landwehrgrabens.

Warnungstafel.

1) Vor Ertheilung des polizeilichen Ausladescheines darf kein vermessungspflichtiges Schiffsgefäß in den Landwehrgraben einlaufen.

2) Das Ueberladen und Ableichtern auf dem Landwehrgraben ist unerlaubt.

3) Die im Landwehrgraben ein- oder ausladenden Schiffe müssen an den Ausladestellen täglich drei Mal, und zwar Morgens von 8 bis 9, Mittags von 12 bis 1 und Nachmittags von 5 bis 6 Uhr, für andere vorüberfahrende Fahrzeuge Platz machen.

4) Jede Beschädigung des Grabenbordes, der Anpflanzungen daselbst, so wie jede Verunreinigung des Grabens ist untersagt.

5) Uebertretung dieser Bestimmungen zieht 5 Thaler Geldbuße, im Unvermögensfalle verhältnißmäßige Gefängnißstrafe nach sich.

Berlin, den 2ten September 1841.

Königliches Polizei-Präsidium. v. Puttkammer.

10) Verbot des Ueberladens und Ableichterns der Schiffe innerhalb der Stadt und auf dem Landwehrgraben.

Formular des Schiffer-Ausladescheins.

Vorzeiger dieses, der Schiffer hat die polizeiliche Erlaubniß, Kahn mit befrachtet, an auszuladen.

Er muß dabei den Vorschriften des Regulativs vom 26. December 1823 und der sonstigen Polizeigesetze, insbesondere der Verordnungen vom 18. April 1813 wegen des Aufziehens der Brücken, und vom 7. December 1835 wegen Beschränkung des Feueranmachens auf den Kähnen, bei Vermeidung der feststehenden Geld- und Leibesstrafen, überall pünktlich nachkommen.

Imgleichen darf der Schiffer das Ueberladen und Ableichtern auf den Wasserläufen innerhalb der Stadt und auf dem Landwehrgraben, bei 4 Rthlr. Geld- oder verhältnißmäßiger Gefängnißstrafe nicht vornehmen, wie sich denn auch jeder Schiffer, welcher die Schleuse mit voller Ladung, mag er dieselbe in oder außerhalb der Stadt eingenommen haben, passiren will, genau von dem Wasserstand der Schleuse an dem Pegel derselben unterrichten muß; da der Führer eines Schiffsgefäßes, welcher auf dem Spreetheil zwischen der Gertraudten- und Schloßbrücke mit einem so tief gehenden Kahne betroffen wird, daß derselbe in der Schleuse nicht schwimmen kann, nicht nur gleiche Strafe, sondern auch nach den Umständen sofortige Zurückweisung vor die Wasserthore zu gewärtigen hat.

Dieser Schein ist auf längstens 8 Tage gültig, und muß die Erneuerung nach Ablauf dieser Frist, wenn eine längere Liegezeit ganz unvermeidlich nothwendig ist, bei Vier Thaler Strafe sofort nachgesucht werden.

Berlin, den 18

Königl. Polizei-Präsidium. 2te Abtheilung.

Inhaber hat sich bei der Ausladung vorschriftsmäßig verhalten, und kann daher wieder auspassiren.

Berlin, den 18

Polizei-Commissarius

11) Anlegung der Schiffe im Packhofshafen.

Warnung.

Schiffer, welche mit Anlege-Karten des Königlichen Haupt-Steuer-Amts für ausländische Gegenstände nicht versehen sind, dürfen in den, zwischen dieser und der nächstfolgenden Brücke liegenden Packhofshafen erst dann einfahren, wenn sie die Fahrt frei sehen, und dürfen, bei Zwei Thaler Geld- oder verhältnißmäßiger Leibesstrafe, in dem Hafen weder anhalten noch anlegen.

Berlin, den 1. Juni 1832.

Königliches Polizei-Präsidium. (gez.) Gerlach.

12) Ausschwemmen, Ausfahren und Anlegen der Bauhölzer.

Bekanntmachung.

In Bezug auf das Ausschwemmen, Ausfahren und Anlegen der Bauhölzer werden dem betreffenden Publicum folgende Bestimmungen zur Nachachtung bekannt gemacht.

§. 1.

Wer Bauholz in Flössen oder Plätzen zur Stadt einbringen will, muß davon, bevor solches den Baum passiret, dem zur Wahrnehmung dieses Theils der Strompolizei bestellten Strommeister Lehmann, Wallstraße No. 18 wohnhaft, Anzeige machen, damit dieser den Verband der Hölzer zuvörderst untersuchen und die zur Abhülfe der etwanigen Mängel daran, erforderlichen Anweisungen ertheilen kann, denen alsdann sowohl in dieser Beziehung als rucksichtlich der vollkommenen haltbaren Befestigung des Holzes am Ufer pünctlich genügt werden muß.

§. 2.

Das Anlegen des Holzes innerhalb der Stadt kann in der Regel nur auf dem dazu abgepfählten Theile des Stromes zunächst am Oberbaum nach dem von dem Strommeister Lehmann zuertheilten höchstens nur auf ein Jahr gültigen Erlaubnißschein erfolgen. Wer Holz über die einjährige Liegezeit hinaus im Strome fortlagern will, hat dazu unter Anführung der für sein Gesuch sprechenden Gründe bei dem Polizei-Präsidium die Verlängerung nachzusuchen. Wer dieser Anweisung nicht genügt, hat nach Ablauf der einjährigen Lagerzeit zu gewärtigen, daß das Holz auf seine Gefahr und Kosten aus dem Strome geschafft werden wird.

§. 3.

Die Sicherheitsmaaßregeln gegen Verwechselung und Entwendung, so wie gegen das Losreißen des Holzes, auch alle sonstigen, die Conservation desselben befördernden Vorkehrungen während der Liegezeit bleiben gleich der Besorgung des Hin- und Zurücktransports alleinige

Sache der Eigenthümer, deren Arbeiter jedoch jederzeit den etwanigen Anordnungen des Strommeisters nachkommen müssen. Gehen den Eigenthümern von Seiten des Strommeisters besondere Aufforderungen zur bessern Befestigung und Instandsetzung des etwa schadhaft gewordenen Verbandes zu, so sind sie denselben sofort Genuge zu leisten gehalten. Im Falle einer desfallsigen Weigerung oder Verzögerung, oder wenn überhaupt dringende Gefahr im Verzuge eintritt, ist der Strommeister, die nöthigen Arbeiten auf Kosten der betreffenden Holzeigenthümer ausführen zu lassen, befugt und angewiesen.

§. 4.

Bei den einzelnen Aufschwemmen Hölzer auf langere Zeit und in größeren Quantitäten anzulegen, kann nicht nachgegeben werden. Es dürfen daher nur so viel Stucke, als in einem Tage ausgefahren werden können, jedesmal dahin geschafft werden, und muß dies frühestens am Abende vor dem bestimmt einzuhaltenden Tage des Ausfahrens geschehen, in welchem Falle dann das Holz fur die Nacht, auf eine der Schifffahrt nicht hinderliche Art und ohne die Brücken und Schälungen irgend dazu mitzubenutzen, sorgfältig befestigt werden muß.

§. 5.

Um Unordnungen hierbei sowohl als unter den Fuhrleuten vorzubeugen, können in der Regel auch nur fur jeden Tag ein und demselben Eigenthumer zugehörige Holzer an den einzelnen und namentlich öffentlichen Aufschwemmen zugelassen werden. Wer letztere zu benutzen wünscht, muß sich daher bei dem Polizei-Kommissarius des Reviers, worin die zum Ausfahren gewahlte Aufschwemme belegen ist, zeitig melden, und erhält von diesem eine besondere Anweisung zum Gebrauche der Aufschwemme an dem, nach der Reihefolge ihm näher zu bestimmenden Tage. Bewirkt er an diesem Tage das Ausfahren uberhaupt nicht oder nur zu einem Theil der Stuckzahl, worauf er angewiesen war, so kann er solches an dem folgenden Tage keinesweges nachholen, sondern muß vielmehr dem mit Anweisung fur diesen Tag versehenen anderweiten Competenten die Aufschwemme vollständig räumen, sein zurückgebliebenes Holz unverzüglich nach dem früheren Liegeplatze zurückschaffen lassen, und die abermalige Notirung nachsuchen, welche alsdann jedoch nur in der Reihefolge hinter allen bis dahin schon ausgezeichneten Expectanten erfolgen kann.

§. 6.

Vor dem Aufschwemmen muß das Holz, wenn es mit Wasserschierling bewachsen ist, der schon bestehenden Polizei-Verordnung vom 8ten October 1811 gemäß, davon gereinigt, und dieses Gewächs dergestalt sofort vergraben werden, daß es niemanden in die Hände fallen kann.

§. 7.

Zum Ausfahren der Hölzer dürfen nur tüchtige Blockwagen gebraucht werden, auf denen die Stücke so, daß die Enden nicht nachschleppen oder stark schwanken, und zwar mit Ketten und keinen dehnbaren Stricken, zu befestigen sind. Auch muß das Geschirre vorzüglich stark und in gutem Stande sein.

§. 8.

Zu den Aufschwemmfuhren dürfen nur tüchtige, des Fahrens vollkommen kundige Subjecte und keine schwache unerfahrene junge Burschen gebraucht werden. Es muß namentlich beim Einbiegen um die Ecken besondere Vorsicht beobachtet werden, und dürfen die beladenen Wagen ohne ganz unvermeidliche Nothwendigkeit in den Straßen nicht halten bleiben. Die Eigenthümer der Fuhrwerke werden hierunter, so wie wegen Befolgung der Vorschriften ad §. 7. überhaupt für ihre Knechte und Kutscher mit verantwortlich gemacht.

§. 9.

Da nicht alle Straßen der Stadt ohne Gefahr oder erhebliche Verhinderung der anderweitigen Passage zur Durchfahrt der Bauhölzer benutzt werden können, so muß bei Nachsuchung des Aufschwemmscheins jedesmal der weitere Bestimmungsort des Holzes dem betreffenden Polizei-Kommissarius angegeben werden, dessen Anweisung über den, mit dem Wagen zu nehmenden Weg demnachst gehörig Folge zu leisten ist.

§. 10.

Jede Nichtbeachtung der vorstehenden Festsetzungen soll, wenn auch kein unmittelbarer Nachtheil daraus erfolgt, mit einer Polizeistrafe von 1 bis 5 Thlr. sowie Widersetzlichkeit gegen die Anordnungen des Strommeisters nnd der Polizeibeamten strenge geahndet und dem Befinden der Umstände nach, der Thäter gleich verhaftet werden. Ist durch die Vernachlässigung oder Entgegenhandlung ein Schade, namentlich an den Muhlen und den Mühlenarchen, den Brucken- und Uferschälungen, desgleichen den Häusern in den Straßen entstanden, so bleibt der Schuldige außerdem noch zum Ersatze nach den Landesgesetzen verpflichtet.

Berlin, den 10. April 1833.

Königliches Polizei-Präsidium. Gerlach.

Gondelführer.

13) Reglement für die Mieths-Gondeln und Kähne.

Bekanntmachung.

Mit Genehmigung des Königlichen Ministerii des Innern und der Polizei ist für die hiesigen Besitzer von Miethsgondeln und ähnlichen Flußfahrzeugen zur Sicherstellung des letztere benutzenden Publikums nachstehendes Reglement erlassen worden.

§. 1.

Niemand darf ohne polizeiliche Erlaubniß das Gewerbe als Gondelfahrer betreiben. Es hat sich daher ein jeder, der solche erhalten will, deshalb bei dem Polizei-Präsidio zu melden.

§. 2.

Nur zuverlässige und der Schifffahrt vollkommen kundige Personen können zu diesem Gewerbebetriebe zugelassen werden. Will der Eigenthümer der Gondel nicht persönlich deren Fuhrung übernehmen, so muß er einen ebenfalls völlig qualificirten Stellvertreter in Vorschlag bringen.

§. 3.

Jede Veränderung im Besitze einer Miethsgondel oder in der Person des Führers muß sofort dem Polizei-Präsidio, behufs der nach §. 2. erforderlichen Prüfung der Qualification des neuen Besitzers oder Gondelführers angezeigt werden.

§. 4.

Die schriftliche Erlaubniß zum Betriebe des Gondelfuhrergewerbes wird durch den Polizei-Inspector Schaardt ausgehändigt.

§. 5.

Gleichzeitig mit dieser Erlaubniß erhält ein jeder Gondelführer eine an der Gondel, an einer gehörig bemerkbaren Stelle zu befestigende Nummer von Blech, gegen Bezahlung der Kosten.

§. 6.

Nach erfolgter Ermittelung der Belastungsfähigkeit der Gondeln müssen solche mittelst einer mindestens einen Zoll breiten Leiste um das Gefäß bezeichnet werden, welche mit einer moglichst unauslöschlichen weißen Farbe angestrichen und immer zu erneuern ist, so oft sie unkennlich geworden sein sollte. Ueber diese Marke hinaus darf unter keinen Umständen bei Vermeidung der §. 14. festgesetzten Strafen eine Belastung des Gefäßes stattfinden. Alljahrlich im Fruhjahre erfolgt eine Revision sämmtlicher Gondeln sowohl in Rücksicht auf deren Zustand im Allgemeinen, als auch in Bezug auf die Bezeichnung derselben nach §. 5 und 6.

§. 7.

Ein jedes untauglich gewordene Fahrzeug wird sofort außer Gebrauch gesetzt, und die darauf ertheilte Nummer beim Polizei-Präsidio so lange in Asservation genommen, bis das Fahrzeug völlig wieder hergestellt und bei einer dieserhalb und rucksichtlich der Belastungsfähigkeit nach §. 6. von neuem angestellten Prüfung für tüchtig anerkannt worden ist.

§. 8.

Auf dem Verdeck der Gondeln dürfen keine Personen aufgenommen werden.

§. 9.

Die Gondeln dürfen nur an den bestimmten Halteplätzen in einer Reihe sich aufstellen.

§. 10.

Sobald eine Gondel die nach der Belastungsfähigkeit zulässige Zahl von Personen aufgenommen hat (cfr. §. 6.), muß dieselbe ohne den mindesten Aufenthalt abfahren. Die in der Reihe zunächst folgende Gondel rückt dann in deren Stelle ein, und das Eindrängen in die durch die Abfahrt einer Gondel in der Reihe entstandene Lücke ist ausdrücklich untersagt.

§. 11.

Die Absetzung der Fahrgäste erfolgt in der Regel an den bestimmten Landungsplätzen und bleiben die Gondelfuhrer bei der Landung an anderen Orten fur allen dabei etwa angerichteten Schaden verhaftet.

§. 12.

Ein Gondelfuhrer darf sich ein unsittliches oder Ruhe störendes Betragen beim Verweilen auf den Halteplatzen, oder auf der Fahrt, sowie ein lautes Anrufen oder eine uble Begegnung der eine Fahrgelegenheit suchenden Personen oder der Fahrgäste erlauben. In dieser Beziehung wird daher besonders festgesetzt, daß sich kein Gondelfuhrer zur Einladung von Fahrgasten zur Benutzung seiner Gondel von derselben entfernen darf.

§. 13.

Die Eigenthumer der Gondeln haften fur alle Contraventionen ihrer Dienstleute gegen die Bestimmungen dieses Reglements.

§. 14.

Jede Uebertretung dieses Reglements wird unnachsichtlich mit 2 Rthlr. Geld- oder verhaltnißmäßiger Leibesstrafe geahndet. Eine wiederholte Bestrafung hat den Verlust der Gewerbserlaubniß zur Folge. Die polizeiliche Bestrafung schließt indessen das nach Vorschrift des Allgemeinen Landrechts Th. II. Tit. 20. §§. 691, 777, 780 und 781 etwa eintretende gerichtliche Verfahren nicht aus.

§. 15.

Jeder Gondelfuhrer erhalt bei Aushandigung des Erlaubnißscheins und der Nummer ein Exemplar dieses Reglements gegen Bezahlung der Kosten.

Berlin, den 31. Mai 1834.

Königliches Polizei-Präsidium. Gerlach.

14) Ueberfahrt mit Gondeln und Kähnen von Treptow nach Stralow am Fischzugstage.

Publicandum.

Um Unglucksfalle zu verhuten, durfen am Tage des Stralauer Fischzuges nur solche Kähne zur Ueberfahrt von Personen zwischen Stralow und Treptow zugelassen werden, deren gefahrlose Construction und Tragfähigkeit zuvor festgestellt worden ist und die mit einem mindestens acht Zoll hohen Riesbord versehen sind. Es werden daher alle diejenigen, welche an dem gedachten Tage Personen gegen Bezahlung nach den bezeichneten Orten fahren oder übersetzen wollen, aufgefordert, mit den zur Ueberfahrt bestimmten Kähnen, insofern diese noch nicht vermessen sind, sich am 23sten August, Nachmittags 2 Uhr, am Stralauer Kirchhofe persönlich einzufinden, wo in Gegenwart des hiermit beauftragten Polizei-Commissarius Mahlo die Vermessung der Kähne erfolgen soll. Den Eigenthümern wird nach vorgängiger Bezeichnung des Kahnes und gegen Erstattung der Kosten von respective 2 und 2½ Sgr. zu ihrer Legitimation eine Karte ertheilt werden, worauf außer ihrem Namen auch die Personenzahl, über welche hinaus Niemand aufgenommen werden darf, verzeichnet ist. Kahnführer ohne diese Legitimation werden zur Fahrt nicht zugelassen, und wenn sie sich gleichwohl hiermit befassen sollten, in zwei Thaler Geld- oder verhältnißmäßige Gefängnißstrafe genommen werden. Eine gleiche Strafe trifft den, welcher sich eine Ueberladung des Kahnes gestattet.

Berlin, den 2ten August 1845.

Königliches Polizei-Präsidium. v. Puttkammer

Fuhrleute.

15) Reglement für das Droschken-Fuhrwesen vom 23. November 1843.

I. Betrieb des Droschkenfuhrwerks.

§. 1.

Niemand darf das Droschkenfuhrwerk ohne eine, auf seine Person lautende, Concession betreiben. Der Betrieb dieses Gewerbes durch einen Andern, als den Eigenthümer des Fuhrwerks, ist in der Regel unzulässig, und erfordert besondere Genehmigung.

§. 2.

Es werden immer nur je fünf Droschken zusammen, einspännige oder zweispännige, zugelassen.

§. 3.

Bis auf weitere Bestimmung wird ein jeder dergestalt concessionirte Droschkenbesitzer auf sein Verlangen mit einer gleichen oder auch geringeren Anzahl von ein- oder zweispännigen „Extra-Droschken" zugelassen, wegen deren keine Zwangsverpflichtung zur täglichen Abfahrt besteht, im Uebrigen aber alle Vorschriften des gegenwärtigen Reglements gelten.

Nachtrag vom 13. Juli 1844.

a) Es werden keine Extra-Droschken weiter zugelassen; dagegen wird wiederum der Gebrauch von Reserve-Wagen, und zwar jedem Droschken-Besitzer in beliebiger Anzahl, gestattet, solche müssen indeß neu und den Bedingungen des Reglements entsprechend sein.

b) Alle Reserve-Wagen mussen dem Aufsichts-Beamten auch vorgestellt, und zum Gebrauch mit dem vorschriftsmäßigen Brennzeichen versehen werden.

c) Jeder Reserve-Wagen muß auf beiden Schlägen mit „Res. W." bezeichnet, beim Gebrauch aber zu beiden Seiten mit Blechtafeln versehen sein, worauf die Nummer der zurückgebliebenen Droschke in den entsprechenden Farben angebracht ist.

d) Wird für eine zurückbehaltene Droschke kein Reserve-Wagen in Fahrt geschickt, so bleibt der Fuhrherr zu der reglementsmäßigen Anzeige bei dem Aufsichts-Beamten verpflichtet.

§. 4.

Es werden nur ganz neue Wagen zugelassen, und Pferde und Wagen mussen immer bei der Wohnung des Besitzers aufgestellt sein.

II. Beschaffenheit der Fuhrwerke.

§. 5.

Alle Wagen müssen haltbar, von gefalligem Aeußern und bequem sein, und stets in gutem Zustande erhalten werden. Sie müssen in Federn hängen oder auf Druckfedern ruhen, und ein Vorderverdeck haben, das mit Vor- und Seitenfenstern versehen ist.

§. 6.

Der Wagenkasten muß vom Sitz 3' 8" hoch, inwendig wenigstens 3' 2" im Lichten breit, und über den Sitzen 4' lang sein.

Alle Wagen müssen mit Kothflugeln versehen sein; die Tritte dürfen nicht zum Aufschlagen eingerichtet und müssen zum Ein- und Aussteigen bequem sein.

§. 7.

An jedem Wagen muß außerhalb in der Nähe des Kutschersitzes eine Glocke mit einer Schlagfeder angebracht sein, vermittelst welcher man durch eine, in den Wagen hineinführende Schnur dem Kutscher das Zeichen zum Halten geben kann.

§. 8.

In jedem Wagen muß der entsprechende Tarif in der Mitte der Lehne des Rucksitzes befestigt sein, derselbe muß genau nach dem, dem Reglement beigedruckten Schema für einspännige und resp. zweispännige Droschken, 9" im Quadrat groß, entweder auf eine gelblackirte Blechtafel geschrieben oder auf gelbes, glattes Zeug deutlich gedruckt sein, und stets leserlich erhalten werden.

§. 9.

Kein Wagen darf abwechselnd einspännig und zweispännig gefahren, auch darf kein Wagen zu andern Fuhren gebraucht werden.

§. 10.

Bei Schlittenbahn können anständige Schlitten aufgefahren werden.

§. 11.

Die Pferde müssen kräftig und ohne schädliche Fehler, die Geschirre müssen dauerhaft sein.

§. 12.

Jeder Wagen oder Schlitten muß mit der ihm zugetheilten Nummer zu beiden Seiten und hinten, an einer stets sichtbaren Stelle, bezeichnet sein. Die Zeichnung geschieht durch einen von dem Polizei-Präsidio bestimmten Maler. Die Einspänner erhalten schwarze Zahlen auf weißem Felde, die Zweispänner weiße Zahlen auf blauem Felde. Alle Extra-Droschken haben rothe Zahlen auf gelbem Felde und auf jedem Felde die Bezeichnung: „Extra-Droschke."

III. Pflichten der Fuhrherren.

§. 13.

Alle Fuhrwerke müssen zuvörderst dem Aufsichtsbeamten vorgestellt, und es muß diesem das Lokal angegeben werden, wo dieselben untergebracht sind. Werden sie vorschriftsmäßig befunden, so wird jeder Wagen mit einem Stempel gebrannt, demnächst das Aufmalen der Nummern verfügt, und die Concession ausgehändigt. Das eigenmächtige Aufmalen oder Verändern der Nummern ist verboten.

Eine gleiche Vorstellung ist erforderlich, wenn ein Wechsel des Fuhrwerks eintritt; eine Veränderung des Lokals muß schriftlich angezeigt werden.

§. 14.

Der Fuhrherr muß ein Register über seine Kutscher halten, das von jedem die Vornamen, Alter, Geburtsort und Wohnung angiebt, und von jeder Wagennummer nachweist, von welchem Kutscher sie an jedem Tage gefahren worden ist.

§. 15.

Kein Kutscher darf als Wagenführer zugelassen werden, bevor seine Qualification von dem Aufsichts-Beamten festgestellt, und ihm ein, nur für seine Person gültiger, Fuhrschein ertheilt worden ist.

Unerwachsene, gebrechliche, des Fahrens und der Oertlichkeit unkundige, wegen gemeiner Verbrechen bestrafte, oder einer Betrügerei gegen ihre Dienstherrschaft überführte Personen werden als Kutscher weder zugelassen, noch geduldet.

§. 16.

Die Fuhrherren sind dafur verantwortlich, daß ihre Droschken

a. in den Monaten vom 1. April bis ultimo September bis 7 Uhr Morgens,

b. in den Monaten vom 1. October bis ultimo März bis 8 Uhr Morgens

ausgefahren werden. In Behinderungsfällen müssen sie sogleich und spätestens bis zu der in §. 55. gedachten Abfertigungszeit dem Aufsichts-Beamten davon Anzeige machen, und sich hierüber eine Bescheinigung ausstellen lassen.

§. 17.

Keine Droschke darf Behufs der Reparatur über 4 Wochen außer Fahrt bleiben. Andernfalls muß ein neuer Wagen für sie eingestellt, der alte Wagen aber ausrangirt werden.

§. 18.

Die Extra-Droschken können an jedem Tage und zu jeder Tageszeit ausgefahren werden, sie müssen dann aber eben so lange wie die Droschken in der Fahrt bleiben. (§. 42.)

§. 19.

Alle Fuhrwerke dürfen nur wohlgereinigt ausgefahren werden, die Kutscher aber müssen mit der im Fuhrschein vorgezeichneten Livrée, so wie mit den im §. 24. genannten Papieren versehen, und Alles muß ordentlich und reinlich sein. Die Fuhrherren sind für die Erfüllung dieser Bedingungen verantwortlich.

§. 20.

Die Kutscher müssen mit gedruckten Marken versehen werden, welche den Namen und die Wohnung des Fuhrherrn, die Nummern des Wagens, das Datum des laufenden Tages und den Betrag des Fuhrlohns nachweisen. Bei den Extra-Droschken muß auf den Marken außerdem noch diese Art des Wagens bezeichnet sein.

§. 21.

Die Droschken-Inhaber sind verbunden, am letzten Tage eines jeden Quartals die Standplatz-Nachweisungen für das folgende Quartal bei dem Aufsichts-Beamten entgegen zu nehmen, und auf Vorladung zu einer allgemeinen Conferenz zu erscheinen.

§. 22.

Wer Droschken oder Extra-Droschken gestellen oder zurückziehen will, muß solches der Behörde anzeigen, und zwar Letzteres vier Wochen vorher ehe die Zurückziehung erfolgt. Das Zurückziehen einzelner Droschken ist jedoch unstatthaft, wenn der Besitzer alsdann nicht mehr fünf Droschken behalten würde.

§. 23.

Von denjenigen Sachen, welche den Fuhrherren durch ihre Kutscher, als in den Droschken gefunden, abgeliefert werden, sind sie verpflichtet, dem Aufsichts-Beamten binnen 24 Stunden Anzeige zu machen, wenn der Eigenthümer aber innerhalb 14 Tagen nicht ermittelt worden ist, sie an das Königliche Stadtgericht zu übergeben.

IV. Pflichten der Kutscher.

§. 24.

Jeder Kutscher muß seinen Fuhrschein, das Reglement und die neueste Standplatzliste bei sich führen, und mit der im Fuhrschein verzeichneten Livrée bekleidet sein. Alles muß ordentlich und reinlich sein.

§. 25.

Derselbe muß sich nach der Ausfahrt auf dem nächsten Standplatz aufstellen, auf dem sich noch nicht die vorgeschriebene Zahl von Droschken befindet.

§. 26.

Auf jedem Standplatz muß der Kutscher wenigstens eine Viertelstunde Fuhrgelegenheit abwarten.

§. 27.

Verläßt der Kutscher einen Standplatz mit leerem Wagen, oder hat er Personen abgesetzt, so hat er sich im Schritt, und, Falls er nicht unterweges zu einer Fahrt aufgefordert wird, ohne Aufenthalt nach dem nächsten, noch nicht vollständig besetzten Standplatz zu begeben, und sich auf dem Wege dahin jederzeit rechts am Rinnsteine zu halten. Nur außerhalb der Ringmauer durfen leere Wagen im Trabe fahren.

§. 28.

Auf den Standplätzen müssen die Wagen in solcher Ordnung auffahren, daß jeder ohne Hinderung durch einen andern wieder abfahren kann. Bei der Aufstellung darf die allgemeine Passage nicht gehemmt werden, und die Kutscher müssen deshalb von hinten an die Reihe anfahren. Die Uebergänge zu den Rinnsteinbrücken und Einfahrten müssen frei bleiben.

§. 29.

Sobald ein Wagen abgefahren ist, so ruckt, wenn die Uebrigen hinter einander stehen, der nächstfolgende in den leer werdenden Raum, und die andern folgen in der Reihe nach.

§. 30.

Stehen die Wagen neben einander, so müssen sie wenigstens 3 Fuß, aber nicht über 5 Fuß von einander entfernt bleiben, und es darf in die Stelle eines abfahrenden nur der hinter demselben stehende Wagen einrücken.

§. 31.

Jeder Kutscher muß fortgesetzt bei seinem Wagen bleiben, und in der Regel auf dem Bock sitzen; in den Wagen darf sich der Kutscher nicht setzen. Das Zusammentreten der Kutscher auf den Standplätzen oder daneben auf den Trottoirs ist verboten.

§. 32.

Das Tränken und Füttern der Pferde ist nur auf den Halteplätzen und Letzteres nur aus ubergehangenen Beuteln erlaubt.

Das Tabackrauchen ist den Kutschern unbedingt verboten.

§. 33.

Zu bloßen Transportfuhren durfen die Droschken und Extra-Droschken nicht gebraucht werden.

§. 34.

Das Anreden der Fahrlustigen, um sie zur Wahl eines Wagens zu bewegen, ist verboten.

§. 35.

Fordert ein Fahrgast einen Wagen — ohne einen bestimmten zu bezeichnen — so geht dies den vordersten, oder, wenn sie neben einanderstehen, den an, welcher auf dem Flugel steht, von wo die Aufforderung kommt. Im Zweifel geht der rechte Flugel vor.

§. 36.

Nach dem Einsteigen des Fahrgastes hat der Kutscher demselben jedesmal die Uhr vorzuzeigen und die Marke einzuhändigen. Sollte die Annahme der letzteren verweigert werden, so ist der Kutscher verpflichtet, dieselbe sofort zu vernichten.

§. 37.

Nach Vorzeigung der Uhr und Abgabe, resp. Vernichtung der Marke, muß unverweilt ab- und bis zum Bestimmungsorte, auf festem Wege im Trabe gefahren werden.

Die allgemeinen Vorschriften uber das Fahren finden auch auf die Droschkenkutscher Anwendung. Das Aufnehmen und Absetzen von Fahrgästen auf den Brucken und in der Mitte des Straßendammes ist nicht gestattet.

§. 38.

Kein Kutscher darf, ohne Genehmigung der Fahrgäste, Jemand auf den Bock, oder auf den Bediententritt des Wagens aufnehmen.

§. 39.

Jeder Kutscher muß die tarifmäßige Bezahlung fordern und nehmen. Trinkgelder durfen nicht verlangt werden. Beim Aussteigen des Fahrgastes mussen auf dessen Verlangen das Reglement und die Uhr vorgezeigt werden.

§. 40.

Nach dem Aussteigen der Fahrgäste muß der Kutscher sofort nachsehen, ob Sachen im Wagen geblieben sind, und solche sogleich den Fahrgästen, oder wenn diese sich bereits entfernt haben sollten, dem Fuhrherrn bei seiner nächsten Ruckkehr ubergeben.

§. 41.

Der Fuhrschein ist eine persönliche Legitimation des Kutschers, und dieser daher verpflichtet, beim jedesmaligen Austritt aus dem Dienste eines Droschken-Besitzers denselben innerhalb 24 Stunden dem Aufsichts-Beamten zuruckzureichen. Interimsfuhrscheine gelten nur für die Dauer der darauf vermerkten Zeit, und mussen nach Ablauf derselben am nächsten Morgen sofort zuruckgegeben werden.

§. 42.

Die Wagen müssen bis 11 Uhr Abends, sie dürfen aber auch bis 12 Uhr Abends in Fahrt bleiben. Findet sich nach 11 Uhr noch ein Droschken-Fuhrwerk auf der Straße, so muß dasselbe jeden Fahrgast bis 12 Uhr, jedoch nur zu einer Tourfahrt, aufnehmen.

§. 43.

Innerhalb dieser Zeit darf kein Kutscher die Fahrt verweigern, wenn das Fuhrwerk nicht wesentlich beschädigt ist. Ebenfalls darf er auf einem Standplatze oder Eisenbahnhofe Niemandem die geforderte Fahrt abschlagen, so lange der Wagen nicht schon von Personen oder Effecten eingenommen ist, indem eine andere Art der Bestellung nicht gültig ist.

§. 44.

Die Kutscher haben den Anweisungen der, mit besonderer Legitimation versehenen Fuhrherren, welche zur Handhabung der Ordnung auf den Halteplätzen von dem Polizei-Präsidio bestätigt sind, unverweigerliche Folge zu leisten, und dieselben überhaupt als Aufseher zu respectiren.

V. Strafbestimmungen.

§. 45.

Die Nichtbeachtung vorstehender Vorschriften §. 1. bis incl. 23. zieht für die Fuhrherren ein bis zehn Thaler Geld- oder verhältnißmäßige Gefängnißstrafe nach sich.

§. 46.

Außerdem verfällt jeder Fuhrherr, welcher die von ihm offerirten Droschken nicht an dem, in der Erlaubniß bezeichneten Tage auffährt, in eine Strafe von fünf Thalern, welche ohne weiteres Untersuchungs-Verfahren, im Wege der administrativen Execution, eingezogen, und im Falle beharrlicher Verzögerung verdoppelt werden wird.

§. 47.

Ferner erfolgt gegen den Fuhrherrn die Entziehung der Concession:

a) wenn derselbe als Wagenführer in Gemäßheit §. 50. zu bestrafen ist;

b) wenn die schlechte Beschaffenheit seiner Pferde und Wagen zu wiederholten Rügen Anlaß gegeben, und die ihm gestellte Verwarnung nichts gefruchtet hat;

c) wenn er nicht die reglementsmäßige Anzahl von Droschken unterhält (§§. 2. und 17.);

d) wenn aus den gegen ihn und seine Kutscher vorgekommenen Contraventionen ersichtlich ist, daß er eine ordnungsmäßige Controlle über sein Fuhrwerk nicht führt.

§. 48.

Uebertretungen der Vorschriften §. 21. bis incl. 44. werden an den Kutschern mit 15 Sgr. bis 10 Thaler, oder verhältnißmäßiger Gefängnißstrafe geahndet.

§. 49.

Bei Verletzung des Anstandes gegen die Fahrgäste und bei verübtem Unfug kommen die in den §§. 182 und 183. und 1490. Titel 20. Theil II. des Allgemeinen Landrechts bestimmten Strafen, einschließlich der körperlichen Zuchtigung, zur Anwendung.

§. 50.

Außerdem wird ein Kutscher vom Droschkenfuhrbetriebe entfernt, und zum öffentlichen Fuhrwesen nicht wieder zugelassen:

a) wenn er, nachdem er bereits bestraft ist, sich eines gröbern Excesses schuldig gemacht hat;
b) wenn er die Ablieferung der von einem Fahrgast im Wagen vergessenen Sachen unterlassen hat (§. 40.);
c) wenn er durch mehrfach wiederholte Uebertretungen des Reglements zu erkennen gegeben hat, daß er durch die erfolgten Bestrafungen zu einem ordnungsmaßigen Verhalten sich nicht bestimmen lassen will.

§. 51.

Fuhrherren, welche einen ausgeschlossenen Kutscher beim Fuhrbetriebe behalten, werden mit funf bis zehn Thaler Geldstrafe belegt. Kutscher, welche nach ihrer Ausschließung das Fahren fortsetzen, haben acht- bis vierzehntägige Gefängnißrafe zu gewärtigen.

§. 52.

Fuhrherren, welche einen angeschuldigten Kutscher nicht nachweisen können oder wollen, haben außer der aus §. 14. verwirkten, noch die aus der Contravention selbst folgende Strafe zu erleiden.

VI. Aufsichts- und Strafverfahren.

§. 53.

Der mit der Beaufsichtigung des offentlichen Fuhrwesens beauftragte Polizei-Beamte wird von Zeit zu Zeit Revisionen der Gespanne und Fuhrwerke abhalten. Derselbe ist so befugt als verpflichtet, auf sofortige Abhulfe wahrgenommener Mangel zu dringen, und die Fuhrwerke nach den Umständen augenblicklich außer Fahrt zu setzen. Wer dergestalt außer Gebrauch gesetzte Wagen oder Pferde eigenmächtig wiederum zum Droschkenfuhrwerk benutzt, verfällt in die §. 45. angedroheten Strafen.

§. 54.

Zur Abhülfe der von demselben gerügten Mängel werden die Fuhrherren im administrativen Wege durch Strafen angehalten werden, und haben sie sich zur Einziehung derselben der Execution zu unterwerfen.

§. 55.

Die Abfertigung in Fuhr-Angelegenheiten bei dem Aufsichts-Beamten findet taglich bis 10 Uhr, Sonn- und Festtags bis 8 Uhr Morgens statt.

§. 56.

Die Untersuchung und Aburtelung der Contraventionen erfolgt, ohne Rücksicht auf den Ort, wo dieselben begangen oder festgestellt werden, bei dem für das gesammte öffentliche Fuhrwesen angeordnetin Polizei-Gericht.

Bei dem Ausbleiben des Contravenienten wird angenommen, daß er der Anschuldigung geständig ist, und sich jeder weitern Anführung, so wie des Recurses begiebt, wonach sofort die Strafe festgesetzt und vollstreckt wird.

§. 57.

Die Vorladungen und Bescheide an die Kutscher werden den Fuhrherrn insinuirt, und diese haben die Verpflichtung, dieselben bei Vermeidung der im §. 45. angedrohten Strafen den Kutschern alsbald und zu rechter Zeit auszuhändigen.

VII. Aufsichtskosten.

§. 58.

Die Unternehmer müssen die Auslagen erstatten, welche durch den Druck des Reglements, der Standplatz-Nachweisungen, Fuhrscheine, Nummerirung der Wagen rc., die Reinigung der Standplätze oder sonst durch einen auf das Geschäft sich beziehenden Gegenstand veranlaßt werden. Die Kosten fur das Reglement, für die Fuhrscheine, Standplatz-Nachweisungen und Nummerirung der Wagen werden sofort bei der Aushändigung, die ubrigen Kosten aber für das laufende Jahr von jedem Droschkenbesitzer verhältnißmäßig nach der Zahl der Droschken und Extra-Droschken eingezogen, wobei es nicht in Betracht kommt, welche längere oder kurzere Zeit das Fuhrwerk in Fahrt gewesen ist.

§. 59.

Für verloren gegangene, beschmutzte oder zerrissene Fuhr-Reglements, Standplatz-Listen oder Fuhrscheine muß bei Entnehmung der Duplikate der doppelte Preis gezahlt werden.

Berlin, den 23. November 1843.

Königliches Polizei-Präsidium.

Tarif
für das Droschken-Fuhrwerk in Berlin.

I. Innerhalb der Stadtmauer mit Einschluß der Eisenbahnhöfe zahlen:
1. Eine oder zwei Personen
a. auf 15 bis 20 Minuten einschließlich oder nach der Wahl des Fahrgastes für jede Fuhre innerhalb des Rayons I., die Entfernung mag groß oder klein sein, ... 5 Sgr.
b. auf 21 bis 35 Minuten einschließlich . . . . 7 = 6 Pf.
c. = 36 = 50 = = ... 10 = — =
d. = 51 = 70 = = ... 15 = — =

e. bei Annahme auf mehrere Stunden für jede ferneren 60 Minuten	15 Sgr	— Pf.
2. Drei oder vier Personen		
a. auf 15 bis 20 Minuten einschließlich oder nach der Wahl des Fahrgastes für jede Fuhre innerhalb des Rayons I. die Entfernung mag groß oder klein sein	7 =	6 =
b. auf 21 bis 35 Minuten einschließlich . . .	10 =	— =
c. = 36 = 50 = = . . .	12 =	6 =
d. = 51 = 70 = = . . .	17 =	6 =
e. bei Annahme auf mehrere Stunden für jede ferneren 60 Minuten	17 =	6 =

II. Innerhalb und außerhalb der Stadt bis zu folgenden Gränzen:

a. auf dem linken Spree-Ufer bis zum Landwehrgraben mit Einschluß der Etablissements auf dem Karlsbade und des Standplatzes bei Schöneberg, ferner des Kreuzberges bis zum Eingange von Tivoli, der Tempelhofer-Chaussee und der Pionirstraße bis zum Stationspfahle;

b. auf dem rechten Spree-Ufer vor dem Neuen- und Oranienburger-Thore bis zum Schönhauser-Graben und der Panke, vor dem Schönhauser-Thore bis zum Chausseehause, vor dem Prenzlauer- und Neuen Königs-Thore bis zu den auf den Chausseen aufgestellten Stationspfahlen, vor dem Frankfurter-Thore bis zur Neuen Welt

finden nur Fahrten nach der Zeit, und zwar nach den sub I. specificirten Sätzen statt.

III. Für Fahrten uber Land fur zweispännige Droschken, wird ohne Unterschied der Personenzahl gezahlt:

a. für die Hinfahrt nach			
1. Schöneberg, Tempelhof, Moabit, Gesundbrunnen, Lichtenberg, Stralow und Rummelsburg .	20 Sgr.		
2. Charlottenburg, Steglitz, Wilmersdorf, Reinickendorf, Schönholz, Nieder-Schönhausen, Treptow, Rixdorf, Französisch-Buchholz, Pankow, Weißensee und Friedrichsfelde . . .	1 Thlr.		
3. Grunewald, Pichelsberg, Tegel, Dahldorf, Neuen-Krug, Wilhelmshof, Eierhäuschen, Britz	2 =	— =	
b. für die Hin- und Ruckfahrt			
1. wenn nur eine halbe Stunde auf die Rückfahrt gewartet werden muß			
a. nach den sub 1 aufgeführten Orten	1 =	— =	
b. = = = 2 = = ...	1 =	— =	
c. = = = 3 = = ...	2 =	10 =	

2. wenn längere Zeit, jedoch bei einer Vormittagsfahrt nicht über 12 Uhr Mittags, und bei einer Nachmittagsfahrt nicht uber 12 Uhr Nachts gewartet werden muß
a. nach den sub 1 und 2 aufgeführten Orten 2 Thlr.
b. = = = 3 = = 3 =

Währt die Hin- und Ruckfahrt langere Zeit, so bleibt der Preis der freien Einigung überlassen.

Das Chausseegeld zahlen die Kutscher.

Zusatz.

1. Wenn die Kutscher Gelegenheit finden, in den ad 1 bis 3 genannten Orten oder auf dem Ruckwege außerhalb des Rayons II. Fahrgäste zur Ruckfahrt aufzunehmen, so sind sie verpflichtet, dieselben fur die ad 1 bis 3 genannten Sätze zur Fahrt nach der Stadt hinein aufzunehmen, aber auch befugt, sich uber geringere Sätze mit den Fahrgästen zu einigen.

2. Bei bestellten Frühfuhren, vor der reglementsmäßigen Abfahrtszeit, wird für die Tourfahrt der doppelte Tarifsatz mit 10 und resp. 15 Sgr., für die Zeitfuhre jedoch nur der einfache Tarifsatz gezahlt.

Wird der Wagen von einem Halteplatz genommen, so gelten überall die einfachen Sätze.

Allgemeine Bestimmungen.

1. Wer nach der Tour fahren will, darf das Fuhrwerk weder nach dem Einsteigeplatz holen, noch warten lassen, muß auch dem Kutscher die Wahl stellen, auf welchen Wegen er die Tour vollenden will.

2. Von Kindern unter 12 Jahren in Begleitung Erwachsener müssen drei unentgeltlich mitgenommen werden, vier oder mehre bezahlen für eine Person.

3. Zur Entrichtung des Brückengeldes ist der Fahrgast verpflichtet, wenn er ausdrücklich verlangt hat, daß über eine Brücke gefahren werden soll, wo solches entrichtet wird.

Berlin, den 23. November 1843.

Königliches Polizei-Präsidium.

(Schema zum Tarif fur einspänniges Fuhrwerk.)

Tarif.

1) Für jede Tour innerhalb der Ringmauern mit Einschluß der Eisenbahnhöfe zahlen

1 und 2 Personen 5 Sgr., 3 und 4 Personen 7½ Sgr.

2) Wenn die Fuhre nach der Zeit angenommen wird, zahlen

1 u. 2 Personen	für 20 Min.	5 Sgr.,	35 Min.	7½	Sgr.
	= 50 =	10 =	70 =	15	=
	= jede fernere 60 Minuten			15	=

3 u. 4 Personen { für 20 Min. 7½ Sgr., 35 Min. 10 Sgr.
= 50 = 12½ = 70 = 17½ =
= jede fernere 60 Minuten 17½ = }

3) Bei bestellten Frühfuhren wird fur die Tour der doppelte Satz ad 1, fur die Zeitfahrt der einfache Satz ad 2 gezahlt.
4) 3 Kinder unter 12 Jahren sind in Begleitung Erwachsener ganz frei; 4 und mehre zahlen fur eine Person.
5) Brückengeld zahlt der Fahrgast, wenn er eine Brücke zu passiren verlangt, wo solches entrichtet wird.
9) der Kutscher muß dem Fahrgast beim Einsteigen eine Marke behändigen und die Uhr vorzeigen.
7) Hat der Kutscher nach zuruckgelegter Fahrt mehr als 5 Sgr. Fuhrlohn zu empfangen, so muß er dafur die entsprechenden Marken sofort aushändigen.
8) Der Kutscher muß auf Verlangen das Reglement vorzeigen.

(Schema zum Tarif fur zweispänniges Fuhrwerk.)

Tarif.

1) Für jede Tour innerhalb der Ringmauern mit Einschluß der Eisenbahnhöfe zahlen
1 und 2 Personen 5 Sgr., 3 und 4 Personen 7½ Sgr.
2) Wenn die Fuhre nach der Zeit angenommen wird, zahlen

1 u. 2 Personen { fur 20 Min. 5 Sgr., 35 Min. 7½ Sgr.
= 50 = 10 = 70 = 15 =
= jede fernere 60 Minuten 15 = }

3 u. 4 Personen { fur 20 Min. 7½ Sgr., 35 Min. 10 Sgr.
= 50 = 12½ = 70 = 17½ =
= jede fernere 60 Minuten 17½ = }

3) Bei bestellten Fruhfuhren wird fur die Tour der doppelte Satz ad 1, für die Zeitfahrt der einfache Satz ad 2 gezahlt.
4) 3 Kinder unter 12 Jahren sind in Begleitung Erwachsener ganz frei, 4 und mehre zahlen für eine Person.
5) Brückengeld zahlt der Fahrgast, wenn er eine Brücke zu passiren verlangt, wo solches entrichtet wird.
6) Der Kutscher muß dem Fahrgast beim Einsteigen eine Marke behändigen und die Uhr vorzeigen.
7) Hat der Kutscher nach zuruckgelegter Fahrt mehr als 5 Sgr. Fuhrlohn zu empfangen, so muß er dafur die entsprechenden Marken sofort aushändigen.
8) Für Fuhren über Land weiset das Reglement (Seite 14) die Preise nach, welches der Kutscher Jedermann auf Verlangen sofort vorzeigen muß.

16) Reglement für das öffentliche Thor-Fuhrwerk vom 31. Juli 1843.

§. 1.

Niemand darf ein öffentliches Fuhrwerk zur Beförderung zwischen Berlin und den umliegenden Vergnügungsörtern aufstellen und in Fahrt setzen, bevor ihm nicht eine Concession hierzu ertheilt worden ist.

I. Beschaffenheit des Fuhrwerks.

§. 2.

Alle Wagen müssen dauerhaft, bequem und von gefälligem Aeußern sein.

§. 3.

In Federn hängende oder auf Druckfedern ruhende, ein- und zweispännige Chaisen mit Vorder-Verdecken, so wie auch auf Druckfedern stehende sogenannte Kremser-Wagen mit Sprögel-Verdecken werden zugelassen.

§. 4.

Die Wagenkasten der Chaisen müssen vom Sitze aus 3 Fuß 8 Zoll im Lichten hoch, und die Sitze mindestens 3 Fuß 2 Zoll im Lichten breit sein. Eine gleiche Höhe von den Sitzbänken bis zu den Sprögeln müssen auch die Kremser-Wagen haben.

§. 5.

Die sogenannten Sprögel-Verdecke auf den Kremser-Wagen müssen entweder von Leder, oder von gutem, mit Oelfarbe überstrichenem, leinenem Drillich und stets wasserdicht sein.

§. 6.

Sogenannte Sattelsitze auf den Wagen sind durchweg verboten.

§. 7.

Ist der Wagen, welcher in Fahrt gebracht wird, nicht ganz neu, so muß er doch durchgängig fest und neu lackirt, auch stets mit gutem, nicht geflicktem, Lederzeuge, und im Innern mit reinem Ausschlag und guter Polsterung versehen sein.

§. 8.

Jeder Wagen muß mit der ihm zugetheilten Nummer, und zwar an beiden Seiten und hinten am Wagenkasten bezeichnet sein. Die Zeichnung geschieht durch einen vom Polizei-Präsidio bestimmten Maler. Außerdem ist auf der linken Seite des Wagenkastens die Personenzahl anzubringen, mit welcher der Wagen beladen werden darf.

§. 9.

Es ist gestattet, bei vorhandener Schlittenbahn, anständige Schlitten aufzufahren.

§. 10.

Die Pferde müssen kräftig, die Geschirre dauerhaft, und die Bespannung muß ihrem Zweck entsprechend sein.

II. Verhalten der Fuhrherren beim Gewerbebetriebe.

§. 11.

Bevor ein Personen-Fuhrwerk in Fahrt gebracht wird, muß dasselbe dem mit der Beaufsichtigung des öffentlichen Fuhrwesens beauftragten Polizei-Beamten vorgestellt und dabei das Local bezeichnet werden, in welchem dasselbe untergebracht wird. Sobald dasselbe reglementsmäßig befunden worden ist, wird es auf dem Sitzbrett des Kutschers oder an einer anderen passenden Stelle mit einem Brennzeichen versehen, demnächst das Aufmalen der Nummern verfugt, und die Concession ausgehändigt.

Eine gleiche Vorstellung oder Anzeige ist erforderlich, wenn ein Wechsel des Fuhrwerks oder eine Veranderung des Locals eintritt.

Das eigenmächtige Aufmalen der Nummern, so wie das Verdecken derselben während der Fahrt ist verboten.

§. 12.

Jeder Fuhrherr muß ein Register uber seine Kutscher halten, und darin die Nummer des Wagens vermerken, welcher jedem Kutscher zur Fahrt anvertraut ist. In diesem Register mussen auch die Vornamen des Kutschers, dessen Alter, Geburtsort und Wohnung angegeben sein.

§. 13.

Kein Kutscher darf als Wagenfuhrer zugelassen werden, bevor seine Qualification von dem dazu beauftragten Beamten festgestellt, und ihm von diesem ein, nur fur seine Person, gultiger Fuhrschein ertheilt worden ist. Ein solcher Fuhrschein muß gelost werden, so oft der Kutscher in einen neuen Dienst eintritt.

Unerwachsene, gebrechliche, des Fahrens und der Oertlichkeit unkundige, wegen gemeiner Verbrechen bestrafte, oder einer Betrügerei gegen ihre Dienstherrschaft uberfuhrte Personen werden als Kutscher weder zugelassen, noch geduldet.

§. 14.

Die Fuhrherren sind dafur verantwortlich, daß die Wagen vollkommen gereinigt, und die Kutscher mit dem §. 17. vorgeschriebenen Anzuge und den §. 18. genannten Papieren versehen sind.

§. 15.

Wer ein Thorfuhrwerk eingehen lassen will, muß binnen 4 Wochen davon schriftliche Anzeige machen.

§. 16.

Von denjenigen Sachen, welche den Fuhrherren durch ihre Kutscher, als in den Personen-Wagen gefunden, abgeliefert werden, sind sie verpflichtet, dem Aufsichts-Beamten binnen 24 Stunden Anzeige zu machen, wenn der Eigenthümer aber innerhalb 14 Tagen nicht ermittelt worden ist, sie an das Königliche Stadtgericht zu ubergeben.

III. Verhalten der Wagenführer beim Fuhrbetriebe.

§. 17.

Die Wagenführer müssen in reinlicher und nicht zerrissener Kleidung mit Röcken, Hüten und Stiefeln erscheinen.

§. 18.

Jeder Kutscher muß den ihn legitimirenden Fuhrschein (§. 13.) und dieses Reglement stets bei sich fuhren, und auf Erfordern vorzeigen.

§. 19.

Nach den Standplätzen müssen die Wagenführer von den Wohnungen der Fuhrherren ohne Aufenthalt im Trabe abfahren, und sich dort in solcher Ordnung aufstellen, daß jeder Wagen ohne Hinderung durch einen andern wieder abfahren kann. Bei der Aufstellung darf die allgemeine Passage nicht gehemmt, und müssen in den Ortschaften die Uebergänge zu den Rinnsteinbrucken frei gelassen werden.

§. 20.

Stehen die Wagen hinter einander, so rückt der nächstfolgende in den leer werdenden Raum.

§. 21.

Stehen die Wagen hinter einander, so müssen sie wenigstens 4 Fuß von einander entfernt bleiben, und es darf in die Stelle eines abfahrenden nur der hinter demselben stehende Wagen einrucken.

§. 22.

Jeder Kutscher muß fortgesetzt bei seinem Wagen bleiben, und in der Regel auf dem Bock sitzen. Das Zusammentreten auf den Standplätzen ist verboten.

§. 23.

Die Pferde dürfen nur aus ubergehangenen Beuteln gefuttert werden. Das Ausspannen derselben auf den Standplätzen ist nicht gestattet. Die beiden vordersten Wagen mussen stets zur Abfahrt bereit, und deshalb die Pferde bei ihnen jederzeit aufgezäumt sein.

§. 24.

Die Kutscher dürfen auf den Standplätzen Personen, welche sich den Wagen nähern, weder anrufen, noch anderweit behelligen, um sie zur Benutzung des Wagens zu bestimmen.

§. 25.

Die Kutscher sind verpflichtet:

bei zweispännigen Wagen mit sechs Personen,

bei einspännigen Wagen mit vier Personen,

und zwar an Wochentagen sofort bei der Aufnahme der sechsten resp. vierten Person — an Sonn- und Feiertagen nach einem Warten von höchstens zehn Minuten nach Aufnahme der sechsten resp. vierten Person ab- und bis zum Bestimmungsorte ohne Aufenthalt, und zwar auf festem Wege im Trabe zu fahren.

Wollen weniger als sechs resp. vier Personen unverweilt abfahren, so sind die Kutscher gehalten, gegen Zahlung des taxmäßigen Preises für sechs Personen bei zweispännigem Fuhrwerk, für vier Personen bei einspännigem Fuhrwerk, jederzeit sofort abzufahren.

§. 26.

Die allgemeinen Vorschriften für das Fahren finden auch auf die Thorwagenführer Anwendung, und haben sich dieselben überall den speciellen Anordnungen der Aufsichts-Beamten zu unterwerfen.

§. 27.

Bei einem Wagen darf sich, weder auf einem Standplatz, noch während der Fahrt, außer dem Wagenführer eine andere Person zur Dienstleistung befinden.

§. 28.

Jeder Kutscher muß die taxmäßige Bezahlung fordern und nehmen. Trinkgelder dürfen nicht verlangt werden.

§. 29.

Nach dem Aussteigen der Fahrgäste mussen die Kutscher unverweilt und ohne Aufenthalt nach einem Standplatze oder in die Wohnung der Fuhrherren im Trabe sich begeben — wie denn überall das Fahren im Schritte auf festem Wege untersagt ist.

§. 30.

Die Aufstellung von Personenwagen und die Aufnahme von Personen außerhalb der Standplätze ist nur nach vorhergegangener Bestellung gestattet.

Als solche gilt nur diejenige Verabredung, bei welcher der ganze Wagen zu einer nach Zeit und Ort bestimmten Fahrt gemiethet worden ist. Daß der Wagenfuhrer zur Annahme von dergleichen Bestellung auf dem Wege nach dem Standplatze angeredet worden, soll das Stillhalten während der Fahrt nicht entschuldigen.

§. 31.

Die Wagen dürfen nur mit der im §. 8. festgestellten Personenzahl beladen werden, der Kutscher ist verpflichtet, seinen Platz während der Fahrt auf der Vorderbank zur rechten Hand zu nehmen, derselbe darf auch die Führung der Pferde keinem Dritten übergeben.

§. 32.

Das Tabackrauchen ist den Kutschern sowohl auf Standplätzen, als auch während der Fahrt mit besetztem Wagen verboten.

§. 33.

Die Vorschriften der §§. 17. 18. 31. und 32. gelten auch bei vorher bestellten Fuhren.

§. 34.

Nach dem Aussteigen der Fahrgäste muß der Kutscher sofort nachsehen, ob Sachen im Wagen liegen geblieben sind, und solche sogleich den Fahrgästen, oder, wenn diese sich bereits entfernt haben sollten, dem Fuhrherrn, bei der nächsten Ruckkehr zu demselben, übergeben.

§. 35.

Der Fuhrschein ist eine persönliche Legitimation des Kutsche's, und dieser daher verpflichtet, beim jedesmaligen Austritt aus dem Dienst eines Personen-Fuhrwerks-Besitzers denselben innerhalb 24 Stunden dem Aufsichtsbeamten zurückzureichen.

§. 36.

Die Personenwagen dürfen in den Monaten:

a) Juny, July, August nicht vor 3 Uhr Morgens.
b) Mai, September . . = = 4 = =
c) März, April, Octbr. = = 5 = =
d) November, December
Januar und Februar = = 7 = =

auf den Standplätzen aufgefahren werden. Die Standplätze missen in den Sommermonaten um 12, in den Wintermonaten um 10 Uhr Abends verlassen werden.

§. 37.

Die Thorwagenführer haben den Anweisungen der, mit besonderer Legitimation versehenen Fuhrwerksbesitzer, welche zur Handhabung der Ordnung auf einzelnen Standplätzen von dem Polizei-Präsidio bestätigt sind, unweigerliche Folge zu leisten, und dieselben überhaupt als Aufseher zu respectiren.

IV. Strafbestimmungen.

§. 38.

Die Nichtbeachtung vorstehender Vorschriften §. 1. bis 16. incl., zieht für den Fuhrherrn ein bis zehn Thaler Geld- oder verhältnißmäßige Gefängnißstrafe nach sich.

§. 39.

Neben der Bestrafung erfolgt die gänzliche Ausschließung eines Fuhrherrn vom Fuhrbetriebe:

a) wenn derselbe als Wagenführer in Gemäßheit des §. 42. zu bestrafen ist;
b) wenn aus den gegen ihn und seine Kutscher vorgekommenen Contraventionen ersichtlich ist, daß er eine ordnungsmäßige Controlle über sein Fuhrwerk nicht führt.

§. 40.

Uebertretungen der Vorschriften §. 17. bis incl. 37. werden an den Kutschern mit 15 Sgr. bis zehn Thaler oder verhältnißmäßiger Gefängnißstrafe geahndet.

§. 41.

Bei Verletzungen des Anstands gegen die Fahrgäste, und bei verübtem Unfug kommen die in den §§. 182. und 183. und 1490. Tit. 20., Theil II. des Allgemeinen Landrechts bestimmten Strafen, einschließlich der körperlichen Züchtigung, zur Anwendung.

§. 42.

Auserdem wird ein Wagenfuhrer vom Personen-Fuhrbetriebe entfernt, und zum öffentlichen Fuhrwesen nicht wieder zugelassen:

nenn er durch mehrfach wiederholte Uebertretungen des Reglements zu erkennen gegeben hat, daß er durch die erfolgten Bestrafungen zu einem ordnungsmäßigen Fuhrbetriebe sich nicht bestimmen lassen will.

§. 43.

Fuhrherren, welche einen ausgeschlossenen Kutscher beim Fuhrbetriebe behalten, werden mit funf bis zehn Thaler Geldstrafe belegt.

Kutcher, welche nach ihrer Ausschließung das Fahren fortsetzen, haben act- bis vierzehntägige Gefängnißstrafe zu gewärtigen.

§. 44.

Fuhrherren, welche einen angeschuldigten Kutscher nicht nachweisen können oder wollen, haben außer der, aus §. 12. verwirkten, noch die aus der Contravention folgende Strafe zu erleiden.

V. Aufsichts- und Straf-Verfahren.

§. 45.

Der mit der Beaufsichtigung des öffentlichen Fuhrwesens beauftragte Polizei-Beamte wird von Zeit zu Zeit Revisionen der Gespann- und Fuhrwerke abhalten. Derselbe ist so befugt als verpflichtet, auf sofortige Abhülfe wahrgenommener Mängel zu dringen, und die Fuhrwerke nach den Umständen augenblicklich außer Fahrt zu setzen.

§. 46.

Zur Abhülfe der von demselben gerügten Mängel werden die Fuhrherren in administrativen Wege durch Strafen angehalten werden, und haben sie sich zur Einziehung derselben der Execution zu unterwerfen.

§. 47.

Die Untersuchung und Aburtelung der Contraventionen erfolgt, nach Maßgabe dieses Reglements, durch die competenten Polizei-Behörden; für den engern Polizei-Bezirk von Berlin durch das hiesige Polizei-Gericht für das gesammte offentliche Fuhrwesen.

Bei dem letzten findet das für das Droschkenfuhrwerk angeordnete Verfahren Statt, wonach bei dem Ausbleiben des der Contravention Bezüchtigten angenommen wird, daß er der Anschuldigung geständig ist, und sich jeder weitern Anführung, so wie des Recurses begiebt, und demzufolge die Strafe sofort festgesetzt und vollstreckt wird.

§. 48.

Die Vorladungen und Bescheide an die Kutscher werden den Fuhrherren insinuirt, und diese haben die Verpflichtung, dieselben bei Vermeidung der in §. 38. angeordneten Strafen, den Kutschern alsbald und zu rechter Zeit auszuhändigen.

VI. Aufsichtskosten.

§. 49.

Die Unternehmer müssen die Auslagen erstatten, welche durch den Druck des Reglements, der Fuhrscheine ꝛc., die Reinigung der Standplätze, oder sonst durch irgend einen auf das Geschäft sich beziehenden Gegenstand veranlaßt werden. Die Kosten für das Reglement und die Fuhrscheine werden sofort bei der Aushändigung, die übrigen Kosten aber für das laufende Jahr, von jedem Fuhrwerks-Besitzer verhältnißmäßig nach der Zahl der Personen-Wagen eingezogen, wobei es nicht in Betracht kommt, welche längere oder kürzere Zeit das Fuhrwerk in Fahrt gewesen ist.

§. 50.

Für verloren gegangene oder beschmutzte Reglements oder Fuhrscheine muß bei Entnehmung der Duplicate für jedes Exemplar 2½ Sgr. bezahlt werden.

Berlin, den 31sten Juli 1843.

Königliches Polizei-Präsidium.

Anhang.

A. Tarif für die Thorfuhrwerke.

Bei den Fahrten nach und von den ad B. dieses Anhanges bezeichneten Orten wird, mit Ausnahme der Touren nach und von Charlottenburg und Schöneberg, der Preis für die Person auf 3 Sgr. festgesetzt, bei den letztgedachten Touren auf 2½ Sgr., und es wird hierbei auf die Vorschrift des §. 28. des Reglements, wonach eine Abweichung von den tarifmäßigen Preisen unzulässig ist, verwiesen.

Wenn bei einspännigem Fuhrwerk weniger als vier Personen unverweilt abfahren wollen, so haben sie dem Kutscher für die Touren nach Charlottenburg und Schöneberg 10 Sgr., für alle anderen ad B. des Anhanges bezeichneten Touren 12 Sgr. zu entrichten, — bei zweispännigem Fuhrwerk kann die unverzügliche Abfahrt von weniger als sechs Personen im ersteren Falle nur gegen Zahlung von 15 Sgr., im letzteren von 18 Sgr. verlangt werden. (conf. §. 25. des Reglements.)

Bei Fahrten nach anderen, als den in der Nachweisung ad B. bei jedem Stand-Platz angegebenen Zielorten, ist der Fuhrpreis lediglich der Vereinigung zwischen Fuhrmann und Fahrgästen überlassen, indem die Thorfuhrwerke von den einzelnen Stand-Plätzen aus nur nach den dort genannten Orten zu fahren eine Verpflichtung haben.

B. Standplatz-Nachweisung
für die Thorfuhrwerke, und Benennung derjenigen Orte, wohin dieselben für das tarifmäßige Fuhrgeld zu fahren verpflichtet sind.

I. Berlin.

a) Innerhalb der Ringmauer.

1) Leipzigerplatz, vom 1sten Januar bis ultimo Juny Seite des Wachtgebäudes, vom 1sten July bis ultimo December Seite des Steuergebäudes, hinter den Einfahrten zu der Communication, Spitze nach dem Thore — nach Schöneberg.
2) Cöpnikerstraße, auf dem Marktplatze, Spitze nach der Neuen Jakobsstraße — nach Treptow.
3) Alexanderstraße, längs der Schicklerschen Zuckersiederei. Spitze nach der Holzmarktstraße — nach Stralow.
4) Alexanderplatz, längs der Alexanderstraße vor den Häusern 68, 69, u. s. w., Spitze vor Nr. 69 — nach Pankow, Nieder-Schönhausen, Weißensee und Lichtenberg.

b) Außerhalb der Ringmauer.

5) Brandenburgerthor, Seite nach dem Potsdamerthor, unmittelbar an der Stadtmauer entlang, Spitze nach dem Brandenburgerthor — nach Charlottenburg (bis zum Halteplatze am Berliner Eingange) und nach Moabit.
6) Schönhauserthor, Seite nach dem Prenzlauerthor, unmittelbar an der Stadtmauer, Spitze nach dem Thore — nach Pankow und Nieder-Schönhausen.
7) Frankfurterthor, Seite nach dem Landsbergerthore, Spitze nach dem Thore — nach Lichtenberg.
8) Stralauerthor, Seite nach dem Frankfurterthore, Spitze nach dem Thore — nach Stralow.
9) Schlesischesthor, Seite nach dem Cottbusserthore, Spitze nach dem Thore — nach Treptow.
10) Hallescheshor, im Mühlenwege, Spitze an der Chaussee bei No. 5 der Tempelhoferstraße — nach Tempelhof.
11) Rosenthalerthor, Seite nach dem Schönhauserthore, Spitze am Thore — nach dem Gesundbrunnen.

II. Charlottenburg.

12) Am Berliner Eingange, rechter Hand, Spitze an der Tafel.
13) Spreestraße vor den Häusern Nr. 27 und 28, Spitze nach dem Wilhelmsplatze.
14) Louisenplatz, an der östlichen Seite desselben, längs der Mauer des v. Eckardsteinschen Gartens, Spitze nach der Chaussee — nach Berlin bis an das Brandenburgerthor.

III. Schöneberg.

15) Im Wilmersdorfer-Wege, längs der Mauer des Botanischen Gartens, Spitze nach der Chaussee — nach Berlin bis an das Potsdamerthor.

IV. Tempelhof.

16) Auf dem Dorfplatze — nach Berlin bis an das Halleschethor.

V. Treptow.

17) Auf dem Platze vor dem Magistrats-Etablissement — nach Berlin, bis auf den in der Cöpnikerstraße befindlichen Marktplatz vor den Häusern Nr. 88, 89, 90.

VI. Stralow.

18) In der Dorfstraße an der unbebauten Seite — nach Berlin, bis zur Alexander- und Holzmarktstraßen-Ecke.

VII. Lichtenberg.

19) Auf dem im Dorfe befindlichen Platze — nach Berlin, bis auf den Alexanderplatz.

VIII. Pankow.

20) Auf dem Platze im Dorfe, vor dem ehemals Hartwigschen-Kaffeehause, bis zum Stadtrath Weißschen Grundstück — nach Berlin, bis an das Schönhauserthor.

IX. Nieder-Schönhausen.

21) Auf dem Dorfplatze vor dem Kruge — nach Berlin, bis an das Schönhauserthor.

X. Weißensee.

22) Auf dem Dorfplatze vor dem Kruge — nach Berlin, bis auf den Alexanderplatz.

XI. Moabit.

23) An der Thurm- und Stromstraßen-Ecke nach der Brückenstraße hinunter — nach Berlin, bis an das Brandenburgerthor.

XII. Gesundbrunnen.

24) Verlängerte Pankstraße, rechts von der Badstraße, und zwar an der Seite des Graßhoffschen Grundstucks — nach Berlin, bis an das Rosenthalerthor.

Berlin, den 31. Juli 1843.

Königliches Polizei-Präsidium.

17) Reglement für das nächtliche Straßen-Fuhrwerk vom 31. December 1840.

I. Beschaffenheit des Fuhrwerks.

§. 1.

Alle Wagen müssen dauerhaft, von gefälligem Aeußern und bequem sein.

§. 2.

Sie müssen in Federn hängen oder auf Druckfedern ruhen.

§. 3.

Der Wagen muß vom Sitzkasten 3 Fuß 8 Zoll hoch, und auf dem Sitze im Lichten mindestens 3 Fuß 2 Zoll breit sein.

§. 4.

Jeder Wagen muß mit einem Vorderverdecke und dieses mit Vor= und Seiten=Fenstern versehen sein.

§. 5.

Die Wagen müssen angemessen lang und die Tritte, welche beim Fahren nicht aufgeschlagen werden durfen, so befestigt sein, daß man bequem ein= und aussteigen kann.

§. 6.

Ist der Wagen, der in die Fahrt gebracht wird, nicht ganz neu, so muß er doch durchgängig fest, neu lackirt, auch stets mit gutem, nicht geflicktem Lederzeuge, im Innern mit reinem Ausschlag und guter Polsterung versehen sein.

§. 7.

Die Pferde müssen kräftig und die Geschirre dauerhaft sein.

§. 8.

Die Kutscher müssen mit der ihnen vorgeschriebenen Livree versehen sein.

§. 9.

Die Wagen müssen mit erleuchteten Laternen versehen sein, auf welchen sich die Bezeichnung des Wagens befindet.

§. 10.

Gehört derselbe zu den bereits zugelassenen Droschken, so muß sich die Nummer der Droschke auf der Laterne befinden, andernfalls wird ein Buchstabe auf die Laterne gemalt.

II. Verhalten der Fuhrherrn beim Gewerbebetriebe.

§. 11.

Bevor das Fuhrwerk aufgefahren wird, muß dasselbe dem, mit der Beaufsichtigung des öffentlichen Fuhrwesens beauftragten Polizei=Beamten vorgestellt werden, dessen etwanige Ausstellungen sofort zu erledigen sind. Derselbe wird sodann die Bezeichnung durch den dazu engagirten Maler veranlassen, insofern dieselbe noch nothwendig ist.

§. 12.

Unerwachsene, gebrechliche, des Fahrens und der Oertlichkeit unkundige, wegen gemeiner Verbrechen bestrafte, oder einer Betrügerei gegen ihre Dienstherrschaft überfuhrte Personen werden als Kutscher nicht zugelassen. Bevor die Kutscher auffahren durfen, muß ihre Qualification von dem hierzu beauftragten Polizei=Beamten festgestellt und ihnen von diesem ein, nur fur die Person gultiger Fuhrschein ausgehändigt sein.

§. 13.

Jeder Fuhrherr muß ein Register über seine Kutscher halten und darin täglich die Bezeichnung des Wagens vermerken, den er dem Kutscher zum Fahren anvertraut hat.

§. 14.

Die Kutscher müssen mit gedruckten Marken versehen werden, welche den Namen und die Wohnung des Fuhrherrn, die Nummer des Wagens, das Datum des laufenden Tages und den Betrag des Fuhrlohns nachweisen.

§. 15.

Von denjenigen Sachen, welche den Fuhrherren durch ihre Kutscher, als in der Droschke gefunden, abgeliefert werden, sind sie verpflichtet, dem Aufsichts-Beamten binnen 24 Stunden Anzeige zu machen; wenn der Eigenthümer aber innerhalb 14 Tage nicht ermittelt worden ist, an das Königliche Stadtgericht zu übergeben.

III. Verhalten der Kutscher beim Fuhrbetriebe.

§. 16.

Jeder Kutscher muß den ihn legitimirenden Fuhrschein, das Reglement und die Fuhrmarken bei sich fuhren.

§. 17.

Dies Fuhrwerk darf bei allen öffentlichen Localen nach 11 Uhr Abends aufgestellt werden, in welchen Bälle, Maskeraden und andere öffentliche Lustbarkeiten Statt finden.

§. 18.

Die Zahl der aufzustellenden Wagen bestimmt der anwesende Polizei-Beamte.

§. 19.

Auf den Halteplätzen müssen die Wagen in solcher Stellung auffahren, daß jeder Wagen ohne Hinderung durch einen andern wieder abfahren kann. Die Uebergänge zu den Rinnsteinbrücken und Einfahrten müssen freigelassen werden.

§. 20.

Stehen die Wagen hinter einander, so rückt in den durch das Abfahren leer werdenden Raum der nächstfolgende ein, und alle ihm angemessen nach.

§. 21.

Stehen die Wagen, welche wenigstens 3 Fuß einer von dem andern entfernt aufgestellt werden müssen, neben einander, so kann in den leer werdenden Raum der hinter dem abgefahrenen in einer zweiten Reihe stehende Wagen, sonst aber ein neu hinzukommender einrücken. Die übrigen, schon stehenden Wagen behalten ihre Plätze.

§. 22.

Unter den aufgestellten Wagen dürfen einzelne aus der Reihe nicht vorrücken.

§. 23.

Jeder Kutscher muß fortgesetzt bei seinem Wagen bleiben und in der Regel auf dem Bock sitzen. Das Zusammentreten auf den Halteplätzen ist verboten.

Die Kutscher dürfen Personen, die sich den Wagen nähern, weder anreden noch anderweit behelligen, um sie zur Wahl des Wagens zu bestimmen.

§. 24.

Fordert ein Fahrgast einen Wagen, ohne einen bestimmten zu bezeichnen — so geht dies den vordersten, oder, wenn sie neben einander stehen, den an, welcher auf dem Flügel steht, von wo die Aufforderung kommt. Im Zweifel geht der rechte Flugel vor.

§. 25.

Nach dem Einsteigen des Fahrgastes hat der Kutscher demselben die Fuhrmarke auszuhändigen und unverweilt ab- und bis zum Bestimmungs-Orte, auf festem Wege im Trabe, zu fahren. Die allgemeinen polizeilichen Vorschriften uber das Fahren bleiben auch für dies Fuhrwerk gultig.

§. 26.

Jeder Kutscher muß die tarifmaßige Bezahlung fordern und nehmen. Trinkgelder durfen nicht verlangt werden.

§. 27.

Kein Kutscher darf ohne Genehmigung der Fahrgäste Jemanden auf den Bock, oder auf den Bedienentritt des Wagens aufnehmen.

§. 28.

Nach dem Aussteigen der Fahrgaste muß jeder Kutscher sofort nachsehen, ob Sachen derselben im Wagen liegen geblieben sind, und solche sogleich den Fahrgästen, oder, wenn diese sich bereits entfernt hätten, dem Fuhrherrn nach der nächsten Ruckkehr zu demselben ubergeben.

§. 29.

Der Fuhrschein ist eine persönliche Legitimation des Kutschers, und dieser daher verpflichtet, beim jedesmaligen Austritt aus dem Dienste eines Fuhrwerks-Besitzers, denselben innerhalb 24 Stunden dem Aufsichts-Beamten zuruckzureichen.

IV. Strafbestimmungen.

§. 30.

Die Nichtbeachtung vorstehender Vorschriften §§. 1—15. zieht fur die Fuhrherren 1 bis 10 Thlr. Geld- oder verhaltnißmaßige Gefängnißstrafe nach sich.

§. 31.

Außerdem erfolgt neben dieser Bestrafung die gänzliche Ausschließung von dem Betriebe des Fuhrwesens, wenn

1) der Fuhrherr als Wagenfuhrer nach §. 33. zu bestrafen ist,

2) aus den gegen ihn, oder seinen Kutscher vorgekommenen Contraventionen ersichtlich ist, daß er sein Fuhrwerk nicht genügend controllirt.

§. 32.

Uebertretungen der Vorschriften §§. 16—29. werden an den Kutschern mit einer Strafe von funfzehn Silbergroschen bis zehn Thalern, oder verhältnißmäßigem Gefängniß geahndet werden.

§. 33.

Bei Verletzungen des Anstandes gegen die Fahrgäste und bei verübtem Unfüg kommen die in den §§. 182. 183. 1490. Titel 20. Theil 2. des Allgemeinen Landrechts bestimmten Strafen, einschließlich der körperlichen Züchtigung, zur Anwendung.

§. 34.

Außerdem wird ein Wagenführer von diesem Fuhrwerks-Betriebe entfernt und zum öffentlichen Fuhrwesen nicht wieder zugelassen,

1) wenn, nachdem er bereits bestraft worden, er sich eines gröberen Excesses schuldig gemacht hat,
2) wenn er durch mehrfach wiederholte Uebertretungen des Reglements zu erkennen gegeben hat, daß er durch die erfolgten Bestrafungen zu einem ordnungsmäßigen Fuhrbetriebe sich nicht bestimmen lassen will.

§. 35.

Fuhrherren, welche einen ausgeschlossenen Kutscher beim Fuhrbetriebe behalten, werden mit 5—10 Rthlr. Geldstrafe belegt.

Kutscher, welche nach ihrer Ausschließung das Fahren fortsetzen, haben 8—14tägige Gefängnißstrafe zu gewärtigen.

§. 36.

Fuhrherren, welche einen angeschuldigten Kutscher nicht nachweisen können oder wollen, haben außer der, aus §. 13. verwirkten, noch die aus der Contravention folgende Strafe zu erleiden.

V. Aufsichts- und Strafverfahren.

§. 37.

Der mit der Beaufsichtigung des öffentlichen Fuhrwesens beauftragte Polizei-Beamte ist so befugt, als verpflichtet, auf sofortige Abhülfe der an den Fuhrwerken wahrgenommenen Mängel zu dringen, und dieselben nach Umständen augenblicklich außer Fahrt zu setzen.

§. 38.

Die Untersuchung und Aburtelung der Contraventionen erfolgt ohne Rücksicht auf den Ort, wo dieselben begangen worden, bei dem, für das gesammte öffentliche Fuhrwesen angeordneten Polizei-Gerichte. Bei dem Ausbleiben des Contravenienten wird angenommen, daß er der Anschuldigung geständig ist, und sich jeder weitern Anführung, sowie des Recurses begiebt, wonach sofort die Strafe festgesetzt und vollstreckt wird.

§. 39.

Jede erfolgte Bestrafung eines Kutschers, oder dessen Ausschließung vom Fuhrbetriebe, wird den Fuhrherren durch den beaufsichtigenden Beamten mitgetheilt.

VI. Aufsichtskosten.

§. 40.

Die Unternehmer müssen die Auslagen erstatten, welche durch die Prüfung und die Bezeichnung der Wagen, den Druck des Reglements, der Tarife u. s. w., die Reinigung der Halteplätze, oder sonst irgend einen auf das Geschäft sich beziehenden Gegenstand veranlaßt werden. Sie werden für das laufende Jahr von jedem Wagen-Besitzer verhältnißmäßig nach der Zahl der Wagen eingezogen, wobei es nicht in Betracht kommt, welche längere oder kurzere Zeit das Fuhrwerk in Fahrt gewesen.

§. 41.

Für verloren gegangene Tarife, Fuhr-Reglements, oder Fuhrscheine müssen bei Entnehmung der Duplicate für jedes Exemplar 2½ Sgr. gezahlt werden.

Berlin, den 31sten December 1840.

Königliches Polizei-Präsidium.

Tarif

für das nächtliche Straßen-Fuhrwerk in Berlin.

Für eine Fuhre ohne Unterschied der Personenzahl wird:

a) für die ersten 20 Minuten		15 Sgr.		
b) bis einschließlich 35 Minuten		22	=	6 Pf.
c) bis einschließlich 50 Minuten	1 Thlr.	—	=	— =
d) bis einschließlich 70 Minuten	1 =	15	=	— =
e) bei Annahme auf mehrere Stunden für eine jede folgende	1 =	15	=	— =

gezahlt.

Zur Entrichtung etwaigen Bruckengeldes ist der Fahrgast verpflichtet, wenn er es ausdrücklich verlangt hat, daß über eine Brücke gefahren werden soll, wo solches entrichtet wird.

Gegen Entrichtung des obigen Fuhrgeldes sind die nächtlichen Straßen-Fuhrwerke verpflichtet, innerhalb des einspännigen Droschken-Rayons überall hinzufahren. Das Fuhrgeld für eine Fahrt über diese Gränze hinaus bleibt der freien Einigung überlassen.

Berlin, den 31sten December 1840.

Königliches Polizei-Präsidium.

18) Reglement fur den Betrieb der Omnibus vom 1. Juni 1844.

I. Allgemeine Bestimmungen uber die Zulassung von Omnibus-Fuhrwerken.

§. 1.

Wer in hiesiger Residenz, oder innerhalb des weiteren Polizei-Bezirks derselben, ein Omnibus-Fuhrwerk — sei es für alle oder nur für gewisse Jahreszeiten, und tagtäglich oder nur fur gewisse Tage in der Woche — einrichten will, bedarf hierzu einer, auf seine Person lautenden Concession.

§. 2.

Diese Concession wird nur Personen ertheilt, welche durch ihre Persönlichkeit und Vermögenslage fur die Erfüllung der übernommenen Verbindlichkeiten Gewähr leisten.

§. 3.

Versagt das Polizei-Präsidium die Ertheilung einer Concession, so ist dasselbe nur der höheren Behörde seine Gründe anzugeben verbunden.

§. 4.

Die Concession verpflichtet zur Erfüllung der Bestimmungen des gegenwärtigen Reglements, wie auch der späteren über den Betrieb des Omnibus-Fuhrwerks etwa ergehenden Vorschriften.

§. 5.

Da die Concession nur für eine bestimmte Person ertheilt wird, so kann kein Anderer davon Gebrauch machen, wenn nicht die Abtretung von der Behörde genehmigt worden ist.

§. 6.

Wer die Concession zur Aufstellung eines oder mehrer Omnibus-Fuhrwerke nachsucht, muß dem Polizei-Präsidio einen vollständigen Fahr-Plan einreichen. Dieser muß enthalten:

1. die Linie auf welcher,
2. die Zeit zu welcher von jedem Endpunkt regelmäßig abgefahren werden soll,
3. den Fahrpreis fur Personen sowohl als für Gepäck, wo solches mitgenommen und dafür besonders bezahlt wird,
4. eine genaue Beschreibung nebst einer den Maaßstab enthaltenden Zeichnung von den aufzustellenden Wagen in duplo,
5. die Zahl der Wagen und Gespanne, welche überhaupt auf der Linie gehalten und wo beide untergebracht werden sollen.

§. 7.

Der Fahrpreis kann sowohl fur die ganze, als für die halbe Tour bestimmt werden, in welchem Falle ein Mittelpunkt angegeben werden muß, der die Linie in zwei Hälften theilt. Es wird dabei allgemein bestimmt, daß Ein Kind unter vier Jahren, welches von einem Erwachsenen auf dem Schooß gehalten wird, sowie kleines Gepäck, das ohne Belästigung der Mitfahrenden auf dem Schooß oder unter dem Sitz placirt werden kann, frei mitgenommen werden darf.

§. 8.

Der Fahrplan wird in Beziehung auf die Zulänglichkeit der angegebenen Betriebsmittel, insbesondere aber in Rucksicht auf die Freihaltung und Sicherung der öffentlichen Passage, sowohl auf der zu befahrenden Linie als auf den Endpunkten, wo das Fuhrwerk aufgestellt werden soll, geprüft.

§. 9.

Herbei gilt als Regel, daß auf derselben Linie nicht häufiger als alle Virtelstunden ein Wagen von jedem der beiden Endpunkte abgehen darf. Fällt jedoch eine Fahrlinie theilweis mit einer andern zusammen, so kann dieser Zwischenraum von der Polizei-Behörde auch länger bestimmt werden.

§. 10.

Da verschiedene Bewerber die Concession für eine und dieselbe Fahrlinie gleichzeitig nachsuchen können, so regulirt, wenn sie sich selbst darüber nicht einigen können, die Polizei-Behörde ihre Fahrzeiten. Wenn jedoch aus den vorstehenden Gründen (§§. 8 und 9.) nicht mehre Competenten neben einander zugelassen werden können, so geht unter ihnen, wenn sie sich gleichzeitig beworben haben, bei sonstiger gleicher Qualification, Derjenige vor, welcher eine längere oder häufigere Fuhrverbindung einrichten, oder sonst dem Publico günstigere Bedingungen stellen will. Sonst hat der ältere Bewerber resp. Concessionar den Vorzug.

§. 11.

Ist der Fahrplan von dem Polizei-Präsidio angenommen, resp. festgestellt worden, so wird derselbe in die zu ertheilende Concession speciell mit aufgenommen, welcher auch die Zeichnung und Beschreibung der Wagen beigeheftet wird. Ebenso wird hierin angegeben, wie viele Wagen und Gespanne der Unternehmer für die Linie zu halten verpflichtet ist, und wo dieselben untergebracht sein sollen, endlich aber die Frist bestimmt, binnen welcher der Plan bei Verlust der Concession vollständig ausgeführt und das Fuhrwerk in Gang gebracht sein muß. Diese Frist ist in der Regel 6 Monate von der Aushändigung der Concession.

§. 12.

Um ubereilte Beverbungen und überhaupt zu verhüten, daß zum Nachtheil der Concurrenz Fahrlinien, für welche die Concession einmal ertheilt worden, gar nicht eingerichtet, sondern wieder aufgegeben werden, muß jeder Bewerber sogleich für jedes einzelne von ihm aufzustellende Omnibus-Fuhrwerk — nicht jedoch für die Reserve-Fuhrwerke — die Summe von 50 Thalern deponiren, welche zu Gunsten der Armenkasse verfällt, wenn der Unternehmer seinen Plan gar nicht zur Ausführung gebracht hat.

§. 13.

Außerdem muß jeder Concessionar vor der Aufstellung und Infahrtsetzung für jedes einzelne Omnibus-Fuhrwerk die, stets vollzählig zu erhaltende, Summe von 100 Thlr. in zinstragenden Papieren, gegen Recognitionsschein, bei der Haupt-Kasse des Polizei-Präsidii zur Sicherheit dafür deponiren, daß er seinen Fahrplan die reglementsmäßige Zeit über (§. 17.) erfüllt. Von dieser Caution werden ihm die zuständigen Zinsen an den Fälligkeits-Terminen ausgezahlt.

§. 14.

Acht Tage vor der Eröffnung einer Omnibus-Linie wird der diesfällige Fahrplan von dem Polizei-Präsidio auf Kosten des Unternehmers öffentlich bekannt gemacht.

§. 15.

Will der Unternehmer seinen Fahrplan nachmals in irgend einem Stücke verändern, so ist hierzu die besondere polizeiliche Erlaubniß nöthig, und wenn diese ertheilt wird, so muß die Veränderung in gleicher Weise (§. 14.) vor der Ausführung öffentlich bekannt gemacht werden.

Ebenso muß, wenn eine Omnibus-Linie ganz aufgegeben wird, dies zuvor öffentlich bekannt gemacht werden.

§. 16.

Will der Unternehmer das Etablissement verändern, wo sein Fuhrwerk untergebracht ist, so ist hierzu gleichfalls die polizeiliche Erlaubniß nöthig, welche versagt werden kann, wenn die anderweite Aufstellung dem ordnungsmäßigen Fuhrbetriebe hinderlich sein würde.

§. 17.

Will der Unternehmer eine Linie gänzlich aufgeben, so muß er solches 6 Monate zuvor dem Polizei-Präsidio schriftlich anzeigen. Läßt ein Unternehmer es in Bezug auf die planmäßige Fortsetzung seines Omnibus-Fuhrwerks auf einer Linie bis zur Zwangs-Vollstreckung kommen, so gilt dies für eine Kündigung der Linie, insofern solche vorher noch nicht erfolgt ist.

§. 18.

Das Polizei-Präsidium seinerseits kann einem Unternehmer seine Concession mit sechsmonatlicher Frist kündigen, wenn derselbe sich in seinem Fuhrbetriebe nachlässig und unordentlich zeigt, und die deshalb wiederholt gegen ihn zur Anwendung gekommenen Strafen keine Besserung zur Folge gehabt haben.

§. 19.

In allen Fällen, wo zur planmäßigen Fortsetzung des Fuhrbetriebes auf einer Linie gegen einen Unternehmer die Zwangsvollstreckung nöthig geworden ist, hat das Polizei-Präsidium die Wahl, diese Maaßregel so lange fortzusetzen, als der Unternehmer noch seinen Fahrplan zu erfüllen verbunden ist (§§. 17. und 18.) oder, wenn der Unternehmer nach 14 Tagen nicht wiederum selbst das Fuhrwerk ordnungsmäßig fortsetzt, denselben zu Gunsten der Armenkasse seiner für die Fahrlinie bestellten Caution (§. 13.) für verlustig zu erklären, womit sodann zugleich die Concession erlischt.

§. 20.

Der Unternehmer ist wegen der Erfüllung aller, durch seine Concession und gegenwärtiges Reglement übernommener Verbindlichkeiten, ohne Ausnahme, der polizeilichen Zwangsvollstreckung unterworfen.

II. Besondere Bestimmungen über die Beschaffenheit des Fuhrwerks und den Fuhrbetrieb.

§. 21.

Alle Omnibus-Wagen müssen dauerhaft, bequem und dem Zweck entsprechend eingerichtet sein.

§. 22.

Kein Wagen darf in Gebrauch genommen werden, bevor er nicht von dem Aufsichts-Beamten besonders geprüft und der Concession entsprechend befunden, auch zum Beweise hiervon mit einem Brennzeichen versehen worden ist.

§. 23.

Jeder Wagen muß mit der ihm zugetheilten Nummer zu beiden Seiten und hinten, an einer stets sichtbaren Stelle, versehen sein. Diese Nummer muß im Innern, in der Mitte der Mitte der Vorwand, wiederholt sein.

§. 24.

Das Aufmalen der Nummern geschieht durch einen, von dem Polizei-Präsidio bestimmten, Maler, auf weißem Felde mit schwarzen Ziffern. Diese Nummern müssen stets deutlich erhalten und dürfen während der Fahrt nicht verdeckt werden. Noch weniger ist ihre eigenmächtige Veränderung gestattet.

§. 25.

An jeder Seite des Wagens muß auf einer Tafel, mit stets deutlich erhaltener Schrift, die Fahrlinie des Wagens so wie der Fahrpreis und die Personenzahl verzeichnet sein.

§. 26.

Jeder Wagen muß zu beiden Seiten mit einer Laterne versehen sein, die so angebracht ist, daß sie zugleich das Innere des Wagens erleuchtet. Eine dritte Laterne muß bei der Einsteigethür angebracht sein. Bei jeder Laterne muß auf der Außenscheibe die Wagennummer (§. 23.) angemalt sein.

§. 27.

Jeder Wagen muß eine Fahne führen, die hinten aufgesteckt wird, sobald er vollständig besetzt ist, außerdem muß eine Vorrichtung angebracht sein, durch welche die Fahrgäste dem Conducteur, und eine zweite, vermittelst welcher dieser dem Kutscher das Zeichen zum Halten geben kann.

§. 28.

Die Pferde müssen kräftig und ohne schädliche Fehler, die Geschirre dauerhaft und dem Zweck entsprechend sein.

§. 29.

Die Wagen müssen jedesmal vor der Ausfahrt außen wie im Innern sorgfältig gereinigt sein, und stets in gutem Stande erhalten werden.

§. 30.

Jeder Wagen muß außer dem Kutscher einen Conducteur erhalten und beide müssen in Livrée von übereinstimmender Farbe gekleidet sein.

§. 31.

Es darf kein Kutscher oder Conducteur in Dienst genommen oder darin behalten werden, welcher nicht einen, von dem Aufsichtsbeamten, nach erfolgter Prüfung seiner Qualifikation ihm ausgestellten, Erlaubnißschein besitzt, worin zugleich sein Nationale und Signalement, nebst der Livrée die er tragen soll, verzeichnet ist.

§. 32.

Gebrechliche und schwache Personen, solche die das 20ste Jahr noch nicht erreicht haben, und Individuen von nicht tadelfreier Führung werden als Conducteure und Kutscher nicht zugelassen. Außerdem müssen sie der Oertlichkeit, und die Kutscher des Fahrens kundig sein.

§. 33.

Jeder Conducteur und Kutscher muß mit einem gedruckten Exemplar des gegenwärtigen Reglements, so wie des Fahrplanes, für welchen die Concession ertheilt ist, versehen sein. Außerdem müssen sie, wenn auf der Linie mehrere Wagen in der Fahrt sind, einen Stundenzettel bei sich führen, welcher die jedesmalige Abfahrtzeit des Wagens angiebt.

§. 34.

Ueber sämmtliche Wagen, Conducteure und Kutscher müssen genaue Register geführt werden, woraus ersichtlich, welcher Wagen jederzeit in der Fahrt gewesen und von welchem Conducteur und Kutscher er geführt worden ist. Auch müssen hierin die Vornamen, das Alter, der Geburtsort und die jedesmalige Wohnung eines jeden Conducteurs und Kutschers angegeben sein.

§. 35.

Von den in den Wagen zurückgelassenen Sachen muß dem Aufsichtsbeamten binnen 24 Stunden Anzeige gemacht, wenn der Eigenthümer aber innerhalb 14 Tage nicht ermittelt worden ist, müssen dieselben an das Königl. Stadtgericht abgegeben werden. Außerdem müssen alle solche Sachen in ein besonderes Register unter fortlaufender Nummer und mit Angabe des Tages, wo jedes einzelne Stück gefunden worden, eingetragen werden.

§. 36.

Von jedem außerordentlichen Vorfalle, insbesondere, wenn eine Unterbrechung der regelmäßigen Fahrt stattgefunden hat, muß dem Aufsichtsbeamten sofort schriftliche Anzeige gemacht werden.

§. 37.

Der Unternehmer muß für die Reinhaltung der Halteplätze auf den Endpunkten der Linie, so wie auf den Mittelstationen, sorgen und dieselben wöchentlich zweimal reinigen lassen.

§. 38.

Der Unternehmer ist für die Befolgung der vorstehend gegebenen Vorschriften bei einer Strafe von 1 bis 100 Thlr. verantwortlich.

III. Obliegenheiten der Conducteure und Kutscher.

A. Gemeinschaftliche.

§. 39.

Conducteure und Kutscher müssen stets ihre Erlaubnißscheine (§. 31.), sowie das Reglement und den Stundenzettel bei sich fuhren, und diese Papiere, die sie reinlich zu erhalten haben, auf Erfordern sowohl den Fahrgästen als den Polizei-Beamten vorzeigen.

§. 40.

Dieselben müssen mit der ihnen zugetheilten Livrée bekleidet, und diese muß reinlich und ordentlich erhalten sein.

§. 41.

Sie müssen sich stets nüchtern halten, und eines anständigen und bescheidenen Betragens gegen die Fahrgäste befleißigen, sie dürfen sich niemals von dem Wagen entfernen, auch Niemand zur Mitfahrt auffordern.

§. 42.

Wenn ein Conducteur oder Kutscher aus dem Dienst tritt, so muß er binnen 24 Stunden seinen Erlaubnißschein an den Aufsichts-Beamten zurückreichen, oder demselben die Hinderungsgründe anzeigen.

B. Besondere Obliegenheiten der Conducteure.

§. 43.

Der Conducteur, welcher während der Fahrt auf der hinten angebrachten Wagentreppe seinen Sitz hat, muß die, in dem Fahrplan resp. Stundenzettel angegebenen Fahrzeiten pünktlich inne halten.

§. 44.

Er darf nur die vorgeschriebene Personenzahl in den Wagen aufnehmen. Wenn dieser solchergestalt besetzt ist, muß er die Fahne aufstecken, sobald aber ein Platz leer geworden ist, dieselbe wieder einnehmen.

§. 45.

Das tarifmäßige Fahrgeld muß er sogleich beim Einsteigen von jeder Person erheben. Bei getheilten Linien muß er demnächst auf der Mittelstation von den weiterfahrenden Personen das Fahrgeld auf's Neue einnehmen.

§. 46.

So lange Platz im Wagen ist, muß der Conducteur Jedermann, der die Mitfahrt begehrt, aufnehmen, ausgenommen offenbar betrunkene und Personen, die durch ihre Kleidung augenscheinlich die Mitfahrenden benachtheiligen oder belästigen würden. Desgleichen dürfen Hunde nicht mitgenommen werden, sowie im Wagen Gepäck von schmutzender Beschaffenheit, oder das durch seinen Geruch oder Umfang den Fahrgästen lästig werden wurde. Schweres und unbequem zu transportirendes Gepäck, namentlich insofern solches von andern Personen als Reisenden mitgefuhrt wird, darf der Conducteur überhaupt nicht aufnehmen.

§. 47.

Das Tabackrauchen und laute Singen darf der Conducteur im Wagen nicht gestatten. Ueberhaupt hat derselbe auf Ordnung zu halten und er ist so befugt als verpflichtet, Fahrgäste, die sich, seiner abmahnenden Aufforderung ungeachtet, den Mitfahrenden durch ihr Betragen lästig machen, aus dem Wagen zu entfernen.

§. 48.

Um Mißverständnisse zu verhüten, muß der Conducteur jeden Einsteigenden fragen, auf welchem Punkt er abgesetzt zu werden verlangt.

§. 49.

Der Conducteur muß den Wagen auf das Zeichen eines Fahrgastes prompt halten lassen. Er darf dem Kutscher das Zeichen zum Weiterfahren nicht früher geben, als bis der Aussteigende die Erde erreicht, oder der Einsteigende Platz genommen hat.

Er muß den Fahrgästen, namentlich alten Leuten, sowie Frauen und Kindern beim Ein- und Aussteigen behulflich sein.

§. 50.

Er muß bei eintretender Dämmerung die Wagenlaternen anzünden, und für die Reinlichkeit des Wagens während seiner Fahrt sorgen.

§. 51.

Außerordentliche Vorfälle, namentlich wenn die regelmäßige Fahrt unterbrochen worden ist (§. 36.), muß der Conducteur bei seiner nächsten Rückkehr dem Unternehmer anzeigen.

§. 52.

Er muß jedesmal nach beendigter Tour sogleich im Wagen nachsehen, ob die Fahrgäste Sachen im Wagen zurückgelassen haben, und dieselben diesen entweder zustellen, oder wenn der Besitzer sich bereits entfernt hat, sie bei seiner nächsten Rückkehr nach Hause abliefern.

C. Besondere Obliegenheiten der Kutscher.

§. 53.

Der Kutscher, der dem Conducteur untergeben ist, muß dessen Zeichen zu fahren oder zu halten genau beachten.

§. 54.

Auf der Mitte des Straßendammes oder auf Brücken darf jedoch niemals angehalten werden, um Fahrgäste aufzunehmen oder abzusetzen. Die allgemeinen Vorschriften uber das Fahren finden auch auf die Kutscher der Omnibus-Wagen Anwendung.

§. 55.

Der Kutscher muß, so lange der Wagen noch nicht vollständig besetzt ist, auf den Anruf Fahrlustiger anhalten.

§. 56.

Er muß die vorgeschriebene Tour genau innehalten.

§. 57.

Bei freier Passage und ausgenommen uber Brücken und bei Kirchen während des Gottesdienstes, sowie beim Umbiegen um Straßenecken, muß er stets im Trabe fahren. Galopp zu fahren ist überall verboten.

§. 58.

Das Futtern der Pferde auf der Straße darf nur aus ubergehängten Beuteln geschehen.

D. Gemeinschaftliche Strafbestimmungen.

§. 59.

Zuwiderhandeln gegen die Bestimmungen von §§. 39. bis incl. 58. des Reglements hat gegen die Conducteure und Kutscher eine Geldbuße von 1 bis 10 Thlr. oder verhältnißmäßige Gefangnißstrafe zur Folge.

§. 60.

Die Ausschließung vom Dienst bei dem Omnibus-Fuhrwesen kann gegen einen Conducteur oder Kutscher, neben der Bestrafung nach §. 59., oder auch für sich allein, ausgesprochen werden:

1) wegen wiederholter Zuwiderhandlungen gegen das Reglement,
2) wegen erlittener fiscalischer oder Kriminal-Strafen,
3) wegen Trunkenheit im Dienst,
4) wegen ungebuhrlichen Betragens gegen die Fahrgäste.

§. 61.

Ein ausgeschlossener Conducteur oder Kutscher darf die Führung eines Omnibus-Wagens bei 8 bis 14tägiger Gefängnißstrafe nicht wieder ubernehmen.

§. 62.

Die Vergehen der Conducteure und Kutscher werden bei dem Polizeigericht fur öffentliches Fuhrwesen verhandelt.

Berlin, den 1sten Juni 1844.

Königl. Polizei-Prasidium.

19) Zur Aufstellumg von Nachtdroschken bedarf es polizeilicher Genehmigung.

Bekanntmachung.

Um die vielfachen Unordnungen und Behelligungen des Publikums abzustellen, zu welchen zeither die Aufstellung unbestellter Wagen bei öffentlichen Localen, in welchen Balle, Maskeraden und andere öffentliche Lustbarkeiten stattfinden, Veranlassung gegeben hat, ist die Einrichtung getroffen worden, daß in Zukunft Niemand ohne ausdruckliche polizeiliche Erlaubniß ein Fuhrwerk ohne vorgängige Bestellung zur Abholung der Gäste bei diesen Localen auffahren oder halten lassen darf. Die näheren Bestimmungen uber den Betrieb dieses Gewerbes enthält das, fur das nächtliche Straßen-Fuhrwerk erlassene Reglement vom 31. December a. pr., welches bei dem Polizei-Commissarius Aschoff Wallstraße No. 25 für 2 Sgr. 6 Pf. zu erhalten ist, auch befindet sich in jedem Locale dieser Art ein, am Eingange desselben affigirtes Exemplar des Tarifs fur dieses Fuhrwerk. Wer vor erhaltener polizeilicher Erlaubniß bei den genannten Localen unbestelltes Fuhrwerk zur Abholung der Gäste auffahrt oder halten läßt, verfallt in eine Geldstrafe von 5 Thalern oder verhältnißmäßige Gefängnißstrafe.

Berlin, den 5. Februar 1841.

Konigliches Polizei-Präsidium. v. Puttkammer.

20) Ablieferung der in öffentlichen Fuhrwerken zuruckgelassenen Sachen.

Bekanntmachung.

Um die Wiedererlangung der in den Droschken, Nachtdroschken und öffentlichen Thorwagen von Fahrgästen zuruckgelassenen Gegenstände fur die Verlierer zu erleichtern, soll von jetzt ab die Einrichtung getroffen werden, daß dieselben durch den Polizei-Kommissarius Aschoff von den Findern in Empfang genommen und, sofern sie nicht mehr als 10 Thlr. Werth haben, 14 Tage lang bei ihm aufbewahrt werden, wonächst ihre Ueberweisung an das Königliche Stadtgericht erfolgt. Jedermann hat sich daher wegen seiner, in einem solchen öffentlichen Fuhrwerk vergessenen Sachen, zunächst an den genannten Beamten zu wenden, dessen Büreau Wallstraße No. 25., taglich bis 10 Uhr Vormittags geöffnet ist, und wo er die eingelieferten Gegenstände, bei gehöriger Legitimation und gegen Entrichtung des dem Finder gesetzlich zustehenden Fundgeldes, zuruckempfangen kann. Da die Legitimation uber einen in einer Droschke vergessenen Gegenstand hauptsächlich durch den Besitz der Fahrmarke gefuhrt werden kann, gleichwie dieser allein sonstige weitere Nachforschungen daruber möglich macht; so muß zugleich allen Fahrgästen dringend angerathen werden, jedesmal die Fahrmarke von dem Droschkenkutscher anzunehmen. Indem dies zur Kenntniß des betheiligten Publikums gebracht wird, werden zugleich sämmtliche Kutscher von Droschken, Nachtdroschken und Thorwagen, unter Aufhebung der früheren Bestimmung in den bezuglichen Fuhr-Reglements hierdurch angewiesen, von jetzt an alle von Fahrgasten in ihrem Fuhrwerk zurückgelassene Gegenstande nicht mehr an die Fuhrherren, sondern an den Polizei-Kommissarius Aschoff, sobald sie dies können, spatestens aber bis zum Morgen des nächsten Tages, abzuliefern und dieselben bis dahin sorgfältig zu verwahren. Ihnen bleiben dafur in allen Fällen die gesetzlichen Fundrechte vorbehalten; dagegen soll jeder Kutscher, welcher dieser Vorschrift zuwider einen Fund nicht abliefert, außer der etwa sonst noch verwirkten Strafe, seine sofortige Ausschließung von dem öffentlichen Fuhrbetriebe zu gewartigen haben.

Berlin den 1. Februar 1846.

Konigl. Polizei-Prasidium. v. Puttkammer.

21) Einmal angenommene Fruhfuhren müssen von den Droschkenbesitzern pünktlich geleistet werden.

Bekanntmachung.

Mehrfache Klagen, insbesondere des die Eisenbahnen benutzenden Publikums, daß Droschken, die zu einer Fruhfuhre bestellt worden, sich entweder gar nicht oder nicht rechtzeitig eingefunden haben, veranlassen das Polizei-Präsidium zu der Bestimmung: daß die Droschkenbesitzer verpflichtet sind, Fruhfuhren, welche sie einmal angenommen haben, bei Vermeidung der im Droschken-Fuhr-Reglement vom 23sten November 1843 angeordneten Strafen, zu der verabredeten Zeit auszufuhren.

Berlin, den 19. Marz 1845.

Konigl. Polizei-Präsidium. v. Puttkammer.

Fahren und Reiten im Allgemeinen.

22) Fahren und Reiten innerhalb der Stadt.

Polizeiliche Verordnung zu §§. 756 seq. Theil II. Titel 20. A. L. R. wegen des Reitens und Fahrens.

§. 1.

Bei der Ausfahrt aus den Hausern, beim Passiren der Brucken, Stadtthore und engen Straßen, beim Einbiegen in andere Straßen und überall, wo die Passage durch Menschen oder sonst verengt ist, darf nur im Schritt gefahren oder geritten werden. Dasselbe gilt beim Passiren der Kirchen zur Zeit des Gottesdienstes, insofern dieselben nicht gänzlich abgesperrt sind.

§. 2.

Ebenso dürfen hoch und breit beladene Lastfuhrwerke, so wie solche Fuhrwerke, die starkes Geräusch verursachen, uberall nur im Schritt fahren.

§. 3.

Marschirenden Militairabtheilungen müssen Fuhrwerke und Reiter ausweichen, und wenn zum Vorbeipassiren kein Raum ist, so müssen sie so lange halten, bis erstere vorüber sind.

§. 4.

Reiter und Wagenfuhrer müssen die ihnen in den Weg kommenden Fußgänger durch lauten Zuruf warnen.

§. 5.

Bürgersteige und sonstige Fußwege dürfen zum Fahren, Reiten, Pferdehalten, Karrenschieben, Ziehen von Handwagen, so wie überhaupt zur Fortbringung von Lasten nicht benutzt werden.

§. 6.

Auf ungepflasterten oder nur mit Kies beschutteten öffentlichen Plätzen in der Stadt darf weder gefahren noch geritten werden.

§. 7.

Ledige Pferde müssen stets geführt und kurz am Zugel gehalten werden. Vor bösartigen Pferden sind die Vorubergehenden laut zu warnen.

§. 8.

Unbespannte Fuhrwerke dürfen überhaupt nicht auf der Straße stehen bleiben.

§. 9.

Kein bespanntes Fuhrwerk darf ohne Aufsicht und gehörige Befestigung auf den Straßen sich selbst uberlassen bleiben. Kann der Inhaber keinen zuverlassigen Aufseher zurucklassen, so darf er sich nur entfernen, nachdem die Pferde fest angebunden und abgesträngt worden sind.

§. 10.

Solche Pferde, von denen bekannt ist, daß sie zum Durchgehen geneigt sind, dürfen unter keinen Umständen sich selbst überlassen bleiben.

§. 11.

Alle Fuhrwerke sind schuldig, sich beim Begegnen rechts vorbeizufahren. Unbeladene Wagen müssen den beladenen, Personenwagen den Lastwagen ausweichen. Bei enger Passage muß der unbeladene Wagen in schicklicher Entfernung so lange halten, bis der beladene vorüber ist. Trifft dieser Fall zwei leere oder zwei beladene Wagen, so muß derjenige, welcher den andern zuerst gewahr wird, still halten. Vor engen Passagen muß jedes Fuhrwerk so lange halten, bis der Führer sich überzeugt hat, daß der Weg frei sei.

§. 12.

Jedes langsamer fahrende Fuhrwerk muß das nachkommende schnellere Fuhrwerk, wenn dieses nicht anders vorbei kommen kann, auf ein gegebenes Zeichen, links vorbeilassen. Niemand aber darf das Vorbeifahren eines ihm nachfolgenden Wagens durch Einlenken in dessen Fahrbahn verhindern.

§. 13.

Zum Transport von Dünger, Schutt und dergleichen, müssen die Fuhrwerke so eingerichtet sein, daß nicht durch Verstreuen oder Lecken die Straßen verunreinigt werden.

§. 14.

Fuhrwerke, die Dünger oder andere übel riechende Substanzen geladen haben, dürfen innerhalb der Stadt auf öffentlichen Straßen oder Plätzen nirgend anhalten, müssen vielmehr ihren Weg ohne Unterbrechung fortsetzen.

§. 15.

Ebenso dürfen beladene Frachtwagen bei freier Passage in den Straßen nirgend anhalten, sondern müssen unausgesetzt in der Fahrt bleiben.

§. 16.

Kein Fuhrwerk darf überladen sein, so daß das Gespann zur ordentlichen Fortschaffung unvermögend wird. Außerdem darf keine Ladung breiter als 10 Fuß sein.

§. 17.

Langholz darf nicht geschleppt werden, sondern muß auch hinten auf Rädern ruhen. Schlittenfuhrwerke müssen stets mit Deichseln und Schellen versehen sein.

§. 18.

Das unnöthige und anhaltende Knallen mit der Peitsche ist verboten, ebenso das Aufhocken auf fremde Kutschwagen, Schlitten und andere Fuhrwerke.

§. 19.

Diese Vorschriften gelten für die Stadt mit Einschluß des engeren Polizei-Bezirks. Auf öffentlichen Chausseen jedoch kommen die Zusatz-Bestimmungen zu dem Chausseegeld-Tarif vom 29sten Februar 1840 zur Anwendung.

§. 20.

Zuwiderhandlungen ziehen eine Geldbuße von 1 bis 10 Thalern oder verhältnißmäßige Gefängnißstrafe, nach Bewandniß der Umstände auch körperliche Züchtigung nach sich.

Berlin, den 25sten März 1844.

Königliches Gouvernement. Königliches Polizei-Präsidium.
v. Lützow. v. Puttkammer.

23) An- und Abfahrt beim Königlichen Opernhause.

Bekanntmachung.

Die Eingang findet durch die Thüren No. 1. — der Universität gegenüber — und No. 2. — die vorderste Thür an der Wasserseite — so wie No. 3. — die vorderste Thür am Opernplatz — statt, durch die letztere jedoch nur erst dann, wenn die Queue im Innern des Hauses aufgehoben ist. Zum Ausgange dienen eben dieselben drei Thüren, außerdem noch die zwei Thüren No. 4. — in der Mitte des Vorsprungs am Opernplatz — und fur das Amphitheater die Thür No. 5. — hinter diesem Vorsprunge — und No. 8. — hinter dem Vorsprunge an der Wasserseite. — Die Anfahrt der Wagen ist bei No. 1., von den Linden her, und sobald die Queue aufgehoben, bei No. 3. von der Vorderseite her. Die Abfahrt bei No. 1. in umgekehrter Richtung vom Zeughause her nach den Linden; ferner bei No. 3. und 4. von der Behren-Straße her nach den Linden. Die zum Abholen bestimmten Wagen stellen sich entweder vor der Universität oder auf dem gepflasterten Theile des Opernplatzes an der Behren-Straße auf. Die Droschken stellen sich auf der innern Seite des neu angelegten Fahrdammes am Opernhause in der Art auf, daß die erste Droschke dem Portale No. 3. gegenüber zu stehen kommt und die übrigen Droschken sich der ersten in einer Reihe bis zu dem gepflasterten Theile des Opernplatzes an der Behren-Straße anschließen. Von da ab auf dem ebengenannten Theile zur Seite der Anlagen durfen sich die Droschken zu zwei Reihen neben einander bis zu der Königlichen Bibliothek dergestalt aufstellen, daß zwischen den herrschaftlichen Wagen und den Droschken ein leerer Raum verbleibt. So wie vorne Droschken abfahren, rücken die andern nach. Diejenigen Personen, welche sich einer Droschke zu bedienen wünschen, werden deshalb am besten den Ausgang aus der Thür No. 3. wählen. An der Wasserseite darf nicht vorgefahren werden, indem dieselbe für die Hof-Equipagen und die Equipagen der zum Eintritt in die Königlichen Logen berechtigten Personen reservirt ist. Wagen- und Droschkenführer, welche vorstehende Bestimmungen nicht auf's Genaueste beachten, verfallen in eine Geldstrafe bis zu 5 Thlr. und im Unvermögensfalle in eine verhältnißmäßige Gefängnißstrafe, außerdem haben sie auf den Fall des Ungehorsams gegen die Anweisungen der Polizei-Beamten und Gendarmen sofortige Verhaftung zu gewärtigen.

Berlin, den 17. December 1845.

Königliches Polizei-Präsidium. v. Puttkammer.

24) An- und Abfahrt beim Königlichen Schauspielhause.

Verordnung.

Nachstehende, wegen der äußeren Ordnung bei den Vorstellungen im Königlichen Schauspielhause schon früher ergangene Bestimmungen werden hierdurch, wie folgt, in Erinnerung gebracht:

1) Nur allein die Equipagen des Königlichen Hofes fahren bei den in der Taubenstraße befindlichen Seiten-Eingängen des Königlichen Theaters vor, und stellen sich zum Wiederabholen der allerhöchsten und höchsten Herrschaften in derselben Straße auf;

2) alle übrigen nach dem Hause bestimmten Wagen fahren ohne Unterschied von der Seite der Jägerstraße in der bedeckten Durchfahrt unter der großen Freitreppe vor und demnächst durch die mit Pfählen bezeichnete Bahn in schräger Richtung nach der Seite der Taubenstraße ab. Zum Wiederabholen der Herrschaften stellen sie sich auf dem Gensdarmenmarkte mit der Front nach der Jägerstraße und hart an letzterer auf, und fahren, wenn sie gerufen werden, ganz in derselben Art vor und ab, wie solches vorstehend bestimmt ist.

3) Personen, welche zu Fuß sich nach dem Schauspielhause begeben, können zur Vermeidung von Unglücksfällen weder vor Anfang noch nach Beendigung des Schauspiels, in die bedeckte Durchfahrt unter der großen Treppe zugelassen werden, sondern dürfen sich nur der beiden, lediglich für sie bestimmten Ein- und Ausgänge in dem Vorbau an der Seite der Jäger- und Taubenstraße bedienen.

Auf Befolgung dieser Festsetzungen wird strenge gehalten werden, und haben diejenigen, welche dawider handeln, die sie unbedingt treffenden unangenehmen Folgen sich selbst beizumessen, namentlich haben die Kutscher eine Geldstrafe von zwei Thalern, oder verhältnißmäßige Freiheitsstrafe, auch nach Bewandtniß der Umstände sofortige Verhaftung zu gewärtigen.

Berlin, den 13. Februar 1836.

Königliches Preußisches Gouvernement und Polizei-Präsidium.

v. Tippelskirch. Gerlach.

25) An- und Abfahrt beim Königsstädtschen Theater.

Bekanntmachung.

In Erneuerung der früheren Polizei-Verordnung vom August 1824 werden hierdurch rücksichtlich der An- und Abfahrt der Wagen, welche Herrschaften nach dem Königsstädtschen Theater fahren, oder von dort abholen, folgende Bestimmungen in Erinnerung gebracht:

1) Die Anfahrt erfolgt durchgängig in der Richtung von der Königsbrücke her bei dem Haupteingange, Alexanderstraße No. 2. Die hier leer gewordenen Wagen haben diesen Weg zu verfolgen und dürfen, falls sie über die Königsbrücke zurückfahren wollen, erst dann umwenden, wenn sie etwa hundert Schritte von diesem Eingange entfernt sind. Das Einbiegen nach dem längs der Seite des Schauspielhauses am Alexanderplatz neu hergestellten Fahrdamm ist nicht zulässig.

2) Zum Ausgange des Publikums nach beendigter Vorstellung sind außer dem Haupteingange Alexanderstraße No. 2. auch zwei Eingänge der Seitenfronte des Schauspielhauses am Alexanderplatz geöffnet. Die zum Abholen der Herrschaften fur den Eingang Alexanderstraße No. 2. bestimmten Wagen stellen sich mit der Fronte nach dem Schauspielhause zunächst des Hauses zum Kaiser Alexander (Alexanderstraße No. 70.) reihenweise auf, fahren, wenn sie gerufen werden, in der Richtung nach der Königsbrucke hin, vor, und nach Einnehmung der Herrschaften, ohne zur Stelle umwenden zu durfen, entweder über die genannte Brücke oder aber durch die Straße am Königsgraben ab.

3) Zum Abholen der Herrschaften, welche nach Beendigung des Schauspiels das Haus durch die Thuren an der Seite des Alexanderplatzes verlassen wollen, stellen sich die Wagen auf dem ungepflastert bleibenden Theile des Alexander-Platzes auf. Sie gelangen dahin durch die Alexanderstraße, von der Ecke des Arbeitshauses ab, uber den neuen Fahrdamm. Die Aufstellung geschieht auch hier reihenweise, die Köpfe der Pferde nach dem Schauspielhause gerichtet. Sie fahren, wenn sie gerufen werden, in der Art vor, daß sie den Rückweg auf dem neuen Fahrdamm nach dem Winkel des Arbeitshauses und längs desselben bis zur Alexanderstraße nehmen. Die Fußgänger werden, um jedes Zusammentreffen mit den Wagen möglichst zu vermeiden, das an beiden Seiten des Schauspielhauses und längs des Arbeitshauses neu angelegte Trottoir benutzen.

Auf die Befolgung dieser Bestimmungen wird strenge gehalten werden, und haben diejenigen, welche dawider handeln, Zwei Thaler Geld- oder verhältnißmäßige Gefängnißstrafe, nach den Umständen aber selbst sofortige Verhaftung zu erwarten.

Berlin, den 21. Februar 1835.

Königl. Preuß. Gouvernement u. Polizei-Präsidium hiesiger Residenz.
v. Tippelskirch. Gerlach.

26) An den Werderschen Mühlen soll kein Fuhrwerk halten bleiben.

Republication.

Nachstehende Verordnung: „Bei der Lebhaftigkeit der Passage zwischen der Schleusenbrücke und den Werderschen Mühlen bis zur Ecke der Stechbahn ist das Halten der Wagen vor den Häusern, insbesondere aber vor den Kaufläden daselbst, für die Fußgänger nicht allein höchst unbequem, sondern kann bei längerer Dauer der Beengung selbst zu erheblichen Unglucksfallen leicht Veranlassung geben. Um diesen möglichst vorzubeugen, ist daher festgestellt, daß weder herrschaftliche noch Miethswagen in dortiger Gegend vor den Läden und Thuren länger, als das unverzuglich zu beobachtende Aus- und Einsteigen erfordert, haltend verweilen dürfen. Die Kutscher sind vielmehr schuldig, unmittelbar nach dem Aussteigen der Herrschaften sogleich wieder ab- und auf dem Schloßplatze aufzufahren, auch daselbst so lange zu halten, bis die Herrschaft zum Wiedereinsteigen in Bereitschaft steht. Die Herrschaften werden hierdurch aufgefordert, diese durch die Umstände dringend gebotene Bestimmung ihren Kutschern zur genauesten Beachtung speziell einzuschärfen, indem Fälle der Uebertretung an diesen sowohl, als an den Miethskutschern mit einer Geldbuße von 2 Thalern oder verhältnißmäßiger Gefängnißstrafe, bei entstehenden Widersetzlichkeiten aber mit unfehlbarer Arretirung des Widerspenstigen geahndet werden sollen.

Berlin den 15. Februar 1839.

Königliches Polizei-Präsidium."

wird hierdurch in Erinnerung gebracht.

Berlin, den 20. October 1843.

Königliches Polizei-Prasidium. v. Puttkammer.

27) Kein Wagen darf mehr als 1½ Klafter Holz laden.

Bekanntmachung.

Die Vorschrift der Verordnung vom 4. April 1796, nach welcher, bei funf Thaler Strafe fur jeden Contraventionsfall, beim Verfahren des Brennholzes innerhalb der Stadt kein Wagen mit mehr als hochstens einem Drittel Haufen oder anderthalb Klaftern dieses Materials beladen werden darf, wird hierdurch zur genauesten Nachachtung mit dem Beifügen in Erinnerung gebracht, daß jene Vorschrift nur insofern eine Ausnahme erleidet, als nach der Verfugung des Königlichen Ministerii des Handels vom 13. Januar 1823 Jedem, welcher Rader von 3½ Zoll Breite an seinem Holzwagen hat, nachgelassen werden soll, einen Haufen Holz auf zwei solcher Wagen zu verladen; wohingegen auf alle Wagen, deren Räder eine geringere Breite haben, die obige Vorschrift fortwahrend ihre Anwendung findet.

Berlin, den 4. September 1830.

Königliches Preußisches Polizei-Prasidium. v. Esebeck.

28) **Die zur Fußpassage bestimmten Durchgänge dürfen nicht mit Fuhrwerk und Pferden passirt werden.**

Bekanntmachung.

In Erneuerung der Verordnung vom 13. April 1809 wird das Publikum wiederholt gewarnt, sich des Reitens, Fahrens, Pferdehaltens und Karrenschiebens auf den Bürgersteigen und Trottoirs, sowie auch durch die nur zur Fußpassage bestimmten Durchgänge — namentlich durch den zwischen der alten Jakobs- zur neuen Grunstraße belegenen Durchgangs — gänzlich zu enthalten, widrigenfalls die Uebertreter in zwei Thaler Geld- oder dreitägige Arreststrafe genommen werden.

Berlin, den 6. August 1829.

Königl. Preuß. Polizei-Präsidium. v. Esebeck.

29) **Im Lustgarten zu fahren ist nur den das Museum besuchenden Personen gestattet.**

Bekanntmachung.

Das Publikum wird davon unterrichtet, daß das Befahren des chaussirten Weges im Lustgarten, zwischen der Schloß- und der ersten Kupfergraben-Brücke nur von solchen Fuhrwerken erfolgen darf, welche Personen in das Königliche Museum bringen oder aus demselben abholen. Die Benutzung dieses Weges durch Fuhrwerke zu jedem anderen Zweck wird mit zwei Thaler Geld- oder verhältnißmäßiger Gefängnißstrafe geahndet.

Berlin, den 6. April 1835.

Königliches Gouvernement. v. Tippelskirch.
Königliches Polizei-Präsidium. Gerlach.

30) **Verbot des Fahrens auf dem Exerzierplatz vor dem Brandenburger Thore.**

Bekanntmachung.

Das Befahren des Exerzierplatzes vor dem Brandenburger Thore, auf welchem die Arbeiten zur Verschönerung dieses Platzes gegenwärtig begonnen haben, kann nicht ferner verstattet werden, und wird hiermit bei einer Geldbuße bis 5 Thlr. oder verhältnißmäßiger Gefängnißstrafe untersagt.

Berlin, den 6. Juni 1846.

Königliches Gouvernement. Für den Kommandanten: Prittwitz.
Königliches Polizei-Präsidium. v. Puttkammer.

Register.

Nachtrag

zu der

Sammlung

der

polizeilichen Verordnungen

für

Berlin.

Auf Veranlassung des Königlichen Polizei-Präsidiums, aus dessen Acten zusammengestellt.

Berlin.
Druck und Verlag von G. Reimer.
1847.

Bekanntmachung.

Die kürzlich im Verlage von G. Reimer hierselbst, auf anderweite Veranlassung, erschienene Sammlung der polizeilichen Verordnungen für Berlin ist zwar der Abdruck einer im Monat August v. J. bei dem Polizei-Präsidio, Behufs der Mittheilung an die Justizbehörden, gefertigten Zusammenstellung. Da die darin enthaltenen Verordnungen jedoch, theils zur zweckmäßigeren Anwendung für die Justizbehörden, theils aus sonstigem Bedürfniß, seither in vielen Stücken verändert und durch neue Bestimmungen vermehrt worden sind; so hat das Polizei-Präsidium gegenwärtig die nachträglich ergangenen Local-Polizeiverordnungen, wie auch einige dergleichen ältere, in dem obigen Werk nicht vorfindliche, besonders zusammenstellen lassen. Dieselben werden als ein ergänzender Nachtrag zu der erstgedachten Sammlung gleichfalls im Verlage bei Herrn G. Reimer erscheinen und das Polizei-Präsidium macht hierauf mit dem

Bemerken aufmerksam, daß die fragliche Sammlung dadurch eine vollständige und sichere Anwendung für Jedermann gewähren wird.

Berlin, den 25. April 1847.

Königliches Polizei-Präsidium.
(gez.) von Puttkammer.

Inhalt.

I. Polizeiliche Vorschriften zur Erhaltung der Sicherheit der Person und des Vermögens.

Controlle der Personen.

Feuer.

Wasser.

Gifte.

Zündhütchen.

Eisenbahnen.

Bauten.

Beschädigungen durch Thiere.

Scheumachen der Pferde.

Unbefugte ärztliche Hülfe.

Verhütung vor Betrug.

II. Polizeiliche Vorschriften zur Erhaltung der öffentlicichen Sitte, Ordnung, Reinlichkeit, Bequemlichkeit und Annehmlichkeit.

Sitte.

Ordnung.

Reinlichkeit.

Bequemlichkeit und Annehmlichkeit.

III. Polizeiliche Vorschriften über den Gewerbebetrieb der Fuhrleute und über das Fahren und Reiten.

Fuhrleute.

I.

Polizeiliche Vorschriften zur Erhaltung der Sicherheit der Person und des Vermögens.

1) Meldungen der Einwohner, Fremden und fremden Gewerbegehülfen.

In Bezug auf polizeiliche Meldungen gelten folgende Vorschriften:

I. Hinsichtlich der Einwohner.

1) Bei Wohnungsveränderungen ist zur An- und Abmeldung verpflichtet:

a) jeder Vermiether, Aftermiether, Chambre-garni-Vermiether, Schlafstellenvermiether, nur fur die Person seines Miethers;

b) jeder Inhaber einer Wohnung fur seine Ehefrau, Kinder, Dienstboten, Gehülfen und alle anderen Personen, welche von ihm Wohnung erhalten, auch wenn er die Wohnung gleichzeitig mit dem An- und Abzumeldenden bezieht oder verläßt.

2) Wer sein eigenes Haus bezieht oder seine Wohnung in demselben verläßt, hat sich selbst nebst den Personen, welche mit ihm die Wohnung verändern, an- oder abzumelden.

3) Die Vermiether und die Inhaber von Sommerwohnungen sind diesen Vorschriften ebenfalls unterworfen.

4) Apotheker, Kaufleute und Händler sind verpflichtet, ihre Geschäftsgehülfen bei der Annahme und Entlassung, ohne Rücksicht, ob der Geschäftsgehülfe bei dem Prinzipal Wohnung hat oder nicht, dem Polizei-Commissarius des Reviers, in welchem das Geschäftslocal belegen ist, unter Bezeichnung der Wohnung des Gehulfen, an- und abzumelden.

5) Sämmtliche Familienhäupter, ohne Unterschied der Religion oder Confession haben bei jeder an den Revier-Polizei-Commissarius zu richtenden Wohnungsmeldung zugleich für alle zu ihrem Hausstande gehörige Kinder in dem Alter vom vollendeten sechsten bis zum vollendeten vierzehnten Lebensjahre die, Seitens der Schul-

vorstände auszustellenden Schulbesuchskarten von dem laufenden halben Jahre, für diejenigen Kinder christlicher Eltern aber, welche das dreizehnte Lebensjahr angetreten, das sechszehnte jedoch noch nicht vollendet haben, auch die Bescheinigung des Geistlichen, bei dem sie den Confirmations-Unterricht besuchen, oder insofern sie bereits confirmirt sind, den Confirmationsschein mit vorzulegen. Diese Atteste werden ihnen nach befundener Richtigkeit sogleich von dem Revier-Polizei-Commissarius zurückgegeben. Besucht ein im schulpflichtigen Alter befindliches Kind keine öffentliche Schule, so ist anzugeben, welchen anderweitigen Unterricht dasselbe genießt.

6) Verheirathungen müssen von dem Ehemann angemeldet werden.

7) Die Meldung der Geburt eines Kindes muß zunächst der Vater, in dessen Abwesenheit aber, oder wenn dasselbe unehelich geboren ist, der Geburtshelfer oder die Hebamme, welche bei der Geburt assistirt haben, endlich die Person, bei welcher die Niederkunft erfolgt ist, wenn die Gebährende nicht in ihrer Wohnung entbunden worden, bewirken, und zwar ohne Unterschied, ob das Kind todt geboren, gleich nach der Geburt verstorben ist, oder fortlebt.

Damit jedoch Unrichtigkeiten der Kirchenbücher vermieden werden, so sind diese Geburtsmeldungen in zwei Exemplaren dem Revier-Polizei-Commissarius vorzulegen. Der Meldende erhält ein Exemplar abgestempelt zurück und übergiebt dasselbe demnächst dem Küster seiner Parochie.

8) Die erfolgte Taufe eines ehelichen Kindes sind die Eltern desselben, die eines unehelichen diejenige Person, welche die Verrichtung der Taufe veranlaßt, zu melden verpflichtet.

9) Zur Meldung eines Todesfalles ist zunächst das Familienhaupt, dann der Vermiether, endlich die Person, welche für die Beerdigung des Verstorbenen sorgt, verpflichtet.

10) Jede Meldung muß von den dazu Verpflichteten, mit Ausnahme der Personen, welche nicht schreiben können, schriftlich gemacht werden, und außer den übrigen Erfordernissen, die Angabe der letzten und der neu bezogenen Wohnung, des vollständigen Namens (bei Frauen außerdem des Geschlechtsnamens), des Standes, des Alters und des Geburtsortes der an- oder abzumeldenden Personen, bei neugebornen Kindern diese Bezeichnung von den Eltern, bei unehelichen von der Mutter, so wie den Tag und die Stunde ihrer Geburt, auch den Vermerk, ob diese ehelich oder unehelich erfolgt ist, enthalten.

11) Damit der zur Abmeldung Verpflichtete im Stande ist, in der Abmeldung die neue Wohnung der abziehenden Person anzugeben, ist letztere verpflichtet, ersterem spätestens bei dem Abzuge ihren Verbleib anzugeben.

12) Alle Meldungen sind dem Polizei-Commissarius des Reviers, in

welchem der Fall, der sie erfordert, sich ereignet, und zwar binnen 24 Stunden, die der neugebornen Kinder aber binnen drei Tagen zu machen.

13) Die vorstehenden Bestimmungen sind nicht nur für die Stadt Berlin und den engeren Polizeibezirk gültig, sondern finden auch, mit Ausnahme der Bestimmung ad 5, auf den weiteren Polizeibezirk von Berlin mit der Maaßgabe Anwendung, daß die Meldungen in denjenigen Dörfern, wo der Polizei-Commissarius wohnt, oder in denselben nahe gelegenen Colonieen oder Besitzungen an den Polizei-Commissarius unmittelbar, und in den andern Dörfern, Colonieen und Besitzungen an den Schulzen geschehen, welcher letztere die eingegangenen Meldungen zweimal wöchentlich dem Polizei-Commissarius zu übersenden hat.

II. Hinsichtlich der Fremden.

14) Als Fremde sind alle Personen zu erachten, welche hierselbst keinen eigenen Hausstand besitzen oder zu einem solchen nicht gehören, bei einem Corps oder einer Behorde nicht angestellt sind, vielmehr, selbst wenn sie hier ein sogenanntes Absteige-Quartier besitzen, ihren gewöhnlichen Aufenthalt auswärts haben.

15) Jeder, welcher einem solchen Fremden in seiner Wohnung Aufenthalt oder Schlafstelle gewährt, muß denselben nebst den in seiner Begleitung etwa befindlichen Personen binnen spätestens vier Stunden nach der Aufnahme dem Polizei-Commissarius des Reviers, in welchem der Aufenthalt genommen wird, schriftlich melden.

16) Die Meldung muß außer der von dem Fremden bezogenen Wohnung, den vollständigen Namen, wenn Frauen gemeldet werden, auch den Geburtsnamen, den Stand, das Alter, so wie Angabe des Geburts- und Wohnortes, und endlich des Ortes, von woher der Fremde eintrifft, enthalten.

17) Die Abmeldung des Fremden erfolgt gleichfalls schriftlich binnen vier Stunden nach der Abreise an den Polizei-Commissarius des Reviers.

18) Diese Abmeldung muß mit einer Bezeichnung des Ortes, wohin der Fremde sich begiebt, versehen sein.

19) Eben so muß, wenn der Fremde während seines hiesigen vorübergehenden Aufenthalts seine Wohnung wechselt, den Polizei-Commissarien der Reviere, in welchen die aufgegebene und die neu bezogene Wohnung belegen sind, resp. Ab- und Anmeldung gemacht werden.

20) Der Fremde hingegen ist verpflichtet, sobald er seinen Aufenthalt hierselbst länger als 48 Stunden zu nehmen beabsichtigt, nach Verlauf dieser Frist, sich fur die Dauer seines hiesigen Aufenthaltes mit einer Aufenthalts-Karte zu versehen, deren Ertheilung gegen Niederlegung seiner Reise-Documente in dem Geschäfts-

locale der Vten Abtheilung des Polizei-Präsidii, Molkenmarkt No. 2, erfolgt.

III. Hinsichtlich der Gewerbegehülfen.

21) Handwerksgesellen und Gewerbegehülfen, welche von außerhalb hier eintreffen, sind verpflichtet, sich bei der Vten Abtheilung des Polizei-Präsidii, und zwar in dem Geschäftslocale desselben, Molkenmarkt No. 2, zur Empfangnahme einer Aufenthalts-Karte, gegen Niederlegung ihrer Reise-Documente, und wenn sie hier Arbeit erhalten, zur Empfangnahme eines, für die fernere Dauer ihres hiesigen Aufenthalts gultigen Arbeitsbuches zu melden.

22) Dieses Arbeitsbuch muß der Gehülfe bei dem Arbeitsantritt sogleich dem Arbeitsgeber aushändigen, kein Arbeitsgeber aber darf den Gehülfen ohne dies wirklich annehmen.

23) Der Arbeitsgeber muß darauf in dem Arbeitsbuche den Arbeitsantritt vermerken und dasselbe innerhalb 24 Stunden dem Revier-Polizei-Commissarius vorlegen, nachdem er es aber bescheinigt zurückempfangen hat, in Verwahrung nehmen.

24) Sobald der Gehülfe sein Arbeitsverhältniß aufgiebt, muß der Arbeitsgeber den Tag seines Austritts in dem Arbeitsbuche vermerken und dieses innerhalb 24 Stunden dem Revier-Polizei-Commissarius vorlegen, welcher dasselbe an sich behält.

25) Hat der Gehülfe innerhalb drei Tagen nach seinem Austritt aus der Arbeit ein anderweitiges Arbeitsverhältniß gefunden, so muß er hierüber eine, von dem neuen Arbeitsgeber ausgestellte, und, wenn dies ein zünftiger Meister ist, von dem Gewerksältesten, sonst aber von dem Revier-Polizei-Commissarius des Arbeitsgebers attestirte Bescheinigung dem Polizei-Commissarius, welcher sein Arbeitsbuch aufbewahrt, überbringen. Er erhält dasselbe demnächst, nachdem es zu diesem Behuf visirt worden, zurück, um es dem neuen Arbeitsgeber, wie oben ad 23 vorgeschrieben ist, zu übergeben.

26) Erhält der Gehülfe innerhalb drei Tagen keine neue Arbeit, so muß er Berlin verlassen, und zu dem Ende sein Arbeitsbuch bei dem Polizei-Commissarius, wo dasselbe deponirt ist, zur Abreise visiren lassen, worauf er, gegen Rückgabe des Arbeitsbuchs, bei der Vten Abtheilung des Polizei-Präsidii seine dort asservirten Reise-Documente zurückempfängt.

27) Dasselbe hat der Gehülfe zu beobachten, wenn er aus anderen Gründen Berlin wieder verlassen will.

28) Ein Gehülfe, welcher binnen drei Tagen, nachdem er arbeitslos geworden, sein Arbeitsbuch nicht zur Abreise visiren läßt, und Berlin nicht verläßt, wird zwangsweise fortgeschafft.

29) Wenn der Arbeitsgeber dem Gehülfen mit der Arbeit zugleich Wohnung oder Schlafstelle gewährt, so bedarf es hierüber noch

einer besonderen Anmeldung, und dasselbe gilt von der Abmeldung, wenn der Arbeitsgeber den Gehülfen mit der Arbeit gleichzeitig aus der Wohnung oder Schlafstelle entläßt.

30) Die Nichtbefolgung obiger Vorschriften wird beziehungsweise mit einer Geldbuße von Einem bis Funf Thalern oder verhältnißmäßiger Gefängnißstrafe geahndet werden. Unterlassene Wohnungs-An- und Abmeldungen werden jedoch im engeren Polizeibezirk jedesmal mit Zwei Thalern Geld- oder verhältnißmäßiger Gefängnißstrafe bestraft werden.

31) Wissentlich unrichtige Meldungen werden, wenn damit nicht ein Verbrechen verbunden ist, als unterlassene Meldungen betrachtet und bestraft.

Berlin, den 28. Januar 1846.

Königl. Gouvernement. — Königl. Polizei-Präsidium.
von Ditfurth. — von Puttkammer.

2) Meldung der Einwohner und Fremden im weiteren Polizeibezirk.

Bekanntmachung.

Sämmtlichen Bewohnern der Umgebungen der Stadt Berlin innerhalb des hiesigen Polizeibezirks werden nachstehend die Vorschriften der Verordnung vom 1. Mai 1811, wegen des Meldens der Fremden und Einwohner, zur genauesten Befolgung hierdurch wiederholt in Erinnerung gebracht.

1) Ein jeder ist schuldig, seine Miethsleute, deren Familie und Gesinde, so wie überhaupt einen jeden, welchen er in seinem Geschäfte oder in seiner Wohnung einen Aufenthalt gestattet, bei seiner Ankunft, und auch dessen Abgang gehörig zu melden.

2) Diese Meldungen geschehen binnen 24 Stunden, mit Benennung des Standes, Gewerbes und Geburtsorts des Aufgenommenen oder Abgegangenen.

3) Die Meldungen in denjenigen Dörfern, in welchen der Polizei-Kommissair des Distrikts wohnt, imgleichen von denjenigen Kolonien und Besitzungen, welche dergleichen Dörfern nahe liegen, geschehen an den Polizei-Kommissair unmittelbar.

4) In andern Dörfern, wo der Polizei-Kommissair nicht wohnt, und in Besitzungen, welche ihnen nahe liegen, geschieht die Meldung an den Schulzen des Dorfs, welcher schuldig ist, sie mit der nächsten Gelegenheit an den Polizei-Kommissair des Bezirks zu ubersenden.

5) Nur diejenigen, welche nicht schreiben können, dürfen dergleichen An- und Abmeldungen mündlich verrichten; alle übrigen sind schuldig, dieselben schriftlich zu besorgen.

6) Wer diese Verordnung nicht befolgt, hat 2 Thlr. Geldbuße, oder

im Fall des Unvermögens, verhältnißmaßige Gefängnißstrafe unfehlbar zu gewärtigen.

Berlin, den 22. November 1829.

Königl. Preuß. Polizei=Präsidium. von Esebeck.

3) Meldung des Unterrichtsverhältnisses der im schulpflichtigen und im confirmationsfähigen Alter befindlichen Kinder.

Bekanntmachung.

Zur Controlle des Besuchs des Schul= und des Konfirmanden=Unterrichts von Seiten der in dem zutreffenden Alter befindlichen Kinder wird hierdurch, mit Bezugnahme auf die entsprechende Bekanntmachung der Städtischen Schul=Deputation vom 23. v M, Folgendes verordnet:

Sämmtliche Familienhäupter, ohne Unterschied der Religion oder Confession, haben vom 1. October d. J. ab, bei jeder an den Revier=Polizei=Commissarius zu richtenden Wohnungsmeldung, zugleich für alle zu ihrem Hausstande gehorige Kinder in dem Alter vom vollendeten sechsten bis zum vollendeten vierzehnten Lebensjahre die, Seitens der Schulvorstände auszustellenden Schulbesuchs=Karten von dem laufenden halben Jahre, für diejenigen Kinder christlicher Eltern aber, welche das dreizehnte Lebensjahr angetreten, das sechszehnte jedoch noch nicht vollendet haben, auch die Bescheinigung des Geistlichen, bei dem sie den Confirmationsunterricht besuchen, oder in sofern sie bereits confirmirt sind, den Konfirmationsschein, mit vorzulegen. Diese Atteste werden ihnen nach befundener Richtigkeit sogleich von dem Revier=Polizei=Commissarius zurückgegeben. Besucht ein im schulpflichtigen Alter befindliches Kind keine öffentliche Schule, so ist anzugeben, welchen anderweiten Unterricht dasselbe genießt. Meldungen, die hiernach unvollständig sind, werden zur Vervollstandigung zuruckgegeben, eventuell werden die Säumigen, so wie diejenigen, welche ein genügendes Unterrichtsverhältniß bei ihren Kindern nicht nachweisen können, der Schulbehörde zum weiteren Verfahren angezeigt.

Berlin, den 1. September 1845.

Königl. Polizei=Präsidium.

4) Meldung des Arbeitsverhältnisses der einheimischen Gesellen und Arbeitsgehülfen.

Bekanntmachung.

Um die Arbeitsverhältnisse der fremd einwandernden und einheimischen Gesellen und Arbeitsgehulfen im Interesse der Orts= und Gewerks=Polizei=Behörde gleichmaßig kontrolliren zu können, werden, unter Aufrechthaltung der Verordnung des unterzeichneten Polizei=Präsidiums vom 18. Januar 1845,*) folgende Bestimmungen mit dem 1. Januar k. J.

*) Verordn. vom 28. Januar 1845 ad III, S. 4.

in Kraft treten: 1) Jeder fremd einwandernde Geselle oder Gehülfe, desgleichen jeder fremde Lehrling, welcher nach beendigter Lehrzeit als Geselle oder Gehülfe hier bleibt, muß mit einem polizeilichen Arbeitsbuche, jeder heimische oder längere Zeit sich bereits hier aufhaltende Geselle oder Gehülfe eines Gewerkes, fur welches in Berlin eine Innung besteht, dagegen mit einem Innungs-Arbeitsscheine versehen sein. 2) Kein Arbeitsgeber darf einen Gesellen oder Gehülfen ohne polizeiliches Arbeitsbuch oder Innungsschein in Arbeit nehmen. 3) Erhält der fremde einwandernde Geselle oder Gehülfe Arbeit, so muß er die, in der Verordnung vom 18. Januar 1845 verlangte, von dem Arbeitsgeber ausgestellte Bescheinigung, mag der Letztere der Innung angehören oder nicht, von dem Innungsvorstande zur Sicherung der Kontrolle abstempeln lassen, und werden die V. Abtheilung des Polizei-Präsidiums, so wie die Revier-Polizei-Commissarien nur Bescheinigungen annehmen, welche auf diese Weise kontrollirt sind. 4) Die mit einem Innungsarbeitsscheine versehenen Gesellen mussen jeden Arbeits- Ein- und Austritt dem Innungs-Vorstande anzeigen und durch einen Stempel auf dem Schein kontrolliren lassen. Kein Arbeitsgeber, mag er der Innung angehören oder nicht, darf einen Gesellen oder Gehülfen annehmen, in dessen Arbeitsschein nicht der fragliche Vermerk gemacht worden. 5) Auf dem Berlinischen Rathhause, bei den Revier-Polizei-Commissarien, auf den Herbergen und Niederlagen befindet sich ein Nachweis der Innungsvorsteher und derjenigen Geschäftslokale, wo die Meldungen zu bewirken sind. 6) Auf Kontraventionen gegen die vorstehenden Bestimmungen ist, sofern dieselben nicht nach der Verordnung vom 18. Januar 1845 zu bestrafen sind, für den Gesellen eine Geldbuße von 5 Sgr. bis 1 Thlr., gegen den Gewerbetreibenden eine solche von 1 bis 5 Thlr., oder verhältnißmäßige Gefängnißstrafe gesetzt.

Berlin, den 9. Dezember 1846.

Königliches Polizei-Präsidium.
v. Puttkammer.

Oberburgermeister, Burgermeister u. Rath hiesiger Königlichen Residenz.
Krausnick. Naunyn. Risch.

5) Meldung der Pflegekinder unter 4 Jahren.

Publicandum.

Durch die Allerhöchste Kabinets-Ordre vom 30. Juni 1840, publicirt im Amtsblatt von 1840, No. 45, ist angeordnet, daß innerhalb des engeren Polizei-Bezirks von Berlin die entgeldliche Annahme von Pflegekindern unter vier Jahren von polizeilicher Genehmigung abhängig sein soll. Zugleich ist zur besonderen Fursorge für solche Kinder hierselbst ein Verein zusammengetreten und bestatigt, welcher die Verpflegung derselben beaufsichtigt und zu dem Ende in jedem Polizei-Revier einen Abtheilungs-Vorsitzenden hat. Um die, bisher sehr wohlthätig gewesene, Controlle dieses Vereins mehr, als jetzt der Fall, zu sichern, wird hierdurch unter Aufhebung des früheren Publikandums vom 16. Dezember 1840 (Intelligenz-Blatt von 1846 No. 105.) Folgendes verordnet: §. 1. Diejenigen Personen, welche für Geld fremde, noch nicht vier Jahr alte Kinder in Pflege nehmen wollen, müssen dazu polizeiliche Erlaubniß nachsuchen. §. 2. Diese wird nur solchen verheiratheten oder ledigen Frauen ertheilt, von welchen nach ihren persönlichen Verhältnissen und nach der Beschaffenheit ihrer Wohnungen eine Verwahrlosung des Pflegekindes nicht zu besorgen ist. §. 3. Die Erlaubniß muß vor einem etwanigen Wohnungswechsel aufs Neue nachgesucht werden und wird im Falle einer ublen Behandlung des Kindes oder bei einer demselben nachtheiligen Veränderung der Umstände zurückgenommen. §. 4. Zur Begutachtung der Gesuche um die Erlaubniß zur Annahme von Pflegekindern bedient sich das Polizei-Präsidium des oben gedachten Vereins. §. 5. Allen durch Erkennungs-Karten legitimirten Mitgliedern dieses Vereins haben diejenigen Personen, welche um eine solche Erlaubniß eingekommen sind oder die bereits ein Kind in Pflege haben, Zutritt in ihre Wohnungen zu gestatten, auf alle das Pflegekind betreffende Fragen Auskunft zu ertheilen und dieses auf jedesmaliges Erfordern vorzuzeigen. §. 6. Die an den Revier-Polizei-Commissarius zu leistenden Meldungen von der Annahme oder dem Abgange eines solchen Pflegekindes muß die Pflegemutter jedesmal zuvor bei dem Abtheilungs-Vorsitzenden des Vereins in ihrem Revier zur Visirung vorlegen und es darf ohne dessen Visa keine Meldung im Polizei-Büreau angenommen werden. §. 7. Kontraventionen gegen die Bestimmungen in §§. 5 und 6. werden mit einer Geldstrafe bis zu 5 Thlr. oder verhältnißmäßigem Gefängniß belegt. Wer Pflegekinder ohne die erforderliche Erlaubniß des Polizei-Präsidiums annimmt, oder sie bei einem Wohnungswechsel ohne Erneuerung dieser Erlaubniß behält, wird nach §. 177. der Allgemeinen Gewerbe-Ordnung vom 17. Januar 1845 bestraft. Gleichzeitig wird das namentliche Verzeichniß des Vorstandes und der Abtheilungs-Vorsitzenden des Aufsichts-Vereins nachstehend bekannt gemacht.

Berlin, den 8. März 1847.

Königl. Polizei-Präsidium.
v. Puttkammer.

6) Ausstellung von Wasser und Erleuchtung der Häuser bei Feuersbrünsten.

Bekanntmachung.

Die nachfolgenden polizeilichen Vorschriften:

„Die Bestimmungen der hiesigen Feuerordnung, nach welchen bei ausbrechendem Feuer die Bewohner der Nachbarschaft verpflichtet sind, mit Wasser gefüllte Zober und Tienen vor die Hausthür zu stellen, und wenn der Brand Abends oder Nachts ausbricht, zur Erleuchtung der Straßen in der nächsten Umgegend der Brandstelle brennende Lichter an die straßenwärts gelegenen Fenster zu stellen, werden hierdurch bei Androhung einer Strafe von 2 Thlrn. für jeden Kontraventionsfall in Erinnerung gebracht. Außerdem hat der, die Feuerlöschung leitende Beamte das Recht, diejenigen Hausbewohner, die ihren vorerwahnten Pflichten nicht nachkommen, sofort dazu anzuhalten.

Berlin, den 15. März 1836.

werden hierdurch in Erinnerung gebracht. Berlin, den 3. Septbr. 1842.

Königl. Polizei-Präsidium.

7) Schlittschuhlaufen auf unsicherem Eise.

Bekanntmachung.

Um Unglücksfällen vorzubeugen, kann das Schlittschuhlaufen nicht anders, als auf denjenigen Stellen gestattet werden, wo sich besondere Aufseher befinden. Eltern und Erzieher werden daher dringend aufgefordert, ihre Untergebenen hiernach anzuweisen, und sind die sämmtlichen Polizei-Officianten beauftragt, Jedermann von den Orten wegzuweisen, wo das Eis nicht völlig sicher ist, diejenigen, welche diesem keine Folge leisten, aber zur polizeilichen Bestrafung anzuzeigen.

Berlin, den 17. Dezember 1846.

Königl. Polizei-Präsidium.

8) Verbot mit giftigen Substanzen Papier zu färben.

In Gemäßheit der Cirkular-Verfugung des Königl. Ministerii der geistlichen, Unterrichts- und Medizinal-Angelegenheiten vom 18. Juni d. J., werden die Papierfabrikanten gegen die Anwendung giftiger Farbe-Substanzen bei Anfertigung gefärbter Papiere hierdurch mit der Androhung gewarnt, daß derjenige, welcher hiergegen kontraveniret, mit einer Geldbuße von 10 bis 50 Thlrn. belegt, und das Fabrikat vernichtet werden wird, der Kontravenient außerdem aber im Falle entstehenden Unglücks die Anwendung der §§. 777. 778. Tit. 20. Th. II. des Allgemeinen Landrechts bestimmten Strafen zu gewärtigen hat.

Berlin, den 25. Juli 1838.

Königl. Polizei-Präsidium.

9) Verbot mit schädlichen Substanzen Spielzeug und Eßwaaren zu färben.

Republikation.

Nachstehende Verordnung:

„Um zu verhüten, daß Spielzeug für Kinder, desgleichen Conditorei- oder sonstige Eßwaaren, durch aufgetragene schädliche Farben für die Gesundheit nachtheilig werden mögen, werden sowohl die schädlichen, als auch die unschädlichen Farben hierdurch zur allgemeinen Kenntniß gebracht.

I. Schädliche Farben. Weiß: Bleiweiß, Kremserweiß, Schieferweiß, Schwerspath und Zinkweiß (Zinkoxyd). Roth: Maler-Zinnober, Granschang, Mennige (Minium), Kupferroth, Chromroth, Englisch Schonroth, Mineralroth und rother Streuglanz. Gelb: Operment- oder Rauschgelb (Auri pigmentum), Königsgelb, Kasselergelb, Neapelgelb, Bleigelb oder Massikot, Englischgelb, Mineralgelb, Chromgelb oder chromsaures Blei, Neugelb, gummi guttae, gelbe Bronze und Pariser Gelb. Orange: Gemische aus vorstehend aufgeführten rothen und gelben Farben. Blau: Bergblau, Mineral-Bergblau, Bremer Blau, Königsblau, Smalte, zink- oder kupferhaltiges Berliner Blau, blauer Erzglanz, blauer Streuglanz, Eschel, Ultramarinblau, Silberblau, Louisenblau, Wiener Blau und Leuthener Blau. Violet: Gemische aus vorstehend aufgeführten rothen und blauen Farben. Grün: Grünspan, Grunspanblumen, Braunschweiger Grun, Berggrün, Bremer Grün, Schwedisch Grun, Scheelsches Grun, Wiener Grün, Schweinfurter Grun, Kirchberger Grun, Pariser Grün, Berliner Grun, Neugrun, Oelgrun, grune Bronze, Kaisergrün, Mitisgrün, Englisch Grun, Kasselergrun, Moosgrun, Papageiengrün, Chromgrün, Kobaltgrun, gruner Zinnober, Kaiserdeckgrun, Maigrün, Mineralgrün, Neapelgrün, Neuwieder Grün, Zinkblende und jedes aus einer Mischung von schädlichem Gelb und Blau noch sonst zu bildende Grün. Braun: Terra Sienna und Gemische aus einer der oben aufgeführten rothen Farben und Schwarz. (Zur Darstellung des Schwarz selbst haben schädliche Stoffe bisher noch keine Anwendung gefunden.) Metallfarbe: Metallgold, Metallsilber, unächtes oder Schaumgold, unächtes oder Schaumsilber, Goldbronze, Silberbronze, Kupferbronze und rothes Spießglanz (Antimonium crudum)

II. Unschädliche Farben. Weiß: Präparirte gut ausgewaschene Kreide, oder mit Wasser angeriebener, wieder getrockneter und gepulverter Gips, Asbest (Federweiß), weißgebranntes Hirschhorn oder Elfenbein, präparirter Speckstein, präparirter Talk und weißer Thon. Roth: Karmin, Karminlack, karminirt Roth, Berliner-Roth, Englisch-Roth, Freienwalder-Roth, Neapel-Roth, Kugellack, Florentiner-Lack, Krapplack, Rosenlack, Karmoisin-Lack, kirschrother Lack, Wiener-Lack, Rosenroth, Rosenlila, Braunroth, Sophienroth, Tassenroth, armenischer Bolus, rothes Eisenoxyd (caput mortuum), praparirter Blutstein, Drachenblut, eine Abkochung von Blauholz und dessen Extract, eine Abkochung von Fernambuck- oder Brasilienholz mit Alaun und Gummi versetzt, desgleichen von Cochenille mit etwas Weinstein, Saftroth, die

Säfte rother Beeren, z. B. der Berberitzen- und Kermesbeeren, ein mit Wasser bereiteter Aufguß von rothen Klatschrosen-Blättern, gepulvertes Sandelholz. Gelb: Schüttgelb, gelbe Erde, Ockergelb, gelber Lack, gelber Krapplack, Saftgelb, Abkochungen von Kurkume-Würzel, Berberitzen-Wurzel, Saflor, Quercitron, Scharte, Wau, Kreuzbeeren, Gelbbeeren (Grains d'Avignon), desgleichen von Gelbholz mit dem vierten Theile Alaun und Gummi versetzt, und von Visett- oder Fustelholz, ein Aufguß von Saffran, desgleichen von den Blumenblättern der gelben Ringelblume (Calendula officinalis). Orange: Saftnanquin, eine Abkochung von Orlean mit einem geringen Zusatze von Soda bereitet, so wie Gemische aus unschädlichen rothen und gelben Farben. Blau: Reines Berliner Blau, Diesbacher Blau, Pariser Blau, Mineralblau, Neublau, Sächsisch Blau, Blau-Tinktur, Indigo, besonders eine mit vier Theilen concentrirter Schwefelsaure bereitete, und durch Natrum oder Kreide abgestumpfte Auflösung desselben, trockner und flüssiger Indigo-Karmin, Saftblau. Violett: Lackmus, Saftviolett und Gemische unschadlicher rother und blauer Farben, z. B. eines Aufgusses der Cochenille mit etwas Kalkwasser- oder Sodalösung oder Salmiak-Spiritus und einer beliebigen Menge der vorstehend erwähnten abgestumpften Auflosung des Indigo. Grün: Saftgrün und mehrere Abanderungen desselben, wie Pistaziengrün, Apfelgrün, Dunkelgrün u. s. w., Chemisch-Grün, grune Erde und Gemische aus unschädlichen blauen und gelben Farben, z. B. eine Verbindung des reinen Berliner Blau mit einer Abkochung von Kurkume-Wurzel oder Gelbholz, desgleichen der vorerwähnten abgestumpften Indigo-Auflösung mit der Abkochung von Kurkume-Wurzel und etwas Alaun oder mit dem Aufgusse der Blumenblätter der Ringelblume. Braun: Bister, Cölnische Erde, Mumie, Sepia, Umbra, Kasseler Braun, Kesselbraun, brauner Lack, Mahagoni-Braun, Mineralbraun, Modebraun, Russisch Braun und Mischungen aus unschädlichem Roth und Schwarz. Schwarz: Beinschwarz, Frankfurter Schwarz, Kernschwarz, Neutralschwarz, calcinirter Ruß. Metallfarbe: ächtes Blattgold, ächtes Blattsilber, ächtes geriebenes Gold und Silber, Musivgold, Stanniol und Graphit. Spielzeug aller Art, gleichviel ob im Inlande oder Auslande verfertigt, verfällt der polizeilichen Wegnahme und Vernichtung, wenn solches mit schädlichen Stoffen der vorbenannten Art, die ubrigens auch in vielen der sogenannten Tuschfarben enthalten zu sein pflegen, bemalt, und nicht etwa durch gehörig haftenden Firniß vollkommen unschädlich gemacht, im Handel vorgefunden wird. Eben so hat ein Jeder, welcher sich der genannten schädlichen Stoffe zur Färbung von Conditorei- oder sonstigen Eßwaaren bedient, unfehlbar die gesetzliche Strafe zu gewärtigen; die Waaren selbst werden polizeilich konfiscirt und vernichtet. Zugleich wird das Publikum auf die Gefahr aufmerksam gemacht, welche durch den Gebrauch von buntem, mit giftigen Farbestoffen gefärbtem Papiere entstehen kann. Namentlich aber haben sich die Spielzeug-Verfertiger und Händler, Conditoren u. s. w., der Anwendung solcher, mit giftigen Farben gefärbter Papiere sorgfältig zu enthalten, weil sie sich wegen der daraus erwachsenden Unglucksfälle verantwortlich machen würden und jedenfalls die polizeiliche Confiskation und Vernichtung der Waaren, welche in solchen Papiersorten vorgefunden werden, zu gewärtigen haben.

Berlin, den 10. November 1845.

Königl. Polizei-Präsidium. v. Puttkammer."

wird hierdurch wiederholt zur öffentlichen Kenntniß gebracht.

Berlin, den 18. November 1846.

Königl. Polizei-Präsidium. v. Puttkammer.

10) Warnung vor Aufbewahrung der Milch in Gefäßen von Zink.

Bekanntmachung.

Um die Sahne von der Milch leichter und in größerer Menge zu erhalten, auch angeblich derselben einen besseren Geschmack zu verschaffen, ist neuerlich in öffentlichen Blättern empfohlen worden, die Milch in Gefäße von Zink zu gießen und in diesen eine Zeit lang stehen zu lassen. Wegen der leichten Oxydirbarkeit des Zinks und der, Erbrechen erregenden Wirkungen der Zinksalze sind jedoch von dem obigen Verfahren nachtheilige Folgen für die Gesundheit der Menschen zu befürchten, weshalb das Polizei-Präsidium sich veranlaßt sieht, vor demselben zu warnen, und das Publikum auf die wegen Verfälschung der Lebensmittel bestehenden Strafgesetze aufmerksam zu machen.

Berlin, den 19. März 1842.

Königl. Polizei-Präsidium.

11) Verbot des Verkaufs und Gebrauchs kupferner, nicht überzinnter Gefäße.

Bekanntmachung.

Nachstehende, im Allgemeinen Landrecht Theil II Tit. 20. §. 728 seq. enthaltene Vorschriften:

„1) Niemand soll sich kupferner, nicht überzinnter Gefäße zur Zubereitung der Speisen bedienen;

2) Kupferschmiede und alle Anderen, welche dergleichen nicht tüchtig überzinntes Geschirr verkaufen, sollen mit Confiskation ihres Vorraths und einer Geldbuße von 10 bis 20 Thlrn. bestraft, im Wiederholungsfalle aber ihres Meisterrechts verlustig erklärt werden, und

3) gleiche Strafe trifft diejenigen Professionisten, welche zum Ueberzinnen kupferner Küchengeräthe einen Zusatz von Blei gebrauchen."
werden hierdurch zur Nachachtung und Warnung von Neuem zur öffentlichen Kenntniß gebracht. Das sorgfältige Reinigen der kupfernen Eßgeschirre nach und vor jedesmaligem Gebrauche wird außerdem zur Vermeidung der, der Gesundheit drohenden Gefahr dringend empfohlen.

Berlin, den 1. November 1843.

Königl. Polizei=Präsidium.

12) Verkauf der Sellier'schen Zündhutchen.

Bekanntmachung.

Die Erfahrung hat gelehrt, daß die sogenannten Sellier'schen, zur Abfeuerung der Percussionsgewehre bestimmten Kupferhütchen in den Händen von unerfahrenen und unvorsichtigen Personen, namentlich aber als Spielwerk von Kindern, gefährlich geworden sind, und bei ihrem Zerspringen Menschen sehr bedeutend verletzt haben. Zur Verhütung von Unglücksfällen werden daher alle Diejenigen, welche die gedachten Kupferhütchen zum Verkauf fuhren, hierdurch angewiesen, solche nur an unverdächtige Personen, denen man die Kenntniß, damit umzugehen, zutrauen kann, und an solche, welche dieselben zur Betreibung ihres Gewerbes gebrauchen, zu überlassen, Kindern und Unbekannten aber dergleichen Kupferhutchen nicht zu verabfolgen. Zugleich werden Eltern und Vormünder aufgefordert, darauf zu achten, daß denen in ihrer Aufsicht und Obhut befindlichen Personen die genannten Kupferhütchen nicht in die Hände gegeben werden. Gegen Diejenigen, welche dieser Verordnung entgegenhandeln, wird, wenn auch dadurch kein Unglück entstehen sollte, polizeiliche Geld= oder verhältnißmäßige Leibesstrafe verhängt werden.

Berlin, den 12. November 1836.

Königl. Polizei=Präsidium.

13) Bahnpolizei=Reglement für die Niederschlesisch-Märkische Eisenbahn.

Nachstehende

Verordnung,
den Verkehr auf der Niederschlesisch=Märkischen Eisenbahn betreffend:

Zur Aufrechthaltung der Ordnung und Sicherheit beim Eisenbahn=Betriebe und zum Schutze der Eisenbahn=Anlagen gegen Beschädigungen wird hiermit auf Grund des §. 23. des Gesetzes über die Eisenbahn=Unternehmungen vom 3. November 1838, was folgt, verordnet:

§. 1.

Die Eisenbahn=Reisenden müssen den allgemeinen Anordnungen

nachkommen, welche von dem Gesellschafts-Vorstande Behufs Aufrechthaltung der Ordnung beim Transport der Personen und Effecten getroffen werden.

Die Erhaltung der Ordnung und der Sicherheit des Betriebes, so wie der Schutz der Bahn nebst sämmtlichem Zubehör ist den vereidigten, mit Uniform oder Dienstabzeichen versehenen Gesellschafts-Beamten übertragen, deren Anweisungen bei Ausübung der gedachten Functionen unweigerlich Folge zu leisten ist.

§. 2.

Das Planum der Bahn, die dazu gehörigen Böschungen, Dämme, Gräben, Brücken u. s. w. durfen vom Publikum nicht betreten werden, außer an den Stellen, die zu Ueberfahrten und Uebergängen bestimmt sind.

§. 3.

Ohne Erlaubniß-Karte darf Niemand die Bahnhöfe und die dazu gehörigen Gebäude außerhalb derjenigen Räume betreten, welche ihrer Bestimmung nach dem Publikum geöffnet sind.

Die Wagen, welche Reisende zur Bahn bringen, oder von daher abholen, müssen auf den Vorplätzen der Bahnhöfe an den dazu bestimmten Stellen auffahren.

§. 4.

Das eigenmächtige Eröffnen oder Uebersteigen der Barrieren und sonstigen Einfriedigungen, desgleichen das Durchschlüpfen unter jenen Absperrungen ist untersagt.

§. 5.

Die Bahn darf nur an den Stellen, die zu Ueberfahrten und Uebergängen fur das Publikum bestimmt sind, überschritten werden, and zwar nur dann, wenn die Barrieren geöffnet sind; das Ueberschreiten der Bahn muß ohne allen unnöthigen Verzug geschehen.

§. 6.

Das Hinuberschaffen von Pflügen, Eggen und anderen Geräthen, so wie von Baumstämmen und dergleichen, ohne untergelegte Schleifen ist verboten.

§. 7.

Die bloß zum Privatgebrauch bestimmten Uebergänge für die Eigenthümer der, von der Bahn durchschnittenen Grundstücke dürfen nur von den Berechtigten unter den besonders dafür bestimmten Modalitäten benutzt werden. Anderen ist deren Benutzung verboten.

§. 8.

Sind die Ueberfahrten geschlossen, so müssen die Fuhrwerke auf den durchkreuzenden Wegen in der, durch Markpfähle bezeichneten Entfernung von den Verschluß-Barrieren das Wiedereröffnen derselben abwarten; wo keine Markpfähle vorhanden sind, darf die

Annäherung nur bis zum Anfang der Ueberfahrts-Rampe geschehen.

§. 9.

Vorsätzliche Beschädigungen der Bahn und der dazu gehörigen Anlagen und Betriebsmittel nebst Zubehor, imgleichen das Hinauflegen von Steinen oder sonstigen hindernden Gegenständen auf das Planum der Bahn sind, sofern nicht nach den allgemeinen strafrechtlichen Bestimmungen, namentlich nach der Verordnung wegen Bestrafung der Beschadiger der Eisenbahn-Anlagen vom 30. November 1840, eine härtere Strafe stattfindet, nach Maaßgabe des §. 18. zu ahnden.

§. 10.

In gleicher Weise wird bestraft, wer falschen Allarm macht, Signale nachahmt, Ausweiche-Vorrichtungen verstellt, oder solche Handlungen begeht, durch welche eine Störung des Betriebes veranlaßt werden kann.

§. 11.

Es ist verboten, feuergefährliche und solche Gegenstände, wodurch andere Transportgegenstande, oder die Transportmittel selbst beschädigt werden könnten, in den Personen- oder Gepäckwagen mitzuführen, oder in dem Guterwagen ohne Anzeige zu versenden. Zu diesen Gegenstanden gehoren insbesondere Zundhutchen, Streichfeuerzeuge, Schießpulver und dergleichen.

§. 12.

Geladene Gewehre dürfen unter keinerlei Umständen mitgenommen werden. Die Gesellschafts-Beamten (§. 1.) sind verpflichtet, vor dem Einsteigen die von den Reisenden gefuhrten Schießgewehre zu untersuchen.

§. 13.

Das Tabackrauchen in anderen Wagenclassen oder Coupons als denjenigen, in welchen dasselbe nach den von dem Gesellschafts-Vorstande getroffenen Anordnungen gestattet wird, ist verboten.

§. 14.

Hunde und andere Thiere durfen Reisende in den Personenwagen nicht mit sich fuhren.

§. 15.

Trunkene Personen dürfen zum Mitfahren nicht zugelassen werden. Sind solche unbemerkt in die Wagen gelangt, so werden sie aus diesen ausgewiesen; ein Gleiches findet statt, wenn sie in den Versammlungssälen oder auf den Bahnhofen betroffen werden. Dergleichen Personen haben keinen Anspruch auf Ersatz des etwa gezahlten Personengeldes.

§. 16.

Wer die vorgeschriebene Ordnung nicht beobachtet, sich den Anordnungen der Bahnbeamten nicht fugt, oder sich unanständig benimmt, wird gleichfalls zurückgewiesen und ohne Anspruch auf den Ersatz des bezahlten Personengeldes von der Mit- und Weiterreise ausgeschlossen.

§. 17.

Sichtlich Kranke dürfen nur dann zur Mitfahrt zugelassen werden, wenn ein besonderes Coupee für sie gelöst wird, oder alle Reisenden in einem andern sich für die Mitnahme erklären.

§. 18.

Wer den, in den §§. 2 bis 13. enthaltenen Verboten zuwiderhandelt, verfällt in eine polizeiliche Strafe bis zu Fünfzig Thalern Geld, resp. sechs Wochen Gefängniß.

§. 19.

Die Gesellschafts-Beamten (§. 1.) sind ermächtigt, jeden Uebertreter der obigen Vorschriften, sofern er unbekannt ist, und sich über seine Person nicht auszuweisen vermag, oder in letzterem Falle nicht eine angemessene Caution erlegt, deren Höhe das Maximum der Strafe (§. 18.) jedoch in keinem Falle übersteigen darf, zu arretiren und an die nächste Polizeibehörde abzuliefern.

Berlin, den 17. November 1845.

Der Finanz-Minister. (gez.) Flottwell.

Für den Minister des Innern. Im Auftrage. (gez.) v. Manteuffel.

wird andurch mit dem Bemerken zur öffentlichen Kenntniß gebracht, daß durch dieselbe die Ober-Präsidial-Bekanntmachung vom 11. Oktober 1842 (Amtsblatt desselben Jahres Stück 42) außer Anwendung tritt.

Potsdam, den 3. Juli 1846.

Der Ober-Präsident der Provinz Brandenburg.
von Meding.

16) Vorläufiges Bahnpolizei-Reglement für die Berlin-Hamburger Eisenbahn.

Die Herren Geheimen Staats-Minister des Innern und der Finanzen haben auf Grund von §. 23. des Gesetzes über die Eisenbahn-Unternehmungen vom 3. November 1838 (Gesetzsammlung desselben Jahres Seite 509) unterm 13. d. M. bestimmt, daß bis zum definitiven Erlasse eines Bahnpolizei-Reglements für die Berlin-Hamburger Eisenbahn die in der Beilage dieses Amtsblattstückes enthaltenen Vorschriften über die Handhabung der Bahnpolizei auf der gedachten Eisenbahn zur Anwendung kommen, welche daher zur Nachricht und Achtung andurch öffentlich bekannt gemacht werden.

Potsdam, den 18. Oktober 1846.

Der Ober-Präsident der Provinz Brandenburg.
von Meding.

Provisorische Vorschriften für das Publikum über Handhabung der Bahnpolizei auf der Berlin-Hamburger Eisenbahn.

§. 1.

Die Eisenbahn-Reisenden müssen den allgemeinen Anordnungen nachkommen, welche von der Direction der Berlin-Hamburger Eisenbahn-Gesellschaft Behufs Aufrechthaltung der Ordnung beim Transporte der Personen und Effecten getroffen werden, und haben den dienstlich geziemenden Aufforderungen der vereidigten, mit Uniform oder Dienstabzeichen versehenen Gesellschaftsbeamten unweigerlich Folge zu leisten.

§. 2.

Das Planum der Bahn, die dazu gehörigen Böschungen, Dämme, Gräben, Brücken u. s. w. dürfen vom Publikum nicht betreten werden, außer an den Stellen, die zu Ueberfahrten und Uebergängen bestimmt sind.

§. 3.

Mit Ausnahme derjenigen Königlichen Beamten, welche Dienstgeschäfte dahin rufen, darf Niemand ohne Erlaubnißkarte die Bahnhöfe und die dazu gehörigen Gebäude außerhalb derjenigen Räume betreten, welche ihrer Bestimmung nach dem Publikum geöffnet sind. Die Wagen, welche Reisende zur Bahn bringen oder von daher abholen, müssen auf den Vorplätzen der Bahnhöfe an den dazu bestimmten Stellen auffahren.

§. 4.

Das eigenmächtige Eröffnen oder Uebersteigen der Barrieren und sonstigen Einfriedigungen, desgleichen das Durchschlüpfen unter jenen Absperrungen ist untersagt.

§. 5.

Die Bahn darf nur an den Stellen, die zu Ueberfahrten und Uebergängen für das Publikum bestimmt sind, überschritten werden, und zwar nur dann, wenn die Barrieren geöffnet sind, das Ueberschreiten der Bahn muß ohne allen unnöthigen Verzug geschehen.

§. 6.

Das Hinüberschaffen von Pflügen, Eggen und anderen Geräthen, so wie von Baumstämmen und dergleichen ohne untergelegte Schleifen ist verboten. Wer die ihm obliegende Aufsicht auf Vieh also vernachlässigt, daß dasselbe das Planum der Bahn betritt, wird bestraft.

§. 7.

Die bloß zum Privatgebrauche bestimmten Uebergänge für die Eigenthümer der von der Bahn durchschnittenen Grundstücke dürfen nur von den Berechtigten unter den besonders dafür bestimmten Modalitäten benutzt werden. Anderen ist deren Benutzung verboten.

§. 8.

Sind die Ueberfahrten geschlossen, so müssen die Fuhrwerke auf den durchkreuzenden Wegen in der durch Markpfähle bezeichneten Entfernung von den Verschluß-Barrieren das Wiedereröffnen derselben abwarten; wo keine Markpfähle vorhanden sind, darf die Annäherung nur bis zum Anfang der Ueberfahrts-Rampe geschehen.

§. 9.

Vorsätzliche Beschädigungen der Bahn und der dazu gehöriger Anlagen und Betriebsmittel nebst Zubehör, imgleichen das Hinauflegen von Steinen oder sonstigen hindernden Gegenständen auf das Planum der Bahn sind, sofern nicht nach den allgemeinen strafrechtlichen Bestimmungen, namentlich nach der Verordnung wegen Bestrafung der Beschädiger der Eisenbahn-Anlagen vom 30. November 1840 eine härtere Strafe stattfindet, nach Maaßgabe des §. 19 zu ahnden.

§. 10.

In gleicher Weise wird bestraft, wer falschen Allarm macht, Signale nachahmt, Ausweiche-Vorrichtungen verstellt, oder solche Handlungen begeht, durch welche eine Störung des Betriebes veranlaßt werden kann.

§. 11.

Es ist verboten, feuergefährliche und solche Gegenstände, wodurch andere Transportgegenstände oder die Transportmittel selbst beschädigt werden könnten, in den Personen- oder Gepäckwagen mitzuführen, oder in den Güterwagen ohne Anzeige zu versenden. Zu diesen Gegenständen gehören insbesondere Zündhütchen, Streichfeuerzeuge, Schießpulver und dergleichen.

§. 12.

Geladene Gewehre dürfen unter keinerlei Umständen mitgenommen werden. Die Schaffner sind verpflichtet, vor dem Einsteigen die von den Reisenden geführten Schießgewehre zu untersuchen.

§. 13.

Das Tabackrauchen in anderen Wagen-Classen oder Coupees, als denjenigen, in welchen dasselbe nach den, von der Direction getroffenen Anordnungen gestattet wird, ist verboten.

§. 14.

Alle Passagier-Effecten, mit alleiniger Ausnahme derjenigen, welche die Reisenden in der Hand oder an sich tragen, sind in die Gepäckwagen abzuliefern, sofern die betreffenden Passagiere auf der Bahn über die Grenze desjenigen Staates passiren, innerhalb dessen sie zur Bahn gelangt sind.

§. 15.

Hunde und andere Thiere dürfen Reisende in den Personenwagen nicht mit sich führen.

§. 16.

Trunkene Personen dürfen zum Mitfahren nicht zugelassen werden. Sind solche unbemerkt in die Wagen gelangt, so werden sie aus diesen ausgewiesen; ein Gleiches findet statt, wenn sie in den Versammlungssälen oder auf den Bahnhöfen betroffen werden. Dergleichen Personen haben keinen Anspruch auf Ersatz des etwa gezahlten Personengeldes.

§. 17.

Wer die vorgeschriebene Ordnung nicht beobachtet, sich den Anordnungen der Bahnpolizei-Beamten nicht fugt, oder sich unanständig benimmt, wird gleichfalls zuruckgewiesen und ohne Anspruch auf den Ersatz des bezahlten Personengeldes von der Mit- und Weiterreise ausgeschlossen.

§. 18.

Sichtlich Kranke dürfen nur dann zur Mitfahrt zugelassen werden, wenn ein besonderes Coupee fur sie gelöst wird, oder alle Reisenden in einem andern sich für die Mitnahme erklären.

§. 19.

Wer den in den §§. 1. bis 14. enthaltenen Verboten zuwider handelt, verfällt in eine polizeiliche Strafe bis zu 50 Thlr. Geld, resp. sechs Wochen Gefängniß.

§. 20.

Die §§. 1. bis 19. dieses Reglements, desgleichen die Fahrpläne, so wie die Fahr- und Fracht-Tarife der einzelnen Bahnen sind auf den Passagierzimmern aller Stationen auszuhängen.

§. 21.

Die zur Ausübung der Bahnpolizei berufenen und verpflichteten Gesellschafts-Beamten sind ermächtigt, jeden Uebertreter der obigen Vorschriften, sofern er unbekannt ist und sich über seine Person nicht auszuweisen vermag, oder im letzteren Falle nicht eine angemessene Caution erlegt, deren Höhe das Maximum der Strafe (§. 19.) jedoch in keinem Falle übersteigen darf, zu arretiren und an die nächste Polizeibehörde abzuliefern.

§. 22.

Im Falle einer Arrestation ist den Bahnpolizei-Beamten gestattet, die arretirten Personen durch Mannschaften aus dem, auf der Eisenbahn befindlichen Arbeitspersonal in Bewachung zu nehmen und an den Bestimmungsort abliefern zu lassen. In diesem Falle hat der Bahnpolizei-Beamte eine mit seinem Namen und seiner Dienstqualität bezeichnete Arretirungs-Karte mitzugeben, welche vorläufig die Stelle der aufzunehmenden Contraventions-Verhandlung vertritt, die jedenfalls innerhalb 24 Stunden nach der Constatirung einer Contravention an die competente Polizeibehörde eingesandt werden muß.

15) Bauten auf dem Wedding und dem Kämmerei-Heidelande.

Bekanntmachung.

Die nachstehende Verordnung vom 23. Juli 1828, in Betreff der Bauanlagen auf dem Wedding und dem Kämmereiheidelande vor dem Oranienburger Thore Berlins:

„In Erwägung, daß die, seither bei Ausführung von Bauanlagen auf dem Wedding und dem Kämmereiheidelande vor dem Oranienburger Thore Berlins, zur Anwendung gekommenen gesetzlichen Bestimmungen, für die Verbindung jenes Bezirks mit der Stadt Berlin einiger Modifikationen bedürfen, hat das Königl. Ministerium des Innern und der Polizei mehrere Abänderungen der bestehenden Vorschriften angeordnet. Es wird daher in Gemäßheit der diesfälligen Bestimmungen und im Verfolge der Bekanntmachung des Königl. Ober-Präsidii der Provinz Brandenburg vom 9. November 1824, nach welcher von dem Königl. Ministerio des Innern und der Polizei dem Polizei-Präsidio die baupolizeiliche Aufsicht über die Anlagen im beregten Bezirke übertragen worden ist, vorläufig und bis zum Erlasse anderweitiger desfallsiger Vorschriften, Folgendes hierdurch festgesetzt.

§. 1.

Die für die Stadt Berlin bereits bestehenden oder noch zu erlassenden baupolizeilichen Vorschriften, in soweit durch gegenwärtige Verordnung nicht ein Anderes bestimmt ist, dienen dem Verfahren bei Ausführung einer Bauanlage auf dem Wedding und dem Kämmereiheidelande zur Grundlage.

§. 2.

Zufolge dessen muß zu dem Baue eines neuen Gebäudes, wie auch zu Veränderungen vorhandener Gebäude und zu jeder Bauausführung an der Straße, sie bestehe in einem Neubaue oder in einer Instandsetzung, imgleichen zur Errichtung einer neuen Feuerstelle und zur Indstandsetzung oder Umänderung einer schon vorhandenen Feuerstelle, die Erlaubniß dazu, unter Einreichung einer zweifachen Zeichnung von dem vorzunehmenden Baue und eines Situationsplanes, auf welchen die vorhandenen und die zu erbauenden Gebäude ꝛc., so wie die Grenzen des Grundstücks und die zunächst belegenen nachbarlichen Gebäude verzeichnet sind, bei dem Polizei-Präsidio nachgesucht werden, und darf mit dem Baue nicht eher angefangen werden, als die Erlaubniß dazu in schriftlicher Ausfertigung ertheilt und dem Bauherrn behändigt worden ist.

§. 3.

Sämmtliche Zeichnungen und Situationspläne sind von den Gewerksmeistern, welche den Bau ausfuhren sollen, zu unterschreiben, und auf jenen auch die Maaße der Länge und Tiefe, ferner für wen? und wo? der Bau ausgeführt werden soll, zu bemerken.

§. 4.

Die Anzeige eines vorzunehmenden Baues, nebst den Zeichnungen und dem Situationsplane, muß wenigstens 14 Tage früher eingereicht werden, als der Bauherr den Bau anzufangen beabsichtigt.

§. 5.

Die Abweichung von der Vorschrift des Bau-Erlaubnißscheines und von der, demselben zum Grunde gelegten Bauzeichnung wird als eine Bauausführung ohne polizeiliche Erlaubniß geahndet.

§. 6.

Alle Dächer müssen mit gebrannten Dachziegeln, mit Lehm nach Dornscher Art, oder mit Metall eingedeckt werden.

§. 7.

Jeder sonstige Lehmbau in den nach der Straße belegenen Seiten der Gebäude wird ausdrücklich untersagt; auch darf bei keinem Gebäude der Dachgiebel in Pise, Wellerwand, Luftziegeln oder Lehmpatzen aufgeführt werden.

§. 8.

Dagegen soll das Auslehmen der innern Wände der Gebäude, so wie der Hof- und Gartenfronten bei Gebäuden von Einer Etage gestattet sein.

§. 9.

Die Anwendung von Luftsteinen und die Anfertigung der Wände von Pise oder Lehm ist gestattet; jedoch dürfen Gebäude, deren Umfangsmauern und deren Mittelwände ganz oder zum Theil von Luftsteinen in Pise oder als Wellerwände aufgeführt werden, nur ein Geschoß hoch sein. Dieselbe Bestimmung findet Statt, wenn Feuerungen von Luftsteinen aufgeführt werden.

Bei Gebäuden von zwei, drei oder mehreren Stockwerken sind aber alle Wände und Feuerungen ganz von gebrannten Steinen aufzuführen. Jeder der hiernach Mauern und Feuerungen von Luftsteinen, Lehm oder Pisé anfertigen lassen will, muß einzeln angeben, welche Wände er ganz oder zum Theil in der beregten Art aufführen zu lassen beabsichtigt, und muß einen desfallsigen Vermerk ins Hypothekenbuch eintragen lassen.

§. 10.

Die Gebäude müssen an der nachbarlichen Grenze massiv verblendet, oder, in sofern es nicht Scheunen oder sonstige Vorrathsgebäude sind, wenigstens vier Fuß von derselben entfernt erbauet, auch darauf gehalten werden, daß die verschiedenen Gebäude nicht zu nahe an einander zu stehen kommen.

§. 11.

Ställe können bei sonst gehöriger Vorsicht an und in Wohngebäuden angebracht werden.

§. 12.

Scheunen und die zur Aufbewahrung von Heu, Stroh und dergleichen dienenden Gebäude müssen, wenn sie von Fachwerk sind, mindestens sechs Ruthen, beim Massivbau fünf Ruthen von andern Gebäuden und von der nachbarlichen Grenze aufgeführt werden. Bei einem Masivbau soll indeß in den Fällen, wo die Oertlichkeit den Auseinanderbau von fünf Ruthen unausführlich macht, ausnahmsweise nachgegeben werden, daß nur eine Entfernung von drei Ruthen stattfinden kann."

wird hierdurch erneuert zur öffentlichen Kenntniß gebracht.

Berlin, den 30. März 1837.

Königl. Polizei-Präsidium.

16) Veränderungen an den Façaden der auf Königl. Kosten erbauten Privathäuser.

Das, auf Allerhöchsten Koniglichen Immediatbefehl von dem vormaligen Ober-Hofbauamt unterm 31. August 1787 erlassene Publicandum, wodurch denen Einwohnern, welchen Häuser auf Königl. Kosten erbauet worden sind, verboten ist,

> an der Façade solcher Häuser Veränderungen nach ihrem Gutbefinden vorzunehmen, die Attiken, Vasen, Statuen, Gruppen oder auch andere Verzierungen davon wegzunehmen oder zu verändern,

wird hierdurch, als noch in seiner Kraft bestehend, zur genauesten Befolgung in Erinnerung gebracht, und dabei zugleich bemerkt, daß auch das Abfärben und Abputzen solcher Häuser, ohne vorgängige Anzeige bei der Polizeibehörde, und ohne deren spezielle Erlaubniß nicht vorgenommen werden darf.

Berlin, den 14. April 1829.

Königl. Preuß. Polizei-Präsidium.
von Esebeck.

17) Anlegung und Gebrauch der Schwefelkasten.

Mit Bezugnahme auf die Bekanntmachung vom 23. Juni 1829 wird hierdurch in Erinnerung gebracht, daß diejenigen, welche sich bei ihrem Gewerbsbetriebe eines Apparats zum Schwefeln der Hüte, Körbe und anderer Gegenstände bedienen wollen, vor der Aufstellung und Benutzung desselben die polizeiliche Erlaubniß eingeholt und erlangt haben müssen. Wer gegen diese Bestimmung handelt, verfällt in fünf Thaler Geld- oder verhältnißmäßige Gefängnißstrafe, und wird außerdem für den etwa dadurch veranlaßten Schaden verantwortlich.

Berlin, den 19. Januar 1838.

Königl. Polizei-Präsidium.

18) Anbringung von Markisen.

Die Bekanntmachung vom 24. Februar 1841 wegen der Markisen vor Verkaufslokalen in den unteren Stockwerken der Häuser wird hiermit, in Folge höherer Anordnung, dahin erneuert und beziehungsweise abgeändert, daß die Erlaubniß zur Anbringung einer solchen Markise jedesmal bei dem Polizeikommissarius des Reviers nachgesucht werden, und daß da, wo der Burgersteig außer dem von der Markise überdeckten Theil seiner Breite nicht hinlänglich Raum zur Fußpassage bietet, zwischen der Markise und dem Steinpflaster des Burgersteiges eine Höhe von mindestens 6½ Fuß verbleiben muß. Bei der in der Bekanntmachung vom 24. Februar 1841 angedrohten Strafe von einem bis funf Thalern hat es, sowohl fur den Fall, wenn eine Markise ohne Erlaubniß, als auch für den, wenn sie vorschriftswidrig angebracht wird, sein Bewenden.

Berlin, den 7. März 1842.

Königl. Polizei-Präsidium.

19) Anlegung von Zundholz-Trockenöfen und Anfertigung und Aufbewahrung der Streichfeuerzeuge.

Nachstehende Ministerial-Rescripte vom 12. Dezember 1842 und 31. März 1843 werden hierdurch zur offentlichen Kenntniß gebracht:

Die Zweifel der Polizeibehörden uber die feuersichere Anlage von Zündholz-Trockenofen haben Veranlassung gegeben, darüber die Königl. Ober-Baudeputation mit ihrem Gutachten zu hören. Nach demselben wird bei Ertheilung der baupolizeilichen Erlaubniß zur Errichtung solcher Oefen, mit gehöriger Ruckſicht auf die Ausdehnung des Gewerbebetriebes und die dazu bestimmte Oertlichkeit, im Allgemeinen Folgendes von den Orts-Polizeibehörden zu beobachten sein:

1) Ein Zündholz-Trockenofen muß in den äußern Wänden so stark gebaut werden, daß nicht nur bei regelmaßiger Benutzung, sondern auch bei etwaniger Entzündung der im Trockenraume gelagerten Zündhölzer, welche durch Ueberheizung oder zufällige Schadhaftigkeit des Ofens herbeigefuhrt werden kann, der Einsturz desselben nicht zu besorgen ist, auch keine übermäßige Erhitzung der äußern Fläche erfolgen kann;

2) nicht nur die Feuerung, sondern auch die Oeffnung des Trockenraums muß mit einer Thür von Eisenblech versehen werden, auch

3) alles eingebundene Holzwerk, so wie alle Brennmaterialien müssen so weit entfernt bleiben, daß sie auch bei Eröffnung der Thür des Trockenraums von der Flamme der etwa in Brand gerathenen Zündhölzer nicht ergriffen werden können.

4) Wenn der zur Anlage bestimmte Raum nicht überwölbt ist, muß der Ofen unter einem gewölbten, oder einem eisernen Rauchfange aufgestellt werden, damit eine Schadhaftigkeit der Ofendecke nicht feuergefährlich werde. Der gewölbte Rauchfang muß auf einem Gurtbogen oder auf einem eisernen Rauchfangbalken ruhen, oder der hölzerne Rauchfangbalken, in der Horizontale gemessen, wenigstens

zwei Fuß von den äußern Ofenflächen entfernt bleiben, in welchen die Oeffnung des Trockenraums sich nicht befindet.

5) Ueber dieser Oeffnung muß eine hinreichend weite, also besteigbare Schornsteinrohre vorhanden sein, um beim Brande der Zündhölzer den Rauch und die herausschlagende Flamme aufzunehmen und den Rauch abzufuhren.

6) Das Dach des Gebäudes, in welchem ein Trockenofen angelegt werden soll, muß mit unverbrennlichem Material, Ziegeln, Metall, Dornscher Deckmasse 2c. belegt sein.

Der Königl. Regierung bleibt uberlassen, hiernach die Polizeibehörden mit Anweisung zu versehen.

Berlin, den 12. Dezember 1842.

Der Minister des Innern.
(gez.) Gr. von Arnim.

An
sämmtliche Konigl. Regierungen
Zirkular II. 10,038.

* * *

Aus den erforderten Regierungsberichten, über die hinsichtlich der immer üblicher werdenden Streichfeuerzeuge gemachten Erfahrungen und die zur Vermeidung von Unglucksfällen durch dieselben etwa zu treffenden Anordnungen, ist ersehen worden, daß bisher der Gebrauch dieser Feuerzeuge zu erheblichen Besorgnissen vor Beschädigungen und Unglücksfällen keine gegründete Veranlassung dargeboten hat. Da eine längere Bekanntschaft des Publikums mit den Eigenschaften der Streichfeuerzeuge an sich schon eine größere Behutsamkeit beim Gebrauche derselben empfohlen hat, so bedarf es in dieser Beziehung keines weitern Einschreitens der Polizei. Dagegen sind Unglücksfälle haufiger vorgekommen, auch eher zu befürchten, bei der Anfertigung dieser Feuerzeuge und deren Aufbewahrung in großen Massen, zumal bisher in den meisten Fällen die Einholung der polizeilichen Erlaubniß zur Anlage solcher Fabrikationsstätten unterblieben ist. Um in dieser Beziehung künftig die erforderliche Vorsorge zu treffen, scheint es daher angemessen, durch die Amtsblätter zur Kenntniß des Publikums zu bringen,

daß die Anfertigung von Streichfeuerzeugen nur alsdann gestattet werden kann, wenn zuvor die dazu bestimmte Oertlichkeit der Polizeibehörde angezeigt und von derselben geeignet befunden worden ist.

Bei der Prüfung der Oertlichkeit haben die Polizeibehörden darauf zu sehen, daß solche möglichst feuersicher und nicht in der Nachbarschaft leicht entzündlicher Gegenstände belegen, außerdem aber auch für die gefahrlose Aufbewahrung größerer Massen der Zünder, und der zu verwendenden gefährlichen chemischen Stoffe, wie z. B. des Phosphors, hinreichend gesorgt sei. Auch die Aufbewahrung fertiger Streichzündwaaren in so bedeutender Menge, daß von ihrer etwanigen Entzündung erheblicher Schaden zu befürchten sein würde, darf nur in gehörig feuersichern Räumen nachgelassen werden, und da dergleichen bedeutende Vorräthe hauptsächlich bei den Fabrikanten zu treffen sein durften, so haben die Polizeibehörden bei der Prufung der Fabrikationsstätten zugleich ihre Aufmerksamkeit auf die zur Aufbewahrung der gefertigen Vorräthe bestimmten Räume zu richten.

Indem die Königl. Regierung veranlaßt wird, demgemäß mit Rücksicht auf die Zirkular=Verfugung vom 12. Dezember v. J. fur die Anlage von Zündholz=Trockenofen besonders gegebenen Bestimmungen das Erforderliche zu verfügen, wird dieselbe zugleich ermächtigt, die Vernachlässigung oder Uebertretung der obigen Anordnungen, und der für die einzelnen Anlagen von den Polizeibehörden zu ertheilenden besondern Vorschriften, mit einer Polizeistrafe von fünf bis fünf und zwanzig Thalern zu bedrohen, und solche eintretenden Falles verhängen zu lassen.

Berlin, den 31. März 1843.

Der Minister des Innern.
(gez.) Gr. von Arnim.

An
sämmtliche Königl. Regierungen.
Zirkular II. 9809 a.

Berlin, den 13. Dezember 1844.

Konigl. Polizei=Präsidium.

20) Reglement vom 5. Mai d. J., wegen Legung von Granitbahnen auf den Burgersteigen in den Straßen der Residenz Berlin in den Jahren 1846, 1847 und 1848, nebst der dasselbe bestatigenden Allerhöchsten Ordre vom 22. desselben Monats.

Bekanntmachung.

Nachstehendes Reglement vom 5. Mai d. J., wegen Legung von Granitbahnen auf den Burgersteigen der Straßen der Residenz Berlin in den Jahren 1846, 1847 und 1848, nebst der dasselbe bestätigenden Allerhöchsten Ordre vom 22. desselben Monats wird im Auftrage der Königl. Ministerien des Innern und der Finanzen hierdurch zur Nachachtung bekannt gemacht.

1. Die Allerhöchste Ordre vom 22. Mai d. J.:

„Auf Ihren Bericht vom 5. d. M. genehmige Ich das zurückerfolgende Reglement wegen der Legung von Granitbahnen auf den Bürgersteigen von Berlin für die Jahre 1846, 1847 und 1848, und ermächtige Sie zur Publication und Ausführung desselben.

Sanssouci, den 22. Mai 1846.

(gez.) Friedrich Wilhelm.

An die Staats=Minister von Bodelschwingh und Flottwell.“

2. Das Reglement vom 5. Mai d. J.:

„Die Bestimmungen des unterm 3. October 1842 erlassenen Reglements, die Legung von Granitbahnen auf den Bürgersteigen in der Stadt Berlin betreffend, treten mit dem Ende des Jahres 1845 außer Kraft. Es wird daher durch gegenwärtiges Reglement für die Jahre 1846, 1847 und 1848 in dieser Hinsicht Folgendes hiermit festgesetzt.

§. 1.

Die Legung von Granitbahnen soll auf den Bürgersteigen in den innerhalb der Ringmauer belegenen Straßen, Gassen und an sonstigen öffentlichen Communicationen statt finden, sie kann nach dem Bedürfniß jedoch auch in den Straßen ꝛc. außerhalb der Ringmauer, in so weit sie im Weichbilde belegen sind, geschehen.

§. 2.

Zur Legung von Granitbahnen sind verpflichtet:

a) die Eigenthümer der Grundstucke in denjenigen Straßentheilen, welche in der im §. 9. bestimmten Art alljährlich dazu ausgewählt und bezeichnet werden, in soweit sie nicht schon fruher nach den Bestimmungen dieses Reglements Granitbahnen vor ihren Grundstücken gelegt haben;

b) die Eigenthümer von solchen, auch in anderen Straßen belegenen Grundstücken, auf welchen in der Straßenfront oder innerhalb 5 Ruthen von derselben neue Vordergebaude errichtet oder schon vorhandene Gebaude bis auf die Straßenhöhe abgetragen und wiederhergestellt werden.

Es macht bei dieser Bestimmung keinen Unterschied, ob die betreffende Straße innerhalb oder außerhalb der Ringmauer liegt, gepflastert und schon mit einem Bürgersteig versehen ist oder nicht, und eben so wenig von welcher Breite dieselbe ist.

Die Granitbahn muß in der ganzen Länge des neubebauten Grundstücks, bei Eckhäusern aber bis an den Rinnstein der anstoßenden Straßen eingelegt werden.

§. 3.

Die einzulegende Granitbahn muß da, wo die Breite des Bürgersteiges es gestattet, eine Breite von mindestens 3 Fuß haben. Es dürfen dazu nur Granitplatten verwendet werden, welche mindestens 3 Fuß breit, 1½ Fuß lang, gut und regelmäßig bearbeitet und an der Kante mindestens 3 Zoll stark sind.

§. 4.

Eine Unterbrechung der Granitbahn darf nur an den Einfahrten zu den Grundstücken statt finden. Die Länge dieses Zwischenraums darf nur höchstens 7 Fuß betragen und die Pflasterung desselben nur mit Steinen, welche nach Lutticher Art bearbeitet sind, bewirkt werden.

§. 5.

Die Unterhaltung dieser Granitbahnen in der vorgeschriebenen und wirklich gelegten Breite liegt ebenfalls dem Grundstücks-Eigenthümer ob. Es ist einem jeden derselben gestattet, die Granitbahn breiter zu legen, als vorgeschrieben ist, oder die bereits gelegte Granitbahn zu verbreitern. Ein Anspruch auf eine Vergutigung fur eine größere Breite findet aber nicht statt.

§. 6.

Um die Ausführung der Legung von Granitbahnen den Grundstücks-Eigenthümern in den geeigneten Fällen zu erleichtern und überhaupt dieselbe zu befördern, haben sich die Communalbehörden Berlins für die Dauer der Gültigkeit dieses Reglements verbindlich gemacht, aus den zu ihrer Verfügung stehenden Erträgen der Hundesteuer alljährlich die Summe von Funfzehntausend Thalern herzugeben und zur Granitbahnlegung zu verwenden.

§. 7.

Aus dieser Summe wird denjenigen, welche Granitbahnen von vorgeschriebener Beschaffenheit gelegt haben, eine Vergütigung von zwei Dritteln des durchschnittlichen Kostenpreises zugesichert. Dieser Durchschnittspreis wird durch die §. 9. näher bestimmte Commission alljährlich bei Festsetzung der zur Granitbahnlegung aufzurufenden Straßen nach dem jedesmaligen Durchschnittspreise der Granitplatten ermittelt, und demnach die Höhe der Vergütigung für jedes Jahr festgestellt, demnächst auch öffentlich bekannt gemacht. Behufs der Festsetzung der Gesammt-Vergütigung wird nur die Länge der wirklichen Granitbahn in Anwendung gebracht, für das vor den Einfahrten mit nach Lutticher Art bearbeiteten Feldsteinen gelegte Pflaster aber wird keine Vergütigung geleistet.

§. 8.

Ein Anspruch auf die im §. 7. bestimmte Vergütigung findet nicht statt in Fällen:

a) wo Granitbahnen vor Königlichen, Prinzlichen, Staats- und Communal-, Kirchen- und Schulen-, so wie vor allen solchen Grundstücken, welche einer Stiftung, Corporation, Zunft, Gesellschaft oder einem Vereine gehören, eingelegt worden oder in Folge Aufrufs der betreffenden Straßen, haben eingelegt werden müssen,

b) wo die Legung von Granitbahnen vor neuerbauten Gebäuden, dem §. 2b dieses Reglements gemäß, geschehen muß.

§. 9.

In den letzten Monaten eines jeden Jahres bezeichnen das Königliche Polizei-Präsidium, die Königliche Ministerial-Bau-Commission, so wie die Deputation des Magistrats und der Stadtverordneten-Versammlung nach stattgehabter gemeinschaftlicher Berathung dieser Angelegenheit diejenigen Straßen, oder Straßentheile, in welchen im Laufe des folgenden Jahres die Bürgersteige mit Granitbahnen belegt werden müssen, und bestimmen zugleich, ob dies auf beiden Straßenseiten oder nur auf einer Straßenseite geschehen soll. Von der Deputation des Magistrats und der Stadtverordneten-Versammlung sind zu diesem Behufe rechtzeitig geeignete Vorschläge vorzulegen, welche möglichst zu beruckſichtigen ſind.

§. 10.

Die ausgewählten Straßen werden demnächst öffentlich bekannt gemacht und die Eigenthümer der betreffenden Grundstucke in denselben von dem Königlichen Polizei-Präsidium speciell aufgefordert, die Anlegung der Granitbahnen in einer gleichzeitig zu bestimmenden Frist zu bewirken.

Auch bestimmt das Königliche Polizei-Präsidium in diesen speciellen Aufforderungen die Richtung der Bahn, das Niveau derselben und die sonstige Art und Weise der Ausfuhrung. Die desfallsige Anweisung wird unentgeltlich ertheilt und die Befolgung derselben polizeilich beaufsichtigt.

§. 11.

Bei denjenigen Grundstücken, deren Eigenthümer die Legung der Granitbahn nicht innerhalb der vom Königlichen Polizei-Präsidium bestimmten Frist bewirkt haben, wird solche im Wege der Execution auf ihre Gefahr und Kosten zur Ausführung gebracht. Die Ausführung geschieht auf den Antrag des Königlichen Polizei-Präsidiums durch die Königliche Ministerial-Bau-Commission. Die ganze Summe des Kostenbetrages wird aus dem Unterstützungs-Fonds (§. 6.) gezahlt und resp. vorgeschossen, und der nach Abzug der Hülfsgelder verbleibende Theil von dem Grundstücks-Eigenthümer durch den Magistrat, nöthigenfalls im Wege der administrativen Execution wieder eingezogen.

Es steht dem Magistrate hierbei frei, nach Umständen Zahlungsfristen zu bewilligen und event. die Forderung auf Kosten des Schuldners hypothekarisch auf das Grundstuck eintragen zu lassen.

§. 12.

Die Ausführung der Granitbahnlegung findet auch bei denjenigen Grundstücken statt, welche Schuldenhalber unter Administration stehen, und deren Ertrag keinen oder doch nicht einen zureichenden Ueberschuß gewährt, um daraus die Kosten der Granitbahnlegung bestreiten zu können. Der desfallsige Betrag, nach Abzug der Hülfsgelder, wird dann gleichfalls aus dem Unterstutzungs-Fonds vorgeschossen. Zur Erstattung jenes Betrages ist der derzeitige Besitzer oder der dereinstige Erwerber verpflichtet. Der erstere ist verpflichtet, nach erfolgter Aufhebung der Administration den für ihn gemachten Vorschuß sofort zu erstatten. Hinsichtlich der Einziehung des Vorschusses finden auch in diesem Falle die im §. 11. bestimmten Vorschriften Anwendung. Im Falle aber ein solches Grundstuck zum gerichtlichen Verkaufe kommt, werden die Gerichte auf den Antrag des Königlichen Polizei-Präsidiums oder des Magistrats die Verpflichtung des Meistbietenden und Adjudicatars zur Erstattung der Anlagekosten, nach Abzug des Betrages der Hülfsgelder, in die Licitations-Bedingungen mit aufnehmen, und auf Entrichtung jenes Betrages neben dem Kaufgelde halten. Damit dies nicht verabsäumt werde, setzt das Königliche Polizei-Präsidium, sobald die Königliche Ministerial-Bau-Commission zur Granitbahnlegung vor solchen Grundstucken ersucht worden, das Gericht vorläufig davon in Kenntniß, während der Magistrat demnächst den zu erstattenden Kostenbetrag zur Kenntniß der Gerichtsbehörde bringt.

§. 13.

Sobald die Legung der Granitbahn in einer Straße vorschriftsmäßig bewirkt ist, stellen das Königliche Polizei-Präsidium und die Königliche Ministerial-Bau-Commission eine Nachweisung über die Länge und Breite der vor jedem Grundstuck gelegten Bahn (gepflasterte Flächen und Zungenbrücken nicht mitgerechnet) zusammen, und lassen solche an den Magistrat, Behufs der Auszahlung der Hülfsgelder, gelangen.

§. 14.

Die Auszahlung der Hulfsgelder geschieht an den Besitzer des Grundstücks. Als solcher wird derjenige betrachtet, an den die polizeiliche Aufforderung zur Einlegung der Bahn gerichtet gewesen ist, und der sie befolgt hat. Im Falle gegen die Zahlung an diesen Besitzer von der einen oder andern Seite her Widerspruch erhoben wird, haben die Interessenten ihre Anträge beim Magistrat zu machen.

Von der erfolgten Anweisung der Hulfsgelder, so wie von der Zeit und dem Orte ihrer Erhebung, setzt der Magistrat die betreffenden Interessenten seiner Zeit in Kenntniß. Innerhalb eines Jahres, vom Empfang dieser Benachrichtigung ab, muß das Hulfsgeld, bei Verlust des Rechts darauf, abgehoben werden.

§. 15.

Dem Grundstucks-Eigenthumer steht es frei, mit dem mit der Granitbahnlegung von ihm beauftragten Gewerbetreibenden eine solche Vereinbarung zu treffen, daß dieser auf den Betrag seiner Forderung das Hülfsgeld unmittelbar bei der städtischen Casse in Empfang nehmen kann. In einem solchen Falle hat derselbe sich schriftlich an den Magistrat zu wenden, und seiner Eingabe die polizeiliche Aufforderung beizufügen, wonächst dann die Aufnahme einer Cessions-Verhandlung veranlaßt wird, wofür andere, als etwanige Stempelkosten nicht zu entrichten sind.

§. 16.

Da bei neugebauten Häusern nach den Bestimmungen der §§. 2b und 8b die Legung einer Granitbahn ohne Anspruch auf Hülfsgelder geschehen muß, so wird in der Regel die desfallsige Verpflichtung in dem polizeilichen Bau-Erlaubnißscheine ausgedrückt. Falls dies jedoch nicht geschehen sein sollte, wird in der Verpflichtung zur Granitbahnlegung dadurch nichts geändert. Der Eigenthumer muß der durch dies Reglement festgestellten Verpflichtung nachkommen, sobald er anderweitig dazu aufgefordert wird.

Läßt der Eigenthümer die in dem Bau-Erlaubnißschein oder in der besondern Aufforderung zur Granitbahnlegung bestimmte Frist unbeachtet, so wird die Anlage im Wege der Execution auf Antrag des Königlichen Polizei-Präsidiums durch die Königliche Ministerial-Bau-Commission zur Ausführung gebracht. Letztere leistet dabei den etwa nöthigen Kostenvorschuß, das Königliche Polizei-Präsidium aber zieht den ganzen, ihm bekannt zu machenden Kostenbetrag, event. im executivischen Wege von dem Grundstücks-Eigenthümer ein, und erstattet solchen der Bau-Casse. Das Königliche Polizei-Präsidium ist ermächtigt, im Einverständnisse mit der Ministerial-Bau-Commission, in geeigneten Fällen Zahlungsfristen zu bewilligen.

§. 17.

Von denjenigen Eigenthümern, welche vor Publication des Reglements vom 30. Juni 1835 vor ihren Grundstücken Granitbahnen eingelegt, und den Anspruch rechtzeitig angemeldet haben, ist nach der vorhandenen Nachweisung nur noch eine geringe Zahl zu entschädigen. Die Entschädigung derselben soll nach den Bestimmungen des §. 17. des Reglements vom 3. October 1842 aus den vorhandenen Beständen unverzüglich nach Publication dieses Reglements erfolgen.

§. 18.

In anderen, als den nach §. 9. bekannt gemachten Straßen ist auf den Bürgersteigen die Reparatur des schadhaften Pflasters unter einzuholender polizeilicher Erlaubniß gestattet, ohne daß es dabei der Einlegung von Granitplatten bedarf. Dies ändert jedoch nichts in der dereinstigen Verpflichtung zur Anlegung der Granitbahn.

§. 19.

Es soll aber einem jeden Grundstücks-Eigenthümer gestattet sein, auf seinem Bürgersteige, er mag schadhaft sein oder nicht, sofort Granitplatten nach Anleitung der Seitens des Königlichen Polizei-Präsidiums zu ertheilenden Anweisung einzulegen. Von der erfolgten Legung der Granitbahn muß dem Magistrat innerhalb drei Monate, nach Empfang jener Anweisung, Anzeige gemacht und der etwanige Anspruch auf Hülfsgelder angemeldet werden. In so weit die Legung nach der im §. 3. gegebenen Vorschrift geschehen und die Anmeldung beim Magistrat in der angegebenen Frist erfolgt ist, hebt der Anspruch der Grundstücks-Eigenthümer oder ihrer Wittwen und Descendenten, sofern sie noch Besitzer des Grundstücks sind, auf die im §. 7. bestimmte Vergütigung mit dem Zeitpunkte an, wann die Straße oder der Straßentheil, in welchem das Grundstück sich befindet, nach den §§. 9. und 10., allgemein zur Granitbahnlegung aufgerufen wird. Diese Vergütigung wird nach dem Satze gewährt, welcher für das Jahr, in welchem die Legung erfolgt ist, allgemein bestimmt war.

Die vorstehend bestimmte Vergütigung wird aber nicht gewährt, wenn die Anmeldung des Anspruchs auf dieselbe innerhalb der oben bestimmten drei Monate unterblieben ist, so wie, wenn innerhalb zweier Jahre, von dem Tage an gerechnet, an welchem der polizeiliche Erlaubnißschein zur Granitbahnlegung ausgefertigt worden, auf dem betreffenden Grundstück an der Straßenfront ein Neubau vorgenommen worden.

Denjenigen Eigenthümern, welche in den Jahren 1835 bis 1839 Granitbahnen im Voraus gelegt haben, wird der laufende Fuß mit 24 Sgr., denen, welche in den Jahren 1840 bis 1845 einschließlich, solche haben legen lassen, mit 21 Sgr. vergütigt werden, sofern sie nach den für sie geltenden Bestimmungen eine solche Vergütung überhaupt in Anspruch nehmen können.

§. 20.

Die Dauer der Gültigkeit dieses Reglements ist auf drei Jahre 1846, 1847 und 1848 bestimmt. Der Ausfuhrung der darin enthaltenen Bestimmungen kann im Falle allgemeinen Mangels oder unverhältnißmäßiger Steigerung des Preises der Granitplatten zeitweise Anstand gegeben werden.

Solches geschieht auf übereinstimmenden Beschluß sämmtlicher drei, im §. 9. genannten Behörden oder auf Anweisung der unterzeichneten Ministerien.

Berlin, den 5. Mai 1846.

Für den Minister des Innern.
Im Allerhöchsten Auftrage.
von Bodelschwingh.

Der Finanz-Minister.
Flottwell.

Reglement."

Berlin, den 23. August 1846.

Königl. Polizei-Präsidium.
Köhler.

Königl. Ministerial-Bau-Commission.
v. Müffling. Berger.

Ober-Bürgermeister, Bürgermeister und Rath.
Krausnick. Güßfeldt.
Lütcke.

21) Führen und Treiben von Rindvieh durch die Straßen der Stadt.

(Die Bekanntmachung vom 12. Juli 1838, S. 117. Nr. 39, ist mit dem Datum vom 28. October 1846 neu erlassen worden.)

22) Verbot Drachen in den Straßen steigen zu lassen.

(Die Bekanntmachung vom 12. September 1845, S. 118. Nr. 41, ist mit dem Datum vom 8. September 1846 neu erlassen worden.)

23) Unbefugter Betrieb des Hebeammen-Gewerbes.

Bekanntmachung.

Da die Erfahrung wiederholentlich ergeben hat, daß, den bestehenden Vorschriften zuwider, die Entbindungskunst hierselbst von manchen Frauenspersonen betrieben wird, welche dazu die erforderlichen Kenntnisse nicht besitzen und als Hebammen nicht angestellt sind, so wird, um den gefährlichen Folgen vorzubeugen, welche aus diesem unbefugten Gewerbsbetriebe entspringen konnen, hiermit ernstlich in Erinnerung gebracht, daß bei nachdrucklicher Geld- oder Leibesstrafe keine Frauensperson, welche nicht als Hebamme hierselbst approbirt und angestellt ist, sich mit dem Accouchement befassen darf. Zugleich wird auch das Publikum hierdurch verwarnt, erforderlichen Falls sich nicht an dergleichen unbefugte Frauenspersonen zu wenden, sondern sich der Hülfe der hier angestellten Hebammen zu bedienen, deren Namen und Wohnungen das nachstehende Verzeichniß ergiebt.

Berlin, den 8. August 1846.

Königl. Polizei-Präsidium.

24) Unbefugte Ausübung chirurgischer Dienstleistungen.

Bekanntmachung.

Mit Bezugnahme auf die Bekanntmachung vom 6. October 1837 und in Folge Rescripts des Königl. Ministeriums der geistlichen, Unterrichts- und Medizinal-Angelegenheiten vom 25. Dezember 1841 wird dem Medizinalpersonale des hiesigen Verwaltungsbezirks hierdurch in Erinnerung gebracht, resp. bekannt gemacht, wie es als Regel feststeht, daß die praktischen Aerzte sich zu den in ihrer Praxis vorkommenden chirurgischen Dienstleistungen nicht der Barbiere und anderer nicht approbirter Personen, sondern nur der approbirten Wundärzte bedienen sollen. Findet ein Arzt in Nothfallen, oder auch durch besondere Umstände sich veranlaßt, von einem zur selbstständigen chirurgischen Praxis nicht approbirten Individuum, als chirurgischen Gehulfen, eine oder die andere Dienstleistung bei seinem Patienten verrichten zu lassen, so soll ihm dies zwar nicht unbedingt untersagt sein; er muß aber in einem solchen Falle sich nicht nur von der Tüchtigkeit des zugezogenen Gehülfen zu der betreffenden Verrichtung, wofür er selbst verantwortlich ist, vollständig überzeugt haben, sondern er darf auch eine solche Verrichtung, insofern sie, der Regel nach, zu den Geschäften der approbirten Wundärzte gehört, durch den nicht approbirten Gehülfen nur in seiner persönlichen Gegenwart und unter seiner eigenen Leitung bewirken lassen. Dasselbe gilt in Rucksicht der Assistenz, welche sich approbirte Geburtshelfer bei Entbindungen leisten lassen, so weit diese überhaupt eine Beistandsleistung durch andere Personen, als durch unterrichtete Hebammen bedingen können.

Diejenigen Herren Aerzte, welche mit Verabsäumung dieser Anordnungen den Pfuschereien nicht approbirter chirurgischer Gehülfen Vorschub leisten, machen sich sowohl fur die Kontraventionen, als für den Schaden und Nachtheil, welcher ihren Patienten durch ein fehlerhaftes Verfahren der auf ihre Veranlassung zugezogenen unberechtigten Individuen zugefugt wird, verantwortlich.

Berlin, den 21. Juli 1813.

Königl. Polizei-Präsidium.

25) Uebernahme von Agenturen für ausländische Sterbe-, Aussteuer- und ähnliche Kassen.

Bekanntmachung.

Die Vorschrift des Allgemeinen Landrechts Th. I. Tit. 11. §. 651., nach welcher im Lande sich keine Sterbe-, Aussteuer- und andere dergleichen Kassen, mithin auch keine Lebensversicherungs-Gesellschaften ohne obrigkeitliche Prüfung und Genehmigung bilden durfen, bezweckt nichts anderes, als die Unterthanen vor den Nachtheilen zu sichern, die aus der Eingehung gewagter Geschäfte mit unsoliden Gesellschaften jener Art erwachsen können. Dieser Zweck würde nur unvollkommen erreicht werden, wenn ohne vorherige Prufung ihrer Statuten den Agenten fremder Renten-, Aussteuer-, Wittwen-, Lebensversicherungs- und anderer dergleichen Gesellschaften ein Geschäftsverkehr in den Königlichen Staaten gestattet sein sollte.

In Folge desfallsigen Ministerial-Erlasses vom 29. October d. J. wird daher zur Uebernahme solcher Agenturen in hiesiger Residenz die Erlaubniß des unterzeichneten Polizei-Präsidii erfordert, und derjenige in eine Strafe von 10 Thalern genommen werden, welcher eine Agentur der gedachten ausländischen Gesellschaften übernimmt, ohne die dazu erforderliche Concession nachgesucht und erhalten zu haben.

Berlin, den 27. Dezember 1837.

Königl. Polizei-Präsidium.

26) Annahme von Bedienten Seitens der Fremden.

Bekanntmachung.

Die nach der sorgfältigsten Prüfung ihrer Zulässigkeit hierselbst angestellten Lohnbediente sind dazu bestimmt, auf Verlangen der Reisenden die Bedienung bei ihnen zu übernehmen, durch Treue, Gewandtheit, Kenntniß des Orts und der hiesigen Verhältnisse ihnen nützlich zu werden, und dadurch zur Annehmlichkeit ihres Aufenthalts in hiesiger Residenz beizutragen. Dies wird hierdurch mit dem Bemerken zur öffentlichen Kenntniß gebracht, daß Niemand anders, als ein Lohnbedienter die ausschließliche Bedienung eines Fremden auf kürzere Zeit, als einen Monat, bei einer Polizeistrafe von 1 bis 5 Thalern oder verhältnißmäßiger Gefangnißstrafe, übernehmen darf, und daß derjenige, welcher sich auf mindestens einen Monat bei einem Fremden als Bedienter vermiethen will, die allgemeinen Vorschriften bei Vermiethungen des Gesindes beobachten muß. Jeder Reisende kann ubrigens die Bedienung, die er mitgebracht hat, hierselbst fortgesetzt benutzen; verlangt er einen Lohnbedienten, so kann er sich dieserwegen unmittelbar an das Lohnbedienten-Bureau, oder an den Gastwirth, in dessen Gasthofe er logirt, oder an den Vermiether der sonst inne habenden Wohnung wenden, und wird ihm sodann ein solcher sofort zugesandt werden. Das Nähere über die Lohnbedienten ergiebt eine, in jedem Zimmer der Gasthöfe erster Klasse und in den, sonst zur Vermiethung an Fremde hierselbst bestimmten Wohnungen ausgelegte Bekanntmachung.

Berlin, den 27. Dezember 1837.

Königl. Polizei-Präsidium.

27) Lohnbedienten-Ordnung.

Nachdem Se. Königliche Majestät mittelst Allerhöchster Kabinets-Ordre vom 13. März 1810 die Aufhebung der Lohnbedienten-Zünfte und die Anstellung von Lohnbedienten durch besondere Concessionen zu befehlen geruhet haben, so sind diesem Befehle gemäß seit der Zeit concessionirte Lohnbediente hieselbst angenommen worden. Die hierunter getroffenen Einrichtungen haben indeß in neuester Zeit ihrem Zwecke nicht vollständig entsprochen, weil ein großer Theil der Lohnbedienten jetzt durch hohes Alter und sonstige körperliche Gebrechen verhindert wird, die Dienste gehörig zu leisten, auch nicht Allen ihre Pflichten gehörig bekannt zu sein scheinen. Es ist daher fur nöthig erachtet worden, nicht nur die bisher ergangenen Verordnungen nach vorhergangener Erörterung zusammenzustellen und zu ergänzen, sondern auch zugleich eine Einrichtung zu treffen, durch welche für diejenigen Lohnbedienten, welche die ihnen obliegenden Pflichten, so lange es ihre Kräfte erlauben, gewissenhaft erfüllen, bei ihrer Entlassung nach Möglichkeit gesorgt werden soll.

Nachdem von dem Königlichen Ministerio des Innern und der Polizei das für diese Zwecke diesseits entworfene Reglement genehmigt worden, so wird selbiges nunmehr als

Lohnbedienten-Ordnung

nachstehend, unter Aufhebung aller früheren, darin nicht aufgenommenen, hierher gehörigen Anordnungen zur allgemeinen Kenntniß gebracht.

§. 1.

Allgemeine Bestimmungen.

Zweck der Lohnbedienten und deren Eintheilungen.

Die Lohnbedienten sind dazu bestimmt, auf Verlangen der Reisenden, die Bedienung bei ihnen zu ubernehmen, durch Treue, Gewandtheit, Kenntniß des

Orts und der hiesigen Verhältnisse ihnen nützlich zu werden, und dadurch zur Annehmlichkeit ihres Aufenthalts in hiesiger Residenz beizutragen.

§. 2.

Die Lohnbedienten werden in ordentliche und außerordentliche getheilt. Unter letzteren werden diejenigen verstanden, die nur zur Aushülfe gebraucht werden, wenn die ordentlichen, welche eine Concession erhalten haben, nicht ausreichen.

§. 3.

b. Vorgesetzte Behörde. Das Polizei-Präsidium ist die vorgesetzte Behörde der Lohnbedienten. Es stellt dieselben an, und entläßt sie, controllirt auch ihr Verhalten in und außer dem Dienste, wozu sich dasselbe eines Vorstehers des Lohnbedienten-Büreau's bedient.

§. 4.

Spezielle Bestimmungen.

Persönliche Qualification. Als Lohnbediente kann nur derjenige angestellt werden, der in keinem anderen Dienstverhältnisse steht, die Großjährigkeit erreicht hat, nicht über 35 Jahre alt und völlig gesund ist, ein einnehmendes Aeußere hat, auf anständige reinliche Kleidung achtet, auch solche besitzt und die Bedienung von Herrschaften aus höheren Ständen mit Umsicht und Gewandtheit versteht. Die Kenntniß einer anderen Sprache außer der Deutschen, ist zwar nicht durchaus erforderlich, jedoch soll derjenige, der eine andere lebende Sprache redet, und sich schriftlich darin ausdrücken kann, unter sonst gleichen Umständen demjenigen vorgezogen werden, der nur Deutsch sprechen und schreiben kann. Der gute Ruf muß durch nichts befleckt sein, und es genügt sonach nicht, daß der Bewerber keines Verbrechens bezüchtigt wird, sondern es muß auch feststehen, daß er sich keiner üblen Neigung, als dem Trunke, dem Spiele ꝛc. hingegeben hat. Er muß über seine Führung sich durch günstige Zeugnisse vollständig ausweisen, und gegen die Richtigkeit der Letzteren müssen bei näherer Prufung sich keine Zweifel ergeben, sondern sie müssen dadurch noch bestärkt werden.

§. 5.

Neben-Erfordernisse. Derjenige, welcher nach Vorstehendem im Allgemeinen für anstellungsfähig erachtet wird, kann bei eintretenden Vakanzen nur dann wirklich als ordentlicher Lohnbediente angestellt werden, wenn er sich vollständige Lokal-Kenntnisse erworben hat. Er muß solchemnach auf dem kürzesten Wege nach jeder ihm genannten Nummer einer ihm genannten Straße oder Gasse zu gelangen wissen, auch den Reisenden ohne Nachfrage nach jedem ihm genannten königlichen und prinzlichen Schlosse, nach jedem öffentlichen Gebäude und Institute, nach den Wohnungen der höhern Staatsdiener und der vorzuglichsten Kaufmanns-, Wechsel- und anderen Handlungen fuhren können, auch muß ihm die Umgegend Berlin's nicht unbekannt sein.

§. 6.

Zahl der concessionirten Lohnbedienten.

Die Zahl der ordentlichen concessionirten Lohnbedienten wird vorläufig und mit Vorbehalt der Vermehrung derselben, je nachdem das Bedürfniß eine solche nach dem Urtheile der Behörde erheischt, auf Zwei und Zwanzig festgestellt.

§. 7.

Außerordentliche Lohnbediente.

Damit in Krankheitsfällen der concessionirten Lohnbedienten und bei Anwesenheit unverhältnißmäßig vieler Fremden es nicht an Lohnbedienten fehle, soll eine angemessene Zahl außerordentlicher Lohnbedienten notirt werden, welche nach Befinden der Umstände bei Besetzung ordentlicher Lohnbedienten-Stellen berücksichtigt werden sollen. Die §. 4. verlangten Erfordernisse dürfen bei ihnen nicht fehlen, jedoch ist es nicht nöthig, daß sie bereits die Großjahrigkeit erreicht haben, sofern nur die Väter oder Vormünder sich damit einverstanden erklären, daß sie zu den beregten Dienstleistungen gebraucht werden. In Betreff der Lokal-Kenntnisse (§. 5.) sollen an die außerordentlichen Lohnbedienten nicht so strenge Anforderungen gemacht werden, als an die ordentlichen.

§. 8.

Derjenige, welcher eine Concession als ordentlicher Lohnbedienter ausgefertigt erhalten soll, muß zuvor eine Kaution von 50 Rthlrn. in Staatsschuldscheinen zum Depositorio des Polizei-Präsidii einzahlen. Die außerordentlichen Lohnbedienten erhalten keine Concession und sollen zu einer Kautionsleistung nicht angehalten werden.

§. 9.

Ertheilung der Concessionen.

Das Polizei-Präsidium ertheilt die Concessionen. Solche sind widerruflich, nach den unten folgenden nähern Bestimmungen.

§. 10.

Rechte aus demselben.
a. Bedienung der Fremden.

Durch die Concessionen wird den Inhabern die Zusicherung ertheilt, zur Bedienung der sich hier aufhaltenden Fremden diesen auf ihr Verlangen durch den Vorsteher der Lohnbedienten zugesandt zu werden.

§. 11.

b. Beschränkung der Gastwirthe, der Fremden u. anderer Personen.

Gastwirthe und Inhaber meublirter Zimmer hieselbst dürfen den bei ihnen einkehrenden Fremden statt der Lohnbedienten keine andere Personen zu ihrer ausschließlichen Bedienung stellen, bei Strafe von 2 bis 5 Thalern für jeden Kontraventionsfall; auch sollen Personen, welche die Bedienung Fremder auf kürzere Zeit, als einen Monat, ubernehmen, mit einer Polizei-Strafe von 1 bis 5 Thalern, oder verhältnißmäßiger Gefängnißstrafe belegt werden.

§. 12.

Bei vorstehenden Bestimmungen bleibt den Fremden unbenommen:

a) zu einzelnen Dienstleistungen sowohl in als außer dem Hause sich jeder, ihnen beliebigen und zugänglichen, Hülfe zu bedienen;

b) die Bedienung, die sie mitgebracht haben, hierselbst fortgesetzt zu benutzen;

c) einen anderen als einen Lohnbedienten in ihren Dienst zu nehmen, wenn sie denselben mindestens auf einen ganzen Monat miethen, und wenn dabei alle diejenigen Vorschriften beobachtet werden, die bei der Annahme des Gesindes uberhaupt in Berlin zu beachten sind;

d) einen solchen auch auf kürzere Zeit bei sonstiger Beobachtung der allgemeinen Vorschriften in Dienst zu nehmen, wenn sie hiezu vorher die Genehmigung des Polizei-Präsidii eingeholt und erhalten haben.

§. 13.

Den Gastwirthen und Inhabern meublirter Wohnungen ist nachgelassen:

a) im Hause durch ihr Gesinde den Fremden die gewöhnliche Aufwartung, welche in Reinigung, Heitzung und Erleüchtung der Zimmer, Verabreichung der Speisen und Getranke und Reinigung der Kleidungsstücke besteht, zu gewahren; auch

b) außer dem Hause einzelne Gänge durch das Hausgesinde verrichten zu lassen, so wie

c) zu den ihnen gehörenden Equipagen einen Bedienten in Livree mitzugeben und zu verstatten, daß der Bediente dabei die Herrschaften in einzelnen Hausern anmelde, Karten abgebe, auch andere Bestellungen und Dienstleistungen verrichte und bei dem Ein- und Aussteigen behülflich sei.

Nur wenn der Fremde einen Dienstboten zu seiner ausschließlichen Bedienung begehrt, darf kein anderer als ein Lohn-Lakai dazu angenommen werden.

§. 14.

Einweisung in die Dienste bei den Herrschaften.

Kein Lohnbediente darf bei einer Herrschaft ohne besondere Erlaubniß des Vorstehers des Lohnbedienten-Büreau's einen Dienst annehmen.

§. 15.

Die Gastwirthe und Inhaber meublirter Zimmer sind verpflichtet, dem Vorsteher des Bureau's von dem Verlangen des Fremden, einen Lohnbedienten anzunehmen, sofort Anzeige zu machen. Der Fremde selbst kann sich auch unmittelbar an das Büreau wenden.

§. 16.

Bei der Ueberweisung der Lohnbedienten an Fremde soll in der Regel eine Reihefolge Statt finden. Eine Dienstzutheilung außer der Reihe tritt dann ein, wenn der Lohnbediente, der an der Reihe ist, die

Sprache nicht spricht, welche er nach des Reisenden Wunsch soll reden können, ein anderer nicht beschäftigter aber derselben gewachsen ist. Sollte ein Lohnbediente sehr lange sich in dem Dienste einer und derselben Herrschaft befunden haben, so steht es dem Vorsteher des Büreau's frei, ihn einmal zu übergehen, wenn ihn hiernächst die Reihe wieder trifft; auch soll er berechtigt sein, einen Lohnbedienten, der zu wiederholtenmalen nur auf wenige Tage im Dienst ist, außer der Reihe, gleich nach dem Austritte aus dem Dienste, wiederum in einen solchen zu weisen, so wie denn auch jeder sonst erhebliche Grund den Bureau-Vorsteher ermächtigt, von der Reihenfolge abzugehen.

§. 17.

Im Büreau soll eine Liste aufgehangt werden, in welcher

a) die concessionirten Lohnbedienten in der Reihefolge aufgeführt stehen, und
b) bei dem Namen eines jeden bemerkt ist, an welchem Tage er einen Dienst angetreten und verlassen hat.

§. 18.

Damit auf der Stelle ein Lohnbediente abgesandt werden kann, wenn dazu eine Aufforderung ergeht, sind die drei nach der Liste zunächst an der Reihe stehenden verpflichtet, sich abwechselnd im Büreau aufzuhalten.

§. 19.

Zum Antritte des Dienstes wird der Lohnbediente durch eine, vom Vorsteher-Amte ihm ausgehändigte, Karte autorisirt. In der Karte sind folgende Worte gedruckt:

No. . . . .

Der Lohnbediente . . . .
bedient d . . . .
. . . .
in . . . .
Berlin, den . ten . . . 18

Lohnbedienten-Büreau.

Der Dienst ist angetreten am
um Uhr
Der Dienst ist beendigt am
um Uhr

§. 20.

Sollte dem Vorsteher des Büreau's die Eintragung des Namens der Herrschaft in die Karte nicht sofort möglich sein, weil er entweder gar nicht, oder doch undeutlich angegeben worden, so muß der Lohnbediente innerhalb 24 Stunden die Karte dem Vorsteher, unter genauer Angabe des Namens, zur Nachtragung vorzeigen.

§. 21.

Mit der Karte muß der Lohnbediente sich auf der Stelle in den Dienst begeben, sich bei der Herrschaft melden, ihre Befehle erwarten und Tag und Stunde des Dienst-Antritts in der Karte vermerken.

§. 22.

Pflichten im Dienst gegen die Herrschaft.

Im Betreff der Pflichten gegen die Herrschaft werden die Lohnbedienten im Allgemeinen auf die Vorschriften der Gesinde-Ordnung verwiesen. Namentlich sind sie auf Verlangen der Fremden zu allen Dienstleistungen verpflichtet, welche nach der Gesinde-Ordnung von gewohnlichen Bedienten gefordert werden können.

§. 23.

Der Lohnbediente muß jederzeit anständig und reinlich gekleidet sein, auch auf Verlangen der Herrschaft den Dienst nicht in Stiefeln, sondern in Schuhen und Strumpfen leisten.

Mehr als Einer Herrschaft darf kein Lohnbediente gleichzeitig dienen, es wäre denn, daß es in Folge einer Uebereinkunft zwischen den Herrschaften geschieht. Kein Lohnbediente darf sich durch einen Andern vertreten lassen, und muß jedesmal zu der Stunde sich bei der Herrschaft einfinden, welche diese ihm bestimmt.

§. 24.

Da es leicht eine Dienstvernachlassigung zur Folge haben kann, wenn ein concessionirter Lohnbediente selbst oder durch Mitglieder seiner Familie ein Nebengeschaft betreibt, so darf ein solches ohne Genehmigung des Polizei-Prasidii nicht angefangen oder fortgesetzt werden. Namentlich wird untersagt, daß ein Lohnbediente, dessen Frau oder bei ihm befindliche Kinder meublirte Zimmer vermiethen.

§. 25.

Lohn der Lohnbedienten.

Der Lohn der Lohnbedienten wird hierdurch festgesetzt:

für einen ganzen Tag auf 1 Rthlr.,
für einen halben Tag auf 15 Sgr.

Werden die Dienste nur fur einzelne Stunden verlangt, so werden für jede Stunde 5 Sgr. bezahlt. Jeder Herrschaft steht indeß frei, sich über einen anderen Lohn mit dem Lohnbedienten zu einigen, und Letzterer ist, wenn dies beabsichtigt wird, verpflichtet, den taxmaßigen Lohn sofort anzugeben. Mit einem geringeren Lohn kann er, wie sich von selbst versteht, sich zufrieden erklären; einen höheren aber darf er schlechterdings nicht fordern, wohl aber annehmen, wenn er ihm freiwillig geboten wird.

§. 26.

Dauer des Dienstes bei den einzelnen Herrschaften.

Sofern nichts anderes verabredet worden, ist die Herrschaft befugt, mit Ablauf jedes Tages den Lohnbedienten zu entlassen, hat sie ihn aber auf eine bestimmte Zahl von Tagen, Wochen u. s. w. angenommen und darauf den Lohn bedungen, so ist er verpflichtet, den Dienst bis zum Ablaufe der bedungenen Zeit zu verrichten und er darf denselben früher nur aus solchen Gründen verlassen, welche einen Bedienten nach der Gesinde-Ordnung zum Verlassen des Dienstes ohne Kündigung berechtigen.

§. 27.

Begleitung auf Reisen.

Will eine Herrschaft den Lohnbedienten bei Reisen in der Umgegend von Berlin auf vier Meilen mitnehmen, so ist er verpflichtet, sie zu begleiten, wenn jene außerhalb für sein Unterkommen auf ihre Kosten sorgt und ihm, sofern die Reise nicht in einem Tage zurückgelegt wird, außer dem Lohn noch besonderes Kostgeld zahlt, welches, sofern keine besondere Vereinigung darüber statt findet, auf 15 Sgr. pro Tag festgesetzt wird, sofern die Abwesenheit nicht über drei Tage dauert.

§. 28.

Verlangt die Herrschaft, daß der Lohnbediente sie auf einer Reise auf längere Zeit als drei Tage begleite, so muß der Lohnbediente dazu die Zustimmung des Vorstehers des Lohnbedienten-Büreau's sich erbitten. Wird sie ertheilt, so muß er über Lohn und Kostgeld sich besonders mit der Herrschaft vereinigen.

§. 29.

Jeder Lohnbediente ist verpflichtet, die Dienstanstellungs-Karte dem Vorsteher des Büreau's zurückzugeben, sobald die Herrschaft abgereiset ist, oder ihn aus dem Dienste entlassen hat. Tag und Stunde der Entlassung muß derselbe mit seiner Namens-Unterschrift auf der Karte bemerken.

§. 30.

Aufhebung der Concession.

Jeder Lohnbediente kann vom Polizei-Präsidio mit dreimonatlicher Kündigung (die bis jetzt Angestellten laut ihrer Concession jedoch nur mit sechsmonatlicher Kündigung) ohne Angabe von Gründen entlassen werden, und ihm selbst steht eine gleiche Kündigungs-Frist zu, wobei, falls nicht besondere Umstände es verhindern, seinem etwanigen Wunsche, ihn früher zu entlassen, nachgekommen werden soll.

Läßt der Lohnbediente sich in dem Dienste bei einer einzelnen Herrschaft solche Handlungen zu Schulden kommen, die nach der Gesinde-Ordnung jede Herrschaft berechtigen, einen Dienstboten auf der Stelle zu entlassen, so soll dies in der Regel die sofortige Streichung aus der Liste zur Folge haben.

Eben dies soll stattfinden, wenn der Lohnbediente wiederholentlich den Anweisungen des Polizei-Präsidii oder des Vorstandes des Büreau's nicht nachkommt, und geringe Ordnungsstrafen seine Besserung nicht zur Folge haben.

§. 31.

Sorge für die Lohnbedienten nach ihrer Entlassung.

Diejenigen Lohnbedienten, welche in Folge ihrer Handlungen ohne Kündigung entlassen werden, erhalten nur ihre Kaution mit den, noch nicht fälligen Zinskoupons zurück, sofern die Kaution nicht zum Schadens-Ersatz zurückbehalten werden muß.

Wenn indeß ein Lohnbedienter wegen unverschuldeter Invalidität nach vorheriger dreimonatlicher Kündigung Seitens des Polizei-Präsidii aus dem Dienste ausscheidet, so soll ihm eine lebenslängliche Unterstützung von 4 bis 8 Thalern monatlich für den Fall aus dem vom Polizei-Präsidio zu verwaltenden, unten zu gedenkenden Unterstützungs-Fonds gezahlt werden, sofern die Mittel dieses Fonds ausreichen.

Die Höhe der monatlichen Unterstützung wird durch die geringere oder größere Arbeitsunfähigkeit und Hulfsbedürftigkeit des Ausscheidenden bedingt, und mit Rücksicht hierauf sowohl als auf die Mittel der Fonds von dem Polizei-Präsidio allein festgesetzt. Sind diese Mittel nicht zureichend, so kann ihm die Unterstützung erst von der Zeit ab gewährt werden, wo der Fonds die Mittel dazu darbietet. Ein Lohnbediente, welcher seinerseits den Dienst aufkündigt, hat auf eine Unterstützung aus diesem Fonds gar keinen Anspruch, erhält aber seine Kaution mit denen, zur Zeit seines Ausscheidens noch nicht fälligen, Zinskoupons zurück.

§. 32.

Unterstützungs-Fonds.

Der im vorstehenden §. gedachte Unterstützungsfonds soll gebildet werden:

a) durch die Zinsen von den gestellten Kautionen der Lohnbedienten;
b) durch Ablieferung von 2 Sgr. vom Lohne eines ganzen, und von 1 Sgr. vom Lohne eines halben Tages. Die außerordentlichen Lohnbedienten haben diese Zahlung nicht zu leisten;
c) durch die Zinsen, welche von den zinsbar zu belegenden, zu den kurrenten Ausgaben nicht nothwendigen Beständen ad a. und b. eingehen.

Die Zahlungen zu b. haben die einzelnen Lohnbedienten, bei Zurücklieferung der Dienst-Karte (§. 29.) dem Vorsteher des Büreau's, unter Vermerk der Summen auf der Karte, abzuliefern, und dieser soll allmonatlich das Geld dem Königlichen Polizei-Präsidio zu einer zu etablirenden Lohnlakaien-Unterstützungs-Kasse offeriren, welche von den Beamten der Polizei-Haupt-Kasse unentgeldlich mit verwaltet wird, und für deren Sicherheit ihre Dienst-Kaution mit haftet. Selbstverschuldete und nicht pünktliche Einzahlung der Gelder an den Vorsteher soll besonders durch Verweise und Ordnungs-Strafen geahndet werden, und wenn letztere wiederholt und ohne Erfolg angewendet worden, Dienstkündigung zur Folge haben.

§. 33.

Die zum Unterstützungs-Fonds fließenden Gelder (§. 32.) sollen zu keinem andern als dem in fine des §. 31. gedachten Zwecke verwandt, und namentlich sollen daraus keine Unterstützungen oder wohl gar Remunerationen an Lohnbediente gezahlt werden, deren Dienstverhältniß in Folge der dreimonatlichen Kündigung noch nicht aufgehört hat.

Vom Zustande der Unterstützungs-Kasse sollen die Lohnbedienten alljährlich durch summarischen Nachweis der Einnahme und Ausgabe, wobei die ausgeschiedenen Lohnbedienten, die Unterstützungen erhalten haben, zu nennen sind, durch den Vorsteher des Lohn-Lakaien-Büreaus in Kenntniß gesetzt werden.

§. 34.

Zur Vermeidung jedes Mißverständnisses wird bemerkt, daß kein Lohnbediente deswegen, weil ihm bei dem Ausscheiden aus den Verhältnissen eines Lohnbedienten, sei es mit oder ohne Kündigung, die Unterstützung von vier bis acht Thalern monatlich nicht zu Theil wird, irgend etwas von den durch ihn zum Unterstützungs-Fonds eingezahlten Geldern zurück verlangen kann, auch hat er keinen Anspruch auf die bereits fällig gewordenen Zinsen der Kaution.

§. 35.

Da es nur die Absicht ist, einen solchen Fonds zu erhalten, welcher ausreicht, dem unverschuldet invalide gewordenen Lohnbedienten die oft erwähnte Unterstutzung zu zahlen, so sollen, wenn die Erfahrung ergeben sollte, daß alle ihm zufließende Einnahmen nicht fortgesetzt zur Bestreitung der Ausgaben nothig sind, die Beiträge ad b. §. 32. auf einige Zeit und so lange es angeht, heruntergesetzt werden. Es hängt dies aber lediglich vom Ermessen des Polizei-Präsidii ab.

§. 36.

Von der bevorstehenden Einrichtung der Lohnbedienten sollen die Reisenden durch eine kurze, in deutscher und französischer Sprache zu druckende, in jedem Zimmer eines Gasthofes und in allen Chambres garnies aufzuhängende Bekanntmachung in Kenntniß gesetzt werden. Der erste Aushang wird jetzt unentgeldlich verabfolgt. In der Folge aber müssen die Gastwirthe, welche sich etabliren und diejenigen, welche bisher noch keine meublirte Zimmer vermiethet haben, sich solche auf ihre Kosten anschaffen und solche zur Stempelung dem Vorsteher des Büreau's vorlegen. Gleiche Verpflichtungen haben diejenigen, welche jetzt die Aushänge unentgeldlich erhalten, wenn solche ihnen abhänden kommen oder unbrauchbar werden.

§. 37.

Nicht-Beachtung der Vorschriften dieser Ordnung hat Verweise, Ordnungs-Strafen, Dienstkundigung und Entlassung ohne Kündigung nach Befinden der Umstande zur Folge.

Gegen die diesfälligen und andere Verfügungen des Polizei-Präsidii in Lohnbedienten-Angelegenheiten findet Berufung an das Königliche Ministerium des Innern und der Polizei statt, bei dessen Resolutionen es lediglich sein Bewenden hat.

Berlin, den 12. September 1837.

Königl. Polizei-Präsidium.
Gerlach.

28) Unverkauft gebliebene Gegenstände darf der Auctionator nicht aus freier Hand überlassen.

Bekanntmachung.

Höherer Bestimmung zufolge wird hierdurch bekannt gemacht: daß Gegenstände einer Auktion, welche unverkauft geblieben, und für keine anderweite Auktion bestimmt sind, von den Auktionsbestellern zurückgenommen werden mussen, und den Auktions-Kommissarien, bei einer Polizeistrafe von 5 bis 20 Thlr., nicht zum Verkaufe aus freier Hand überlassen werden dürfen.

Berlin, den 12. August 1829.

Königl. Preuß. Polizei-Präsidium.
von Esebeck.

29) Selbst-Taxen der Bäcker.

Bekanntmachung.

Die von den Bäckern in ihren Verkaufslocalen auszuhängenden monatlichen Brodtaxen sind haufig unleserlich geschrieben und gewähren dergestalt nicht die bezweckte leichte Controlle fur die Käufer. Es wird daher, unter Aufhebung der Publikanda vom 7. Juli und 8 November v. J. (Intelligenzblatt Seite 1647 und 2603), hierdurch, wie folgt, verordnet.

1) Jeder Bäcker, welcher Semmel, Weiß- oder Hausbackenbrod zum Verkauf backt, ist verpflichtet, vor dem ersten eines jeden Monats eine, mit deutlichen, mindestens einen Zoll langen Buchstaben gedruckte Preisliste von seinen Backwaaren dem Revier-Polizei-Commissarius vorzulegen, der darin das Gewicht, welches die verschiedenen Waaren erhalten sollen, nach Angabe des Bäckers einschreibt und die Liste stempelt.

2) Diese Taxe muß im Laufe des Monats stets an einer, den Käufern in die Augen fallenden Stelle zunächst dem Verkaufsfenster aushängen.

3) Innerhalb des Monats darf die Taxe nicht verändert werden und keine verkaufte Backwaare ein geringeres, als das darin angegebene Gewicht haben. Es ist daher auch verboten, für einen gewissen Preis eine Waare unter dem taxmäßigen Gewicht mit einer sogenannten Zugabe zu verkaufen, wenn der Käufer solches nicht ausdrücklich verlangt hat.

4) Ueberschreitungen der Taxe werden nach der Allgemeinen Gewerbe-Ordnung vom 17. Januar 1845, §. 186, mit einer Geldbuße bis zu Funfzig Thalern oder verhältnißmäßiger Gefängnißstrafe, sonstige Uebertretungen der gegenwartigen Verordnung mit Einem bis Funf Thalern geahndet.

Zugleich wird das Publikum darauf aufmerksam gemacht, daß die Beachtung der obigen Taxen ihm ein leichtes Mittel gewährt, die Richtigkeit des Brodgewichtes zu controlliren, nnd daß hierbei vorgefundene Unrichtigkeiten sogleich dem Revier-Polizei-Commissarius zur weiteren Einschreitung anzuzeigen sind.

Berlin, den 5. November 1846.

Königl. Polizei-Präsidium.

30) Gasthofs-Taxen.

Bekanntmachung.

Da die Allgemeine Gewerbeordnung vom 17. Januar 1845 §. 91. in Betreff der Gasthofs-Taxen speziellere Bestimmungen enthält, als das bisher in hiesiger Residenz befolgte Publikandum vom 14. September 1811 (Intelligenz-Blatt No. 226.), so wird hierdurch unter Aufhebung dieses Publikandums, wie folgt, verordnet: Die Gastwirthe sind gehalten, in allen Gastzimmern ein bei dem Polizei-Präsidium vorgelegtes und hier gestempeltes Verzeichniß der von ihnen gestellten Preise anzuschlagen, wovon ein, mit der Unterschrift des Gastwirths versehenes Exemplar bei den Polizei-Akten bleibt. Diese Preise dürfen zwar mit Anfang eines jeden neuen Monats abgeändert werden, bleiben aber so lange in Kraft, bis die Abänderung dem Polizei-Präsidium angezeigt und das abgeänderte, gestempelte Verzeichniß in den Gastzimmern angeschlagen ist. Nichtbefolgung dieser Vorschrift zieht eine Geldbuße bis zu 10 Thlr. nach sich. Ueberschreitungen der Taxe aber werden nach §. 185. der Gewerbe-Ordnung mit Geldbuße bis zu 50 Thlr. geahndet.

Berlin, den 28. Februar 1847.

Königl. Polizei-Präsidium. v. Puttkammer.

31) Taxe und Instruction für die Schornteinfeger in Berlin.

Polizeiliche Verordnung.

Da die zuletzt mit der Verfugung vom 30. Januar 1843 (Amtsblatt S. 42.) publicirte Taxe und Instruction für die hesigen Schornsteinfeger außer Kraft getreten ist, so wird in Gemäßheit der Allgemeinen Gewerbe-Ordnung vom 17. Januar 1845 §. 56., unter Beibehaltung der früheren Taxsätze, für die Zukunft nachfolgende Taxe und Instruction erlassen:

I. Taxe für das Fegen der Schornsteine in der Residenz Berlin.

	Für das Fegen eines Schornsteins, der jährl. nur 3 oder 4 mal gefegt wird, werden bezahlt			Es werden bezahlt jährlich für das Fegen eines Schornsteins, der gefegt wird								
		also jährl.										
	für jedes Fegen	für einen Schornstein, der 3mal gefegt wird	für einen Schornstein, der 4mal gefegt wird	alle 8 Wochen oder jährlich 6 mal	alle 6 Wochen oder jährlich 8 mal		alle 4 Wochen oder jährlich 12 mal		alle 14 Tage oder jährlich 26 mal		alle 7 Tage oder jährlich 52 mal	
	Sgr.	Sgr.	Sgr.	Sgr.	Thlr	Sgr.	Thlr.	Sgr.	Thlr	Sgr.	Thlr	Sgr
Bei einem Gebäude von 1 Etage Höhe												
in der Dach=Etage	2	6	8	11		13½		18	1	7	2	5
in der 1sten "	2½	7½	10	14		17		22½	1	16	2	21½
im Souterrain	3	9	12	16½		20		27	1	25½	3	7½
Bei einem Gebäude von 2 Etagen Höhe												
in der Dach=Etage	2	6	8	11		13½		18	1	7	2	5
in der 2ten "	2½	7½	10	14		17		22½	1	16	2	21½
in der 1sten "	3	9	12	16½		20		27	1	25½	3	7½
im Souterrain	3½	10½	14	19½		23½	1	1½	2	4½	3	24
Bei einem Gebäude von 3 Etagen Höhe												
in der Dach=Etage	2	6	8	11		13½		18	1	7	2	5
in der 3ten "	2½	7½	10	14		17		22½	1	16	2	21½
in der 2ten "	3	9	12	16½		20		27	1	25½	3	7½
in der 1sten "	3½	10½	14	19½		23½	1	1½	2	4½	3	24
im Souterrain	4	12	16	22		27	1	6	2	14	4	10
Bei einem Gebäude von 4 Etagen Höhe												
in der Dach=Etage	2	6	8	11		13½		18	1	7	2	5
in der 4ten "	2½	7½	10	14		17		22½	1	16	2	21½
in der 3ten "	3	9	12	16½		20		27	1	25½	3	7½
in der 2ten "	3½	10½	14	19½		23½	1	1½	2	4½	3	24
in der 1sten "	4	12	16	22		27	1	6	2	14	4	10
im Souterrain	4½	13½	18	25	1	—	1	10½	2	23	4	26½

II. Instruction für die Schornsteinfegermeister. §. 1. Die Reinigung der engen oder sogenannten russischen Röhren wird nach Maaßgabe der Zahl der Etagen nach denselben Sätzen bezahlt, die in der Taxe für besteigbare Röhren gewöhnlicher Art bestimmt sind. Dagegen darf für Bürsten, Kugeln, Draht und andere zur Reinigung nöthige Instrumente nichts berechnet werden, und muß der Schornsteinfeger solche unentgeldlich liefern. §. 2. Für eine Schlundröhre, welche besonders noch in alten Gebäuden vorkommen, sollen 2 Sgr. 6 Pf. bezahlt werden. §. 3. Für eine Zugröhre von Eisen oder Stein wird keine besondere Zahlung geleistet, wenn dieselbe höchstens 2 Fuß lang ist. §. 4. Ist eine solche Röhre länger als 2 Fuß, so wird per Fuß der mehreren Länge 3 Pf. bezahlt, und muß der Schornsteinfeger dafür die Röhren herausnehmen und wieder einsetzen und verschmieren, wenn dies erforderlich ist, und die Reinigung sich nicht ohne

Herausnahme der Röhren bewirken läßt. §. 5. Für das Reinigen der Züge eines Koch-, Brat- und Privatbackofens werden 2 Sgr. 6 Pf. bis 5 Sgr. bezahlt, je nachdem dabei mehr oder weniger Arbeit erforderlich ist. §. 6. Biergelder, Neujahrsgelder und sonstige Nebenkosten dürfen nicht gefordert werden. §. 7. Ein jeder in Gebrauch befindliche Schornstein muß in der Regel jährlich: a) wenn er zu einer gewöhnlichen Heerdfeuerung und zugleich zu Ofenfeuerungen benutzt wird, viermal, und b) wenn er nur zur Ofenheizung dient, mit Uebergehung des Johannisquartal-Termins dreimal, gefegt werden. §. 8. Die Bestimmungen ad 7. sind, wie gedacht, die Regel, jeder Schornsteinfegermeister ist indeß verpflichtet, auf Verlangen öfter gegen taxmäßige Bezahlung zu fegen, der Eigenthumer aber kann nur angehalten werden, öfter fegen zu lassen, wenn a) die Benutzung eines Schornsteins sehr stark ist, wie bei den mehrsten Backschornsteinen, bei den Schornsteinen in großen Restaurationen u. s. w. oder b) in einem besteigbaren Schornsteine viel, d. h. mehr als 5 Röhren münden, wobei in Betreff der russischen Röhren bemerkt wird, daß überhaupt in diese mehr als 5 Röhren nicht münden dürfen, und c) wenn die Construction der Schornsteine besonders schlecht ist. Glaubt der Schornsteinfeger, daß einer der gedachten Fälle vorhanden ist, so versucht er, sich mit dem Eigenthümer darüber, wie oft gefegt werden solle, zu einigen, in Entstehung einer Vereinigung bestimmt das Präsidium, nach vorheriger Untersuchung, wie oft zu fegen ist. §. 9. Jeder Schornsteinfegermeister bleibt dafür verantwortlich, daß ein Schornstein gehörig und gut gefegt wird, und leistet dafur Gewähr. §. 10. Jeder Schornsteinfegermeister muß das Fegen der Schornsteine selbst beaufsichtigen und kontroliren. Abwesenheit soll nur dann für entschuldigt angenommen werden, wenn das Fegen der Schornsteine unter steter Aufsicht eines vorschriftsmäßig geprüften Gesellen geschieht. Die Zeit des Fegens muß vorher angesagt werden. Wenn gegrundete Einwendungen gegen die bestimmte Zeit eintreten, so muß deshalb eine andere Vereinigung, erforderlichen Falls unter Vermittelung des Revier-Polizei-Kommissarius, oder Entscheidung des Polizei-Präsidiums stattfinden. §. 11. Jeder Schornsteinfegermeister muß unentgeldlich den Feuervisitationen beiwohnen, bei jedem Feuer mit seinen Leuten erscheinen, unentgeldlich Hülfe leisten, und alle Untersuchungen, die polizeilich nöthig sind, unentgeldlich bewirken, und erforderlichen Falls deshalb berichten. §. 12. Jeder Schornfeinfegermeister muß über seine Geschäftsführung ein Buch führen, und sich die Bestimmung eines Formulars dazu, so wie die Revision der Bücher durch einen Abgeordneten des Polizei-Präsidiums gefallen lassen. §. 13. Die Schornsteinfegermeister müssen dafür sorgen, daß die Einwohner gut und anständig von ihren Leuten behandelt werden, und selbst einen ordentlichen Lebenswandel führen. §. 14. Verstöße der Schornsteinfegermeister gegen vorstehende Instruction werden, wenn keine anderweite gesetzliche Strafe verwirkt ist, mit Ordnungsstrafe und, den Umständen nach, mit Entziehung der Concession zum Gewerbebetriebe zufolge §. 71. der Allgemeinen Gewerbe-Ordnnng vom 17. Januar 1845, geahndet. Ueberschreitungen der Taxe ziehen die in §. 186. der Gewerbe-Ordnung bestimmte Geldbuße bis zu 50 Thlr. oder verhältnißmäßige Gefängnißstrafe nach sich.

Berlin, den 11. März 1847.

Königl. Polizei-Präsidium. v. Puttkammer.

32) Gebrauch des Klafter-Rahmenmaaßes beim Holzhandel.

Polizeiliche Verordnung.

Durch das Publikandum vom 13. Juni v. J. (Intelligenz-Blatt Nr. 144.) ist anstatt des früher hier üblich gewesenen Maaßes nach Haufen, beim Brennholzhandel das gesetzliche Klaftermaaß mit dem 1. Oktober v. J. eingefuhrt worden, welches in Rahmen dargestellt werden soll. Da über die Einrichtung dieser Rahmen Zweifel entstanden sind, so wird hierdurch, in Folge höherer Veranlassung, anstatt des obigen Publikandums Folgendes verordnet:

§. 1.

Als Maaß für Brennholz darf hierselbst im öffentlichen Handel nur die Klafter zu 108 Kubikfuß, ganz oder getheilt gebraucht und es dürfen die Preise nur nach diesem Maaß bestimmt werden.

§. 2.

Alle Holzhändler, auch diejenigen, welche nur kleingemachtes Holz führen, müssen geaichte Klafterrahmen auf ihrer Verkaufsstelle halten und den Käufern das verkaufte Holz nur mit diesen Rahmen zumessen.

§. 3.

Die Rahmen sind in einer Größe von einer halben, einer ganzen Klafter, 1½ Klaftern und von mehren ganzen Klaftern in beliebiger Zahl gestattet. Bei dem ganzen Klafterrahmen muß die halbe Klafter, bei dem halben Klafterrahmen die Viertel-Klafter abgezeichnet sein.

§. 4.

Alle Rahmen müssen, mit Ruckſicht auf die übliche Klobenlänge von 3 Fuß, 6 Fuß hoch sein, in der Länge aber fur ½ Klafter 3 Fuß, für eine Klafter 6 Fuß, für 1½ Klaftern 9 Fuß, für 2 Klaftern 12 Fuß, für 3 Klaftern 18 Fuß u. s. w. im Lichten haben. Ist der Rahmen jedoch oben durch eine Verbindungsleiste oder auf andere Weise geschlossen; so muß über den, an den Seitenständern in der Höhe von 6 Fuß anzubringenden Marken noch ein, mindestens 6 Zoll hoher, freier Zwischenraum bleiben, damit das Aufpacken der obersten Klobenschicht nicht erschwert wird. Nur die Rahmen zur Abmessung von kleingemachtem Holze dürfen verschlagene Seitenwände haben.

§. 5.

Bei dem Aichungs-Amte stehen einige Rahmenmaaße zur Ansicht, auch wird dasselbe auf mündliche Rückfragen nähere Auskunft wegen der Einrichtung solcher Maaße Behufs der Statthaftigkeit ihrer Aichung ertheilen.

§. 6.

Beim Füllen des Rahmens müssen alle Kloben der Länge nach in denselben und mit den scharfen Seiten so dicht als möglich in einander gepackt werden. Den Holzkäufern steht frei, das Einpacken selbst vorzunehmen oder durch ihre Leute vornehmen zu lassen und eben so können sie das von dem Verkäufer schon eingepackte Holz nochmals umpacken.

§. 7.

Beim Zumessen von kleingemachtem Holz müssen entweder so viele Schichten hinter einander in den Rahmen gepackt werden, als zur Darstellung einer Klobenlänge von 3 Fuß nöthig sind, oder der Rahmen muß eben so oft mit einer einfachen Schicht angefüllt werden.

§. 8.

Den Holzhändlern ist, unter Beobachtung der gehörigen Vorsicht, die Aufstellung des Holzes auf ihren Verkaufsplätzen in beliebiger Höhe und Länge gestattet; jedoch verbleibt es im Uebrigen bei den Vorschriften der Verordnung vom 18. Juli 1829 wegen Anlegung der Holzhöfe.

§. 9.

Die Führung vorschriftswidriger oder ungeaichter Maaße und sonstige Zuwiderhandlungen gegen diese Verordnung haben 1 bis 5 Thlr. Geld- oder verhältnißmäßige Gefängnißstrafe zur Folge. Unrichtiges Gemäß unterliegt außerdem der Confiskation.

Berlin, den 3. März 1847.

Königl. Polizei-Präsidium.
v. Puttkammer.

II.

Polizeiliche Vorschriften zur Erhaltung der öffentlichen Sitte, Ordnung, Reinlichkeit, Bequemlichkeit und Annehmlichkeit.

---

1) Gastwirthe und Schankwirthe sollen Schüler nicht als Gäste dulden.

Bekanntmachung.

Es sind wiederholt Fälle zur Wahrnehmung gekommen, wo Gast- und Schankwirthe Schülern, selbst in noch unmündigem Alter, den Verkehr bei sich gestattet und ihnen Genüsse, sogar bis zum Uebermaaß gereicht haben, welche nur für erwachsene Personen bestimmt sind. Das Polizei-Präsidium nimmt hieraus Veranlassung, die Inhaber von Gast- und Schanklokalen darauf aufmerksam zu machen, daß sie in ihrem Gewerbebetriebe alle, unerwachsene junge Leute zu Ausschweifungen verführende, Gelegenheiten gänzlich zu vermeiden haben; da sie sich dadurch nicht allein nach §. 1324. Th. II. Tit. 20. A. L. R. strafbar machen können, sondern auch von Wirthen, welche einen derartigen Verkehr bei sich dulden, angenommen werden muß, daß ihnen die gesetzlich erforderliche Zuverlässigkeit abgehe. Hieraus aber folgt die Verweigerung der Erneuerung der gewerblichen Concession, und nach Bewandniß der Umstände selbst die sofortige Entziehung derselben auf Grund des §. 71. der Allgem. Gewerbe-Ordnung vom 17. Januar 1845.

Berlin, den 9. Februar 1846.

Königl. Polizei-Präsidium.
v. Puttkammer.

2) Bestimmungen über das öffentliche Baden.

Bekanntmachung.

Um Gefahren für die Badenden selbst, so wie Verletzungen des öffentlichen Anstandes vorzubeugen, ist es unbedingt verboten, innerhalb der Stadt, mit alleiniger Ausnahme der Benutzung des Unterrichts bei der Schwimmanstalt am Schlesischen Thore, frei zu baden. Eben so wenig darf auch außerhalb der Stadt in deren näheren Umgebungen, sowohl des engeren, als weiteren Berliner Polizeibezirks und insbesondere in dem neuen Landwehrgraben und in der Panke, zwischen der Chaussee und dem Invalidenhause, gebadet werden.

Ueberhaupt ist das Baden außer den Privat-Schwimm-Unterrichts-Anstalten vor dem Ober- und Unterbaum nur an denjenigen einzelnen Stellen der verschiedenen Wasserläufe erlaubt, welche durch eigene am Ufer errichtete, und mit der Aufschrift; „Badestelle" versehene Tafeln besonders bezeichnet sind.

Von den erlaubten Badestellen befindet sich eine in der Spree, unfern Stralow am Kreuzbogen, eine im Rummelsburger See und eine im Plötzensee. Wer sie besucht, darf übrigens, wie sich von selbst versteht, dort keine Unsittlichkeiten begehen, namentlich nicht entkleidet am Ufer umherlaufen, und bleibt zugleich fur jeden an den benachbarten Grundstücken und deren Früchten von ihm angerichteten Schaden verhaftet.

Jede Uebertretung dieser Vorschriften wird nachdrücklich, und namentlich das Baden an Orten, wo selbiges nicht gestattet ist, mit sofortiger Verhaftung geahndet. Eltern, Vormunder, Erzieher und Lehrherren sind verpflichtet, mit Achtsamkeit darauf zu halten, daß ihre Kinder, Pflegebefohlenen und Lehrlinge sich dergleichen nicht zu Schulden kommen lassen, und machen sich durch wissentliche Verstattung dazu oder Vernachlässigung der erforderlichen Warnungen selbst straffällig. Zugleich wird ein Jeder gewarnt, bei Benutzung der Badestellen in der Spree, im Rummelsburger und im Plötzensee, deren durch eingesetzte Pfähle bezeichnete Grenzen im Wasser zu uberschreiten indem sich Jeder, der dagegen handelt, nicht nur der Gefahr des Ertrinkens, sondern auch unangenehmen Maaßregeln, namentlich eventueller Verhaftung aussetzt.

Berlin, den 17. Juni 1846.

Königl. Gouvernement.
Für den Commandanten.
von Prittwitz.

Königl. Polizei-Präsidium.
von Putkammer.

3) Schutz der öffentlichen Wege und der dazu gehörigen Anlagen.

Polizeiliche Verordnung.

Um dem mehrfach fuhlbar gewordenen Mangel von Bestimmungen zum Schutz derjenigen offentlichen Wege, so wie der dazu gehörigen Anpflanzungen, Vorrichtungen u. s. w. abzuhelfen, auf welche die unter No. 18. u. 19. der zusätzlichen Bestimmungen zum Chaussee-Geld-Tarif vom 29 Februar 1840 enthaltenen Vorschriften keine Anwendung finwird in Folge höherer Ermachtigung für den engeren Polizei-Bezirk von

Berlin hierdurch Folgendes verordnet: 1) Wer einen öffentlichen Fahr- oder Fußweg, die dazu gehörigen Gebäude, Brücken, Durchlässe oder sonstige Vorrichtungen, als: Meilenzeiger, Wegweiser, Tafeln u. s. w., imgleichen wer die Pflanzungen oder Materialien beschädigt, oder die letzteren in Unordnung bringt, soll, insofern er nach den bestehenden Gesetzen keine härtere Strafe verwirkt hat, außer dem Schadensersatze, eine Strafe von Einem bis Funf Thalern erlegen. 2) Fahrlässige Beschädigungen der zu einem öffentlichen Wege gehörigen Bäume sind, wenn die allgemeinen Gesetze keine härtere Strafe bestimmen, außer der Verpflichtung zum Schadensersatz, mit einer Strafe von Einem bis Funfzig Thalern zu belegen. 3) Das Abladen oder Verlieren von Schutt, Scherben, Mist, Eis, Schnee, Müll oder andern Unreinigkeiten auf öffentlichen Plätzen oder Wegen, innerhalb wie außerhalb der Stadtmauern, wird als Beschädigung im Sinne des §. 1. angesehen. 4) Im Falle des Unvermögens tritt verhältnißmäßiges Gefängniß an die Stelle der zu 1. und 2. angeordneten Geldstrafen.

Berlin, den 27. Januar 1847.

Königl. Polizei-Präsidium. v. Puttkammer.

4) Beschädigung der Straßenlaternen.

Republikation.

Nachstehende Bestimmung:

„Die öffentlichen Laternen, sowohl innerhalb der Stadt, als auch in deren näheren Umgebungen, werden häufig und besonders durch die Unachtsamkeit der Fuhrleute beschädigt, auch die Laternen-Anzünder während der Reinigung und des Anzundens der Laternen, besonders auf der Charlottenburger Chaussee, bei ihrer Beschäftigung gestört. Mit Bezug auf die Verordnung vom 1. September 1812 wird daher Jedermann gegen fahrlässige oder muthwillige Beschädigung der Laternen auf öffentlichen Straßen und Plätzen in der Stadt und deren Umgebungen hierdurch gewarnt und dabei bemerkt, daß jede muthwillige Beschädigung der Laternen nach dem Allgemeinen Landrechte Theil II. Titel 20. §§. 210. und 211. mit körperlicher Zuchtigung, Strafarbeit oder Gefängniß auf vier Wochen bis ein Jahr, oder mit verhältnißiger Geldstrafe geahndet werden wird. Ganz besonders werden die Fuhrleute, welche mit ihren Wagen die Charlottenburger Chaussee passiren, auf diese Warnung hingewiesen und ihnen auf das Strengste eingeschärft, mit ihren Fuhrwerken so vorsichtig umzugehen, daß die Laternen-Anzünder weder bei der Reinigung der Laternen, noch beim Anzünden derselben beschädigt werden.

Berlin, den 2. September 1837. Königl. Polizei-Präsidium."

wird hierdurch in Erinnerung gebracht.

Berlin, den 1. September 1846. Königl. Polizei-Präsidium.

5) Versetzung der öffentlichen Straßenlaternen.

Publicandum.

Auf den Grund des §. 66. Titel 8. Theil I. Allgemeinen Landrechts und mit Hinweisung auf die Bekanntmachung vom 31. März 1822, Intelligenzblatt vom 13. April 1822 No. 89., betreffend die Untersagung von Versetzungen der öffentlichen Straßenlaternen von den ihnen angewiesenen Plätzen, wird hiermit verordnet: §. 1. Kein Hauseigenthümer darf irgend wie Aenderungen an den zur öffentlichen Straßen-Erleuchtung gehörenden Laternen, den Brennern und den Laternenstutzen willkührlich und eigenmächtig vornehmen. §. 2. In allen Fällen, wo Aenderungen der angegebenen Art nothwendig werden, muß eine Anzeige davon an die Städtische Erleuchtungs-Deputation erfolgen, welche dieselben auf Kosten der betreffenden Hauseigenthümer durch ihre Arbeiter bewirken läßt. §. 3. Laternenständer dürfen durch keinerlei Vorrichtungen, insonderheit nicht durch Bauzäune eingeschlossen, noch der Zugang zu denselben erschwert oder versperrt werden. §. 4. Uebertretungen der vorgegebenen Bestimmungen werden mit einer Geldbuße bis zu Fünf Thalern, im Unvermögensfalle mit verhältnißmäßiger Gefängnißstrafe geahndet.

Berlin, den 14. Januar 1847.

Königliches Polizei-Präsidium. v. Puttkammer.

6) Privilegium der Stadtcommune zur Erleuchtung der Straßen durch Gaslicht.

Bekanntmachung.

Auf Grund der Allerhöchsten Befehle vom 25. August 1844 und vom 17. April d. J. ist der Stadtgemeinde zu Berlin, bei Ueberlassung der Besorgung der öffentlichen Beleuchtung der Stadt durch Gaslicht vom 1. Januar 1847 ab, wo der dieserhalb mit der Imperial-Continental-Gas-Association am 21. April 1825 geschlossene Vertrag abläuft, zugleich von demselben Tage ab bis zu dem Zeitpunkte, wo die Amortisation der neuen Stadt-Obligationen im Betrage von 1,000,000 Thlrn., welche Behufs der Beschaffung der Geldmittel für die einzurichtende Gas-Erleuchtung nach dem Allerhöchsten Privilegio vom 4. April 1845 ausgefertigt werden, vollendet sein wird, höchstens aber bis auf funfzig Jahre, das ausschließliche Recht:

> Privatpersonen und öffentliche Gebäude aus den durch die Straßen geführten Leitungsröhren mit Leuchtgas zu versorgen,

ertheilt worden, vorbehaltlich jedoch des in dieser Beziehung nach dem gedachten Vertrage der Gas-Association auch noch ferner verbleibenden Rechtes, und der jedem Einwohner zustehenden Befugniß, sich zum eigenen Bedarfe Gas zu bereiten, oder sich seine Beleuchtung auf jede andere Weise, namentlich auch durch tragbares Gas zu verschaffen.

Das aus diesem Privilegio folgende Untersagungsrecht gegen Andere stehet der Stadtgemeinde auch in Ansehung der Vorstadte, eben so wie innerhalb der Ringmauer, jedoch mit der Maaßgabe zu, daß, wenn nach dem 1. Januar 1850, wo die städtischen Einrichtungen zur Gas-Erleuchtung in der weitesten Ausdehnung vollendet sein können, Privat-Unternehmer sich zur Herstellung der Gas-Erleuchtung in einem mit solcher noch nicht versehenen Stadttheile erbieten, alsdann die Stadtgemeinde verpflichtet ist, bis zu einem, von den Ministern des Innern und der Finanzen festzusetzenden Termine sich bestimmt zu erklären, ob sie binnen einer angemessenen, in der Regel uber drei Jahre hinaus nicht zu gewährenden Frist, die Gas-Erleuchtung auf jenen Stadttheil auszudehnen sich verbindlich machen will, indem fur den Fall der Versagung, oder des Ausbleibens dieser Erklärung bis zu dem gesetzten Termine die gedachten Minister ermachtigt sind, Privatpersonen zur Befriedigung des öffentlichen und Privat-Bedurfnisses mit Leuchtgas in dem betreffenden Stadttheile zu concessioniren, und dabei das Interesse der Stadt nur so weit berucksichtigen durfen, als solches mit dem öffentlichen Interesse vereinbar ist.

Diese der Stadtgemeinde zu Berlin verliehenen, mit Beschränkungen der Gewerbefreiheit verbundenen Befugnisse werden hierdurch zur öffentlichen Kenntniß gebracht.

Berlin, den 30. April 1846.

Für den Minister des Innern. Im Allerhochsten Auftrage. v. Bodelschwingh.

Der Finanz-Minister. Flottwell.

7) Verbot des Verkaufs von Schlachtvieh außerhalb des Viehmarktes.

Publicandum.

Da das Edict über den Vor- und Aufkauf vom 20. November 1810 (G.-S. S. 100.) durch §. 80. der Allgemeinen Gewerbe-Ordnung vom 17. Januar 1845 für aufgehoben zu erachten ist; so wird anstatt des auf ersteres Gesetz gegrundeten Publicandums vom 22. November 1836 (Amtsblatt S. 319.) hierdurch bekannt gemacht: daß bei dem hiesigen Bestehen eines täglichen Marktes fur Schlachtvieh jeder Verkauf von solchem, aus anderen Orten hierher gebrachtem, Schlachtvieh außerhalb des, an dem Landsberger Thore gelegenen, Marktplatzes verboten und an dem Verkäufer und Käufer gleichmäßig mit der in §. 187. der Gewerbe-Ordnung festgesetzten Geldbuße bis zu 20 Thlr. oder verhältnißmäßigem Gefängniß zu bestrafen ist.

Berlin, den 8. März 1847.

Königliches Polizei-Präsidium. v. Puttkammer.

8) Einrichtung eines Heu- und Strohmarkts auf dem Alexander-Platz.

Bekanntmachung.

Um den Bewohnern der Königsstadt und der angrenzenden Stadttheile den Einkauf ihres Bedarfs an Heu und Stroh zu erleichtern und zugleich den, häufig vorkommenden, verbotswidrigen Marktverkehr mit diesen Artikeln in der neuen Königsstraße gänzlich zu beseitigen, soll von jetzt an, außer dem an jedem Mittwoch und Sonnabend auf dem Gendarmenmarkt stattfindenden Heu- und Strohmarkt wöchentlich auch, und zwar des Montags, Dienstags, Donnerstags und Freitags, mit Ausnahme der Festtage, der Marktverkauf von Heu und Stroh auf dem Alexanderplatze gestattet sein, woselbst die Wagen dem Königsstädtischen Theater gegenuber auffahren müssen. Indem dies zur Kenntniß des betheiligten Publikums gebracht wird, werden die Marktverkäufer von Heu und Stroh zugleich darauf aufmerksam gemacht, daß der Verkauf außerhalb des angewiesenen Marktplatzes, in Gemäßheit der Allgemeinen Gewerbe-Ordnung vom 17. Januar 1845, §. 187., mit einer Geldbuße bis zu Zwanzig Thalern oder im Unvermögensfall mit verhältnißmäßiger Gefängnißstrafe zu belegen ist.

Berlin, den 4. Mai 1846. Königl. Polizei-Präsidium.

9) Abänderung des Polizei-Reglements für Berlin in Betreff der correctionellen Gesindesachen.

Bekanntmachung.

In Gemäßheit Allerhöchster Kabinetsordre vom 20. Juni d. J. ist die Untersuchung und Bestrafung nachstehender, vom Gesinde im Dienste begangener und von der Herrschaft gerügter Vergehen:

a) wenn es auf der Herrschaft Namen borgt,
b) wenn es sich Veruntreuungen, deren Gegenstand fünf Thaler oder weniger beträgt, und kleine Hausdiebstahle zu Schulden kommen läßt, und
c) wenn es ein, noch zum ferneren Dienstgebrauch bestimmtes Livreestück verkauft oder versetzt,

so wie die Untersuchung und das Erkenntniß gegen diejenigen Personen,

a) welche dem Gesinde Gelegenheit zu Ausschweifungen geben oder mit demselben unerlaubte, der Herrschaft nachtheilige Verbindungen eingehen und Durchstechereien treiben, und
b) welche Livreestucke (Nr. 1. c.) vom Gesinde kaufen oder versatzweise annehmen,

von der Kompetenz des mitunterzeichneten Polizei-Präsidiums ausgeschieden und auf das Königl. Kriminalgericht hierselbst ubergegangen.

Dies wird hiermit zur offentlichen Kenntniß gebracht.

Berlin, den 1. August. 1842.

Königl. Preuß. Kammergericht. Königl. Polizei-Präsidium hierselbst.

10) Verbot des Tragens silberner Hutcordons.

(Die Republication vom 9. Januar 1843, S. 165. Nr. 14., ist mit dem Datum vom 14. Januar 1847 neu erlassen worden.)

11) Straßenreinigung.

Polizeiliche Verordnung.

Die mangelhafte Befolgung der auf Erhaltung der Reinlichkeit und Wegsamkeit der Straßen in hiesiger Residenz abzweckenden Polizeivorschriften von Seiten vieler Haus-Eigenthumer und Verwalter, welche häufig erst die spezielle Aufforderung des Revier-Polizeibeamten abwarten, ehe sie ihren diesfällsigen Verpflichtungen nachkommen, veranlaßt das Polizei-Präsidium, unter Aufhebung der älteren Publikanda vom 20. Dezember 1839 (Intelligenzblatt de 1843 No. 224.), vom 5. Januar 1841 (Intelligenzblatt No. 9.) und vom 15. Januar 1845 (Intelligenzblatt No. 22.), hierdurch Folgendes zu verordnen: §. 1. Jeder Eigenthumer oder Verwalter eines hiesigen öffentlichen oder Privat-Grundstücks ist verpflichtet, in der ganzen Frontlänge seines Grundstucks den Burgersteig, den Rinnstein und den Straßendamm, letzteren bis zur Mitte in so fern ein anderes Grundstuck gegenüber gelegen ist, rein zu halten. §. 2. Zu dem Ende muß der Bürgersteig in seiner ganzen Breite täglich von dem darauf vorfindlichen Schmutz, Schnee oder Eis gereinigt, bei Winterglatte aber, zur Sicherung der Passage, mit Sand, Asche oder einem anderen dienlichen Material, so oft als es nothwendig ist, bestreut werden. §. 3. Desgleichen ist der Rinnstein bei offenem Wetter taglich bis auf die Sohle von allem Schmutz zu reinigen. §. 4. Vom Straßendamm muß mindestens alle Mittwoch und Sonnabend der nasse so wie trockene Schmutz gehörig abgekehrt werden. §. 5. Bei trockner Witterung muß, zur Verhütung des Staubes, vor der Reinigung (§§. 2—4.) gehorig gesprengt, auch in den Rinnstein vor denjenigen Grundstucken, wo offentliche Straßenbrunnen liegen, nach der Reinigung hinreichend Wasser zum Nachspulen eingelassen werden. §. 6. Bei der Reinigung muß der Schmutz u. s. w. zunächst auf dem Damm dicht am Rinnstein zusammengebracht und demnächst ohne Verzug gänzlich von der Straße fortgeschafft werden. §. 7. Das Reinigungsgeschäft muß uberall, in den 6 Wintermonaten bis um 9 Uhr, in den 6 Sommermonaten bis um 8 Uhr Morgens völlig beendigt sein. Bis zu derselben Zeit ist auch das Bestreuen des Bürgersteigs bei Winterglätte auszufuhren. §. 8. Das Auswerfen von Schnee, Eis, Schutt, Müll, Scherben, Kuchenabgängen und jederlei anderem Unrath auf die Straße oder in den Rinnstein ist, wie uberhaupt jede Art der Straßenverunreinigung, verboten. §. 9. Reines und unreines Wasser, gleichwie andre Flussigkeiten, darf Niemand auf die Straße oder den Bürgersteig, sondern immer nur in den Rinnstein ausgießen. §. 10. Jeder Eigenthümer oder Verwalter hat daher auch während des Frostwetters den Rinnstein dergestalt offen zu erhalten, daß die darin ausgegossenen Flüssigkeiten niemals auf die Straße oder den Burgersteig übertreten. §. 11. Gewerbetreibende, welche in ihrem Geschäft viel Wasser gebrauchen, dürfen solches während des Frostes nur alsdann in den Straßenrinnstein ablaufen lassen, wenn dasselbe den Ort seines Abflusses in die Spree, die Graben, oder die Kanale ohne zu gefrieren erreicht. §. 12. Sobald nach längerem Froste vollständiges Thauwetter eintritt, müssen überall und ohne Verzug die Straßenrinnsteine gänzlich aufgeeist und die Rinnsteinbrucken geöffnet, desgleichen die Straßen von allem Schnee und Eise vollständig gereinigt, der Abraum aber auf den Damm dicht am Rinnstein zusammengebracht und demnächst nach den, von dem Polizei-Präsidium alljährlich hierzu angewiesenen öffentlichen Abladestellen fortgeschafft werden. §. 13. Sämmtlichen, vorstehend gedachten, Verpflichtungen müssen die Haus-Eigenthümer und Verwalter rechtzeitig **unaufgefordert** nachkommen und sie werden hierbei durch etwanige Privatabkommen mit dritten Personen nicht außer Verantwortung gesetzt. §. 14. Säumige Leistung jeder Art hat sofortige exekutive Ausführung auf Kosten des Säumigen zur Folge. Unterbleibt das in §. 12. vorgeschriebene Aufeisen des Rinnsteins, so hat zugleich jeder oberhalb liegende Eigenthümer die Befugniß, bei dem säumigen unterhalb liegenden Nachbar auf dessen Kosten mit aufeisen zu lassen, zu deren Erstattung ihm das Polizei-Präsidium ohne alle Weitläuftigkeit verhelfen wird. §. 15. Außerdem wird jede Nichtbefolgung der gegenwärtigen Verordnung noch mit einer Geldbuße bis zu 5 Thlr., oder verhältnißmäßigem Gefängniß bestraft werden.

Berlin, den 15. Februar 1847.

Königliches Polizei-Präsidium. v. **Puttkammer.**

12) Fortschaffung des Eises und Schnees aus der Stadt.

Bekanntmachung.

Mit Bezug auf die bestehenden älteren Verordnungen wird hierdurch bekannt gemacht, daß das Abschlagen des aus der Stadt zu schaffenden Schnees und Eises nur an den nachbenannten Plätzen zulässig ist:

1) Vor dem Frankfurter Thore unmittelbar links auf dem, dem Gutsbesitzer **Bötzow** gehörigen Acker.
2) Vor dem Königsthore rechts von der Chaussee ab, auf dem Acker, welcher am sogenannten verlornen Wege hinter der zweiten Scheune und an dem Communications-Wege belegen ist.
3) Vor dem Prenzlauer Thore hinter dem Hohlwege auf dem rechts von der Chaussee ab belegenen Acker.
4) Ebendort auf dem von der Chaussee links belegenen Acker, zu welchem der erste von der Chaussee abgehende Weg fuhrt.

5) Zwischen dem Prenzlauer und Schönhauser Thore auf dem zwischen der zweiten und vierten Scheune belegenen Acker.
6) Vor dem Schönhauser Thore auf dem von der Chaussee ab rechts belegenen Acker, zu welchem der erste von der Chaussee abgehende Weg fuhrt.
7) Vor dem Rosenthaler Thore auf dem Acker, welcher von der Badstraße aus vermittelst der beiden ersten rechts abgehenden Wege zugänglich ist.
8) Vor dem Halleschen Thore linker Hand auf dem Plan hinter dem sogenannten Johannistisch und der Jachtschüttschen Fabrik.

Wer an anderen, als diesen hier benannten Orten ohne Zustimmung des Eigenthümers Eis und Schnee abschlagt, oder in den Spreestrom, den Schleusenkanal, den Landwehrgraben oder in die sonstigen Wasserfalle in und bei der Stadt wirft, verfallt, unbeschadet des Pfändungsrechtes der resp. Eigenthumer, in eine Polizeistrafe von Fünf Thalern. Diese Strafe trifft auch den, welcher mit dem Eise und Schnee, Müll, Schutt und andere Unreinigkeiten nach den vorbezeichneten Abschlageplätzen schafft oder dort abladet.

Berlin, den 3. December 1846.

Königl. Polizei-Präsidium.

13) Reinigung der Abtritte und Austragen der Nachteimer.

(Die Bekanntmachung vom 14. October 1842, S. 171. No. 23, ist mit dem Datum vom 27. November 1846 neu erlassen worden.)

14) Frei umherlaufende Hunde mussen ein Halsband oder die Steuermarke tragen.

Bekanntmachung.

Nach der Verordnung vom 15. Juli 1816 sollen die in der Stadt frei umherlaufenden Hunde, welche nicht mit einem Halsbande versehen sind, auf welchem der Name und die Wohnung des Eigenthumers deutlich angegeben ist, aufgegriffen und getodtet werden. Diese Bestimmung wird von jetzt ab auch auf den Thiergarten, so wie überhaupt auf den engeren Polizeibezirk von Berlin zur Anwendung kommen. Die Steuermarke vertritt jedoch die Stelle des Halsbandes.

Berlin, den 5. Juli 1843.

Königl. Gouvernement. von Müffling.

Königl. Polizei-Präsidium hiesiger Residenz. von Puttkammer.

15) Polizeiliche Aufsicht im Thiergarten.

Es wird hierdurch zur öffentlichen Kenntniß gebracht, daß zufolge höherer Bestimmung, außer den Polizei-Offizianten und Gendarmen, auch die, durch die Königliche Forst-Dienst-Uniform kenntlichen Thiergarten-Jäger die polizeiliche Aufsicht, insbesondere rücksichtlich der Forst-Polizei-Kontraventionen im Thiergarten ausüben.

Berlin, den 3. April 1839.

Königl. Polizei-Präsidium. Königl. Thiergarten-Verwaltung.

III.

Polizeiliche Vorschriften über den Gewerbebetrieb der Fuhrleute und über das Fahren und Reiten.

1) Reglement für das Droschken-Fuhrwesen.

I. Betrieb des Droschkenfuhrwerks.

§. 1.

Niemand darf das Droschkenfuhrwerk ohne eine, auf seine Person lautende Concession betreiben. Der Betrieb dieses Gewerbes durch einen Andern, als den Eigenthümer des Fuhrwerks, ist in der Regel unzulässig, und erfordert besondere Genehmigung.

§. 2.

Ganz unstatthaft ist das sogenannte Verpachten der Droschken an die Kutscher, wobei diese gegen eine bestimmte Vergutigung Nutzen und Gefahr des Gewerbbetriebes ganz oder theilweise ubernehmen.

§. 3.

Es werden immer nur je funf Droschken zusammen, einspännige oder zweispännige, zugelassen. Dabei mussen die Wagen ganz neu, und Pferde und Wagen immer bei der Wohnung des Besitzers aufgestellt sein.

II. Beschaffenheit der Fuhrwerke.

§. 4.

Alle Wagen müssen haltbar, von gefälligem Aeußern und bequem sein, und stets in gutem Zustande erhalten werden. Sie müssen in Federn hängen oder auf Druckfedern ruhen, und ein Vorderverdeck haben, das mit Vor- und Seitenfenstern versehen ist.

§. 5.

Der Wagenkasten muß vom Sitz 3′ 8″ hoch, inwendig wenigstens 3′ 2″ im Lichten breit und über den Sitzen 4′ lang sein.

Alle Wagen müssen mit Kothflügeln versehen sein; die Tritte dürfen nicht zum Aufschlagen eingerichtet, und mussen zum Ein- und Aussteigen bequem sein.

§. 6.

Kein Wagen darf abwechselnd einspännig und zweispännig gefahren, auch darf kein Wagen zu andern Fuhren gebraucht werden.

§. 7.

Bei Schlittenbahn können anständige Schlitten aufgefahren werden.

§. 8.

Die Pferde müssen kraftig und ohne schädliche Fehler, die Geschirre müssen dauerhaft sein.

§. 9.

Jeder Wagen oder Schlitten muß mit der ihm zugetheilten Nummer zu beiden Seiten und hinten, an einer stets sichtbaren Stelle bezeichnet sein. Die Zeichnung geschieht durch einen von dem Polizei-Präsidium bestimmten Maler. Die Einspänner erhalten schwarze Zahlen auf weißem Felde, die Zweispänner weiße Zahlen auf blauem Felde.

III. Pflichten der Fuhrleute.

§. 10.

Alle Fuhrwerke mussen zuvorderst dem Aufsichtsbeamten vorgestellt, und es muß diesem das Lokal angegeben werden, wo dieselben untergebracht sind. Werden sie vorschriftsmaßig befunden, so wird jeder Wagen mit einem Stempel gebrannt, demnächst das Aufmalen der Nummer verfügt und die Concession ausgehändigt. Das eigenmächtige Aufmalen oder Verändern der Nummer ist verboten.

Eine gleiche Vorstellung ist erforderlich, wenn ein Wechsel des Fuhrwerks eintritt; eine Veränderung des Lokals muß schriftlich angezeigt werden.

§. 11.

Der Fuhrherr muß ein Register über seine Kutscher halten, das von Jedem die Vornamen, Alter, Geburtsort und Wohnung angiebt, und von jeder Wagennummer nachweist, von welchem Kutscher sie an jedem Tage gefahren worden ist.

§. 12.

Kein Kutscher darf als Wagenfuhrer zugelassen werden, bevor seine Qualification von dem Aufsichts-Beamten festgestellt, und ihm ein nur für seine Person gultiger Fuhrschein ertheilt worden ist. Unerwachsene, Gebrechliche, des Fahrens und der Oertlichkeit unkundige, wegen gemeiner Verbrechen bestrafte, oder einer Betrügerei gegen ihre Dienstherrschaft überführte, desgleichen dem Trunke ergebene Personen, werden als Kutscher weder zugelassen, noch geduldet.

§. 13.

Die Fuhrherren sind dafür verantwortlich, daß ihre einspännigen Droschken

a) in den Monaten vom 1. April bis ultimo September bis 7 Uhr Morgens,

b) in den Monaten vom 1. October bis ultimo März bis 8 Uhr Morgens ausgefahren werden. In Behinderungsfällen müssen sie sogleich und spätestens bis zu der in §. 60. gedachten Abfertigungszeit dem Aufsichtsbeamten davon Anzeige machen, und sich hieruber eine Bescheinigung ausstellen lassen.

§. 14.

Hat ein Fuhrherr eine, vor der in §. 13. gedachten Ausfuhrzeit bei ihm bestellte sogenannte Fruhfuhre angenommen, so ist er dieselbe pünktlich auszuführen verpflichtet.

§. 15.

Keine einspännige Droschke darf Behufs der Reparatur über 4 Wochen außer Fahrt bleiben. Andernfalls muß ein anderer Wagen für sie eingestellt, der alte Wagen aber ausrangirt werden.

§. 16.

Die zweispännigen Droschken können an jedem Tage und zu jeder Tageszeit ausgefahren werden, sie mussen alsdann aber eben so lange wie die einspännigen Droschken in der Fahrt bleiben. (§. 45.)

§. 17.

Alle Fuhrwerke dürfen nur wohlgereinigt ausgefahren werden. Die Kutscher aber müssen mit der im Fuhrschein vorgezeichneten Livree, sowie mit den in §. 22. genannten Papieren versehen, und Alles muß ordentlich und reinlich sein. Die Fuhrherrn sind fur die Erfullung dieser Bedingung verantwortlich.

§. 18.

Die Kutscher mussen mit gedruckten Marken versehen werden, welche den Namen und die Wohnung des Fuhrherrn, die Nummer des Wagens, das Datum des laufenden Tages und den Betrag des Fuhrlohns nachweisen.

§. 19.

Die Droschken-Inhaber sind verbunden, am letzten Tage eines jeden Quartals die Standplatz-Nachweisungen fur das folgende Quartal bei dem Aufsichts-Beamten entgegen zu nehmen.

§. 20.

Wer Droschken neu gestellen oder zuruckziehen will, muß solches der Behörde anzeigen, und zwar Letzteres vier Wochen vorher, ehe die Zurückziehung erfolgt. Das Zuruckziehen einzelner Droschken ist jedoch unstatthaft, wenn der Besitzer alsdann nicht mehr fünf Droschken behalten würde.

IV. Die Pflichten der Kutscher.

§. 21.

Ohne Zulassung des Aufsichts-Beamten (§. 12.) darf Niemand bei Vermeidung nachdrücklicher Gefangnißstrafe die Fuhrung einer Droschke übernehmen.

§. 22.

Jeder Kutscher muß seinen Fuhrschein, das Reglement und die

neueste Standplatzliste bei sich führen, auch mit den richtigen Fahrmarken versehen und mit der im Fuhrschein verzeichneten Livrée bekleidet sein. Alles muß ordentlich und reinlich sein.

§. 23.

Derselbe muß sich nach der Ausfahrt auf dem nächsten Standplatz aufstellen, auf dem sich noch nicht die vorgeschriebene Zahl von Droschken befindet.

§. 24.

Auf dem Standplatze muß der Kutscher wenigstens eine Viertelstunde Fahrgelegenheit abwarten.

§. 25.

Verläßt der Kutscher einen Standplatz mit leerem Wagen, oder hat er Personen abgesetzt, so hat er sich im Schritt, und falls er nicht unterwegs zu einer Fahrt aufgefordert wird, ohne Aufenthalt nach dem nächsten noch nicht vollständig besetzten Standplatze zu begeben, und sich auf dem Wege dahin jederzeit rechts am Rinnsteine zu halten. Nur außerhalb der Ringmauer dürfen leere Wagen im Trabe fahren.

§. 26.

Auf den Standplätzen müssen die Wagen in solcher Ordnung aufgefahren werden, daß jeder ohne Hindernisse durch einen andern wieder abfahren kann. Bei der Aufstellung darf die allgemeine Passage nicht gehemmt werden, und die Kutscher müssen deshalb von hinten an die Reihe anfahren. Die Uebergänge zu den Rinnsteinbrücken und Einfahrten müssen frei bleiben.

§. 27.

Sobald ein Wagen abgefahren ist, so rückt, wenn die übrigen hintereinanderstehen, der nächstfolgende in den leer werdenden Raum, und die andern folgen in der Reihe nach.

§. 28.

Stehen die Wagen neben einander, so müssen sie wenigstens 3 Fuß, aber nicht 5 Fuß von einander entfernt bleiben, und es darf in die Stelle eines abfahrenden Wagens nur der hinter ihm stehende einrücken.

§. 29.

Die Kutscher haben den Anweisungen der mit besonderer Legitimation versehenen Fuhrherrn, welche zur Handhabung der Ordnung auf den Halteplätzen von dem Polizei-Präsidium bestätigt sind, unweigerlich Folge zu leisten, und dieselben überhaupt als Aufseher zu respectiren.

§. 30.

Jeder Kutscher muß fortgesetzt bei seinem Wagen bleiben, und in der Regel auf dem Bock sitzen; in den Wagen darf sich der Kutscher nicht setzen. Das Zusammentreten der Kutscher auf den Standplätzen, oder daneben auf den Trottoirs, ist verboten.

§. 31.

Das Tränken und Füttern der Pferde ist nur auf den Halteplätzen und letzteres nur aus übergehangenen Beuteln erlaubt.

Das Tabackrauchen ist den Kutschern unbedingt verboten.

§. 32.

Zu bloßen Transportfuhren durfen die Droschken nicht gebraucht werden; jedoch sind die Kutscher nicht berechtigt, Reisegepäck, das sich ohne Schwierigkeit in der Droschke unterbringen läßt, zurückzuweisen.

§. 33.

Das Anreden der Fahrlustigen, um sie zur Wahl eines Wagens zu bewegen, ist verboten.

§. 34.

Fordert ein Fahrgast einen Wagen, ohne einen bestimmten zu bezeichnen, so geht dies den vordersten, oder wenn sie nebeneinanderstehen, den an, welcher auf dem Flügel steht, von wo die Aufforderung kommt. Im Zweifel geht der rechte Flügel vor.

§. 35.

Der Kutscher muß bei Zeit- und Tourfahrten das Fahrgeld für eine einfache Tour von den Fahrgästen sogleich beim Einsteigen gegen Verabreichung der als Quittung dienenden Fahrmarke fordern.

§. 36.

Sollte die Tour ohne Schuld des Fahrgastes demnächst nicht vollendet werden, so hat der Kutscher das vorausbezahlte Fahrgeld gegen Rückgabe der Marke dem Fahrgaste zurück zu erstatten.

§. 37.

Bei Beendigung der Fahrt darf nur alsdann noch Fahrgeld gefordert werden, wenn jene eine einfache Tour uberstiegen hat.

§. 38.

Die hierauf fälligen Fahrmarken muß der Kutscher dem Fahrgaste unaufgefordert uberreichen, und wenn dieser die Annahme verweigert, dieselbe vernichten. Dasselbe muß er thun, wenn der Fahrgast die ihm beim Einsteigen dargebotene Marke zurückweisen sollte.

§. 39.

Nach dem Einsteigen des Fahrgastes hat der Kutscher demselben jedesmal die Uhr vorzuzeigen, demnächst aber unverweilt ab- und bis zum Bestimmungsorte auf festem Wege im Trabe zu fahren.

§. 40.

Die allgemeinen Vorschriften über das Fahren finden auch auf die Droschkenkutscher Anwendung. Das Aufnehmen und Absetzen von Fahrgästen auf den Brücken und in der Mitte des Straßendammes ist nicht gestattet.

§. 41.

Kein Kutscher darf ohne Genehmigung der Fahrgäste Jemand auf den Bock oder auf den Bedientetritt des Wagens aufnehmen.

§. 42.

Jeder Kutscher muß die tarifmäßige Zahlung fordern und nehmen. Trinkgelder dürfen nicht verlangt werden. Beim Aussteigen des Fahrgastes müssen auf dessen Verlangen das Reglement und die Uhr vorgezeigt werden.

§. 43.

Nach dem Aussteigen der Fahrgaste muß der Kutscher sogleich nachsehen, ob Sachen im Wagen zuruckgeblieben sind, und solche den Fahrgästen sogleich übergeben. Ist dies nicht mehr möglich, so muß er die gefundenen Gegenstände, sobald er kann, spätestens aber bis zum nächsten Morgen, an den Aufsichts-Beamten abliefern, und dieselben bis dahin sorgfältig verwahren.

§. 44.

Der Fuhrschein ist eine personliche Legitimation des Kutschers, und dieser daher verpflichtet, beim jedesmaligen Austritt aus dem Dienste eines Droschkenbesitzers denselben innerhalb 24 Stunden dem Aufsichts-Beamten zurückzureichen. — Interimsfuhrscheine gelten nur für die Dauer der darauf vermerkten Zeit, und müssen nach Ablauf derselben am nächsten Morgen sofort zuruckgegeben werden.

§. 45.

Die Wagen müssen bis 11 Uhr Abends, sie durfen aber auch bis 12 Uhr Abends in Fahrt bleiben. Findet sich nach 11 Uhr noch ein Droschken-Fuhrwerk auf der Straße, so muß dasselbe jeden Fahrgast bis 12 Uhr, jedoch nur zu einer Tourfahrt, aufnehmen.

§. 46.

Innerhalb dieser Zeit darf kein Kutscher die Fahrt verweigern, wenn das Fuhrwerk nicht wesentlich beschädigt ist. Ebenso darf er auf einem Standplatze oder Eisenbahnhofe Niemandem die geforderte Fahrt abschlagen, so lange der Wagen nicht schon von Personen oder Effecten eingenommen ist, indem eine andere Art der Bestellung nicht gültig ist.

§. 47.

Kutscher, welche die Fahrt ohne rechtmäßigen Grund verweigern, haben Gefängnißstrafe bis zu acht Tagen zu gewärtigen, welche verschärft werden kann, wenn die Fahrt von einem Eisenbahnhofe verweigert worden ist.

§. 48.

Jeder Droschkenkutscher ist als Führer eines concessionirten öffentlichen Fuhrwerks besonders verpflichtet, sich überall eines anständigen Betragens gegen die Fahrgäste zu befleißigen. Kutscher, welche diese Obliegenheit gegen das sich ihnen anvertrauende Publikum gröblich verletzen, sollen ohne Rücksicht auf die sie sonst noch treffende Verantwortlichkeit, polizeilich mit Gefangniß bis zu 14 Tagen und nach Bewandniß der Umstände mit korperlicher Züchtigung bestraft werden.

§. 49.

Eine gleiche Strafe trifft denjenigen Kutscher, welcher auf öffentlicher Straße durch Schreien, Schimpfen, Schlagen, Mißhandeln seines Pferdes, oder sonstige, Aufsehen und Anstoß erregende Handlungen eine Ansammlung des Publikums veranlaßt.

V. Allgemeine Strafbestimmungen.

§. 50.

Die Nichtbeachtung vorstehender Vorschriften §§. 1. bis incl. 20. zieht für die Fuhrherren 1 bis 10 Thaler Geld- oder verhältnißmäßige Gefängnißstrafe nach sich.

§. 51.

Außerdem verfällt jeder Fuhrherr, welcher die von ihm offerirten Droschken nicht an dem, in der Erlaubniß bezeichneten Tage auffährt, in eine Strafe von 5 Thalern, welche ohne weiteres Untersuchungs-Verfahren im Wege der administrativen Execution eingezogen, und im Falle beharrlicher Verzögerung verdoppelt werden wird.

§. 52.

Ferner erfolgt gegen den Fuhrherrn die Entziehung der Concession im administrativen Wege,

a) wenn derselbe als Wagenfuhrer in Gemäßheit §. 54. zu bestrafen ist;
b) wenn derselbe seine Concession den Bestimmungen in §§. 1. und 2. entgegen mißbraucht;
c) wenn die schlechte Beschaffenheit seiner Pferde und Wagen zu wiederholten Rügen Anlaß gegeben, und die ihm gestellte Warnung nichts gefruchtet hat;
d) wenn er nicht die regelmäßige Anzahl von Droschken unterhält (§§. 3. und 15.);
e) wenn aus den gegen ihn und seine Kutscher vorgekommenen Contraventionen ersichtlich ist, daß er eine ordnungsmäßige Controlle über sein Fuhrwerk nicht fuhrt.

§. 53.

Uebertretungen der Vorschriften §. 21. bis incl. 45. werden an den Kutschern mit 15 Sgr. bis 10 Thlr., oder verhältnißmäßiger Gefängnißstrafe geahndet.

§. 54.

Außerdem wird ein Kutscher vom Droschkenfuhrbetriebe entfernt, und zum öffentlichen Fuhrwesen nicht wieder zugelassen:

a) wenn er, nachdem er bereits bestraft ist, sich eines gröbern Excesses schuldig gemacht hat;
b) wenn er die Ablieferung der von einem Fahrgast im Wagen vergessenen Sachen unterlassen hat (§. 43.);
c) wenn er durch mehrfach wiederholte Uebertretungen des Reglements zu erkennen gegeben hat, daß er durch die erfolgten Bestrafungen zu einem ordnungsmäßigen Verhalten sich nicht bestimmen lassen will.

§. 55.

Fuhrherren, welche einen ausgeschlossenen Kutscher beim Fuhrbetriebe behalten, werden mit fünf bis zehn Thaler Geldstrafe belegt. Kutscher, welche nach ihrer Ausschließung das Fahren fortsetzen, haben acht- bis vierzehntägige Gefängnißstrafe zu gewärtigen.

§. 56.

Fuhrherren, welche einen angeschuldigten Kutscher nicht nachweisen können oder wollen, haben außer der aus §. 11. verwirkten, noch die aus der Contravention selbst folgende Strafe zu erleiden.

VI. Aufsichts- und Strafverfahren.

§. 57.

Der mit der Beaufsichtigung des öffentlichen Fuhrwesens beauftragte Polizei-Beamte wird von Zeit zu Zeit Revisionen der Gespanne und Fuhrwerke abhalten. Derselbe ist so befugt als verpflichtet, auf sofortige Abhülfe wahrgenommener Mängel zu dringen und die Fuhrwerke nach den Umständen augenblicklich außer Fahrt zu setzen. Wer dergestalt außer Gebrauch gesetzte Wagen oder Pferde eigenmächtig wiederum zum Droschkenfuhrwerk benutzt, verfällt in die §. 50. angedroheten Strafen.

§. 58.

Die Droschkenbesitzer sind verpflichtet, dem Aufsichts-Beamten auf Verlangen ihre Fuhrwerke jederzeit vorzustellen, auch dessen sonstigen Vorladungen persönlich Folge zu leisten, bei Vermeidung administrativer Zwangsmittel. Von ihm vorgeladene Kutscher müssen bei Vermeidung der Sistirung erscheinen.

§. 59.

Zur Abhülfe der von demselben gerügten Mängel werden die Fuhrherren im administrativen Wege durch Strafen angehalten werden, und haben sie sich zur Einziehung derselben der Execution zu unterwerfen.

§. 60.

Die Abfertigung in Fuhr-Angelegenheiten bei dem Aufsichts-Beamten findet täglich bis 10 Uhr, Sonn- und Festtags bis 8 Uhr Morgens statt.

VII. Aufsichtskosten.

§. 61.

Die Unternehmer müssen die Auslagen erstatten, welche durch den Druck des Reglements, der Standplatz-Nachweisungen, Fuhrscheine, Nummerirung der Wagen 2c., die Reinigung der Standplätze oder sonst durch einen auf das Geschäft sich beziehenden Gegenstand veranlaßt werden. Die Kosten für das Reglement, für die Fuhrscheine, Standplatz-Nachweisungen und Nummerirung der Wagen werden sofort bei der Aushändigung, die übrigen Kosten aber für das laufende Jahr von jedem Droschken-Besitzer verhältnißmäßig nach der Zahl der Droschken eingezogen, wobei es nicht in Betracht kommt, welche längere oder kürzere Zeit das Fuhrwerk in Fahrt gewesen ist.

§. 62.

Für verloren gegangene, beschmutzte oder zerrissene Fuhr-Reglements, Standplatz-Listen oder Fuhr-Scheine muß bei Entnehmung der Duplicate der doppelte Preis gezahlt werden.

Berlin, den 24. December 1846.

Königl. Polizei-Präsidium.

Tarif
für das Droschken-Fuhrwerk in Berlin.

I. Innerhalb der Stadtmauer mit Einschluß der Eisenbahnhöfe zahlen:

1) Eine oder zwei Personen

a. auf 15 bis 20 Minuten einschließlich oder nach der Wahl des Fahrgastes für jede Fuhre innerhalb des Rayons I., die Entfernung mag groß oder klein sein	5 Sgr.		
b. auf 21 bis 35 Minuten einschließlich . . .	7	=	6 Pf.
c. = 36 = 50 = = . . .	10	=	— =
d. = 51 = 70 = = . . .	15	=	— =
e. bei Annahme auf mehrere Stunden für jede ferneren 60 Minuten	15	=	— =

2) Drei Personen

a. auf 15 bis 20 Minuten einschließlich oder nach der Wahl des Fahrgastes fur jede Fuhre innerhalb des Rayons I., die Entfernung mag groß oder klein sein	7	=	6 =
b. auf 21 bis 35 Minuten einschließlich . . .	10	=	— =
c. = 36 = 50 = = . . .	12	=	6 =
d. = 51 = 70 = = . . .	17	=	6 =
e. bei Annahme auf mehrere Stunden für jede ferneren 60 Minuten	17	=	6 =

3) Vier Personen

a. auf 15 bis 20 Minuten einschließlich oder nach der Wahl des Fahrgastes für jede Fuhre innerhalb des Rayons I., die Entfernung mag groß oder klein sein	10	=	— =
b. auf 21 bis 35 Minuten einschließlich . . .	15	=	— =
c. = 36 = 50 = = . . .	17	=	6 =
d. = 51 = 70 = = . . .	20	=	— =
e. bei Annahme auf mehrere Stunden für jede ferneren 60 Minuten	20	=	— =

II. Bei Fahrten von den Eisenbahnhofen nach Ankunft des letzten Bahnzuges zahlen:

1) Eine, zwei oder drei Personen

a. auf 15 bis 20 Minuten einschließlich oder nach

der Wahl des Fahrgastes für jede Fuhre innerhalb des Rayons I., die Entfernung mag groß oder klein sein . . . . 7 Sgr. 6 Pf.
b. auf 21 bis 35 Minuten einschließlich . . . 10 = — =
c. = 36 = 50 = = . . . 12 = 6 =
d. = 51 = 70 = = . . . 17 = 6 =
e. bei Annahme auf mehrere Stunden für jede ferneren 60 Minuten . . . . 17 = 6 =

2) Vier Personen, wie sub I. ad 3.

III. Innerhalb und außerhalb der Stadt bis zu folgenden Grenzen:
a. auf dem linken Spree-Ufer bis zum Landwehrgraben mit Einschluß der Etablissements auf dem Karlsbade, der Lutzower Wegstraße, des zoologischen Gartens und des Standplatzes bei Schöneberg, ferner des Kreuzberges bis zum Eingange von Tivoli, der Tempelhofer Chaussee und der Pionirstraße bis zum Stationspfahle;
b. auf dem rechten Spree-Ufer vor dem Neuen- und Oranienburger-Thore bis zum Hauptportal des neuen Gefangenhauses bei Moabit und bis zu der Panke, vor dem Schönhauser-Thore bis zum Chausseehause, vor dem Prenzlauer- und Neuen-Königs-Thore bis zu den auf den Chausseen aufgestellten Stationspfahlen, vor dem Frankfurter-Thore bis zur Neuen-Welt

finden nur Fahrten nach der Zeit und zwar nach den sub I. specificirten Sätzen statt.

IV. Für Fahrten über Land fur zweispännige Droschken wird ohne Unterschied der Personenzahl gezahlt:
a. für die Hinfahrt nach
1) Schöneberg, Tempelhof, Moabit, Gesundbrunnen, Lichtenberg, Stralow und Rummelsburg . . . . — Thlr. 20 Sgr.
2) Charlottenburg, Steglitz, Wilmersdorf, Reinikendorf, Schönholz, Nieder-Schönhausen, Treptow, Rixdorf, Französisch-Buchholz, Pankow, Weißensee und Friedrichsfelde . 1 = — =
3) Grunewald, Pichelsberg, Tegel, Dahldorf, Neuen-Krug, Wilhelmshof, Eierhäuschen, Britz . . . . 2 = — =
b. für die Hin- und Rückfahrt
1) wenn nur eine halbe Stunde auf die Ruckfahrt gewartet werden muß
a. nach den sub 1 aufgefuhrten Orten . . 1 = — =
b. = = = 2 = = . . 1 = 10 =
c. = = = 3 = = . . 2 = 10 =
2) wenn längere Zeit, jedoch bei einer Vormittagsfahrt nicht uber 12 Uhr Mittags, und bei einer Nachmittagsfahrt nicht über 12 Uhr Nachts gewartet werden muß

a. nach den sub 1 und 2 angeführten Orten 2 Thlr.
b. = = = 3 = = 3 =

Währt die Hin- und Rückfahrt längere Zeit, so bleibt der Preis der freien Einigung überlassen.

Das Chausseegeld zahlen die Kutscher.

Zusatz.

1. Wenn die Kutscher Gelegenheit finden, in den ad 1 bis 3 genannten Orten oder auf dem Rückwege außerhalb des Rayons II. Fahrgäste zur Rückfahrt aufzunehmen, so sind sie verpflichtet, dieselben für die ad 1 bis 3 genannten Sätze zur Fahrt nach der Stadt hinein aufzunehmen, aber auch befugt, sich über geringere Sätze mit den Fahrgästen zu einigen.

2. Bei bestellten Frühfuhren, vor der reglementsmäßigen Ausfahrzeit, wird für die Tourfahrt der doppelte Tarifsatz mit resp. 10, 15 und 20 Sgr., für die Zeitfuhre jedoch nur der einfache Tarifsatz gezahlt.

Wird der Wagen von einem Halteplatz genommen, so gelten überall nur die einfachen Sätze.

Allgemeine Bestimmungen.

1. Wer nach der Tour fahren will, darf das Fuhrwerk weder nach dem Einsteigeplatz holen, noch warten lassen, muß auch dem Kutscher die Wahl stellen, auf welchen Wegen er die Tour vollenden will.

2. Von Kindern unter 12 Jahren in Begleitung Erwachsener müssen drei unentgeldlich mitgenommen werden, vier oder mehre bezahlen für eine Person.

3. Zur Entrichtung des Brückengeldes ist der Fahrgast verpflichtet, wenn er ausdrücklich verlangt hat, daß über eine Brücke gefahren werden soll, wo solches entrichtet wird.

Berlin, den 24. December 1846.

Königl. Polizei-Präsidium.

2) Nummerirung der Nachtdroschken.

Publicandum.

Es ist nothwendig befunden worden, auch die nächtlichen Straßen-Fuhrwerke mit besonderen, fortlaufenden Nummern zu versehen. Deßhalb wird hierdurch verordnet: 1) Sämmtliche Besitzer von nächtlichen Straßen-Fuhrwerken haben sich sofort bei dem Aufsichts-Beamten, Polizei-Commissarius Aschoff, Behufs Zutheilung der Nummer für jedes ihrer Fuhrwerke zu melden. 2) Die Nummern müssen nach spezieller Anweisung des Polizei-Commissarius Aschoff, ohne sonstige weitere Bezeichnung, auf beide Wagenlaternen, und zwar auf die äußere Glasscheibe, mit gelber Farbe deutlich aufgemalt und stets leserlich erhalten werden. 3) Nach dem 15. Januar k. J. darf kein nächtliches Straßen-Fuhrwerk ohne die ihm zugetheilte, vorschriftsmäßig angebrachte Nummer ausfahren. 4) So lange ein Fuhrwerk in der Fahrt ist müssen beide Laternen gehörig erleuchtet und darf die Nummer auf diesen nicht verdeckt sein. 5) Contraventionen gegen vorstehende Bestimmungen ad 2. bis 4. werden an dem Fuhrherrn und Kutscher mit den in §. 30. und resp. §. 32. des Reglements für das nächtliche Straßen-Fuhrwerk vom 31. Dezember 1840 festgesetzten Strafen geahndet.

Berlin, den 24. Dezember 1846.

Königl. Polizei-Präsidium. v. Puttkammer.

3) Taxe für das Leichenfuhrwesen.

Bekanntmachung.

Der Unternehmer des hiesigen Leichenfuhrwesens ist berechtigt, bei stattfindenden Beerdigungen von den zahlungsfähigen Hinterbliebenen der Verstorbenen folgende taxmäßigen Gebühren einzuziehen:

A. Für den großen Leichenwagen:

a) mit sechs Pferden bespannt, funfzehn Thaler;
b) mit vier Pferden bespannt, zehn Thaler;
c) mit zwei Pferden bespannt, fünf Thaler.

B. Für den Mittel-Leichenwagen,

mit zwei Pferden bespannt, einen Thaler funfzehn Silbergroschen,

C. Für den kleinen Leichenwagen,

mit zwei Pferden bespannt, zwei und zwanzig Silbergroschen sechs Pfennige.

D. Für den Kinder-Leichenwagen:

a) für den besseren, mit zwei Pferden bespannt, einen Thaler fünf Silbergroschen;
b) für den gewöhnlichen, mit zwei Pferden bespannt, zwanzig Silbergroschen.

E. Für eine schwarze Trauerkutsche:

a) wenn sechs Pferde vor dem Leichenwagen gespannt sind, einen Thaler funfzehn Silbergroschen;
b) wenn vier Pferde vor dem Leichenwagen begehrt werden, einen Thaler zehn Silbergroschen;
c) wenn nur zwei Pferde vor demselben verlangt werden, einen Thaler fünf Silbergroschen.

F. Für Anfertigung der Gestelle und Untersprinden, auf denen der Sarg steht, auch für Belegung des Bodens unter den Gestellen mit schwarzem Tuche,

einen Thaler bis einen Thaler zehn Silbergroshen.

G. Für jeden Leichenträger:

a) wenn der große Leichenwagen genommen wird, fünf und zwanzig Silbergroschen;
b) wenn der Mittel-Leichenwagen genommen wird, siebenzehn Silbergroschen sechs Pfennige;
c) wenn der kleine Leichenwagen genommen wird, zwölf Silbergroschen sechs Pfennige.

H. Für den Leichenbitter.

a) wenn der große Leichenwagen genommen wird, drei Thaler;
b) wenn der Mittel-Leichenwagen genommen wird, zwei Thaler funfzehn Silbergroschen;
c) wenn der kleine Leichenwagen genommen wird, zwei Thaler.

I. Für jeden der Leichendiener,

welche das Oeffnen und Verschließen der Kutschenschläge der dem Leichenwagen folgenden Trauerwagen vor dem Trauerhause und auf dem Beerdigungsplatze zu besorgen haben, wenn solche von den Hinterbliebenen des Verstorbenen begehrt werden:

a) bei einem großen Leichenwagen, funfzehn Silbergroschen;
b) bei einem Mittel-Leichenwagen, zehn Silbergroschen.

Bei Verzögerung eines Leichenkondukts uber die bestimmte Zeit, wenn solche Seitens des Trauerhauses herbeigefuhrt wird und eine halbe Stunde beträgt, ist der Unternehmer des hiesigen Leichenfuhrwesens berechtigt, den vierten Theil der taxmäßigen Gebühren dafür als Entschädigung zu begehren.

Höhere Sätze, als die vorbezeichneten, dürfen überall nicht, eben so wenig besondere Gebuhren fur Mäntel, Flore, Pferde- und andere Decken, noch für Pferdegeschirre oder sonstige Gegenstände in Ansatz gebracht, noch auch für den Schirrmeister und die Kutscher Trinkgelder verlangt werden.

Berlin, den 12. März 1844.

Königl. Polizei-Präsidium.

4) Spurweite der Bierwagen ꝛc.

Bekanntmachung.

Des Königs Majestät haben in einem Erlasse an die Hohen Ministerien der Finanzen und des Innern für Gewerbe-Angelegenheiten Allergnädigst nachzugeben geruhet, daß solche Fuhrwerke, welche ihrer ausschließlichen Bestimmung nach nur im Bereiche gepflasterter Straßen gebraucht werden, als: Bierwagen, Handwagen, Schleifen, Wasserkufen, Feuerspritzen und Leichenwagen, von der gesetzlichen Vorschrift ausgenommen werden, nach welcher fur Wagen und Schlitten eine bestimmte Breite des Geleises vorgeschrieben ist.

Mit Bezugnahme auf die Allerhöchste Verordnung vom 23. August 1829 wird solches zur Kenntniß des Publikums gebracht.

Berlin, den 28. Oktober 1834.

Königl. Polizei=Präsidium.

5) Spurweite der Droschken.

Bekanntmachung.

Des Königs Majestät haben in einem Erlasse an die Hohen Ministerien des Innern fur Gewerbe=Angelegenheiten und der Finanzen, den fernern, unbeschränkten Gebrauch der Droschken mit schmalem Geleise zu gestatten geruhet, so daß diese leichten Wagen den Vorschriften wegen Einführung einer gleichen Wagenspur nicht unterworfen sein sollen.

Mit Bezugnahme auf die Allerhöchste Verordnung vom 23. August 1829 wird solches hierdurch zur öffentlichen Kenntniß gebracht.

Berlin, den 2. Dezember 1834.

Königl. Polizei=Präsidium.

6) Fahren und Reiten innerhalb der Stadt.

Polizeiliche Verordnung.

Mit Bezug auf die Vorschriften im Allgemeinen Landrecht Theil II. Titel 20. §§. 756. u. s. w. wird wegen des Fahrens und Reitens in hiesiger Residenz, unter Aufhebung der Verordnung vom 25. März 1844 (Intelligenzblatt No. 97.) und des Publikandums vom 8. September 1846 (Intelligenzblatt No. 220.) hierdurch Folgendes verordnet: §. 1. Bei der Ausfahrt aus den Häusern, beim Passiren der Brücken, Stadtthore und engen Straßen beim Einbiegen in andere Straßen und überall, wo die Passage durch Menschen oder sonst beengt ist, darf nur im Schritt gefahren oder geritten werden. Dasselbe gilt beim Passiren der Kirchen zur Zeit des Gottesdienstes, insofern dieselben nicht gänzlich abgesperrt sind. §. 2. Mit hoch und breit beladenen Lastfuhrwerken, so wie mit solchen Fuhrwerken, die starkes Geräusch verursachen, darf überall nur im Schritt gefahren werden, desgleichen auch, wenn zwei Wagen aneinander gehängt sind. §. 3. Marschirenden Militairabtheilungen müssen Fuhrwerke und Reiter ausweichen, und wenn zum Vorbeipassiren kein Raum ist, so müssen sie so lange halten, bis erstere vorüber sind. §. 4. Reiter und Wagenfuhrer müssen die ihnen in den Weg kommenden Fußgänger durch lauten Zuruf warnen. §. 5. Ledige Pferde müssen stets geführt und kurz am Zügel gehalten werden. Vor bösartigen Pferden sind die Vorübergehenden laut zu warnen. §. 6. Kein bespanntes Fuhrwerk darf ohne Aufsicht und gehörige Befestigung auf den Straßen sich selbst überlassen bleiben. Kann der Inhaber keinen zuverlässigen Aufseher zurücklassen, so darf er sich nur entfernen, nach=

dem die Pferde fest angebunden und abgesträngt worden sind. §. 7. Solche Pferde, von denen bekannt ist, daß sie zum Durchgehen geneigt sind, dürfen unter keinen Umständen sich selbst überlassen bleiben. §. 8. Bürgersteige und sonstige Fußwege durfen zum Fahren, Reiten, Pferdehalten, Karrenschieben, Ziehen von Handwagen, so wie überhaupt zur Fortbringung von Lasten nicht benutzt werden. §. 9. Auf ungepflasterten oder nur mit Kies beschütteten öffentlichen Platzen in der Stadt darf weder gefahren noch geritten werden. §. 10. Keinerlei bespanntes wie auch Hand-Fuhrwerk darf so auffahren oder halten, daß dadurch die öffentliche Passage gehemmt wird. §. 11. Unbespannte Fuhrwerke dürfen überhaupt nicht auf der Straße stehen bleiben. §. 12. Alle Fuhrwerke sind schuldig, sich beim Begegnen rechts vorbeizufahren. Unbeladene Wagen mussen den beladenen, Personenwagen den Lastwagen ausweichen. Bei enger Passage muß der unbeladene Wagen in schicklicher Entfernung so lange halten, bis der beladene vorüber ist. Trifft dieser Fall zwei leere oder zwei beladene Wagen, so muß derjenige, welcher den andern zuerst gewahr wird, still halten. Vor engen Passagen muß jedes Fuhrwerk so lange halten, bis der Führer sich überzeugt hat, daß der Weg frei sei. §. 13 Jedes langsamer fahrende Fuhrwerk muß das nachkommende schnellere Fuhrwerk, wenn dieses nicht anders vorbeikommen kann, auf ein gegebenes Zeichen links vorbeilassen. Niemand aber darf das Vorbeifahren eines ihm nachfolgenden Wagens durch Einlenken in dessen Fahrbahn verhindern. §. 14. Zum Transport von Dünger, Schutt und dergleichen, mussen die Fuhrwerke so eingerichtet sein, daß nicht durch Verstreuen oder Lecken die Straßen verunreinigt werden. §. 15. Fuhrwerke, die Dunger oder andere ubelriechende Substanzen geladen haben, durfen innerhalb der Stadt auf öffentlichen Straßen und Plätzen nirgend anhalten, mussen vielmehr ihren Weg ohne Unterbrechung fortsetzen. §. 16. Eben so durfen beladene Frachtwagen bei freier Passage in den Straßen nirgend anhalten, sondern müssen unausgesetzt in der Fahrt bleiben. §. 17. Kein Fuhrwerk darf überladen sein, so daß das Gespann zur ordentlichen Fortschaffung unvermögend wird. Außerdem darf keine Ladung breiter als 10 Fuß sein. §. 18. Langholz darf nicht geschleppt werden, sondern muß auch hinten auf Rädern ruhen. Schlittenfuhrwerke mussen stets mit Deichseln und Schellen versehen sein. §. 19. Das unnöthige und anhaltende Knallen mit der Peitsche ist verboten; eben so das heimliche Aufhocken auf fahrende Wagen oder Schlitten und das Anhängen kleinerer Fuhrwerke an diese. §. 20. Diese Vorschriften gelten für die Stadt mit Einschluß des engeren Polizei-Bezirks. Auf öffentlichen Chausseen jedoch kommen die Zusatz-Bestimmungen zu dem Chausseegeld-Tarif vom 29. Februar 1840 zur Anwendung. §. 21. Die zur Erhaltung der Ordnung und sonst wegen des Fahrens und Reitens fur einzelne festliche oder andere öffentliche Gelegenheiten, so wie fur gewisse Orte und Gegenden, z. B. für die Schauspielhäuser, fur den Belle-Alliance-Platz, den Lustgarten

u. s. w. gegebenen besonderen polizeilichen Vorschriften sind beii Vermeidung der durch gegenwärtige Verordnung festgesetzten Strafsen zu befolgen. §. 22. Zuwiderhandlungen werden mit einer Geldbuße bis zu 10 Thalern oder verhältnißmaßigem Gefängniß, unter Umständern auch mit körperlicher Züchtigung bestraft.

Berlin, den 24. Februar 1847.

Königl. Polizei-Präsidium. v. Puttkam:mer.

7) Verbot des Reitens und Fahrens in der Mitte des Belle-Alliance-Platzes.

Bekanntmachung.

Der von der Friedrichstraße nach dem Halleschen Thore über die Mitte des Belle-Alliance-Platzes führende Weg ist ausschließlich für Fußgänger bestimmt. Das Reiten und Fahren auf diesem Wege ist daher bei zwei Thaler Geld- oder verhältnißmäßiger Gefängnißstrafe verboten.

Berlin, den 24. Oktober 1843.

Königl. Gouvernement. von Lützow. Königl. Polizei-Präsidium hiesiger Ressidenz. v. Puttkammer.

8) Passage durch das Brandenburger Thor.

Bekanntmachung.

Es wird hierdurch in Erinnerung gebracht, daß die beiden äußersten Portale des Brandenburger Thors weder von Wagen noch Reitern passirt werden dürfen. Dieselbe Bestimmung gilt rücksichtlich des Mittelportals mit der Maaßgabe, daß durch dasselbe die Königlichen und Prinzlichen Equipagen passiren.

Berlin, den 28. Juni 1846.

Königl. Gouvernement. Königl. Polizei-Präsidium.

9) Benutzung des um den Wilhelmsplatz fuhrenden Reitweges.

Bekanntmachung.

Der rings um den Wilhelmsplatz fuhrende Reitweg darf zwar, einer Allerhöchsten Bestimmung zufolge auch fernerhin zum Reiten, nicht aber zum Führen von Handpferden benutzt werden. Wer diesem entgegen Handpferde auf dem vorgenannten Reitwege fuhren sollte, hat eine Geldbuße bis 5 Thlr., im Unvermögensfalle aber eine verhältnißmäßige Gefängnißstrafe zu gewärtigen.

Berlin, den 21. Mai 1845.

Königl. Gouvernement. v. Ditfurth. Königl. Polizei-Präsidium. v. Puttkammer.

10) Befahren der chaussirten Wege im Lustgarten.

(Die Bekanntmachung vom 6. April 1835, S. 236. No. 29, ist mit dem Datum vom 18. Juni 1845 von dem Königl. Gouvernement und Königl. Polizei-Präsidium neu erlassen worden.)

11) Passage zwischen dem alten und neuen Museum.

Bekanntmachung.

Die beiden äußersten Portale in dem Verbindungs-Gebäude zwischen dem alten und neuen Museum sind nur für die Fuß-Passage bestimmt. Dagegen dürfen die beiden mittleren Portale von Wagen und Reitern, und zwar dergestalt benutzt werden, daß jedesmal der zur rechten Hand belegene Bogen passirt werden muß.

Berlin, den 29. Juli 1846.

Königl. Polizei-Präsidium.

Register.

FSC
www.fsc.org
MIX
Papier | Fördert gute Waldnutzung
FSC® C083411

Kolibri 360 GmbH
Ferdinand-Jühlke-Straße 7
99095 Erfurt, Deutschland
produktsicherheit@kolibri360.de